Władysław Bartoszewski

Mein Auschwitz

Władysław Bartoszewski

Mein Auschwitz

Übersetzt von Sandra Ewers und
Agnieszka Grzybkowska

Ferdinand Schöningh

Titelbild:
Władysław Bartoszewski als Häftling in Auschwitz,
Staatliches Museum Auschwitz-Birkenau

Bibliografische Information der Deutschen Nationalbibliothek

Die Deutsche Nationalbibliothek verzeichnet diese Publikation in der Deutschen Nationalbibliografie; detaillierte bibliografische Daten sind im Internet über http://dnb.d-nb.de abrufbar.

This translation is published by arrangement with Społeczny Instytut Wydawniczy ZNAK Sp. z o.o., Kraków, Poland.

(Verlag Ferdinand Schöningh GmbH & Co. KG, Jühenplatz 1, D-33098 Paderborn)

Die Originalausgabe erschien unter dem Titel „Mój Auschwitz“ im Verlag Znak, Kraków unter der Schirmherrschaft des Staatlichen Museums Auschwitz-Birkenau.

Internet: www.schoeningh.de

Einbandgestaltung: Nora Krull, Bielefeld
Printed in Germany
Herstellung: Ferdinand Schöningh GmbH & Co. KG, Paderborn

ISBN 978-3-506-78119-2

In memoriam Professor Adam Heydel (1893–1941)

Inhalt

WŁADYSŁAW BARTOSZEWSKI, NUMMER 4427

Einleitung

Mein Auschwitz. Was bedeutet das?

Dies ist eine schwierige Geschichte ... Ich erzähle von meiner Zeit im KL Auschwitz, über die 199 Tage, die ich im Lager als *Schutzhäftling**[1] Nummer 4427 verbracht habe – beginnend mit der Nacht vom 21. auf den 22. September 1940, in der ich mich zusammen mit einer Gruppe von 1.705 deportierten Gefangenen, dem sogenannten zweiten Warschauer Transport, vor dem Tor mit der Aufschrift *„Arbeit macht frei"** wiederfand, bis hin zum 8. April 1941, dem Dienstag vor Ostern, als ich aus dem Lager entlassen wurde. Naturgemäß ist mein Bericht nur ein Ausschnitt der Geschichte dieses Ortes, denn anfangs war Auschwitz ein Konzentrationslager für polnische politische Häftlinge. Erst 1942 ging, etwa drei Kilometer vom sogenannten Stammlager entfernt, die Todesfabrik Birkenau in Betrieb und wurde mit der Zeit zum wichtigsten Zentrum der Judenvernichtung. Und auch wenn ich als Auschwitz-Häftling kein Augenzeuge des Holocaust war, so verband mich mein Schicksal später mit der Tragödie unserer älteren Brüder im Glauben. Es waren die schrecklichen Erlebnisse im Lager, unter deren Einfluss ich mich auf Zureden eines katholischen Priesters entschied, mich in der konspirativen Hilfe für Juden zu engagieren. Aber dies ist bereits eine andere Erzählung im Buch meines Lebens.

Mein Bericht über Auschwitz ist nicht nur in dem Sinne ein Ausschnitt, als viele wichtige Kapitel der Geschichte dieses Ortes, wie die Vernichtung der Juden und der Roma, die Ausrottung der russischen Kriegsgefangenen oder die Tragödie der seit März 1942 inhaftierten Frauen, in ihm nicht enthalten sind. Beim Lesen meines Berichts über diese 199 Tage muss auch noch etwas anderes bedacht werden: Alle Häftlinge waren in ein und demselben Auschwitz, doch gleichzeitig war jeder in seinem ganz eigenen. Es gab unterschiedliche Kreise der Hölle und unterschiedliche Erfahrungen. Mir wurden der Block für Minderjährige und das Lagerkrankenhaus zuteil. So muss man sich

[1] Mit * gekennzeichneter, kursiv gesetzer Text erscheint im polnischen Original auf Deutsch. (A. d. Ü.)

bewusst sein, dass die Geschichte von Auschwitz die Summe individueller Schicksale, Leiden und Erinnerungen ist. Und es darf nicht vergessen werden, dass diese Geschichte niemals zu Ende erzählt werden wird. Denn nie werden wir Gelegenheit haben, die Erzählungen der Hunderttausenden kennenzulernen, die in diesem Lager ermordet wurden.

Wenn ich von meinem Auschwitz erzähle, mache ich nicht am Tag meiner Entlassung aus dem Konzentrationslager halt. Dieser Bericht wäre unvollständig, würde ich nicht versuchen, mir und meinen Gesprächspartnern auf die Frage zu antworten, wie das Lager mein Leben beeinflusst hat, und erwähnen, welche Beziehungen mich mit diesem Ort des Gedenkens in späteren Jahren verbanden, zum Beispiel meine Tätigkeit als Vorsitzender des vom Premierminister der Republik Polen berufenen Internationalen Auschwitz-Rates (Międzynarodowa Rada Oświęcimska) seit dem Jahre 2000. In diesem Kreis, in dem sich Menschen unterschiedlicher Nationalität, Herkunft und Begabung, Christen und Juden zusammenfinden, habe ich eine Atmosphäre einzigartiger Versöhnung und Zusammenarbeit gefunden, die mir die Zeit in Erinnerung ruft, in der ich als junger Mensch während des Krieges im Hilfsrat für Juden „Żegota“ (Rada Pomocy Żydom „Żegota“) aktiv war.

Nach dem Interview, das Piotr M. A. Cywiński und Marek Zając mit mir führten, enthält der zweite Teil des Buches eine Auswahl von Texten über das Lager Auschwitz-Birkenau, die für mich wichtig sind und die unser Gespräch ergänzen. Einer davon ist von mir. Es ist eine Rede, die ich die Ehre hatte, im Namen der ehemaliger Häftlinge am 60. Jahrestag der Befreiung des Lagers zu halten. In gewisser Weise fühle ich mich auch als Ko-Autor der im Untergrund publizierten Broschüre *Oświęcim. Pamiętnik więźnia* (*Auschwitz. Erinnerungen eines Häftlings*). Der Text stützt sich unter anderem auf den Bericht, den ich unmittelbar nach meiner Entlassung aus dem Lager abgab, als ich krank und geschwächt zu Hause lag. Hingegen habe ich weder Anteil an dem Büchlein *W piekle* (*In der Hölle*) von Zofia Kossak, das noch im Untergrund veröffentlicht wurde, noch an der kurz nach dem Krieg unter dem Pseudonym Pater Augustyn erschienenen Broschüre eines unbekannten Autors. In diesen Beiträgen fand ich jedoch ein überaus treffendes Abbild meiner Erfahrungen in Auschwitz. Ähnlich verhält es sich mit der literarischen Erzählung *Apel* (*Der Appell*) von Jerzy Andrzejewski. Beim Lesen dieses Werks habe ich den Eindruck, ich sähe alles mit eigenen Augen, mit den Augen des *Schutzhäftlings** Nummer 4427, der am

28. Oktober 1940 dort während dieses grauenvollen, mehrstündigen Appells stand – und das, obwohl Andrzejewski niemals Häftling in Auschwitz gewesen war.

Wenn ich von meinem Auschwitz berichte, komme ich einer alten Verpflichtung nach. Ich hätte nicht überlebt, wenn mich nicht der polnische Arzt und Häftling Edward Nowak ins Lagerkrankenhaus aufgenommen hätte. Er hatte beschlossen, mich zu retten, denn er glaubte, dass ich irgendwann Zeugnis über diese Hölle ablegen würde. Für die zukünftigen Generationen. Im Namen und zu Ehren aller Gequälten und Ermordeten. Beginnend bei jenen, die mich zusammengepfercht in einem Güterwagon begleiteten, als ich vor 70 Jahren, am 21. September 1940, ins Ungewisse fuhr.

Warschau/Berlin, Januar 2015 zum 75. Jahrestag der Gründung des Lagers Auschwitz und zum 70. Jahrestag des Endes der Existenz des Lagerkomplexes Auschwitz-Birkenau.

WŁADYSŁAW BARTOSZEWSKI

I. Mein Auschwitz

Ein Gespräch mit Piotr M. A. Cywiński und Marek Zając

PIOTR M. A. CYWIŃSKI, MAREK ZAJĄC: *Was ist Ihre Erinnerung an Auschwitz? Einige ehemalige Häftlinge sprechen über Emotionen, andere über Fakten. Die einen haben einen Film in ihrem Kopf, Bilder bis ins kleinste Detail. Andere erinnern sich an Menschen, aber der Ort selbst ist in ihrem Bewusstsein verblasst. Doch auch hier gibt es Unterschiede: einige sehen vor allem die Täter, sadistische Kapos oder SS-Männer, während andere vor allem über ihre Kameraden im Block oder aus ihrem Arbeitskommando sprechen. Wieder andere schließlich löschen ganze Erlebnisse der Lagerzeit aus ihrem Gedächtnis. Und Sie?*

WŁADYSŁAW BARTOSZEWSKI: Aus Erfahrung darf ich mich als einen Menschen beschreiben, der immer ein ausgeprägtes visuelles, auf Tatsachen beruhendes Erinnerungsvermögen besaß, das heute natürlich schwächer ist. Alles was ich gesehen und gelesen habe, war mir über Jahre präsent, enzyklopädischen Einträgen gleich – knapp, ohne in die Tiefe zu gehen, aber präzise – die mir wie Karteikarten in der Bibliothek, wie eine fertige Antwort auf eine Frage aus dem Kopf fielen. Dafür war ich bekannt, und deshalb fügten einige Kameraden in der Heimatarmee meinem Decknamen „Teofil" scherzhaft und etwas spöttisch die Beschreibung „der alles weiß" hinzu. Was ich hingegen nur hörte und nicht sah, verlor für mich schon in jungen Jahren schnell an Schärfe.

Deshalb habe ich bis heute den Tag meiner Verhaftung am Donnerstag, den 19. September 1940 vor Augen. Als würde ich einen Film sehen. Denn das war ein Film. Schnell, Bild für Bild spielte er sich vor meinen Augen ab. Und ich, achtzehnjährig, kannte das Drehbuch nicht, wusste nicht, was die nächste Einstellung war. Höllisch, nicht wahr? Ich erinnere mich zum Beispiel, wie wir in einen Lastwagen geladen wurden, der uns vom Warschauer Stadtteil Żoliborz in die ein ganzes Stück entfernte Ulica Podchorążych brachte. Ich erinnere mich an Menschen, die frühmorgens auf dem Weg zur Arbeit einen Blick auf die – „Buden" genannten – deutschen Fahrzeuge (Lastwagen mit Plane über der Ladefläche, A. d. Ü.) warfen und hektisch ihren Kopf abwendeten. Ich sehe sie, wie sie die

Ulica Mickiewicza zwischen dem Plac Wilsona und dem Plac Inwalidów entlanggehen. Ich schaute auf die Häuser und und dachte: „In diesem Haus wohnt doch der Sowieso. Ob sie den wohl auch geholt haben?“ Ich erinnere mich, wie wir abgeladen wurden, an alle Abäufe, an das Geschrei, das Gezerre und Geschubse. Ich weiß nicht einmal, ob die Brutalität echt war, überflüssig war sie allemal. Wir waren wehrlos, von bewaffneten Wachleuten umringt, im Herzen Warschaus, wo eine deutsche Garnison von mehreren Tausend Mann stationiert war. Vielleicht handelte es sich um eine berufsmäßige, antrainierte Brutalität. So muss man sich eben bei Verhaftungen, Eskortierungen und Verhören verhalten.

Das war 1940 nicht die erste Festnahmeaktion dieser Art in Warschau. Am 12. August …

… fand eine große Straßenrazzia statt, eine richtige Jagd. Die Deutschen stürmten zum Beispiel einen Friseursalon und nahmen den Friseur und seinen eingeseiften Kunden mit. Oder sie gingen in ein Café und nahmen Kellner und Gäste mit. Heute, wo wir in einem demokratischen und sicheren Land leben, ist es kaum vorstellbar, dass ein deutscher Soldat oder Polizist den Befehl erhielt, zwanzig Personen, Intellektuelle herbeizubringen. *Oberschichten**. Wie zum Teufel sollte man solche Leute in der Menge erkennen? Der Deutsche stellte sich also an die Straßenecke, schaute sich um und rief: „*Du, Brillenträger!*“* Das sind Fakten, eine Brille zu tragen konnte wirklich der Grund gewesen sein, weshalb ein x-beliebiger Mensch ins Konzentrationslager kam.

Ludwik Landau, Chronist der besetzten Stadt, notierte für jenen 12. August 1940, Ziel gewesen seien „junge Männer, in der Regel dem einstigen Pflichtalter für eine Meldung zur Arbeit in Deutschland entsprechend: 16–25 Jahre. Es kommt jedoch vor, dass in Einzelfällen auch etwas Ältere, bis Mitte dreißig mitgenommen wurden. Deutsche Streifen verhafteten also auf der Straße Passanten, stoppten Straßenbahnen und führten Kontrollen durch, stellten die Personalien von Männern fest und verhafteten diejenigen, die den Vorgaben entsprachen. Zweimal wurde ich selbst in dieser Weise überprüft, als ich mit der Straßenbahn die Ulica Marszałkowska entlang fuhr; an nahezu jeder Ecke stand eine Streife, die Passanten herausfischte. Einer der Polizisten passte auf die Festgenommenen auf, die irgendwo aufgereiht an einer Wand standen, die anderen suchten weitere. Keinerlei Arbeitsbescheinigungen, Passierscheine usw.

halfen; sogar Zeitungsverkäufer oder Jungen, die mit dem Fahrrad Botenfahrten verrichteten, wurden mitgenommen.“

Danach hatten alle Angst, besonders die Eltern um ihre Jungen, denn Frauen wurden noch nicht herausgefischt. Und wie sich zeigte, hatten sie Recht mit ihrer Angst. Mich kamen sie frühmorgens zu Hause holen. Schreie: „*Aufstehen, mitkommen!*“* Der Häuserblock in der Ulica Słowackiego 35/43, wo ich im Erdgeschoss mit meinen Eltern lebte, war dicht umstellt. Insgesamt wurden aus unserem Haus vierzehn Männer nach Auschwitz deportiert. Ich erinnere mich unter anderem an Wiktor Bronikowski, Dozent an der Landwirtschaftlichen Hochschule (SGGW), an den Zeichenlehrer Bogusław Wielhorski, an Jan Staszewski und Stanisław Woźniak oder auch an Karol und Ludwik Włodarczyk, zwei Jungen, die trotz des gleichen Nachnamens nicht miteinander verwandt waren. Ursprünglich verhafteten die Deutschen rund dreißig Männer, nachdem sie aber alle Papiere genau geprüft hatten, wurden Beschäftigte in Elektrizitäts- oder Wasserwerken und Eisenbahner wieder freigelassen. Selbst der einfachste deutsche Soldat wusste, dass solche Leute *kriegswichtig** waren, dass sie gebraucht wurden, wenn man Krieg führte. Am Plac Wilsona luden sie uns, die wir aus Sicht des Dritten Reichs unproduktiv waren, in Autos.

Wie hat Ihre Mutter reagiert, als die Deutschen ins Haus kamen?

Die behelmten Feldjäger sahen meine Mutter nicht einmal an. Sie schaffte es gerade noch, mir ein paar Münzen zuzustecken und einen Mantel, obwohl es noch warmer September war. Offenbar fühlte sie instinktiv, dass sie mich irgendwohin bringen, wo es kalt sein könnte. Oder dass sie mich für so lange mitnehmen, dass ich vor dem Winter nicht zurückkehren würde. Leider musste ich den Mantel in Auschwitz im Depot abgeben. Aber als ich im April 1941 aus dem Lager entlassen wurde, konnte ich ihn abholen, und er war nützlich, denn an jenem Tag gab es Schneeregen. Zufall, purer Zufall. Wie es so ist, wenn man in Panik ist: Die Menschen nehmen Sachen aus einem Impuls heraus mit, manchmal sind sie notwendig, manchmal überflüssig. In der Zeit der Teilungen und dann während der Besatzung machten in Polen Millionen Menschen die Erfahrung, dass sie selbst oder ihre Angehörigen ohne Vorwarnung aus dem Haus, von der Straße oder aus dem Zug geholt wurden. Ganz plötzlich, dort, wo sie gerade waren. Das war 1940 so alltäglich, dass es nicht der Rede wert war. Ein Pole, dem während des Krieges kein Leid widerfahren wäre, hätte wohl in einem abgelegenen Dorf leben müssen, das zudem so arm hätte sein müssen, dass dort nichts zu holen gewesen wäre.

Die Razzia war einer der letzten Höhepunkte der Außerordentlichen Befriedungsaktion*, *mit der die Deutschen im Frühjahr 1940 im gesamten Generalgouvernement begannen. Ziel war die Vernichtung der Intelligenz und konspirativer Organisationen. Der Generalgouverneur Hans Frank erklärte seinen Untergebenen: „Ich gestehe ganz offen, dass das einigen Tausend Polen das Leben kosten wird vor allem aus der geistigen Führerschicht Polens. Für uns alle als Nationalsozialisten bringt aber diese Zeit die Verpflichtung mit sich, dafür zu sorgen, dass aus dem polnischen Volk kein Widerstand mehr emporsteigt."*

Die Razzia vom 19. September richtete sich nicht zufällig gegen die von der Intelligenz bewohnten Stadtteile Żoliborz und Ochota, die Staszic- und die Lubecki-Siedlung. Ziel der Deutschen war es, rund 20.000 Polen in Konzentrationslager zu bringen und mehrere Tausend davon zu ermorden.

Wie dem auch sei, ich umarmte meine Mutter, und sie führten mich aus der Wohnung ab, dann trieben sie mich zusammen mit den anderen Festgenommenen zum Plac Wilsona. Von dort ausbrachten sie uns, wie schon erwähnt, in die Ulica Podchorążych, in die Kaserne der *SS-Reiterstandarte**, wo vor dem Krieg die Polnische Armee residierte. Sie brachten uns in die Reithalle und befahlen uns, uns auf die Erde zu legen. Stundenlang lagen wir auf dem vertrockneten, mit Sägespänen vermengten Pferdemist.

1942 veröffentlichte Halina Krahelska die Untergrundbroschüre Oświęcim. Pamiętnik więźnia (Auschwitz. Erinnerungen eines Häftlings)*, das in weiten Teilen auf Ihren Erinnerungen beruht. Wir lesen dort, ein liegender Gefangenen, der seine Notdurft verrichten musste, stützte „sich auf die Ellbogen, hob vorsichtig die Hand und gab dem Wachmann so zu verstehen, dass er um Erlaubnis bat, auf Toilette zu gehen. In der ersten Stunde, als es gleich sehr viele solcher Bitten gab, als die Bewegungen noch weniger vorsichtig und ungelenk waren, bekamen diejenigen, die am Rand lagen, sofort einen Tritt mit dem Fuß oder einen Stoß mit dem Bajonett. Erst nach einiger Zeit ließ man sie gehen."*

Ja, genau so war es.

Es gibt auch die Beschreibung eines Wachmanns, der sich einen Spaß daraus macht, mit seinem Maschinengewehr auf die Gefangenen zu zielen und verschiedene …

… Gesichter zu ziehen, mal ein drohendes, mal ein komisches. Er sitzt da, an einem gewöhnlichen Schreibtisch, auf dem Tisch ein Stativ und auf dem Stativ ein Maschinengewehr. Und spielt mit dem Lauf. Senkt ihn, hebt ihn, nochmal nach unten und wieder nach oben – und plötzlich schießt er über uns hinweg in die Luft. Ein ganz wichtiger ist er.

In der Reithalle habe bedrückende Stille geherrscht, lesen wir in den Erinnerungen eines Häftlings. *Der Erzähler erklärt „wir waren auf das Schlimmste gefasst, denn was konnten wir schon erwarten?" Er fügt aber sogleich hinzu, wir hätten stolz zu sein, denn die verhafteten Polen hätten sich würdig verhalten.*

Ich habe nicht beobachten können, dass irgendjemand niedergekniet und um Gnade gefleht hätte. Ich habe keine hysterischen Anfälle gesehen. Niemand schrie, warf sich hin oder weinte. Totenstille herrschte jedoch nicht, denn die Leute redeten miteinander. Einige hatten Bündel, Mappen oder Rucksäcke dabei, die – oh Wunder – niemand durchsucht hatte. Von Anfang an wurden Gruppen von zwanzig, manchmal sogar bis zu vierzig Personen gebildet, die nach der Überprüfung ihrer Papiere wieder frei gelassen wurden. Deshalb hatten viele noch immer Hoffnung. Ich gab mich nicht allzu vielen Illusionen hin.

In einem Bericht aus dem Jahre 1945 gestand der Rittmeister Witold Pilecki (Nummer 4859), dass er ärgerlich über die Passivität der anderen Festgenommenen war: „Alle waren bereits von einer Massenpsychose erfasst, die damals dadurch zum Ausdruck kam, dass die Menge einer Schafherde immer ähnlicher wurde." Angeblich plante er sogar, andere dazu zu bringen sich aufzulehnen. Er wollte den Scheinwerfer einwerfen, dessen Lichtkegel durch die Reithalle streifte, und sich auf die Wachmänner stürzen.

Na gut, sich auf die Wachmänner stürzen – und was dann? Das waren schließlich deutsche Kasernen. Wir wären nicht einmal über die Mauer gekommen, außerdem hätte es sofort eine Verfolgungsjagd gegeben.

Nach mehr als zehn Stunden, die wir da lagen, erhielten wir endlich die Erlaubnis uns hinzusetzen. Zu trinken bekamen wir Wasser in Eimern, zu denen man hinkriechen musste, und die Deutschen warfen Brot in die Menge, sie schleuderten die Laibe wie Steine. Auf recht spezifische Weise wurde auch die Frage der Körperhygiene gelöst: zweimal täglich führten sie uns an ausgehobene Gruben heran, damit wir vor aller Augen unsere Notdurft verrichteten. Danach wurden Tische aufgestellt, an denen Offiziere oder Unteroffiziere sowie uniformierte weibliche Schreibkräfte Platz nahmen. Wir wurden in Reihen aufgestellt und die Überprüfung der Papiere begann. Die ganze Zeit trafen aufgebrachte Beschwerden aus Betrieben und Dienststellen ein. Erneut wurden jene entlassen, die sich als *kriegswichtig** erwiesen. Ich trat mit meinem Dienstausweis des Polnischen Roten Kreuzes (PCK) an den Tisch. Auf die Frage nach meinem Beruf antwortete ich auf Deutsch, obwohl ich während des Krieges in der Regel so tat, als würde ich diese Sprache nicht verstehen: „*Angestellt beim Polnischen Roten Kreuz.*"* Der Ausweis wurde jedoch für wertlos befunden. Vielleicht weil auf ihm kein Stempel mit dem Adler Hitlerdeutschlands prangte, der von den Polen als Dussel oder Krähe bezeichnet wurde. Aus Sicht des Dritten Reiches war ich arbeitslos, so befahl es der Offizier in die Kartei zu diktieren. Ironischerweise besitze ich heute das Ehrenabzeichen des Polnischen Roten Kreuzes, denn auf Basis der aus dem Krieg erhalten gebliebenen Dokumente wurde meine Anstellung während der Besatzung bestätigt. Aber im September 1940 kannte ich die Leute und Abläufe im PCK nur zu gut. Ich wusste, dass bevor auch nur irgendjemand anfing einzugreifen, einige Tage vergehen würden. Und es war ja klar, dass wir nicht allzu lange in dieser Kaserne bleiben würden. Die Deutschen hassen Unordnung, und dort gab es nicht einmal Platz zum Schlafen.

Pilecki behauptet, dass einige der Festgenommen von ihren Familien freigekauft wurden.

Vielleicht, aber Bestechen will gelernt sein. Vor allem war wenig Zeit. Die Deutschen fertigten ab dem 20. September abends Transportlisten an. Alles hatten sie bürokratisiert. Auf den Listen waren Stempel und Unterschriften der Vorgesetzten zu sehen. Änderungen, die nicht kontrolliert wurden, konnte man sich also nur in den ersten zehn bis zwanzig Stunden erlauben. In er Nacht vom 20. auf den 21. September wurden wir mit Lastwagen in die Ulica Towarowa, zur Verladerampe der Bahn gebracht. Vor unserer Abfahrt erhielten wir jeweils zu dritt einen riesigen Brotlaib. Sie gaben uns auch, wenn ich mich recht erinnere, einen Löffel Marmelade in die Hand, die man sofort aufs Brot streichen und essen musste.

Die „Buden" parkten entlang des Zuges; unter Schlägen und Stößen sprangen wir aus dem Kastenaufbau direkt in den offenen Waggon. Die Türen wurden verriegelt. Wir hörten, dass der nächste Lastwagen kam. Geschrei und das Gebell der Schäferhunde; Türenknallen. Wieder und wieder. Im Dunkel des Waggons zählten wir, wie viele wir waren. Rund fünfzig. Fast alle aus intellektuellem Milieu. In meinem Gedächtnis blieben einige Namen: Adamski, Bauerertz, Czaplicki … Sie bemühten sich, uns in alphabetischer Reihenfolge aus der Kaserne zu bringen. Bei Tagesanbruch setzte sich der Zug in Bewegung. Es begannen Gespräche, halbherzige Spekulationen. Ich jedoch war, ganz entgegen meinem Charakter, alles andere als redselig. Ich war völlig verängstigt. Ich dachte darüber nach, warum das Kalkül von mir und meinem Vater nicht aufgegangen war. Warum hatte der schließlich echte Dienstausweis des PCK nichts geholfen? „Das ist ja eine schöne Bescherung, was für ein Reinfall" – dachte ich mir. „Vater hat sich geirrt, ich habe mich geirrt."

Während der Fahrt überwog die Überzeugung, dass wir zur Arbeit nach Deutschland fahren. Andere Vorstellungen hatte man in Warschau damals nicht. Im selben Transport, aber in einem anderen Waggon, fuhr unter dem falschem Namen Serafiński der bereits erwähnte Rittmeister Pilecki, der sich in den Aleje Wojska Polskiego aus freien Stücken unter die Festgenommenen mischte. Unsinn ist jedoch die heute häufig wiederholte Ansicht, Pilecki sei ein Held gewesen, weil er freiwillig nach Auschwitz gefahren ist. Er war ein Held, weil er einem Auftrag des Untergrund-Geheimdienstes nachkam und beschloss zu überprüfen, was mit all den Leuten geschah, die in Massenrazzien mitgenommen wurden. Er hatte schließlich keinerlei Garantie, dass er nach Auschwitz kam. Das ist eine wirklich ausreichende, vielleicht sogar eine noch größere Heldentat, denn mit seiner Entscheidung riskierte Pilecki, zum Beispiel in Palmiry[1] erschossen zu werden.

---

1 In der Nähe des Ortes Palmiry, nördlich von Warschau kamen bei Massenexekutionen der deutschen Besatzer in der Zeit zwischen Dezember 1939 und Juli 1941 etwa 1.700 Menschen ums Leben. Es handelte sich in der Mehrheit um Angehörige der polnischen und jüdischen, politischen, intellektuellen und kulturellen Eliten Polens, die zuvor bereits großenteils in den Warschauer Gefängnissen inhaftiert waren. (A. d. Ü.)

Sie waren einer der Ersten, die an Pilecki erinnerten. Schon in den 1960er Jahren schickten sie illegal Dokumente über den Rittmeister nach London, die dann der Historiker Józef Garliński bearbeitete. Kehren wir jedoch ins Jahr 1940 zurück.

Der Transport selbst war grausam durch die Ungewissheit. So wie ein Rückweg immer kürzer und sicherer erscheint, weil man schon alle Kurven und Schlaglöcher kennt, ist die erste Fahrt ins Ungewisse ein Alptraum. Südpolen kannte ich zudem nur aus dem Erdkundeunterricht. Im Waggon habe ich deshalb zwei Beamten zugehört. Einer von ihnen kam aus Krakau. Die Beamten schauten durch die Lücken in den Holzwänden und orientierten sich anhand der Namen der Stationen, an denen wir vorbeikamen, dass wir Richtung Oberschlesien fuhren. Also würden wir in der Industrie arbeiten, folgerten sie. Oder im Bergbau. Nicht gut, denn das sei harte Arbeit. Beamte, Dozenten und Anwälte besaßen ja nicht gerade die besten Voraussetzungen, um als Bergleute zu arbeiten. Anfangs, gleich nachdem wir Warschau hinter uns gelassen hatten, rechneten viele damit, dass sie uns zur Arbeit aufs Land bei den Großbauern schicken. Resignation und Pessimismus machten sich breit. Wir hockten dicht gedrängt. Einige standen, hinlegen ging nicht. Seine Notdurft konnte man in einen Eimer verrichten, der in der Ecke des Waggons stand. Oder dort wo man saß. Unsere Überzeugung, dass wir nach Schlesien fuhren, wurde dadurch bestärkt, dass wir mehrere Stunden auf einem Nebengleis in Poraj bei Częstochowa standen, wo wir mehrere Kübel Wasser bekamen. Wir tranken, schöpften das Wasser mit den Händen. Das war an der Grenze zwischen dem Generalgouvernement und dem 1939 dem Reich einverleibten Oberschlesien. Insgesamt fuhren wir einen ganzen Tag, denn unser Transport ließ immer andere Züge vorbei.

In einigen Berichten erinnern sich die Gefangenen, dass jemand aus dem Transport versuchte zu fliehen, aber erschossen wurde. Haben Sie Schüsse gehört?

Der Zug hielt einige Male auf der Strecke, und zwar lange, deshalb haben wir schon gar nicht mehr darüber nachgedacht, warum wir schon wieder bremsen. Man hörte irgendwelchen Krach und Schreie. Aber ob sie jemanden erschossen haben? Ich weiß es nicht. Nachdem ich bereits entlassen war, aber noch während der Besatzung, habe ich Zbigniew Art

(Nummer 1833) getroffen. Er kam im August 1940 nach Auschwitz und arbeitete bis er frei kam im Lagerkrankenhaus. Art erzählte mir, dass von den Transporten manchmal Leichen zu ihm gebracht wurden. „Doch wohl nicht aus meinem?" – fragte ich. „Wohl doch" – erwiderte Art. Das ist alles, was ich weiß.

Es war zehn Uhr abends, als der Transport in Auschwitz ankam. Er wurde jedoch mit dem Datum 22. September registriert, denn die Lagerkanzlei begann erst bei Tagesanbruch mit der Arbeit. Er ging als der sogenannte zweite Warschauer Transport in die Geschichte ein, der erste kam im August.

„*Looos, rrraus, schnell*"* – sofort, als der Waggon geöffnet wurde, ging das Gebrüll los. Mich blendeten die Scheinwerfer der an der Rampe aufgestellten Autos. Es hagelte Schläge und Hiebe mit dem Gewehrkolben. Schreie und Schmerzgeheul. Man musste von dem hohen Waggon auf die Rampe springen. Über einen Meter tief. Die Menschen fielen hin, verletzten ihre Hände, brachen sich die Beine. Die Hunde bellten, rannen, sprangen die Menschen an und bissen.

„Zu Fünfe!"* – *brüllten die SS-Männer, die einigen Berichten zufolge die Gefangenen in Fünfergruppen ins Lager treiben sollten.*

Die waren vollkommen uneinheitlich. Einem natürlichen Impuls folgend blieben wir eng beieinander, suchten Rettung vor den Hieben. Die SS-Männer schreien, wir sollen laufen. Die Menschen stolpern, stürzen, andere helfen ihnen auf. Die Deutschen schlagen sie. Stöhnen und Schreie. Einige haben immer noch Koffer, Rucksäcke und Taschen dabei. Alle sind erschöpft. Ich gehörte zu den Jüngsten, aber neben mir wurden auch Menschen angetrieben, die um die sechzig waren.

Es ist dunkel, außerdem sehe ich schlecht, habe minus mehrere Dioptrin. Weit vor mir werden Umrisse eines Betonzauns und Gebäude sichtbar. Das ist es, wohin wir laufen.

Auf einmal sind seltsame Geräusche zu hören – uns schien das Industrielärm zu sein, wie von einer Wäscherei. Schu, Schu, Schu ... Bis heute weiß ich nicht, was das war. Diese Geräusche und die Aufschrift „*Arbeit macht frei*"* ließen uns sicher sein, dass wir uns im Arbeitslager eines Industriebetriebs befanden. Man musste kein Philosoph sein, um zu diesem Schluss zu kommen. Darauf konzentrierten sich unsere ersten Gespräche in Auschwitz. In der Zwischenzeit zeigten sich in einigen Fenstern die Gesichter von Menschen, die durch den Lärm geweckt worden waren. Wir fragen, wo wir sind. „In Auschwitz." – „Was ist Auschwitz?" – Na, Oświęcim." – „Und was ist hier?" – „Ihr werdet schon sehen."

Mit diesen dürftigen Informationen gelangten wir dicht gedrängt auf den Appellplatz. Die Scheinwerfer brannten in den Augen. Die SS-Männer stellten uns in alphabetischer Reihenfolge auf und überprüften uns anhand der Liste. Man musste sich melden, der Aufgerufene musste *„Hier!"* * rufen. Noch in Warschau kamen 566 Gefangene aus dem Pawiak-Gefängnis zu unserem Transport – eine rein politische Gruppe, die meisten von ihnen hatten ein brutales Ermittlungsverfahren hinter sich. Sie hatten bereits mehrere Wochen oder Monate gemeinsam im Gefängnis verbracht. Einige von ihnen hatten den Tod von Angehörigen erlebt. Auf dem Appellplatz verhielten sie sich diszipliniert und schweigend, anders als wir, die wir infolge der Razzia hierher gelangt waren. Sie stellten keine Fragen und machten keinen Lärm. Anfangs blieben sie für sich, erst später mischten sie sich unter uns.

Auf dem Platz tobten Menschen in Häftlingsanzügen mit schwarzen, roten, vor allem aber grünen „Winkeln", dreieckige auf dem Anzug aufgenähte Abzeichen – Funktionshäftlinge und Kapos. Aufs Geratewohl prügelten sie mit Stöcken auf uns ein. Ich hatte das Gefühl, ich würde mich in einem surrealistischen Zirkus befinden.

Der Strahl der Scheinwerfer und Lagerlampen hämmert blendend in meine lichtungewohnten Augen. Die Schreie kenne ich schon, aber warum stellen die im Spalier aufgestellten SS-Männer den Häftlingen, kaum daß sie sich in Eile versetzt haben, ein Bein oder prügeln mit Gewehrkolben auf sie ein? Ach meine schwachen Augen! Wenn ich da durchschlüpfen könnte. Natürlich lege ich mich bald lang, gestolpert über einen schwarzglänzend gewichsten Schaftstiefel. Der warme Wintermantel, den die fürsorgliche Mutter ins Gefängnis geschickt hatte, hinderte beim Laufen. Aber jetzt mildert er stark die Schläge. Noch eine Weile und schon krümmen sich die anderen hinter mit und schreien vor Schmerzen. Ich raffe mich auf und laufe weiter …

Nach wenigen Stunden ist mit sonnenklar (dies zu verstehen wurde uns nachgeholfen), daß ich schon aufgehört habe, ein Mensch zu sein, aber noch kein Häftling geworden bin, daß ich das nichtswürdigste Geschöpf überhaupt bin, das man hier *Zugang* nennt.

Adolf Gawalewicz, Nummer 9225, *Refleksje z poczekalni do gazu* (*Überlegungen im Warteraum zum Gas*)

Pilecki erinnert sich, dass die Gefangenen nach Überprüfung der Transportlisten ins Badehaus getrieben wurden: „Hier wurden uns die Kopf- und Körperhaare geschoren, und wir wurden mit ein wenig, fast kaltem Wasser bespritzt. Hier wurden mir die ersten zwei Zähne ausgeschlagen, dafür, dass ich meine auf einem Schild geschriebene Kennnummer in der Hand trug und nicht zwischen den Zähnen, wie es an jenem Tag der Bademeister* *wünschte. Mit einer schweren Stange bekam ich einen Schlag gegen das Kinn. Ich spuckte zwei Zähne aus. Es floss ein wenig Blut.“*

Ja, wo sollte ein nackter Gefangener das Schild mit der Nummer, seinem neuen Vor- und Nachnamen, denn halten? Aber von Anfang an waren grundlose Schläge eine bewusst kalkulierte Methode – die Menschen brechen und einschüchtern. Damals wurden den Häftlingen die Nummern noch nicht auf den Unterarm tätowiert. Wir erhielten nur einen Lappen mit der Nummer und am nächsten Tag Nadel und Faden, um ihn an den Häftlingsanzug zu nähen. Der zweite Warschauer Transport erhielt die Nummern 3821 bis 4959 und 4961 bis 5526. Ich hatte die Nummer 4427. *Schutzhäftling** 4427. Später zeigte sich, dass das Fehlen der eintätowierten Nummer viele gute Seiten hatte – nach der Entlassung aus dem Lager, bei Durchsuchungen, Razzien oder Verhaftungen, war ich nicht zusätzlich gebrandmarkt. Den Deutschen entging ein wichtiger Hinweis, ein besonderes Kennzeichen.

Im Badehaus hatte meine Gruppe – im Gegensatz zu Pilecki – heißes Wasser. Aber in Auschwitz, und später in Birkenau, kam es öfter vor, dass die Kapos die Häftlinge mal mit heißem Wasser verbrühten, mal einen eiskalten Strahl auf sie richteten. Wir wurden am ganzen Körper rasiert. Unsere Kleidung steckten sie in Säcke, versahen sie mit Nummern und gaben uns Lagerkleidung. Dann teilten sie uns in Gruppen zu etwa 300 Personen ein und trieben uns zu den Blöcken. Ich schlief einige Stunden in Block 10, auf dünnen, dreckigen Strohsäcken, die auf dem Boden ausgebreitet waren. Im Raum waren fünfzig Personen zusammengepfercht. Ich schlief an den Dozenten Bronikowski (Nummer 4745) gedrückt, der später im Lager starb. Morgens gab es nur dünnen Kaffee, zu essen gab es nichts. Sie trieben uns wieder auf den Appellplatz.

Beim Morgenappell traten alle Häftlinge an, aber an diesem Tag richtete sich die Rede des Lagerführers* *Karl Fritzsch an den* Zugang*.

Fritzsch sagte: „Schaut dort, der Kamin. Schaut, das ist das Krematorium. Ihr geht alle ins Krematorium. 3000 Grad heiß. Der Kamin ist der einzige Weg ins Freie."

In Ihrem Buch Warto być przyzwoitym *(*Herbst der Hoffnungen. Es lohnt sich, anständig zu sein*) erinnern Sie sich: „Das war schön und offenherzig. Gute Aussichten für uns. Durch den Kamin. Da wurden wir bleich, und ich habe gezittert. Ich hatte Angst. Das war für mich die schwerste Zeit in meinem Leben, schwerer als in Warschau im Krieg und nach dem Krieg. Jahrelang träumte ich von diesem Morgen, trat jede Nacht wieder an, sah den Kamin, hörte Fritsch, es gibt nur einen einzigen Weg ins Freie, durch den Kamin. Und im Traum wurde ich noch bleich."*

Fritzsch ist eigentlich der einzige SS-Mann, dessen Namen ich bei meinem Aufenthalt im KZ behalten habe. Der *Lagerführer** war so etwas wie der Vize-Chef, wie ein Generaldirektor in einem Ministerium, aber nicht der Minister. Eine große exekutive und organisatorische Macht und Entscheidungsgewalt. Doch über ihm stand noch der Gott. Ein Gott, der sich selten zeigte – der Kommandant Rudolf Höß. Er war der Gott des Todes, und die SS-Männer waren seine Erzengel. Das Schicksal wollte es, dass ich nach dem Krieg, als Höß in Polen der Prozess gemacht wurde und ich von den Kommunisten verhaftet worden war, mich im Januar 1947 mit dem ehemaligen Auschwitz-Kommandanten auf einem Gefängnisflur befand. Unsere Zellen waren vielleicht zehn Meter voneinander entfernt. Ich hörte, wie er morgens auf Deutsch Meldung machte.

Ein Paradox der Geschichte, ein bitteres Paradox der Geschichte.

Das war nicht nur eine makabre Ironie des Schicksals, sondern auch gezieltes Handeln der kommunistischen Behörden – um die Untergrund-Soldaten zu demütigen, sperrte man sie zusammen mit nationalsozialistischen Verbrechern in Gefängnisse und Zellen. Saßen Sie nach dem Krieg mit Deutschen ein, die etwas über Auschwitz wussten?

Von der Lagerbesatzung – nein. Aber als ich im Ministerium für Öffentliche Sicherheit (MBP) in Haft war, saß ich mit Erich Engels zusammen ein, einem der größten Verbrecher, der im Sommer 1951 im Stadtteil Mokotów erhängt wurde. Er verwaltete die Warschauer Gestapo-Kartei. *Hauptsturmführer** Engels war Offizier des SD, des *Sicherheitsdienstes**, der innerhalb der SS die Funktion eines internen Geheimdienstes wahrnahm. Er wusste folglich eine ganze Menge. Aber ich habe nicht allzuviel mit gesprochen. Das Thema Lager oder Erschießungen habe ich in der Regel umgangen, denn ich wollte keinen Raum für Kontroversen bieten, und die Absicht jemanden zu bekehren, hatte ich auch nicht. Aber manchmal passte etwas, oder Engels selbst wollte etwas Nützliches oder Nettes sagen. Er sagte zum Beispiel, die polnische Intelligenz, das wären doch tolle Leute gewesen, und wenn Hitler das gewusst hätte …

Kehren wir auf den Appellplatz in Auschwitz zurück.

Nach dieser denkwürdigen Rede guckten sich die SS-Männer ein Opfer aus, das von den Kapos nach vorne geholt wurde. Der Mann war angeblich Lehrer an einem Warschauer Gymnasium, sein Name war Dobrowolski, so hieß es zumindest im Lager, aber es ist mir nie gelungen, diese Informationen zu bestätigen. Wessen er schuldig war? Man weiß es nicht. Vielleicht stand er schief, vielleicht gab es auch gar keinen Grund. Vor unser Augen wurde er einfach gefoltert – die Kapos trampelten auf ihm herum, schlugen mit Stöcken auf ihn ein. Zehn, vielleicht fünfzehn Minuten. Er lag regungslos am Boden, blutete aus dem Mund. Die Kapos traten auf ihn ein.

Einige Jahrzehnte später schrieben Sie, dass Sie jenes Bild immer noch vor Augen haben: „Hier standen etwa 5000 Menschen. Stramm in Hab-Acht-Stellung. Und wir waren Zuschauer, und niemand hat etwas gesagt, niemand hat etwas gemacht. Und ich war da und ich habe auch nichts gemacht, und das empfinde ich noch heute als die Scham meines Lebens, obwohl ich das alles verstehe."

Ich verstehe das, denn man muss sich ja fragen, was wir eigentlich hätten tun können – um uns herum Maschinengewehre und bewaffnete SS-Leute. Sie wollten uns brechen. Das haben sie erreicht, wir begannen uns zu fürchten.

Im Lager sah jeder Tag für Tag, wie andere zusammenbrachen, wie sie ermordet wurden. Und tat nichts, konnte nichts tun. Er fühlte sich dadurch besudelt und beschmutzt. In Ihrem Buch Moja Jerozolima, mój Izrael *(Mein Jerusalem, mein Israel) fragen Sie: „Wo ist die Grenze des Anstands? Wo ist die Grenze der Hilfsbereitschaft? Besteht sie darin, Almosen zu spenden, oder jemanden bei sich aufzunehmen? Vielleicht auch die Kleidung mit ihm zu teilen, wie es einige Heilige taten? Niemand kann von sich sagen, er habe genug getan, außer jenen, die starben, als sie anderen halfen. Nur die taten genug.*"

Diese Worte gehören in einen anderen Kontext. Als ich aus Auschwitz zurückkam, habe ich mich im Untergrund, im Hilfsrat für Juden „Żegota" (Rada Pomocy Żydom „Żegota") engagiert. Ich habe damals das tragische Missverhältnis zwischen gutem Willen und Wirkung erlebt. Es gab einen, um den haben wir uns monatelang gekümmert, haben ihm drei falsche Identitäten besorgt, ihm immer neue Wohnungen beschafft, und dann geht der Mann – egal ob er unsere Ratschläge nun befolgte oder nicht – auf die Straße. Er wird festgenommen und umgebracht. Verdammt nochmal! Zwei Jahre Mühen und alles umsonst …

Aber in Auschwitz hatte ich den Willen, andere zu retten, nicht. Ich habe niemanden gerettet. Ich habe mir nichts vorzuwerfen, in dem Sinne, dass ich jemandem etwas weggenommen oder gestohlen hätte, dass ich jemanden geschlagen hätte. Nein, Gott sei Dank nicht. Ich musste niemals Beichte über meine Zeit im Lager ablegen. Aber das war das Wenigste, nicht mehr.

Eine Spur ist von Ihrer Zeit in Auschwitz im dortigen Museumsarchiv erhalten geblieben. Eine Fotografie.

Im Sommer und Herbst 1940 befand sich das Lager noch in seiner Entstehungsphase. Eine Umzäunung wurde errichtet, und es wurde elektrischer Stacheldraht ausgerollt, Erhöhungen als provisorische Wachtürme für die SS wurden aufgeschüttet, die Blöcke wurden erweitert, der Appellplatz und die Wege eingeebnet usw. Auch die *Politische Schreibstube** entwickelte sich erst und fotografierte die Häftlinge noch nicht gleich bei Ankunft. Ich stand erst später vor der Kamera. Beim Appell wurden einfach die Nummern aufgerufen, Gruppen gebildet und im Sträflingsanzug zum Fotografen, auch ein Häftling, geführt.

Auf dem Foto trage ich die zerschlissene Jacke eines Wehrmachtssoldaten mit abgerissenen Rangabzeichen. Nur meine Hose war gestreift, denn anfangs fehlte es an Sträflingshemden und einige von uns trugen abgetragene Uniformteile. Sie kamen sicher direkt von der Front, denn auf meiner Jacke befanden sich sogar getrocknete Blutflecken. Als ich nach Ankunft im Lager diese Kleidung bekam, dachte ich: „Na, nicht schlecht, der Soldat ist gestorben und seine Jacke dient jetzt dazu, einen lebendigen Leichnam einzupacken."

Soweit ich mich erinnere, sprach der Fotograf, selbst ein polnischer Häftling, Deutsch mit uns, denn gleich daneben stand ein wachhabender SS-Mann. Im Lager gab es den Befehl, dass die Häftlinge öffentlich nur Deutsch sprachen. Wer die Sprache nicht konnte, hatte in der Schreibstube die Möglichkeit, sich über einen Dolmetscher zu verständigen. Aber im Prinzip bemühte sich jeder, die grundlegenden Dinge zu verstehen, denn er wurde dann etwas weniger brutal behandelt. Vor der Kamera musste ich also die für Polizeifotos typischen Positionen einnehmen: rechtes Profil, en face und linkes Ohr mit Kopfbedeckung. Auf zwei Fotos trage ich eine Brille. An die ganze Szene konnte ich mich später nur noch verschwommen erinnern, denn in er Zeit der Volksrepublik (PRL), in den kommunistischen Gefängnissen, wurde ich noch viele Male auf die gleiche Weise abgelichtet. Dieses Foto aus Auschwitz aber ist in der Tat sehr wertvoll und nur durch puren Zufall erhalten geblieben. Ein Positiv und ein Negativ erhielt ich vom Richter Stanisław Batawia. Der Arzt, Kriminologe und Jurist an der Universität Warschau dokumentierte nach dem Krieg die nationalsozialistischen Verbrechen. Ich lernte ihn in den ersten Wochen nach der Befreiung von Auschwitz im Januar 1945 kennen. Batawia nahm sich der Sichtung und Rettung der Spuren an, die vom Lager geblieben waren, denn sie drohten verwüstet und beseitigt zu werden. Trotz meiner Bitten und sorgfältiger Suche gelang es jedoch nicht, außer dem Foto, andere mich betreffende Unterlagen oder auch nur Bruckstücke davon in Auschwitz zu finden. Das Foto … Als Batawia das Foto fand, waren seit seinem Entstehen erst fünfeinhalb Jahre vergangen, meine Gesichtszüge hatten sich noch nicht verändert, ich war leicht wiederzuerkennen.

Selbst heute ist das noch kein Problem.

Außer den Berichten verschiedener Kameraden ist das der einzige Beweis, dass ich überhaupt in Auschwitz war. Das ist für die Forscher, die sich mit der Geschichte der Konzentrationslager beschäftigen, übrigens ein ziemliches Problem: Wo es an unwiderlegbaren Beweisen fehlt, ist Ungenauigkeit nicht weit. Es gibt Menschen, denen es vollkommen glaubhaft gelingt zu erfinden, dass sie Häftlinge waren.

Ihr Bild ist mit der Aufschrift „Pole“ sowie mit der Nummer 4427 versehen. Aber als Häftlinge haben Sie sich ja nicht mit Nummern angeredet. Waren Sie per Du?*

In der Regel haben wir uns gesiezt, wir waren ja in der Vorkriegszeit aufgewachsen und erzogen worden. Im Block für Minderjährige haben wir uns aber geduzt. Denn schließlich kam ich nämlich in diesen sogenannten Block für Minderjährige, Block Nummer 5. Anfangs gab es keine klaren Kriterien, welche Jahrgänge dorthin kamen. Die Deutschen begannen mit denen die 1923, 1924 und später geboren waren, denn solche gab es auch. Aber nach einigen Tagen, als ich immer noch in einem ganz normalen Block wohnte und noch nicht zur Arbeit eingeteilt war, suchten die Deutschen schon Jahrgang 1922. Ich denke, es ging um die Verteilung. In einem Block mussten 30 bis 40 Häftlinge sein, also wurden auch Achtzehnjährige zu den Minderjährigen gezählt. Wenn ich mich recht erinnere, gab es in dem Block vier Räume. Blockältester war Józef Baltaziński (Nummer 749), politischer Gefangener aus Brzesko, sein Vertreter war Jurek Żarnowiecki (Nummer 616) aus Zakopane, der gleich, nachdem er das Lager verlassen hatte, in Westeuropa ums Leben kam. *Schreiber** des Blocks war Jan Brumer (Nummer 765), Sohn des Theaterwissenschaftlers und Berufsoffiziers Wiktor Brumer, der sich zu jener Zeit in England aufhielt. Jan Brumer war festgenommen worden, als er versuchte, in den Westen zu gelangen, zur Polnischen Armee, die sich dort formierte. Später kam er aus dem Lager frei, ich weiß nicht unter welchen Umständen, wurde wieder festgenommen und kam erneut nach Auschwitz, diesmal zudem in die *Strafkompanie**. Aber er hat überlebt. Nach dem Krieg lebte er in Südafrika und war Schauspieler. Er hatte viel Glück, denn die Deutschen haben nicht bemerkt, dass er ihrem Verständnis nach kein „Arier“ war. Nach meiner Entlassung aus dem Lager habe ich ihn einige Male getroffen. In Auschwitz verhielt er sich anständig, ausweichend. Er machte nicht den Anschein, als würde er den Häftlingen helfen, aber er hat auch niemandem geschadet. Er folgte der Regel: „Nicht dumm sein und Ruhe geben.“ Er konzentrierte sich auf die Arbeit des Schreibers und verfasste täglich einen Bericht: Lage im Block, soundsoviele Zugänge, soundsoviele Kranke, soundsoviele Verstorbene.

Wie bewerten Sie Baltaziński, in den Berichten der Häftlinge gehen die Meinungen auseinander?

Er verhielt sich brutal, aber hätte er sich anders verhalten, wäre er nicht Blockältester gewesen. Im Übrigen war die Brutalität ein wenig gestellt. Ich habe nie gesehen, dass er einen anderen Häftling besonders hart geschlagen hätte. Ich kenne auch keinen Fall, dass ein Häftling durch ihn zu Tode oder in die Strafkompanie gekommen wäre. Aber vor den Augen der Deutschen zeigte er Eifer – er schwang den Knüppel, und manchmal schlug er zu.

Mir hat er nichts Böses getan, aber allein das Bewusstsein, dass ein politischer Gefangener sich überhaupt brutal verhalten konnte, hat mich anfangs schockiert. Angesichts dessen allerdings, was ich später jeden Tag in Auschwitz sah, glaube ich nicht, dass dieser Schock besonders begründet war.

Ich kann noch eine weitere Person benennen: Der Stubenälteste, ein Pole aus Oberschlesien, hieß Józef Franica (Nummer 1272). Ein einfacher, ungehobelter Typ Mitte dreißig. Er war ziemlich brutal, hat alles geregelt: „Ordnung muss sein ... Euch Warschauern werd ich's zeigen." Zum Glück bin ich ihm nicht unangenehm aufgefallen.

Baltaziński, ein ehemaliger österreichischer Offizier, war bisher der erste Dolmetscher des Lagers gewesen. Der große, gut gebaute Mann mit dem Äußeren und den Manieren eines Grundbesitzers hatte sich schnell dem Führungsstil des Lagers angepaßt. Wenn es notwendig war, brüllte er mit weithin hallender Stimme, manchmal verteilte er mit leichter Hand Ohrfeigen, und der Ordnung halber griff er auch zum Knüppel, aber es war zu sehen, daß er das nicht aus Überzeugung tat. Unbeugsamer wurde er in Gegenwart von Palitzsch oder der Lagerführer, vor denen er panische Angst hatte. Dann schlug er skrupellos auf die Jugendlichen ein. Jurek Żarnowiecki war einige Jahre älter als wir. Der kleine, breitschultrige Blondschopf mit heller Haut und nordischen Zügen mißbrauchte seine Macht nicht. Wenn nötig, griff er ein, um Ordnung und Disziplin aufrechtzuerhalten. Dann spannte er seien mächtigen Oberkörper an, er hatte sich nämlich schon an zusätzlichen Portionen gemästet, blickte drohend unter seinen hellen Brauen hervor und kam langsam auf den Missetäter zu. Im allgemeinen genügte das.

Kazimierz Albin, Nummer 118, *List Gonczy* (*Steckbrieflich gesucht*)

Aber man darf dabei nicht vergessen, dass der Block für Minderjährige im Lager einen ganz eigenen, besonderen Raum bildete, in dem etwas andere Gesetze galten.

In der ersten Zeit, als man noch nicht mit der Vernichtung begonnen hatte, orientierte sich die Organisation in Auschwitz teilweise an den bereits bestehenden Konzentrationslager des Dritten Reichs in Deutschland, wie Dachau oder Sachsenhausen. Anfangs verfolgte dieses Modell, insbesondere was die Minderjährigen betraf, ein dem Anschein nach erzieherisches Ziel. So war beispielsweise die Rede davon, Jugendliche, die vom Weg abgekommen waren, zu resozialisieren. Vielleicht entschied die KL-Leitung in Auschwitz deshalb im Sommer 1940, einen Block ausschließlich Minderjährigen vorzubehalten. Das waren oftmals einfach noch Jungs. Sie kannten keinen Drill. Auf Deutsch verstanden sie die einfachsten Befehle nicht: aufstehen, setzen, Mütze ab, Marsch, stillgestanden. Der Block für Minderjährige war in gewisser Weise ein Experiment, das im übrigen nicht lange dauerte, denn schon in den ersten Monaten des Jahres 1941 war es zu Ende. Das Hauptziel des KL Auschwitz war schließlich nicht, irgendjemanden zu resozialisieren, sondern ihn zugrunde zu richten – durch Arbeit, Hunger, Krankheit, Schläge und Folter. Nach dem Krieg berechneten Ärzte, dass ein gesunder und gut genährter Mensch, der nach Auschwitz gekommen wäre, ohne dort zu erkranken oder schmerzhaft geschlagen zu werden, sich aber mit den von der SS angesetzten Essensrationen hätte begnügen müssen, innerhalb weniger Monate gestorben wäre.

Doch dank des kurzen Experiments mit dem Block für Minderjährige, waren meine ersten Erfahrungen in Auschwitz sozusagen auf verschiedene Etappen verteilt und wurden etwas abgemildert. Anfangs gingen die Minderjährigen zum Beispiel nicht arbeiten und das gab zusätzliche Stunden – wertvolle Stunden, wenn nicht Tage – sich anzupassen und zu orientieren, wie die Stube, der Block und das Lager organisiert waren. Man konnte sich Gedanken machen, wie man hier überhaupt leben konnte – wie man sich ernähren sollte, wie gehen, wie schauen, wie und wo schlafen, wie waschen. Damit man keine Schläge bekam, damit man nicht auffiel. Wenn ich eine Schnitte Brot bekam, sollte ich sie gleich essen, oder für später aufheben? Das war ein neues Leben, Dutzende neue, alltägliche Probleme nahmen einen in Anspruch.

Wir haben uns immer gefragt, wie ein Brillenträger in Auschwitz zurechtkam.

Manchmal haben sie mir in die Fresse gehauen, manchmal meine Brille zerschlagen. Im Innern der Gebäude ging es noch einigermaßen ohne sie, aber im Freien habe ich mich ziemlich unsicher gefühlt. Zum Glück haben die polnischen *Pfleger** – Häftlinge, die im *Krankenbau**, also im Lagerkrankenhaus, arbeiteten – eine neue besorgt. Auf dem Foto habe ich eine Brille vom Krankenhaus auf. Dort gab es reichlich Brillen, Hinterlassenschaften der Verstorbenen, Verhungerten und Todgeprügelten.

Neben der allgemeinen Anpassung hatte ich in diesen ersten Tagen noch einen weiteren Gedanken: holt mich hier jemand raus? Aber da mich das PCK in Warschau nicht rausgeholt hatte, was einfacher gewesen wäre … musste nun sicher in Berlin interveniert werden, denn das Konzentrationslager befand sich nicht mehr auf dem Gebiet des Generalgouvernements, wo die Gestapo vor Ort viel zu sagen hatte …

Mehrere Hundert junger Menschen in einem Block. Normalerweise würden Freundschaften entstehen, aber es ist schwer vorstellbar, dass es nicht zu Rivalitäten kam …

… und Konflikten.

Um einen Teller Suppe, Arbeit in einem besseren Häftlingskommando, eine Zigarettenkippe.

Kameradschaft gab es vor allem bei denen, die aufgrund politischer Ermittlungen nach Auschwitz gekommen waren. In den ersten Transporten gab es viele Leute aus Südpolen, denen vorgeworfen worden war, sie wollten in den Westen fliehen. In der Untersuchungshaft, vor Auschwitz, wurden sie über mehrere Monate gefoltert. Die gewöhnlichen Häftlinge, wie mich, die bei einer Razzia verhaftet worden waren, mussten diese alten Hasen erst kennenlernen, prüfen und akzeptieren. Aus ihrer Sicht war das vollkommen verständlich, denn unter uns konnten sich ja auch Verbrecher oder Spitzel befinden.

Etwas größeres Vertrauen genossen jene Warschauer, die aus dem Pawiak-Gefängnis nach Auschwitz gebracht worden waren. Ich gehörte zu der – würde ich sagen – schlechtesten, untersten Kategorie: während einer Razzia zufällig festgenommen, und niemand wusste irgendetwas von mir. Anfangs schlichen sie also nur um mich herum, erst mit der Zeit gewannen einige, dank meiner recht kontaktfreudigen Art, an Vertrauen. Sie sahen, dass ich ein ganz normaler Abiturient eines katholischen Gymnasiums war, beschäftigt beim PCK und in die Razzia wie Pilatus ins Credo geraten.

Ich erinnere mich an den Ersten im Block, der ehrlich und offen mit mir redete: Zygmunt Janta (Nummer 891). Er war in meinem Alter, sein Vater hatte an den Schlesischen Aufständen teilgenommen und war ein bekannter polnischer Journalist und Idealist. Janta überlebte das Lager nicht. Er war es, der mir erklärte, wie die unterschiedlichen Häftlingskategorien sich im Bewusstsein dieser Jungs darstellten: „Sagen wir mal, du bist in Ordnung. Aber es gibt hier Leute, die ziemlich was abbekommen haben, weil sie angeblich ins Ausland fliehen wollten. Dafür brach man ihnen die Knochen." Janta erklärte, seine Familie sei sozialdemokratisch, und er kritisierte jegliche Art von Chauvinismus aufs Schärfste. Der Nationalsozialismus war für ihn eine Folge davon. Er war der einzige, mit dem ich so offen sprach. Aber im Block für Minderjährige trichterte mir auch Jan Kudynowski (Nummer 500) das ein oder andere ein. Ich erinnere mich auch an Aleksander Olędzki, Gieniu Mieszkowski und einen aus Żoliborz mit Nachnamen Heine. Wohlwollend waren die Brüder Pilarz oder Pilasz aus Rzeszów. Sie befürworteten, dass ich auf Anordnung des Blockältesten im Block Deutsch unterrichtete. Das war keine Funktion, ich war kein Kapo. Ich las nur Abenteuererzählungen oder Zeitungen laut vor oder übersetzte sie. Einige warnten mich sogar, denn während ich vorlas, änderte ich die Intonation und parodierte die Propagandaartikel: *Oberkommando der Wehrmacht gibt bekannt …**

> Am schwersten fiel es denjenigen, die man direkt zu Hause oder auf der Straße verhaftet hatte. Viele versanken in Depressionen, was den sicheren Tod bedeutete. Die ersten Tage waren sie wie betäubt und fanden sich im Chaos des Lagers kaum zurecht.
>
> Jerzy Bielecki, Nummer 243, *Kto ratuje jedno życie …* (*Wer ein Leben rettet …*)

Witold Kupczyński (Nummer 3829) erinnert sich, dass Sie Karl May vorlasen. In anderen Häftlings-Berichten wiederum heißt es, dass als Lehrer ein Schlesier in den Block kam, der genauso schlecht Polnisch wie Deutsch sprach. Zum Glück hätten aber Studenten den Unterricht übernommen. Damit waren sicher Sie gemeint.

Ich weiß nur von mir, ich habe nicht gesehen, dass jemand anderes die Rolle des Lehrers übernommen hätte, es sei denn Abiturienten aus Schlesien wie Janta, die einfach Deutsch konnten, waren gemeint. Im Lager wurde geschlagen, manchmal sehr schmerzhaft, wenn sich ein Häftling, wie es das Protokoll verlangte, nicht auf Deutsch äußern konnte, zum Beispiel um Meldung zu machen. Ich war in der Schule in Deutsch sogar ziemlich gut, denn ich hatte einen guten Lehrer, Dr. Tadeusz Mikułowski, der im Herbst 1943 übrigens selbst nach Auschwitz kam, um dann auf Verlangen der Gestapo nach Warschau zurückgeschickt zu werden, wo er zusammen mit der letzten Gruppe Inhaftierter des Pawiak-Gefängnisses ums Leben kam. Aber im Lager bemühte ich mich mit meinem Deutsch vorsichtig zu sein. Ich hatte Angst, dass sie mich zum Funktionshäftling machen würden.

Das Vertrauen der Mithäftlinge zu den Neuankömmlingen, das sie ansprachen, besonders zu denen, die bei Razzien festgenommen worden waren, war eins. Aber im Lager ging es die ganze Zeit auch ums Überleben.

Ursache schafft Wirkung. Eine Ursache war die Gefahr, die einen Teil der Leute veranlasste, sich vor Gehorsam und weitgehender Anpassung zu schützen. Die Deutschen gaben einem Häftling zum Beispiel einen Knüppel in die Hand und sagten ihm, er sei jetzt *Vorarbeiter**, er würde die Arbeit der anderen überwachen. Solange so einer nicht zuschlug, war er in unseren Augen nicht auf ihrer Seite. Wenn er mehrmals zuschlug, jemand blutete, war er für die Deutschen vertrauenswürdig, verlor aber das Vertrauen der anderen Häftlinge.

Warum fürchteten Sie sich davor, eine Funktion zu übernehmen. Wollten Sie nicht auf die Abwege geraten?

Ich war mir bewusst, dass die Deutschen mit ihrem traditionellen Obrigkeitsgehorsam, in diesem Fall dem Lagerkommandanten und allen Uniformierten gegenüber, den Funktionshäftlingen keinen Ausweg lassen. Die einzige Chance seine Loyalität zu zeigen ist ein scharfes Auftreten gegenüber den anderen Häftlingen.

Die ersten dreißig Auschwitz-Häftlinge, die gleich zu Beginn die wichtigsten Funktionen erhielten, waren deutsche Kriminelle und Asoziale. Sie kamen aus dem KZ Sachsenhausen und wurden auf Verlangen des Lagerkommandanten Rudolf Höß nach Auschwitz gebracht. Eine

Ausnahme war Otto Küsel (Nummer 2), der den polnischen politischen Häftlingen half und zum Beispiel besonders geschwächte von ihnen zu leichteren und sichereren Arbeiten einteilte. Nach dem Krieg erhielt er sogar die polnische Ehrenbürgerschaft.

Aber dann wurden auch den Polen, und nicht nur den *Volksdeutschen**, Funktionen angeboten. Und da lag das Problem. Nehmen wir zum Beispiel eine typische Arbeit: Die Leute schuften beim Ausbau des Lagers, sie schleppen Ziegelsteine und Betonpfeiler, und die *Vorarbeiter** schwingen ihre Knüppel und fluchen laut auf Deutsch: *Verflucht! Donnerwetter! Zum Teufel mit dir!** Die SS-Männer stehen einige Dutzend Meter entfernt und denken, dass die Arbeit vorangeht. Indes ist alles nur zum Schein, Theater und Tricks. Aber was ist, denn die Deutschen in der Nähe sind? Dann muss man schlagen. Wie stark? Wo liegt die Grenze zwischen der Notwendigkeit, Entschlossenheit zu zeigen, und dem Verlust des Maßes, wenn man Schwächeren Schmerzen zufügt und sich an ihnen auslässt?

Darin bestand unter anderem die Hölle Auschwitz. Oftmals standen und schauten die SS-Männer nur und behielten eine weiße Weste. Die Hierarchie sah vor, das schon ein *Oberscharführer** ein Halbgott war, Herr über Leben und Tod. Ach, selbst ein einfacher SS-Mann oder *Sturmmann** besaß große Macht und genoß seine Macht, wollte sich im Grunde genommen aber die Hände nicht schmutzig machen. Wir waren Untermenschen, und um die Untermenschen kümmerten sich Leute von niederem Rang, deutsche Kriminelle oder andere Funktionshäftlinge. Ein SS-Mann konnte in einem Exekutionskommando schießen oder die Selektion an der Rampe vornehmen, als Birkenau schon zum Ort der Vernichtung der Juden geworden war. Allem Anschein zum Trotz waren typische Sadisten aber in der Minderheit, denn ein Sadist, hat Lust zu schlagen, zu quälen und Leid, Tränen und Blut zu sehen. Ich wiederhole: Die SS-Männer haben in der Regel anderen befohlen das zu machen, und sie haben sich sogar selten eingemischt. Das Problem der menschlichen Natur besteht darin, dass Menschen in der Lage sind, sich Dinge anzueignen, die scheinbar unmöglich sind sich anzueigenen. Das habe ich im Lager gesehen, und ich habe es in kommunistischer Zeit gesehen.

Die Gewöhnung an die Grausamkeiten betäubte nicht nur einige Häftlinge und verwandelte sie in Henker, sondern ermöglichte auch Tausenden Opfern durchzuhalten. Die Hauptfigur der Erinnerungen eines Häftlings, *der in weiten Teilen Ihr Alter Ego ist erinnert die ersten Tage im Lager folgendermaßen: „Schläge! Mein Gott. Schläge ohne Ende, jederzeit an jedem Tag, für alle und jeden. Das war natürlich am schrecklichsten, es war neu und roh. Und später, in den darauf folgenden Monaten, verschwanden die Schläge nie, nicht einmal für einen Tag. Es prügelten die deutschen Wachleute, die Kapos, Deutsche und Nicht-Deutsche, heftig schlugen die Stuben- und Blockältesten zu, und – oh Schande –manchmal auch die Polen. Aber nach einer gewissen Zeit kannte jeder von uns die Geheimnisse, Arten und Gesetze dieses bestialischen Prügelns. Längst erkannten und kannten wir die Prügelnden. Wir wussten, wer wie schlug, aus welchem Grunde, unter welchen Umständen usw. Das Prügeln der Häftlinge schien nach einem gewissen Schema stattzufinden; hin und wieder war etwas vorhersagbar, wenn nicht neue, unvorhergesehene Umstände eintraten."*

Im Lager erhielt ich Hiebe und Schläge, ich wurde aber nicht gefoltert. Ich war niemals direkt zum Töten vorgesehen. Zum Schlagen ja, natürlich, aber das war verständlich. Denn ich war einfach ein Gegenstand, wie ein Stück Holz, gegen dass man zum Spaß treten, auf dem man herumtrampeln und das man brechen kann. Ich beschwere mich nicht. Niemand hat mir die Zähne ausgeschlagen. Ich hatte keine geprellten Nieren.

Bei Übertretung der Lagervorschriften, Verzögerungen bei der Arbeit, fehlender Dynamik beim Exerzieren, Gesprächen bei der Arbeit oder einem unbedachten, zu lauten Wort im Block wurden die Häftlinge von SS-Leuten, Blockältesten, Kapos und Gruppenältesten sofort mit Schlägen sowie beim Rapport an den Lagerkommandanten bestraft. Es gab unterschiedliche Schläge: Fausthiebe ins Gesicht, Tritte in den Bauch oder Unterleib, ein Stockhieb auf den Rücken, aber auch Prügel mit dem Schlagstock, ausgeschlagene Zähne, Rippen und Schädelbrüche. Einige übten das Schlagen speziell, um einen Menschen mit einem Hieb zu töten.

Janusz Nel Siedlecki, Nummer 6643; Krystyn Olszewski,
Nummer 75817; Tadeusz Borowski,
Nummer 119198, *Byliśmy w Oświęcimiu*
(Wir waren in Auschwitz)

Was war am schwersten zu ertragen? Schmerz, Erschöpfung, Unsicherheit über das weitere Schicksal, die alltägliche Angst oder vielleicht das Gefühl von Einsamkeit, von dem Sie schon erzählt haben?

Die Biologie ist ein starker Faktor und natürlich rückte bei einigen nach ein paar Wochen das Gefühl permanenten Hungers in den Vordergrund. Diejenigen, denen es gelang, sich ethische oder ideelle Grenzen aufzuerlegen, stellten nicht die Mehrheit dar. Das wilde Verlangen, sich aufrecht zu halten, also auch den Hunger zu stillen, ließ den Handel gedeihen. Das heißt: Ich mache was für dich, aber nur für eine Scheibe Brot. Aber inzwischen gab es eine gewisse Gruppe von Häftlingen, die Zugang zu einem zusätzlichen Stück Brot hatten und eine Extra-Portion Suppe bekommen konnten. Zudem tauschten die Raucher Essen für Zigaretten und waren so innerhalb weniger Wochen hinüber. Weil sie nur noch Haut und Knochen waren.

Der Arzt und ehemalige Auschwitz-Häftling Władysław Fejkiel (Nummer 5647) unterschied zwei Stadien des Hungers: „Wenn einigermaßen charakterstarke Menschen in der ersten Phase des Hungers noch in der Lage waren, menschliche Würde und bestimmte ethische Normen zu wahren, so versagten in der darauffolgenden Phase alle ethischen Grenzen. Der Mensch glich immer mehr einem ausgehungerten Tier und handelte zunehmend ohne jegliche Verantwortung." Und dann führt er das Beispiel eines Vaters an, der seinem schwerkranken Sohn das Essen stiehlt.

Solche Szenen gab es in den letzten zehn Oktobertagen 1940. Da setzte ein Wetterumschwung ein. Im November schon gab es strengen Frost. Mit dem ersten Lagerwinter tauchte die unterste Häftlingskaste auf, die *Muselmänner**. Man sprach davon, dass jemand muselmanisiert oder zum Muselmann geworden war. Warum sie so genannt wurden? Diese muselmanisierten Häftlinge – vollkommen geschwächte Menschen, Skelette, mit Augen, die nichts sahen – beugten sich ununterbrochen, wie ein Mohammedaner, der Gott seine Ehre erweist. Ihnen war jeder Gedanke, jedes Bewusstsein abhanden gekommen. Die Ursachen waren unterschiedlich, Organismen sind unterschiedlich. Es ist sehr interessant, was für eine große Rolle unter anderem die Motivation spielte. Paradoxerweise ertrug ein Teil der Intellektuellen das Lager besser als zum Beispiel Bauern.

Ein Muselmann besitzt eine vollkommen andere Psyche als ein normaler Mensch. Von allen Interessen eines vormals intelligenten „zivilisierten Menschen" bleibt nur eins: das Fressen. Essen, schlucken, den Magen füllen, egal mit was und um welchen Preis. Ich habe gesehen, wie aus

Suppenkesseln ein Nachschlag ausgegeben wurde; erst schlugen die Kapos alle, um Ordnung zu schaffen, dann zum Zeitvertreib diejenigen, die eine Suppe bekamen. Für einen halben Teller Suppe zahlten die Muselmänner gern mit einer zerschlagenen Nase, einem eingerissenen Ohr oder mehreren Beulen. Ich habe gesehen, wie eine Schar, die kämpfte, um an den Kessel zu kommen, diesen umstieß und mit zitternden Händen die letzten Tropfen Suppe aus dem Rinnstein auflas.

Eine weitere Eigenschaft eines Muselmanns war die Angst. Die im Übrigen begründet war. Angst vor dem SS-Mann, dem Kapo, dem Blockältesten, vor jedem gut aussehenden Menschen, vor einem stärkeren Muselmann. Aus dieser Angst entstand Hass gegen alles, was lebte, was eine Bedrohung für ihn darstellen oder was sein Fressen verschlingen könnte. Hass und Verbissenheit führten zu makabren Szenen: zwei Muselmänner liegen auf der Erde; sie sind so erschöpft, dass nur abwechselnd und von Zeit zu Zeit einer von den beiden dem anderen einen Stoß mit der Schüssel versetzt, die er in der Hand hält. Zwischen ihnen liegen einige Löffel verschütteter Suppe. Sie kämpfen nur noch darum, die bei ihrer Prügelei verschütteten kostbaren Tropfen aufzulecken. Ein Muselmann ist kein Mensch – er ist ein Tier, der für eine verfaulte Kohlrübe bereit ist, sein Leben und seine Freiheit zu geben.

Janusz Nel Siedlecki, Nummer 6643; Krystyn Olszewski,
Nummer 75817; Tadeusz Borowski,
Nummer 119198, *Byliśmy w Oświęcimiu*
(Wir waren in Auschwitz)

Fejkiel sagte, die Bauern seien reichhaltiges Essen gewohnt gewesen, darüber hinaus hätten sie sich jedoch einfach auch unfähig gezeigt, die Lagerhölle psychisch zu verarbeiten.

Ich bin weder Soziologe noch Ethnologe. Ich denke aber, dass die Bauern am wenigsten zu abstraktem Denken motivierender, moralischer, ideeller, politischer oder historischer Art in der Lage waren. Sie waren aus dem Rhythmus, den die Natur ihren Vätern und später ihnen selbst vorgab, herausgerissen. Sie folgten einer zu anderen Zeiten vollkommen richtigen Logik: Hat er gearbeitet, dann hat er, hat er nicht gearbeitet, dann hat er nicht. Nur passte diese vernünftige und vollkommen praktische Logik überhaupt nicht zum Lager. Wer in Auschwitz härter arbeitete, starb schneller.

Sie erwähnten, dass die Minderjährigen anfangs nicht arbeiten gingen.

In den ersten Wochen lebte der Block für Minderjährige in ziemlich monotonem Rhythmus vor sich hin. Es gab viel sogenannten Sport, dessen Intensität in großem Maße von der Laune des Blockältesten abhing. Dieser Sport konnte einem wirklich zusetzen.

Am ersten Tag nach Ankunft des zweiten Warschauer Transports, wurden fünf Häftlinge durch Sport zu Tode gequält und ihre Körper nach dem Abendappell im Krematorium verbrannt, wie Danuta Czech im Kalendarz wydarzeń w KL Auschwitz *(*Kalendarium der Ereignisse im Konzentrationslager Auschwitz-Birkenau*) vermerkt. Der Lagersport bestand unter anderem aus* Rollen*, *also dem Drehen um die eigenen Achse auf der Erde, über scharfen Kies und Matsch, während die Blockältesten und Kapo die rollenden Körper manchmal mit Tritten antrieben. Oder* Hüpfen* *– Froschsprünge über mehrere hundert Meter. Mörderisch aber war der Sport zugegebenermaßen vor allem für die älteren und von ganztägiger Arbeit erschöpften Häftlinge.*

Ich erinnere mich an diese Froschsprünge. Wer nicht weit oder hoch genug sprang, bekam sofort eins mit der Peitsche übergezogen. Die SS-Männer und Kapo hatten eingehämmert bekommen, dass Jugendliche sportlich und gesund zu erziehen seien. Sport an der frischen Luft, nicht im Innern. Es gab Tage, da konnten wir nur zu den Mahlzeiten reingehen. Die ganze Zeit im Freien, aber es war nicht erlaubt wegzugehen. Ohne Erlaubnis durfte ein Häftling sich nur zwischen zwei Blöcken bewegen – seinem Wohnblock und dem Nachbarblock. Der Aufenthalt im Innern eines anderen Gebäudes war ein Vergehen, das ziemlich hart bestraft wurde. Es wurde eine Meldung geschrieben, die ging an die SS, die die Strafe verhängte. Das konnte ein Verweis sein oder eine Verwarnung, aber auch …

… eine wesentlich härtere Strafe, zum Beispiel öffentliche Prügel. Mit einem Stock, einem Ochsenziemer oder Gummiknüppel. Manchmal mit solcher Wucht, dass das Fleisch vom Knochen abgezogen wurde. Schrecklich war auch die sogenannte Pfahlstrafe, die vornehmlich auf den Dachböden der Blöcke vollzogen wurde. Der Häftling wurde an seinen, auf dem Rücken zusammengebundenen Händen aufgehängt, ohne dass die Füße den Boden erreichten. Er renkte sich durch sein eigenes Gewicht die Arme aus.

Es konnte sehr unterschiedlich sein, alles hing vom Gutdünken des SS-Manns ab. Das waren die ersten Elemente der Dressur. So wie man einen Welpen abrichtet, ihn lehrt, was er darf und was nicht. Niemand erklärte, warum etwas so oder anders sein sollte. Und wer fragte, bekam eins auf die Schnauze. Für mich war das eine Art Science Fiction. Ich war zwar in die Mittelschule und aufs Gymnasium gegangen, aber ich war nie bei den Pfadfindern, und in die Ferien fuhr ich mit meinen Eltern, nicht ins Ferienlager. Mit zwei Ausnahmen: einem Wehrkundelager in Kozienice sowie einem Lager der Junak-Arbeitstruppen (Junackie Hufcy Pracy) in Dąbie am Ner, in das ich nach meinem Abitur 1939 kam. Dort wurden wir zwar zur körperlichen Arbeit beordert und durchliefen eine Art von Drill, aber dahinter stand eine patriotische Motivation. Generell waren mir Lagerordnungen und strenge Regeln vollkommen fremd. Für solche Leute war Auschwitz eine noch größere Herausforderung.

Und noch etwas: Ich saß mit Jungs zusammen, die mit einer Schar von Geschwistern aufgewachsen waren. Sie hatten gelernt, Verantwortung in der Familie zu teilen und die Prinzipien des Zusammenlebens zu respektieren. Für mich als Einzelkind war die Anpassung an die Gruppe, in der ich leben musste, ohne eine Wahl zu haben, in gewisser Hinsicht besonders schwer. Wenn ich mit Freunden in die Berge fahre, suche ich mir aus, mit wem. In Auschwitz indes verbrachte ich meine Tage mit sehr unterschiedlichen Menschen. Nachts schläfst du gedrängt, an einen Unbekannten gequetscht und von einem Fremden gedrückt. Einer schnarcht, der Andere furzt, der Dritte bohrt in der Nase. Ich weiß, das sind Kleinigkeiten, die angesichts des Martyriums im Lager nichtig schienen, aber für eine Einzelkind aus einer Familie von Angestellten aus Warschau, waren sie unerträglich. Ich hatte die langjährige Gefängnispraxis nach dem Krieg erst noch vor mir. Meine mehrmonatige Zeit in Ausschwitz war im Vergleich mit der Zeit, die ich später in kommunistischen Gefängnissen verbrachte, in meinem Leben ein verhältnismäßig kurzer Abschnitt. Die sechseinhalb Jahre hingegen waren schon ein ziemlicher Batzen im Leben. Ich weiß nicht, ob das Lager mich dafür abgehärtet hat, aber es vermittelte mir sicher die Fähigkeit, mich an ein Leben in Gefangenschaft anzupassen und Grenzen des eigenen Handelns zu definieren. In Auschwitz habe ich gelernt, wo für mein Gewissen die Grenze ist, was toleriert werden kann und was auf keinen Fall toleriert werden darf.

In den ersten Tagen im Lager betete ich manchmal im Geiste: „Möge ich hier irgendwie durchkommen, möge ich nicht in eine Situation kommen, der ich nicht gewachsen bin." Ich fühlte mich ratlos, und es gab niemanden, mit dem ich mich hätte beraten können, denn das war nicht üblich. Zum Beispiel begegnete ich in Auschwitz keinem klugen Priester – wie es später in den kommunistischen Gefängnissen der Fall war. Oder einem klugen Pädagogen. In meinem Block waren die ältesten Häftlinge achtzehn Jahre alt, so wie ich, und die jüngsten fünfzehn.

Wann begannen die Minderjährigen wie die anderen Häftlinge zur Arbeit zu gehen?

In den ersten Wochen haben wir praktisch gar nicht gearbeitet. Wie bereits erwähnt, gab es vor allem Sport oder wir saßen in der Stube und lernten Deutsch. Aber das hatte schnell ein Ende. Denn die SS brauchte Leute zur Arbeit. Anfangs nahmen sie Freiwillige, einige wollten lieber arbeiten, als in den vier Wänden zu bleiben. Wie lange hält man das schon aus? Zwei, drei Stunden? Fünf? Jeden Tag? Das war wie in einer Zelle.

Schließlich nahmen sie auch mich für Hilfsarbeiten mit. Ich musste zum Beispiel den Hügel über dem Krematorium mit Grasnarben abdecken. Das war meine erste Arbeit in Auschwitz. Ich erhielt eine schwere Schubkarre. Es wurde ein Platz festgelegt, wo wir mit einem Spaten die Grasnarbe in gleichmäßigen Quadraten herausstechen durften, nach Maß. Der *Vorarbeiter** stand daneben und passte auf. Um die fünfzehn dieser Quadrate kamen auf die Schubkarre und ich brachte sie zum Krematorium. Die Grasnarbe wurde auf dem Hügel verlegt. Wieder ganz kunstvoll und wieder wurde das von einem deutschen Schöngeist beaufsichtigt. Es sollte hübsch sein, gleichmäßig. Anders als heute verband man den Ort damals noch nicht mit der Massenvernichtung. Zum Krematorium wurden täglich einige Leichen gebracht. Einige! Einmal am Tag brachten die sogenannten *Leichenträger**, Häftlinge, die dazu eingeteilt waren, einige nackte Körper und luden sie in den Ofen.

So also habe ich gearbeitet. Nicht sehr lange, einige Tage nur. Außer mir verschönerten zwei weitere Häftlinge, vielleicht auch nur einer, das Krematorium. Wir haben uns nicht besonders beeilt, denn es hat uns niemand misshandelt. Wir haben ein bisschen herumgelungert, und weil schönes Wetter war, schien uns die Arbeit tatsächlich besser, als drinnen in einem geschlossenen Raum zu hocken, so makaber das heute auch klingt.

Wie sah der Tag im Block aus, als dann alle regelmäßig zur Arbeit gingen?

Der Plan veränderte sich, er war keineswegs hundertprozentig festgelegt. Im Herbst standen wir noch im Dunkeln auf, zwischen vier und sechs. Wecken, waschen. Sie haben uns ein Stück kratzende Seife für mehrere Dutzend Leute hingeworfen. Im Lager gab es damals eine Pumpe. Gedränge, Eile, Schläge. Ein Gehenna.

Frühstück: eine Getreideplörre, manchmal etwas gesüßt, in der Regel bitter. Aber das wichtigste war das Brot – 300 Gramm Schwarzbrot pro Person – das mit höchster Präzision vom Stubenältesten zugeteilt wurde. Jeder Krümel zählte, denn das war die einzige Portion für den ganzen Tag. Jeder stand vor dem Dilemma: gleich alles verschlingen, um den bohrenden Hunger zu stillen, oder sich zurückhalten und den ganzen Tag Bissen für Bissen kauen und so den vor Unterernährung knurrenden Magen zu täuschen. Manchmal bekamen wir Marmelade aus Möhren und Kohlrüben, einen Löffel Margarine, einen Rest Grützwurst, eine Scheibe Wurst oder stinkenden Käse. Morgens oder abends. Das Essen war von minderwertigster Qualität.

Der nächste Punkt war der Morgenappell, bevor wir zur Arbeit gingen, danach formierten sich die Häftlingskommandos und marschierten los. Wem es nicht gelang, in ein gutes Kommando zu kommen – kein gelernter Handwerker war und in überdachten Werkstätten arbeitete oder etwas mit dem Boden anzufangen wusste und auf die Landwirtschaften der SS kam – der wurde den schlechtesten Arbeiten zugeteilt, sei es den Appellplatz festzustampfen oder vor allem schwere Lasten jeglicher Art zu tragen. Die Überlebenschance sank dann für einige gegen Null.

Als Absolvent eines humanistischen Gymnasiums, der weder in einem Arbeiter- oder Handwerkermilieu noch auf dem Dorf aufgewachsen war, musste ich zum Beispiel Kartoffeln aufschütten, von denen große Transporte das Lager im Spätherbst erreichten. Ein voller Korb Kartoffeln musste von einem hohen Waggon geladen werden und bis zu einer Erdgrube geschleppt werden. Das war Ende Oktober, es herrschte eine feuchte, durchdringende Kälte. Die Arbeit war furchtbar, denn wir hatten weder Mäntel noch Handschuhe und das Wetter brachte einen um – wortwörtlich. Hinzu kam, dass mein einziges Paar

Strümpfe zerriss. Die Holzschuhe, die wir trugen, passten nicht und verletzten unsere Füße. Die Wunden wollten nicht heilen und eiterten. Zudem wateten wir bis zu den Knöcheln im Schlamm, die Schuhe blieben stecken. Und dabei musste man die Arbeit im Lager doch immer *im Laufschritt** verrichten. Die Tage, an denen ich keine Körbe schleppen und nur die Kartoffeln in die Gruben schütten musste, betrachtete ich als echte Erleichterung. Diese aufzehrende Arbeit schien mir einzig einen Pluspunkt zu haben – man konnte ab und zu eine rohe Kartoffel stehlen. Das Problem daran war, dass man nach so einem Mahl entsetzlichen Durchfall bekam, was für viele im Krematorium endete.

Der Weg zurück ins Lager bot Gelegenheit zu neuen Quälereien. Wir bekamen zum Beispiel den Befehl, fünf Ziegel mitzunehmen, die zusammen zwölf oder sogar fünfzehn Kilo wogen. Alle mussten unter dem linken Arm getragen werden. Der zweite Arm musste frei sein, um vor den vorbeigehenden SS-Männern blitzschnell die Mütze zu ziehen. Wir gingen in Reihen: *Augen links, Augen rechts, Mützen ab!** Das hört sich nach nichts an, aber wenn ein ausgehungerter Mensch so zwei bis drei Kilometer durch den Schlamm im Regen marschiert … Und wenn ein Ziegel fällt, bearbeiten sie einen mit der Peitsche oder dem Stock.

Tritte in die Hoden, Kieferbrüche durch einem Hieb, Schläge ins Gesicht eines Missetäters, der zuvor in die Enge getrieben worden war. Beim Appell sah man am besten, welche Folgen das Handeln der Banditen hatte. Bei einigen war die Mundhöhle eine einzige blutige Masse, bei anderen befand sich an der Stelle des Gesichts ein lilafarbener Ballon, wieder andere hatten schreckliche Kopfwunden. Beim Appell mussten sie aufrecht stehen, kerzengerade, weder taumeln noch sich bei anderen abstützen! Sie standen! Mit unnatürlich aufgerissenen Augen holten sie pfeifend Luft, mit schmerzverzerrt zusammengebissenen Zähnen, um nicht erneut aufzufallen, um nicht wieder eins mit der Peitsche zu kriegen. Am schlimmsten hatten es beim Appell wohl diejenigen, denen durch die Schläge das Gehör verletzt wurde! Sie schauten sich panisch um, schauten was ihre Nebenleute taten, kamen aber nicht hinterher und machten etwas vollkommen anderes, als sie sollten, und bekamen den nächsten Peitschenhieb!

Makary Bartłomiej Zakrzewski, Nummer 2158, Deckname „Skała".
Wspomnienia z lat 1924–1945
(Erinnerungen aus den Jahren 1924–1945)

Nachmittags gab es eine Arbeitspause.

Sie war nicht sehr lang, dauerte in der Regel etwa eine halbe Stunde. Sie gaben dann Suppe aus. Einen Teller Suppe, aus Extrakt mit Gelatine, ohne Brot. Jeder träumte natürlich davon, seine Zuteilung vom Boden des Kessels zu bekommen, wo immer ein wenig Kohl, Graupen, Erbsen oder Kartoffeln übrigblieben – Fleisch gab es nie. Aber der Kessel hatte nur einen Boden und so hing viel vom Wohlwollen der Austeilenden ab. Waren sie bösartig, schöpften sie nur von der Oberfläche, dann bekam man nur Flüssiges, eine warme Brühe, die an wässrigen Brei erinnerte. Dann kehrten wir zur Arbeit zurück. Und am späten Nachmittag oder Abend zum Block. Und wieder Appell, Abzählen der Häftlinge. Abzählen, bis die Zahl der Häftlinge stimmte. Zum Abendbrot nur Kaffee. Brot aßen nur diejenigen, denen es gelungen war, etwas von der Morgenration aufzuheben. Wir schliefen auf Strohsäcken, die auf dem Boden ausgebreitet wurden. Extrazimmer und Holzbetten hatten nur die Funktionshäftlinge: der Blockälteste, sein Vertreter und der *Schreiber**. Wir lagen wie zusammengeschnürt, konnten uns kaum drehen. Aber es war sehr kalt, so dass die Menschen sich ohnehin aneinanderdrückten. Morgens wurden die Strohsäcke zusammengepackt, gestapelt und die Decken darübergelegt.

Eine verhängnisvolle Wende, ja ein Schlag, war für mich – und für viele andere Häftlinge auch – der Oktoberappell, der zeigte, dass an einem Tag Dutzende Menschen, im Schlamm, auf Erde und Kies liegend, vor unseren Augen sterben konnten. Es gibt unterschiedliche Angaben, wie viele Häftlinge während dieses Appells, und wie viele danach, in seiner Folge, starben. Denn vom Platz wurden Dutzende geschwächte Menschen getragen, die aber noch lebten – sogenannte *Körperschwäche**. Ich denke, dass eine Zahl zwischen 90 und 100, die in einigen Berichten genannt wird, der Wahrheit nahe kommt. Darauf deuten auch meine späteren, viel späteren, Gespräche mit dem bereits erwähnten Zbigniew Art hin, die wir dann in Warschau führten.

Der Appell dauerte viele Stunden – in dieser Zeit suchten die SS-Leute und Kapos einen fehlenden Häftling. Sie vermuteten eine Flucht. Einigen Berichten zufolge hatte sich der geschwächte Häftling jedoch angeblich in einer Kiste in der Leichen transportiert wurden versteckt, um einen Augenblick auszuruhen.

Und obwohl viele Häftlinge den Appell vom 28. Oktober 1940 tatsächlich als Erfahrung beschreiben, die eine grausige Zäsur in ihrer Zeit im Lager darstellt, so gibt es nur sehr wenige detaillierte Beschreibungen dieses Ereignisses. Als ob das Bild im Gedächtnis verblasst wäre, als ob es bei dem abstumpfenden Strammstehen über viele Stunden verlaufen ist, als ob es irgendwo im Schmerz der vor Erschöpfung zitternden Muskeln ertrank. Erinnern Sie sich an Einzelheiten?

Ich stand mit den anderen aus dem Block für Minderjährige, denn beim Appell stand man immer blockweise. Einige taumelten. Die anderen Häftlinge versuchten sie, so gut sie konnten, unauffällig zu stützen. Letztendlich fiel aus meinem Block niemand um. Aber aus den Nachbarblöcken fielen sie, einer nach dem anderen. Und wenn einer zu Boden gefallen war, dann dufte man ihn nicht anfassen. Wenn er gefallen war, war er gefallen. Und lag da. Von dem, der lag, musste man sich entfernen. Ob er ohnmächtig wurde oder nicht, ob er starb oder nicht, ob er Hilfe brauchte oder nicht, das war nicht wichtig. Natürlich war ich nicht verrückt. Ich hatte Angst. Deshalb bewegte ich mich nicht übermäßig, schaute mich nicht um, reckte mich nicht. Das fehlte noch, dass die SS-Männer sahen, dass sich ein Häftling reckt und umschaut. Was also konnte jemand wie ich schon sehen? Nicht sehr viel. Aus den Augenwinkeln sah ich, wie Menschen niedersanken und auf den Boden schlugen, ich hörte Stöhnen. Den Augenblick, als sie uns endlich vom Platz in die Blöcke trieben, empfand ich als Befreiung. Danach gab es Kaffee.

Immer wieder aber fiel jemand neben mir zu Boden. Er bekam Schläge, sie trugen sie zur Seite und legten ihn an den Rand des Platzes. Ich versank in glückseliger Stimmung, erinnerte mich an Bücher, die ich einst gelesen hatte. So eine Stimmung soll angeblich Erfrierende begleiten. Mein Verstand ist allerdings noch nicht eingefroren, ich versuche mich zu bewegen, aber es gelingt mir nicht. Noch eine Anstrengung, um sich loszureißen und sich unbemerkt bei denen einzureihen, die rund um den Platz marschieren. Endlich gelingt es mir, ich bin in Gang gekommen. Niemand hat mich bemerkt. Die Kälte ist zurück. Ich weiß nicht, wie ich aussehe. Einige gehen wie betrunken, selbst die Folterknechte verfolgen sie nicht, halten sie offenbar schon für erledigt. Einer muss sich erbrechen. Er spuckt Wurststücke aus, die er vor dem Appell gegessen hat. Er hebt sie vom Boden auf und steckt sie wieder in den Mund. Mit der Wirklichkeit kann er sich nicht abfinden. Ein abschreckendes Bild. Aber gibt es hier ein anderes?

Józef Stós, Nummer 752, *Moja wojaczka. Wspomnienia z lat 1939–1945* (Mein Kampfeinsatz. Erinnerungen aus den Jahren 1939–1945)

Der Erzähler der Erinnerungen eines Häftlings *entsinnt sich folgendermaßen an den Oktoberappell: „Man steht da ohne sich zu rühren, wie eine Mauer, stramm, wie beim Militär. Für jede kleinste Bewegung gibt es Prügel, wildes, rasendes, unmenschliches Schlagen."*

Es wehte ein starker Wind. Er peitschte kalten, gefrierenden Regen vor sich her. Wir hatten keine wärmere Kleidung. Nur gewöhnliche Häftlingsanzüge oder alte Militärklamotten. Die Menschen fielen wirklich um wie die Fliegen, einige starben einige Tage oder Wochen später an Lungenentzündung.

Das Leid der Häftlinge während dieses Appells beschrieb in erschüttender Weise in seiner Erzählung Jerzy Andrzejewski.

Bis heute ist nicht bekannt, wer ihm davon erzählte, denn Andrzejewski selbst war niemals in Ausschwitz inhaftiert. Es ist möglich, dass er konspirative Schriften kannte oder mit ehemaligen Häftlingen gesprochen hatte. Eines ist sicher und wundert mich bis heute: Andrzejewski hat den Appell von damals so beschrieben, als hätte er alles mit meinen Augen gesehen. Anfangs war ich sogar überzeugt, dass es sich um den Bericht eines Beteiligten, eines Augenzeugen, handeln müsse. Niemand anderes hätte den Appell so genau beschreiben können! Aber Autor ist Andrzejewski, der nicht einen Tag inhaftiert war und sich nie in einer Situation von Unterordnung, körperlicher Gewalt, ach, selbst Drill befand, denn er war auch nicht in der Armee. Aber wie wir wissen, besaß er eine überdurchschnittliche literarische Begabung.

Nach diesem Oktoberappell hatten wir panische Angst, dass am 11. November[1] eine große Exekution erfolgen würde. Wir kannten die deutschen Methoden schon. Die Warschauer hatten schon einiges über

---

1 Am 11. November 1918 erlangte Polen nach 123 Jahren der Teilung durch Preußen, Österreich-Ungarn und Russland seine Staatlichkeit als Zweite Polnische Republik wieder. (A. d. Ü.)

Wawer[1] und Palmiry gehört. So eine Exekution zum Jahrestag in einem Lager, von der Welt isoliert, wäre eine weitere, folgerichtige Etappe gewesen, um das Rückrat der Häftlinge zu brechen und ein weiteres Element, sie zu dressieren. Aber am Unabhängigkeitstag passierte nichts, wenn mich meine Erinnerung nicht trügt, jedenfalls nichts Besonderes.

Der Appell war beendet. Das Geklapper der Holzpantinen, das Geschrei, das Gluckern des Schlamms, der mit Schnee vermischt war, der Galopp von Hunderten bis auf die Haut durchfrorenen Häftlingen, die ihre Rettung in dem kleinen Lagerkrankenbau suchten. Schon waren sie da. Zuerst waren es die Kräftigsten, welche die anderen, die wirklich sofortige Hilfe benötigten, überholten. Die Tür war geschlossen. Sie stürmten dagegen an. Damit sie die Tür nicht einschlugen, hielten wir sie zu mehreren mit ganzer Kraft zu. Unter dem wütenden Angriff der Stürmenden krachte die Tür und drohte jeden Moment nachzulassen. Was würde geschehen, wenn diese Horde in das Ambulatorium hineinstürmte?

Der kleine Blockälteste stieß uns energisch von der Tür weg, danach stürmte er selbst schlagend und schreiend in die brodelnde Menge hinein. Wir hinter ihm her. Nach einer Weile gab es einigermaßen Ordnung. Das Vorrecht hatten die Schwächsten, solche, die sich kaum auf den Füßen halten konnten, solche, die bereits im Schlamm lagen und manchmal kein Lebenszeichen mehr von sich gaben. Wir trugen sie auf den Block und legten sie auf den Korridor, einen neben den anderen, damit sie alle einen Platz bekamen, so viele gab es. Jetzt halfen uns diejenigen, die als erste die Tür des Blocks stürmten. Das war aber eine List. Nachdem sie die Kranken hineingetragen hatten, warfen sie sie irgendwohin und füllten das Ambulatorium vollständig aus, so daß irgendwelche Tätigkeit der Ärzte und Pfleger unmöglich war.

Wiesław Kielar, Nummer 290, *Anus Mundi*

Haben Sie während jenes Appells einen Zustand erlebt, wie er von Andrzejewski sehr suggestiv beschrieben wird: anfangs schreckliche Müdigkeit und Schmerzen, dann völlige Abstumpfung?

Vor allem Letzteres. Die Schmerzen habe ich wohl nicht so sehr empfunden, denn ein junger Mensch kommt irgendwie damit klar. Nicht

[1] Als Reaktion auf die Ermordung zweier deutscher Unteroffiziere exekutierte die nationalsozialistische Ordnungspolizei in der Nacht vom 26. auf den 27. Dezember 1939 107 Bewohner des Warschauer Stadtteils Wawer. (A. d. Ü.)

sehr viel später, nach dem Krieg, bekam ich im Warschauer Mokotów-Gefängnis eine schwere Gelenkentzündung, die nicht behandelt wurde. Mein Zellengenosse trug mich – gut, dass er so ein starker Kerl war – zum Klo, damit ich meine Nortdurft verrichten konnte. Erst damals begriff ich, was eine Gelenkentzündung ist. Die älteren Häftlinge in Auschwitz mussten also schrecklich gelitten haben, zumal die Gegend um Oświęcim eine der feuchtesten Regionen im ganzen Vorkriegspolen war.

Dieser Appell war für mich ein Schock, denn damals wurde mir bewusst – obwohl ich ja scheinbar schon oft genug gesehen hatte, dass Menschen ungebracht wurden –, dass im Lager wirklich alles möglich ist, buchstäblich alles. Alles Böse. Dass es keine Grenzen gibt. Es gibt nichts, dass nicht möglich wäre. Es ist möglich, dass wir alle sterben, dass sie einen nach dem anderen umbringen. Ich wurde mir dessen mit aller Klarheit bewusst, und immerhin war ich erst fünf Wochen im Lager. Heute denke ich, dass sich dieses Bewusstsein dafür, was Auschwitz ist, verhältnismäßig schnell einstellte. Leute wie Pilecki, körperlich belastbar und militärisch ausgebildet, waren sicherlich nicht naiv. Aber die graue Masse im Lager dachte in anderen Kategorien, plagte sich mit Ahnungslosigkeit und Abstumpfung. Ich wiederhole: im Lager hatte ich keine Bekannten, keinen Zugang zu Informationen, keine Unterstützung. Ich hatte keinen berühmten Vater. Wenn im Lager der Sohn eines Landrats saß, dann sprachen die Leute davon, es war bekannt, und sie wussten, wer der Häftling war. Aber ein Bankangestellter, selbst ein hochrangiger, wie mein Vater es war? Das ist kein Beruf, für den sich Tausende Menschen interessieren. Also hatte ich niemanden, der mein Betreuer, Beschützer oder Berater gewesen wäre. Oder der sich überhaupt für mich interessiert hätte. Nein, ich war vollkommen auf mich allein gestellt. Ein unglückliches Einzelkind, das plötzlich der elterlichen Fürsorge beraubt war, übertriebener Fürsorge gar, wie das so mit Müttern ist. Sagen wir es offen: in Auschwitz war ich ein Niemand.

Die Sterblichkeit im Lager lag bis Oktober bei einigen Menschen täglich. Einige Menschen auf einige Tausend ist keineswegs wenig. Stellen wir uns ein Dorf mit 5.000 Einwohnern vor, und Tag für Tag finden mehrere Begräbnisse statt. Nach Oktober jedoch, im Winter, kam es vor, dass die Sterblichkeit auf über 100 Häftlinge täglich stieg.

Die Winter in Auschwitz waren, wie man weiß, schrecklich. Jahre später habe ich erfahren, dass im darauffolgenden Winter, gleich nach meiner Entlassung, Ende 1941, Anfang 1942, so viele Häftlinge starben, dass man ihre Nummern verwechselte. Während meiner Zeit im Lager nämlich war es folgendermaßen: Ein Mensch starb, die Leiche wurde entkleidet, man spuckte ihr auf die Brust und schrieb mit einem Kopierbleistift ihre Nummer auf den Körper.

Vor dem Verbrennen wurde die Nummer abgelesen und ein entsprechender Eintrag in den Lagerdokumenten vorgenommen. Nun gab es so viele Leichen, dass man nicht hinterherkam, sie im Krematorium zu verbrennen. Die Körper lagen in klirrender Kälte und klebten zusammen, und die Nummern verwischten. Es kam zu Irrtümern, und Irrtümer mochen die Deutschen nicht. Im Lager ging es zu wie im Standesamt – alles musste stimmen. Und da entstand die Idee, den Häftlingen die Nummern auf den Unterarm zu tätowieren.

Von Tag zu Tag wurde es schwieriger am Leben zu bleiben. Die gebeugten Elendsgetalten schlichen über das Arbeitsgelände ihrer Kommandos, ohne auf das Geschrei und die Schläge der Kapos zu reagieren. Die aschgrauen, geschwärzten Gesichter waren vor Gleichgültigkeit und Resignation erstarrt. In den brennenden Pupillen lauerte der Wahn des sich nähernden Todes. Wer umfiel, stand nicht mehr auf. Hunderte steif gefrorener Leichen wurden ins Lager gebracht.

Jerzy Bielecki, Nummer 243, *Kto ratuje jedno życie …*
(Wer ein Leben rettet …)

Wann haben Sie dem Tod ins Auge gesehen?

Eine persönlich und körperlich besonders höllische Erfahrung für mich war, als mich meine Kräfte verließen. Diese Krise verstärkte sich seit Ende Oktober, seit jenem schrecklichen Appell. November und Anfang Dezember 1940 waren am schlimmsten. Formal war ich immer noch im Block für Minderjährige, aber die Vorzugsbedingungen hatten bereits ein Ende und die Arbeit zehrte uns auf. Sie platzierten uns auf dem Appellplatz, damit die Wachleute die Häftlinge von ihren Türmchen aus beobachten konnten. Es fror, und wir hatten immer noch keine Mäntel bekommen. Wenn bei einem Häftling unter seinem Drillich ein Stück Packpapier oder Papier von einem leeren Zementsack entdeckt wurde, das er irgendwo gefunden hatte, kam es vor, dass sie ihn totprügelten. Man wusste nicht wieso: dafür, dass er das Papier angeblich gestohlen hatte, oder wegen Missachtung irgendeiner Ordnung. Das hat niemand erklärt.

Auf dem Platz bekamen wir metallene Meißel und klopften den Mörtel von alten Ziegeln ab. Man saß fünf, sechs Stunden bei Minusgraden, in der Hocke oder im Schnee, und wenn es nicht geschneit hatte, im Matsch – und klopfte Mörtel ab. Ohne Pause. Herumlungern war nicht erlaubt.

Davor hatte ich eine andere Arbeit: ich trug Bretter und Betonpfeiler, zwischen denen elektrischer Stacheldraht gezogen wurde. Diese Pfeiler stehen bis heute. Einen trugen wir zu acht, aber wir waren zu schwach, der Pfahl rutschte uns aus der Hand und fiel mir auf den Fuß. Zum Glück mit dem gebogenen Ende, deshalb hat er meinen Fuß nicht zerquetscht, sondern nur einen Zeh lädiert.

Sie haben auch an der berühmten gewaltigen Walze, mit der der Boden geebnet wurde, gearbeitet. In der Regel wurde sie von der Strafkompanie gezogen, die anfangs aus Priestern und den damals wenigen Juden im Lager bestand.

An der Straßenwalze war ich zum Glück nur wenige Tage. Und wenn ich da nicht zufällig meinen ehemaligen Mathematiklehrer Witold Sosnowski (Nummer 5263) von der Warschauer Stanisław-Kostka-Mittelschule getroffen hätte, würde ich diese Begebenheit möglicherweise gar nicht erinnern. Es war schrecklich. Die tonnenschwere Walze blieb im Matsch stecken, Pferde hätten sie nicht herausbekommen. In unseren Holzschuhen steckten wir bis zu den Knöcheln fest. Und sie schlugen uns dabei fortwährend.

Die Strafkompanie (SK) wurde in den ersten Septembertagen aufgestellt und in Block 3a untergebracht. Eingewiesen wurden dort hauptsächlich Priester und Juden, die der grausame Krankemann vor eine riesige Straßenwalze von 2 m Durchmesser spannte und dazu antrieb, den Appellplatz festzuwalzen. Oft sahen wir, wie er triumphierend wie auf einem römischen Kampfwagen auf der schweren Deichsel der Walze stand und mit einem langen Stock auf die Schultern der wankenden Häftlinge einschlug. Diesen Berg von Fleisch und Fett haßten alle, selbst die Kapos, die ebenfalls in seine Fänge geraten konnten.

Kazimierz Albin, Nummer 118, *List gończy* (*Steckbrieflich gesucht*)

Als Sie sich im Gespräch mit Andrzej Friszke an ihre Schulzeit erinnerten, sagten Sie: Sosnowski war „ein junger, sympathischer und engagierter

Mathematiker, und außerdem bei den Pfadfindern aktiv. Ich gehörte zu seinen schlechtesten Schülern, der sich mit Mühe am Ende des Schuljahres auf ein 'ausreichend' verbesserte, was in krasser Diskrepanz zu meinen Noten in den humanistischen Fächern, aber auch in Naturwissenschaften und Geografie stand."

Als an der Walze in Auschwitz eine kurze Arbeitspause angeordnet wurde, erzählten wir uns von den Umständen unter denen wir verhaftet worden waren, von der Arbeit in verschiedenen Häftlingskommandos usw. Plötzlich fragte Sosnowski: „Sag mal, konntest du kein Mathe, oder wolltest du nicht?"

Angesichts der Umgebung – purer Surrealismus. Und der Beweis für einen wirklich pädagogischen Geist. Kürzlich sagten Sie jedoch noch etwas anderes: Sosnowski sei „durch das Lager tödlich geschlagen" gewesen. Was hat das zu bedeuten?

Nach einer gewissen Zeit, die ein Mensch in Auschwitz verbracht hatte, konnte man beim ersten Blick feststellen, dass etwas in ihm zerplatzt, zerbrochen war. Der Durchhaltewille war erloschen, und der Tod war nur eine Frage der Zeit. Das war eine ganz charakteristische Gesichtsfarbe, leblose Gesten und Augen. Tatsächlich starb Sosnowski 1941 in Auschwitz.

Sahen Sie die Strafkompanie an der Walze arbeiten?

Ja, nicht nur einmal. Allerdings von Weitem, auf dem Weg zu irgendwelchen Arbeiten – zum Beispiel in Oświęcim, wo wir im Stadtteil Zasole Häuser von Polen abrissen, die zuvor ausgesiedelt worden waren – oder von dort zurück ins Lager. Wenn ich da schnellen Schrittes marschierte, wenn jedes Stolpern mit Schlägen geahndet werden konnte, und geschlagen wurde auch ohne Grund, waren meine Nerven die ganze Zeit gespannt wie Drahtseile. Ich kam bei der SS-Wache ins Lager und sah, wie in der Nähe die Strafkompanie arbeitete, aber ehrlich gesagt – ich kümmerte mich damals nicht wirklich darum. Denn ich war selbst müde und bekam Schläge.

Sie erwähnten, dass es in der *Strafkompanie** einige wenige Juden gab, die in dieser Phase des Lagerbetriebs noch einzeln hierher deportiert worden waren. Das stimmt. Ich erinnere mich, wie sie einmal zu mir

sagten: „Schade um Dich, Junge. Uns werden sicher die Amerikaner freikaufen, wir kommen wieder nach Hause, aber Du …"
Tragische Ahnungslosigkeit, trügerische Hoffnung.

Die Häftlinge haben oft erzählt, dass sie in den verlassenen Häusern in Zasole Essensreste gefunden haben.

Das war das Wichtigste! Manchmal konnte man dort zum Beispiel verschimmelte eingelegte Gurken finden.

> Morgens reinigte ich die provisorische Baracke, dicht hinter dem Revierblock, die eigens für die Aufnahme des Transportes gebaut worden war. In den Haufen von Müll und verschiedenen Abfällen fand ich viel zu essen. Brotscheiben, Kuchen, Zwiebeln, Knoblauch, ein wenig Zucker mit Sand vermischt, ein Glas mit Resten von Schmalz. Einfach das, das nicht lohnte, in die Lagerküche gebracht zu werden, mit einem Wort: Abfälle. Für mich war es aber ein Fest. Ich aß heimlich. Die gesättigten Pfleger hätten es mir vielleicht übelgenommen, daß ich solchen Unrat aß. Mein Magen vertrug alles. Bereits nach einer Stunde war ich wieder hungrig, so sehr, daß ich kaum die Mittag- und Abendbrotration abwarten konnte.
>
> Wiesław Kielar, Nummer 290, *Anus Mundi*

Haben Sie Gurken gefunden?

Ich nicht, aber andere schon. Die vertriebenen Menschen hatten einige Gläser, Reste, Krümel, etwas Verdorbenes oder Angefaultes zurückgelassen. Damals herrschte schon so ein Hunger, dass man alles aß …

Für mich hatte damals bereits die kritische Zeit begonnen. Wie schon erwähnt, saß ich halb tot in der Kälte und schlug den Putz von den Ziegeln ab – manchmal mit einem Stück Metall, manchmal mit einem anderen Ziegel, manchmal mit bloßen Händen. Woher die Ziegel kamen? Von den abgetragenen Häusern. Die Deutschen verwendeten das so recycelte Material, um die Blöcke aufzustocken.

Ich hatte über dreißig Furunkel am Körper. Auf dem Bauch, den Oberschenkeln, unter den Achseln, auf der Brust, im Nacken und auf dem Rücken. Ich spürte, dass mich meine Kräfte verließen, und dachte, dass es nun bald vorbei sein würde. Ich hatte keine Idee, wie ich mich retten könnte. Ich haute Häftlinge aus früheren Transporten an, fragte Janta und Kudynowski, ob sich für mich nicht Arbeit im Innern finden ließe. Sie riefen einen gewissen Szota herbei. Sagten, sie würden an mich denken, aber aus einem guten Kommando würden sie schließlich keinen rausschmeißen. Sie würden sehen, was sich machen ließe. Es hatte sich schon so ein Ältestenrat aus dem ersten Transport gebildet, der im Stillen die eigenen Kameraden besseren Arbeitsgruppen zuteilte, denn er hatte sich mit den Kapos und Wachleuten der untersten Ebene verständigt. Wenn der Betreffende kein Sadist war, konnte man sich mit ihm einigen. Zum Beispiel, dass er sich hinlegen könnte, und bei der Arbeit würde alles seinen Gang gehen. Es entstanden verschiedene Seilschaften, doch das weiß ich nur von Erzählungen, denn – ich sagte es schon – ich selbst war überhaupt nicht priviligiert. Ich gehörte zur grauen, entindividualisierten Masse. Und die Masse, das waren Nummern. Die niedrigen waren wichtiger, die höheren schlechter. Ein SS-Mann schaute auf die Nummer und wusste wie er einen Menschen zu behandeln hatte. Denjenigen mit einer zwei- oder dreistelligen Nummer haute er nicht so schnell eins auf die Schnauze. Die mit einer fünfstelligen Nummer schlug er ohne zu zögern. So wurde eine ungeschriebene, allgemeine und gewohnheitsmäßige Hierarchie geschaffen. Ich war ganz unten, am Rand meiner Kräfte. Ich hatte hohes Fieber, Lungenentzündung, erfrorene Hände. Um es deutlich zu sagen: ich war praktisch auf dem Weg, selbst ein Muselmann zu werden.

Auf dem Appellplatz konnte ich mich nicht mehr auf den Beinen halten. Ich wurde ohnmächtig. Das war wohl der 12. Dezember 1940.

Sie kamen in den Krankenbau*, *das Lagerkrankenhaus im damaligen Block 20, später wurde er zum Block 18.*

Es gibt gewisse Abweichungen in den Aufzeichnungen dieser Begebenheit, aber sie stimmen nur in Details nicht überein. Es gibt Leute, die genau wissen möchten, ob ich in die Krankenstation getragen wurde, oder ob man mich vielleicht geschleppt hat. Tja, wird man unter den Armen gepackt und geschleppt, wird man nicht „getragen" … Wenig ist mir davon im Gedächtnis geblieben, ich war bewusstlos. Ich erinnere mich nicht einmal mehr, wer mich in das Gebäude gebracht hat.

> Die Primitivität dieser Stätte, die hochtrabend als Krankenbau bezeichnet wurde, lässt sich kaum beschreiben. Obwohl erst seit kurzem in Betrieb, hatte sie bereits schnell ihren berechtigten Ruf erworben: Wer einmal im Krankenbau gelandet sei, so hieß es, komme nicht wieder lebend heraus. Tatsächlich gab es kaum Fälle von Genesung, was auch nicht verwunderlich war, denn die Krankenbauapotheke verfügte nur über Salbe gegen Krätze und Toilettenpapier anstelle von Verbandsmaterial. Demzufolge kurierten die nur leicht Erkrankten, ihre Krankheiten vor lauter Angst „im Stehen" aus, wobei sie äußerst schwere Arbeiten ohne Rücksicht auf das Wetter ausführten.
>
> Jerzy Bielecki, Nummer 243, *Kto ratuje jedno życie …*
> (*Wer ein Leben rettet …*)

Im Gespräch mit Andrzej Friszke beschreiben Sie das Aufnahmeverfahren in den Krankenbau* *folgendermaßen: „Jeden Morgen konnte man sich in die Schlange vor das Krankenhaus stellen und darauf warten, aufgenommen zu werden. Solange einen der Arzt nicht begutachtet hatte, musste man nicht zur Arbeit. Aber alle zehn bis fünfzehn Minuten kamen irgendwelche Kapos vorbei, schlugen mit ihren Stöcken zu und traten die Häftlinge, die sie der Simulation verdächtigten. Ins Gebäude wurden immer nur einige wenige, nie mehr als zwanzig gelassen. Wenn hundert oder zweihundert kamen, mussten sie warten und waren der Gefahr ausgesetzt, dass sie die Wartezeit nicht überleben würden."*

So war es, aber angesichts meines Zustands stellte das Krankenhaus die letzte Chance dar, mein Leben zu retten. So wurde ich also in den *Krankenbau** getragen und – durch den Gegensatz – fühlte ich mich dort wie im Himmel. Es war warm, niemand schubste oder schlug einen. Das Nirvana. Der Zustand hielt vielleicht eine halbe oder auch mehrere Stunden an – ich weiß es nicht. Ich wurde von den Stimmen zweier Ärzte geweckt. Mal beugte sich der eine über mich, mal der andere. Wie durch einen Nebelschleier sah ich nur die weißen Flecken ihrer Kittel, denn einige Tage zuvor, hatte man mir schon wieder meine Brille zerschlagen.

Einer dieser Ärzte war Edward Nowak (Nummer 447). Er kannte mich nicht, aber als er mich untersuchte, begann er automatisch zu fragen, wer ich bin, wie alt ich bin, woher ich komme, was ich mache und wer meine Eltern sind. Ich antwortete benommen: polnischer politischer Häftling … Sohn eines Bankangestellten.

Ich hörte auch das Gespräch Nowaks mit dem zweiten Arzt, vermutlich Władysław Dering (Nummer 1723): „Komm, wir nehmen ihn." – „Ach was, schade um den Platz, er überlebt nicht. Das wird nichts mehr. Siehst Du nicht, wie viele Leute Du hier hast?" – „Nehmen wir ihn. Geben wir ihm eine Chance. Das ist ein junger Intellektueller."

Ja, Dr. Nowak sagte da etwas, was mich damals stutzig machte. Heute aber vermag ich nur den Sinn jener Worte wiederzugeben: Die Jungen müssen gerettet … damit er etwas weiß, etwas weitergibt … etwas bleibt … er wird Zeuge sein …

Sie legten mich in ein Bett. Ein schmales Metallgestell mit einem Strohsack. Erneut verlor ich das Bewusstsein. Ich wusste nicht einmal, dass mich die ganze Zeit zwei Häftlinge aus Żoliborz pflegten: Witold Kazimierczak (Nummer 4071) und der Parteifunktionär der Polnischen Sozialistischen Partei (PPS) Stanisław Tyliński (Nummer 4896). Sie fütterten mich, flösten mir Kaffee ein, wuschen mich und trugen mich von Zeit zu Zeit zur Toilette. Kazimierczak wurde später entlassen, beteiligte sich am Warschauer Aufstand und hatte nach dem Krieg Verbindungen zur Delegatur der Streitkräfte (Delegatura Sił Zbrojnych[1]). Bewaffnet fiel er in dann die Hände der Staatssicherheit, erklärte jedoch klugerweise sofort, er sei ein Straßenräuber, so dass er nicht antikommunistischer, politischer Umtriebe angeklagt wurde und eine milde Strafe erhielt.

Der Krankenbau verfügte in der damaligen Zeit lediglich über ein Thermometer, eine Waage, *Schmerztabletten*, Tannalbin und Schnipsel von Strohsäcken. Dennoch war er im Vergleich zu den Lebensbedingungen in den anderen Blocks und Arbeits*kommandos* eine wundervolle Institution. Im stickigen Mief oder, was schlimmer war, in schneidender Kälte (*Fenster aufmachen*), aber vergleichsweise friedlich liegend, ohne die Erwartung unmittelbarer Lebensgefahr und, was noch wichtiger war, ohne diese erzwungene Anstrengung, die ständig genau über der Grenze der seelischen und körperlichen Belastbarkeit oszillierte, empfand der kranke Mensch mit der Nummer nahezu ein Glücksgefühl. Sicher ähnelte es am ehesten dem Gefühl eines gehetzten Hundes, dem es gelungen ist, sich in irgendeine Höhle zu verkriechen.

Adolf Gawalewicz, Nummer 9225, *Refleksje z poczekalni do gazu* (*Überlegungen im Warteraum zum Gas*)

---

1 Die Delegatur der Streitkräfte (Delegatura Sił Zbrojnych) entstand 1945, nach Ende des Zweiten Weltkriegs. Als polnischer Armeeverband kämpfte er im Untergrund gegen die neuen kommunistischen Machthaber im Land. (A. d. Ü.)

Wie lange waren Sie bewusstlos?

Elf oder zwölf Tage. Am Vortag von Heiligabend, am 23. Dezember 1940, wachte ich auf, verschwitzt, vielleicht auch eingenässt vom eigenen Urin. Auf demselben, überaus engen Metallbett. Eng war es deshalb, weil ich mit einem mir unbekannten Mann auf einem Strohsack lag. Er war in einem noch schlechteren Zustand als ich, er war die ganze Zeit bewusstlos und stammelte vor sich hin. Ich erfuhr von den anderen Häftlingen, dass er die Nummer 6643 trug. Der Transport aus Krakau traf Ende November in Auschwitz ein. Nach Jahren stellte sich heraus, dass es sich um Janusz Nel Sielecki gehandelt hatte, der gemeinsam mit Krystyn Olszewski (Nummer 75817) und Tadeusz Borowski (Nummer 119198) gleich nach dem Krieg in München das Buch *Byliśmy w Oświęcimiu* (Wir waren in Auschwitz) herausbrachte.

Neben ihm aufzuwachen, war ein Schock für mich. Warum? Dieser Mann hatte Geschwüre am ganzen Körper. Er hatte eine mehr als unappetitliche Furunkulose, also Hautabzesse. Ich hatte ebenfalls Furunkel, aber nicht solche. Er hatte Dutzende, mit Blut, Eiter und abgestorbenem Gewebe, stinkend, offen, am Hals, am Kinn, auf dem Bauch, und er lag eng an mich gedrückt.

Hinter einer dünnen, hölzernen Zwischenwand standen mehrere dreistöckige Betten, Ich lag in der Station für Infektions-, Geschlechts- und Hautkrankheiten, zusammen mit Syphilitikern, die sich auf allen Vieren fortbewegten. Ich gebe zu, dass das für einen Menschen in meinem Alter eine nicht gerade angenehme Erfahrung war. Dem Aufenthalt dort verdankte ich jedoch die Adresse eines hervorragenden Arztes für Haut- und Geschlechtskrankheiten, den sich meine Mithäftlinge untereinander weiterempfahlen. Ich habe mich sofort nach meiner Entlassung aus dem Lager an ihn gewendet … Außer den Syphilitikern gab es auch Häftlinge, die an Bindehautentzündung (*Trachomakranke**), Wundrose oder Diphterie erkrankt waren. Die Deutschen fürchteten sich vor allen ansteckenden Krankheiten, vor allem vor den hässlichen und stinkenden. Sogar ein Junge vom Dorf wusste, dass er sich davon fernhalten sollte. Es gab keine Philosophie oder medizinische Entscheidung dahinter – es war einfach eine gemeinsame Krankenstation für Infektions- und Hautkrankheiten eingerichtet worden; sie bestand erst wenige Wochen.

Im Krankenhaus Arzt, Sanitäter oder *Schreiber** sein – warum nicht. Auch Patient – für einige Tage oder Wochen, um sich zu erholen. Eine chronische, langwierige Krankheit aber kam im Grunde genommen einem Todesurteil gleich, obwohl es damals noch keine Selektion gab. Die erste Selektion wurde wohl im Mai 1941 durchgeführt, einige Wochen nach meiner Entlassung. Das hat mir das Leben gerettet, denn ich wäre sicherlich für eine Spritze vorgesehen worden, eine tödliche Phenolinjektion. Damals wurden sogar Leute, die gesünder waren als ich, mitgenommen und für arbeitsunfähig und damit überflüssig erklärt und getötet, unter anderem ein gewisser Batory, an den ich mich wegen seines besonderen Namens erinnere.

Viele Ärzte und Pfleger, ebenfalls polnische Häftlinge, taten was in ihrer Macht stand, um Kranke zu retten, aber es fehlte an Medikamenten und chirurgischen Instrumenten. Es fehlte vor allem auch an Betten – im Grunde genommen hätte man ja das ganze Lager behandeln können. Die meisten litten an verschiedenen Beschwerden. Erschöpfung, Anämie, Abmagerung. Schrecklicher, heftiger, oftmals blutiger Durchfall*. *Infektionen, faulende Wunden, Läuse, Phlegmone, Furunkel und Ekzeme. Lungenentzündung, Tuberkolose und schließlich Typhus. Indes hatten die Ärzte vor allem Aspirin und Papierbinden zur Verfügung, wie wir in den* Erinnerungen eines Häftlings *lesen. Wie wurden Sie behandelt?*

Das stimmt, es fehlte an Medikamenten. So wurden wir zum Beispiel behandelt, indem Patienten mit Haut- und Geschlechtskrankheiten mehrere Male gemeinsam in einem Kessel mit verdünntem Kaliumpermanganat, so einem lilafarbenen Gebräu, gebadet wurden. Man lies sich bis zum Hals in den Kessel gleiten und saß in dieser warmen Flüssigkeit, was man sogar als angenehm bezeichnen konnte. Leider kamen auch deutsche Kapos, die kluge Sprüche bezüglich der Behandlungsmethoden klopften. Einer von ihnen war in der Armee bei den Sanitätern gewesen und hielt sich für einen Fachmann, obwohl er ein gewöhnlicher Krimineller war. Aber er war kein H....sohn, er war nicht einmal ein Sadist. Ich habe nicht erlebt, dass er zum Beispiel jemanden geschlagen hätte. Er hat nur geschrien, aber alle haben geschrien. Und so wies der Kapo die polnischen *Pfleger** an, dass sie nicht untätig herumstehen, sondern sich der Kranken annehmen und uns mit Reisbürsten abschrubben sollten. Diese Bürsten rissen die Furunkel und den Schorf ab. So entstand eine entsetzliche, noch in der Erinnerung widerliche Flüssigkeit. Das violette Kaliumpermanganat färbte sich gelb und rot, vermischte sich mit Blut und Eiter, und wir mussten darin sitzen. Ein

Grauen. Allerdings waren uns damals ästhetische Überlegungen fern; wir hatten nur Angst, dass das unser Ende ist.

Außer Furunkeln bekam ich noch ein Ekzem. Es war quälend, langwierig, schwer behandelbar und hinterlies Narben. Die Ärzte sagten: „Hör zu, das sind wahrscheinlich Staphylokokken oder Streptokokken, aber wir haben keine Medikamente dagegen. Da braucht man einen Impfstoff."

Aber zugegebenermaßen hat Sie das Lagerkrankenhaus vor dem Tod gerettet.

Diejenigen, die eine Funktion innehatten oder in einem guten Arbeitskommando waren, flehten, schnell entlassen zu werden, denn sie fürchteten, dass sie ihre Position einbüßen würden. Sie wollten sich lieber nicht auskurieren und erholen, sondern zogen es vor, nur eine Salbe oder ein Medikament zu nehmen – und zurückzukehren. Mir hingegen ging es im Krankenhaus wie der Made im Speck. Erstens schlug uns hier niemand. Zweitens mussten wir nicht zur Arbeit, in die Kälte und in den Wind, wir hatten sogar eine Heizung. Drittens erhielten wir zu essen wie die arbeitenden Häftlinge, manchmal kam es sogar vor, dass die Pfleger ein zusätzliches Viertel Brot, einen Löffel Margarine oder einen Teller ungesalzenen Haferbrei auftrieben. Das ist übrigens gar nicht so leicht, etwas vollkommen Ungesalzenes zu essen, es sei denn man hat schon sehr, sehr lange nichts Leckeres mehr gegessen. Viertens versuchten die Ärzte den Kranken insgesamt stärkende Mittel zu verabreichen. Ich war der Jüngste und viele Sanitäter und Mithäftlinge behandelten mich, so würde ich sagen, mit väterlicher Fürsorge. Langsam kam ich zu Kräften. Einmal täglich oder alle zwei Tage kam der diensthabende Arzt, ein Pole, oft auch ein Quasi-Doktor, also ein Medizinstudent.

Im Krankenbau* *trafen Sie auf eine andere Lagerwelt als im Block für Minderjährige.*

Vor allem wuchs meine Kenntnis über das Lager erheblich, denn ins Krankenhaus kamen Leute aus unterschiedlichen Blöcken und in unterschiedlichem Alter. Ich traf unter anderem einen Polen mit einem grünen Winkel, einen Kriminellen. Natürlich befanden sich schon in den Transporten Menschen aus kriminellem Milieu, denn die hier Versammelten waren ja bei Straßenrazzien festgenommen worden und bildeten somit den normalen Durchschnitt der Bevölkerung ab. Während der Straßenrazzia in Żoliborz wurden zum Beispiel auch Männer aus den Baracken in der Nähe des Danziger Bahnhofs mitgenommen, die vor dem Krieg als Obdachlosenasyl dienten. Aber nach der Ankunft im Lager bekamen in der Regel alle rote Winkel – das Erkennungszeichen für politische Häftlinge.

Und so traf ich erst im Krankenhaus, im Frühjahr 1941, einen Menschen mit grünem Winkel, der sich auch dazu bekannte – damals jedenfalls, denn nach dem Krieg ist mir kein Fall begegnet, bei dem sich ein Häftling eines grünen Winkels gebrüstet hätte. Jener war mit einem Transport aus Radom gekommen und hieß Szczepan Izydorczyk (Nummer 8520). Ein Schlitzohr und Schurke Mitte dreißig, der den klassischen Dieb der Vorkriegszeit verkörperte. Auf den Armen hatte er Reste alter Tätowierungen und ein grauenvolles, großflächiges Ekzem. Aber er war vergnüglich und gesprächig. Stellen Sie sich vor: Alle sitzen auf ihren Betten in Krankenhauskleidung und fragen ihn Dinge, die man in der Regel nicht fragt: „Also, wofür sitzt du eigentlich?“ – „Ich? Für eine politische Aufnahme.“ – „Hast du was fotografiert?“ – „Nein, nichts …“[1] Und so war es: In Radom ging er in die Garderobe eines Restaurant, oder vielleicht in einen Warteraum beim Arzt, das weiß ich nicht mehr. Wichtig ist, dass er so tat, als gehöre er dahin. Er sah einen schönen Pelz und nahm ihn vom Haken. Wir daraufhin: „Gut, aber was ist mit der politischen Aufnahme?“ Und er: „Verdammt, wer konnte denn schon ahnen, dass der Besitzer ein *Volksdeutscher** ist?!“ Ein Schrei, er wurde festgenommen und ins Gefängnis in Radom gesperrt. Und das ausgerechnet als ein Transport nach Auschwitz ging …

1976 gaben die bereits erwähnten Witold Kazimierczak und Stanisław Tyliński für das Staatliche Museum in Oświęcim (Państwowe Muzeum w Oświęcimiu) eine spezielle Erklärung zu Ihrem Aufenthalt im Lager ab. Kazimierczak schrieb: „Trotz seines schlechten Gesundheitszustands beteiligte er sich an den in der Krankenstation veranstalteten Kulturabenden (er rezitierte Gedichte). Auch verlas und kommentierte er in ermutigender Weise, Artikel aus deutschen Zeitungen, die uns im Krankenhaus manchmal zur Verfügung standen.“ Woher kamen diese Zeitungen?

---

1 Wortspiel: Das polnische Wort Zdjęcie kann „Fotoaufnahme“ und auch „Diebstahl“, „Wegnehmen“, „Entwendung“ bedeuten. (A. d. Ü.)

Zwei- bis dreimal die Woche brachte der Lagerfriseur Rolewski, er hatte eine dreistellige Nummer, deutsche Zeitungen mit. Er war Schlesier, redete pausenlos von der Muttergottes und sprach gemeinsame Gebete und Fürbitten, denn es gab keinen Priester oder Seminaristen im Krankenhaus. Wir beteten halblaut, singen war nicht erlaubt. Dann erfuhren wir, dass unser Schlesier die [Deutsche, A. d. Ü.] *Volksliste** unterschrieben hatte und herauskam. Er brachte die deutschsprachige „Kattowitzer Zeitung" mit. Sehr selten bekamen wir auch die „Krakauer Zeitung" aus dem Generalgouvernement in die Hände. Ich erhielt die Aufgabe, den anderen einige Texte gleich auf Polnisch vorzutragen. Findig wählte ich einige Nachrichten aus Frontberichten aus, ließ Erfolge aus oder milderte sie ab und änderte den Wortlaut, um den anderen Mut zu machen.

Und die Kulturabende?

Die waren sogar lustig und unterhaltsam. Ich rezitierte aus dem Gedächtnis Texte von Jurandot, Kabarettsketche, vor allem aber polnische Klassik – Kochanowski, Słowacki und Mickiewicz. Stundenlang. Die Zuhörerschaft war überaus gemischt, in Behandlung waren neben Leuten, wie dem bereits erwähnten Izydorczyk, auch der Jurist Dr. Krupiński und Bolesław Lewicki (Nummer 810), Polonist an der Jan-Kazimierz-Universität in Lwów (nach dem Krieg, den er überlebte, war er an der Universität Łódź tätig). Die Kulturabende blieben meinen Kameraden irgendwie im Gedächtnis und brachten mir Wohlwollen ein.

Außerdem halfen Sie ihnen, Briefe an ihre Familien zu schreiben.

Das Schreiben betrieb ich geradezu berufsmäßig. Ich half allen, die kein Deutsch konnten. Sogar von anderen Stationen. Heute, nach all den Jahren, könnte ich in dieser Sprache Briefe zu den unterschiedlichsten Themen schreiben, seien es politische Fragen oder Herzensangelegenheiten. Im Lager wäre das für mich zu schwer gewesen, aber damals ging es ja um einfache, gleichartige Nachrichten, einige Worte, die durch die Lagerzensur kommen würden.

Durch die sogenannte Postzensurstelle KL Auschwitz gingen im Allgemeinen Briefe im Stil: „Liebe Mama, ich bin gesund und es geht mir gut, was ich auch Euch wünsche …"

„Ich bin gesund und es geht mir gut ...“ war meistens eine glatte Lüge, aber das verlangte die Lagerzensur. Am wichtigsten aber war ein Zeichen an die Angehörigen, dass man noch am Leben war, damit sie nicht die Hoffnung verlören. Einen Briefbogen bekamen wir einmal pro Monat. Ich schrieb an meine Mutter, ebenfalls sehr einfach und sparsam: „Ich bin gesund und zufrieden.“ Das einzige persönliche Motiv, dass man in den Inhalt schmuggeln konnte, waren Fragen zu anderen, zu Verwandten, zu Onkeln oder Tanten. Verwendet wurden natürlich deutsche Briefmarken, aus dem *Reich**. Nach Weihnachten bekamen wir ein Kilo schwere Essenspakete, eine Hilfe auf Initiative des Erzbischofs Adam Stefan Sapieha. Die Päckchen an bereits Verstorbene – jeden Tag starb jemand – nahmen natürlich die Kapos an sich.
Ich wiederhole: Wir wurden nicht geschlagen, aber die ganze Zeit drangen grauenvolle Nachrichten aus dem Lager ins Krankenhaus. Auch an Weihnachten. Wir beteten damals gemeinsam. Nichts besonders, nur ein Gebet. Von denen, die die Suppe austeilten erfuhren wir, dass die SS-Männer einen großen Weihnachtsbaum mit Kerzen auf den Appellplatz gestellt hatten, und befohlen hatten, nackte Leichen darunter zu legen. Ein Geschenk des Lagers. Ehrlich gesagt hat uns das aber nicht besonders gewundert. Uns haben solche Sachen überhaupt nicht mehr gewundert. Komplette Passivität würde ich sagen – der tägliche Sadimus der Gleichgültigkeit. Aber war das wirklich Sadismus? Das Lager zwang zu rein pragmatischem Denken. Wenn jemand tot ist, ist die Frage, ob man ihn in die Leichenhalle, in den Vorraum des Krematoriums oder unter den Weihnachtsbaum legt, schließlich ohne größere Bedeutung. Diese Mensch leidet nicht mehr, er ist frei. Im Lager hörten wir auf zu erörtern, ob es schrecklich und inhuman ist, geschlagen zu werden. In unserem Verständnis waren konkrete Dinge wichtiger: Auf die Fresse oder in die Nieren? Besser auf die Fresse, bloß nicht mit dem Stock, damit der Schädel heil bleibt. Also musst du dich sich so vor den Kapo stellen, dass er dir auf die Fresse haut. Reiner Pragmatismus, nichts mit Würde.

> Auf der rechten Seite der Lagerstraße stand an der Bordsteinkante in voller Schönheit ein mit bunten Lichtern geschmückter, majestätisch ausladender Weihnachtsbaum. Die Häftlinge schauten wie verzaubert auf dieses unglaubliche Erscheinung, und in so manchen Augen glänzten Tränen auf. Selbst die todgeweihten Muselmänner, die auf ihren geschwollenen Beinen durchs Lager schwankten, lebten bei diesem Anblick auf. In den Augen glommen Hoffnungsschimmer aufs Überleben, auf ein Wunder, auf Rettung auf ...

Der Anblick des Christbaums ließ Erinnerungen an mein Zuhause aufkommen, das ich vor nicht allzu langer Zeit verlassen hatte und das doch so unendlich weit entfernt schien. Wie viele unvergessliche Augenblicke hatte ich in den guten Tagen der Kindheit am Festbaum erlebt! Und jetzt waren nur Erinnerungen geblieben. Frierend vor Kälte marschierte ich in meiner Fünferreihe und konnte die Augen nicht von dem hell erleuchteten Baum abwenden. Mein Blick glitt von den Glühbirnen nach unten und blieb am Fuße des Baumes haften. Unter seinen weiten Ästen erblickte ich eine dunkle Masse bewegungsloser Leiber. Nacktes Entsetzen ergriff mich und versetzte mich schlagartig zurück in die grausame Wirklichkeit. Vom Tor waren das kehlige Lachen der SS-Männer, trunkenes Gebrüll und Flüche zu hören.

Jerzy Bielecki, Nummer 243, *Kto ratuje jedno życie …* (*Wer ein Leben rettet …*)

Nach Weihnachten herrschte im Lager allgemeine Freude. Jeder Häftling bekam ein 1 kg schweres Paket mit Nahrungsmitteln. Der Inhalt hatte für viele lebenswichtige Bedeutung: ein Stückchen geräucherter Speck, Lebkuchen, Zigaretten oder Tabak und Weihnachtswünsche mit einem Stückchen Oblate. Es war eine Initiative des „Patronats" in Krakau, das von Kommandant Höß die Genehmigung bekommen hatte, 6000 Päckchen ins Lager schicken zu dürfen, vorbereitet von ungenannten Leuten für ihnen unbekannte Häftlinge. Diese gigantische Aktion, die des Einsatzes und Mutes Hunderter von Menschen bedurft hatte, gab uns Auftrieb. Bis dahin hatten wir nicht gedacht, daß sich außer unseren nächsten Angehörigen Leute von jenseits des Zaunes für unser Schicksal interessierten, ja, daß sie überhaupt von unserer Existenz wußten.

Kazimierz Albin, Nummer 118, *List gończy* (*Steckbrieflich gesucht*)

Sie betonen immer, dass besonders der Tod von Professor Adam Heydel (Nummer 10564) auf Sie schockierend wirkte.

Das stimmt. Außer den Tätern war ich vermutlich der letzte normale Mensch, zudem Pole, mit dem Heydel einige Worte wechselte. Seine Exekution war für mich nicht wegen des menschlichen Leids ein Schock, denn menschliches Leid hatte ich schon genug gesehen. Das war aufgrund der Konstellation ein Schock. Stellen Sie sich vor: Ich, der Neunzehnjährige, treffe einen Professor der Jagellionen-Universität Krakau, von dem ich als Bücherfreund wusste, dass er eine Monografie über [den

Maler, A. d. Ü.] Jacek Malczewski geschrieben hatte, die bis heute ein Klassiker ist. Von der Ausbildung her war er zwar Jurist, aber er beschäftigte sich auch mit Kulturgeschichte. Vor dem Krieg gab er unter anderem auch die Broschüre *Myśli o kulturze* (Gedanken zur Kultur) heraus, die ich noch als Gymnasiast kaufte und und las.

Sie war so populärwissenschaftlich und zugänglich geschrieben, dass ich sie verstand. Sie interessierte mich und blieb mir im Gedächtnis. Und stellen Sie sich vor, dass ich als junger Mensch, als Abiturient, im Lagerkrankenhaus mit diesem berühmten Professor sprach, den ich bis dahin nur aus Büchern kannte …

Er hatte bereits ein wirkliches Gehenna in diesem Krieg hinter sich: Am 6. November 1939 wurde er zusammen mit anderen Hochschullehrern an der Jagiellonen-Universität verhaftet. Dabei handelte es sich um die berühmte *Sonderaktion Krakau**, in deren Rahmen viele Professoren und Dozenten nach Sachsenhausen transportiert wurden. Aufgrund internationaler Proteste wurden diejenigen, die überlebt hatten, entlassen. Heydel kam im Februar 1940 frei und lebte auf dem Landgut seines Bruders Wojciech (Nummer 10568). Aber im Januar 1941 kamen die Deutschen, um den Bruder abzuholen und nahmen den Professor auch gleich mit. Aus Radom wurden die Brüder mit dem Transport vom 25. Februar 1941 nach Auschwitz deportiert. Der Blockälteste des Professors erwies sich als Sadist, Heydel verließen schnell seine Kräfte. Mit Diphterie kam er in den *Krankenbau**.

Ich saß Stunden an seinem Bett, einer dreigeschossigen, hölzernen Pritsche. Normalerweise lag man allein dort, manchmal zu zweit, wenn es an Plätzen mangelte. Heydel lag allein, hinter einer Zwischenwand. Er erzählte mir vom Leben und Schaffen [des Dichters Cyprian Kamil, A. d. Ü.] Norwids, dessen Verse er aus dem Gedächtnis rezitierte. Ein hageres Gesicht, rötlicher Bartwuchs. Er sprach mit Mühe, hatte noch Fieber, aber er war auf dem Weg der Besserung.

Am Nachmittag des 14. März 1941 saß ich wie gewohnt auf dem Rand seiner Pritsche.

Jener Augenblick hat sich Ihnen bis ins kleinste Detail eingeprägt, und Jahre später riefen Sie ihn in dem Buch Środowisko naturalne *(Natürliche Umgebung) ins Gedächtnis: „Ich erinnere mich an bellendes Geschrei, das aus dem Erdgeschoß zu uns drang:* Das Ganze stillgestanden! Mützen ab! Augen rechts!* *Das bedeutete, dass ein Deutscher in den Block gekommen war und die Häftlinge, an denen er vorbeikam, strammstehen mussten.*

Dann kam das Geschrei näher, also kam der Deutsche in unsere Richtung. Ich berührte Heydels Hand, um ihm zu bedeuten, dass wir unser Gespräch unterbrechen müssen und ich zurückkomme, wenn der Deutsche wieder weg ist. Heydel nickte, ich ging auf meinen Platz und legte mich auf die Pritsche. Hinter der Zwischenwand war die Stimme des Deutschen zu hören. Erst fragte er nach der Lagernummer. Das war normal, denn im Kontakt mit den Kapos oder den Deutschen musste ein Häftling die Formel „Nummer x meldet sich gehorsam"* *aufsagen. Aber diesmal gingen die Fragen weiter: Vorname, Name, Name des Vaters …*

Im Lagerarchiv ist Heydels Sterbeurkunde* *erhalten. Verzeichnet ist Datum und Uhrzeit: 14. März 1941, 18.15 Uhr.*

Sie nahmen Professor Heydel mit, erlaubten ihm nicht einmal sich anzuziehen. Das habe ich selbst nicht genau gesehen, aber andere Häftlinge haben heimlich durchs Fenster beobachtet, wie Heydel ging, in Unterwäsche, barfuß und die Hände mit Draht hinter dem Rücken zusammengebunden. An diesem Tag wurden an der sogenannten *Kiesgrube** 72 polnische politische Häftlinge erschossen.

Ich habe später seine Frau und seine Tochter gefunden. Bis heute bin ich mit der Familie Heydel – der Enkelgeneration bereits – befreundet, mit dem Posener wie auch mit dem Krakauer Zweig, denn es handelt sich um eine große Professoren- und Gutsbesitzerfamilie.

Wir standen jetzt mit dem Gesicht zur Stätte der Exekution. Der erste Todgeweihte kam, mit auf dem Rücken gefesselten Händen. Er wurde von einem jungen SS-Mann rücksichtslos vorangeschoben.

Der Todgeweihte war barfuß, hatte eine zerrissene Zivilhose an und einen Lumpen, der wahrscheinlich irgendwann sein Hemd gewesen war. Der SS-Mann stellte ihn mit dem Gesicht zu der herabfallenden Wand der Kiesgrube und entfernte sich. Gegenüber wurde das Exekutionskommando aufgestellt. Links, auf einer Anhöhe, stand eine Gruppe von Offizieren, von denen einer das Urteil vorzulesen begann, und der zweite in dem Augenblick, als der erste mit dem Lesen fertig war, das Kommando „Feuer!" gab. Die erste Salve ertönte und hallte in den Gebäuden um uns wider. Der Todgeweihte fiel in den Sand wie abgesägt. Kleine Steine lösten sich von der Böschung und rollten zu den in Krämpfen zitternden Füßen des Erschossenen. Ein SS-Mann zog die Pistole und gab dem Liegenden den Gnadenschuß.

„Leichenträger" Gienek zog mich fest mit. Wir stürzten mit der Trage hinunter. Von den SS-Männern angetrieben, legten wir die Leiche auf die Blechtrage und rannten so schnell wie möglich nach oben, wobei wir an dem nächsten Todgeweihten, den man an die Stelle des Vorhergehenden führte, vorbeikamen. Bevor wir uns unserer Last entledigt hatten, ertönte schon die nächste Salve. Jetzt lief Teofil mit einem anderen hinunter. Währenddem hoben die Sanitäter, die bis jetzt untätig neben dem Rollwagen standen, die erste Leiche in eine der Kisten, die vom Wagen abgeladen worden waren. Gleich nach der nächsten Salve rannten wir nach unten, um die neue Last zu holen, ohne zu warten, bis man uns dazu aufforderte.

Die Eingeweide traten bei diesem Toten heraus. In Eile sammelten wir sie mit den Händen ein, so warm und dampfend, wie sie noch waren, Als wir nach oben gingen, strömte das Blut von der schräggestellten Trage. Wir arbeiteten ohne Atempause. Runter, rauf, runter, rauf – es ist schwer zu sagen, wie oft. Nur das Exekutionskommando wechselte sich ab. Der nächste! Wieder eine Salve. Der nächste, der nächste, der nächste! Die Schüsse hallten mit eintönigem Echo um die benachbarten Wände der Gebäude. Feuer! Der nächste! In die Särge! ... Es gab schon keinen Platz mehr, wir packten also zwei in einen.

Wiesław Kielar, Nummer 290, *Anus Mundi*

Wie erinnern Sie den 19. Februar 1941, den Tag, an dem Władysław Bartoszewski neunzehn wurde?

Nichts habe ich behalten, denn schon vor dem Krieg, seit Kindertagen, maß ich meinem Geburtstag nicht allzu große Bedeutung zu. Sogar als ich 1940 achtzehn wurde, machte da zu Hause niemand großes Aufheben drum. Erwachsen wurde man damals mit einundzwanzig. Und an diesen Geburtstag im Jahr 1943 erinnere ich mich sehr gut, wenn auch aus einem anderen Grund. Von der Schriftstellerin Zofia Kossak erhielt ich damals eine vierbändige Vorkriegsausgabe der *Krzyżowcy* (*Die Kreuzfahrer*). Mit einer eigenhändigen Widmung der Schriftstellerin, die ich aus dem Gedächtnis wiedergeben muss, denn leider ist das Buch verbrannt, als im September 1944 meine Wohnung in der Ulica Mickiewicza im Stadtteil Żoliborz in Flammen aufging: „Als ich dieses Buch schrieb, schien mir, dass es größere Zeiten nicht geben könne. Aber nun gibt es sie doch, wir leben in ihnen, wir sind Teil des größten aller Kreuzzüge. Deine Tante." Ja, aber das war eine vollkommen andere

Phase in meinem Leben, als ich schon in der Konspiration, der Heimatarmee (AK) und der Regierungsvertretung im Lande (Delegatura Rządu na Kraj) aktiv war und in der „Żegota" half, Juden zu retten.

Und der erste Tag des Jahres 1941?

Daran erinnere ich mich auch nicht mehr. Sie müssen bedenken, dass Daten in Lagern und Gefängnissen flüchtig sind, weil man schnell das Zeitgefühl verliert. Man denkt nicht in den gleichen Zeitkategorien wie in der Freiheit. Wenn man verurteilt wurde, zählt nur, wie viele Tage man noch abzusitzen hat. In Auschwitz aber wusste das keiner von uns. Daten, Kalender, geordnete Zeit, all das hörte auf zu existieren.

Im Krankenhaus, so wussten wir, galt das deutsche Prinzip: „Auskurieren – und zur Arbeit". Doch die Ärzte warnten, dass ich schnell sterben würde, wenn sie mich gesundschrieben.

Im Januar 1941 war es mit den Sonderrechten im Block für Minderjährige im Prinzip vorbei. Meine Kameraden arbeiteten, sofern sie bis dahin überlebt hatten, in den normalen Häftlingskommandos. Sie schafften es irgendwie sich einzurichten und anzupassen. Ich wäre in ein schwarzes Loch gefallen. In rasendem Tempo wäre ich wieder zum Muselmann geworden und vor Erschöpfung gestorben. Oder sie hätten mich getötet.

Aber dann kam ein wichtiger Tag. An dieses Datum erinnern Sie sich genau. Der Dienstag vor Ostern 1941.

Ich wurde sofort nach dem Morgenappell gerufen. Ich konnte nur das Allerschlimmste vermuten. Meine Kameraden verabschiedeten sich von mir. Würden sie mich gleich zur Exekution führen? Die ganze Zeit hatte ich Professor Heydel vor Augen. Ich hatte wirklich schreckliche Angst. Diesmal stand ich vor einer Art medizinischen Kommission. Die polnischen Häftlinge hatten mich instruiert, dass ich dem deutschen Arzt glaubhaft versichern müsse, dass ich mich gut fühle, dass ich zwar ich ein wenig krank sei, mein Zustand sich aber schon entschieden gebessert habe. Warum das so wichtig war? Weil die Entscheidung über meine Entlassung vertagt würde, wenn ich klagen und mich schwächlich zeigen würde. Und die nächste Untersuchung hätte ich vielleicht nicht erlebt.

Erst da begriff ich, dass ich wirklich eine Chance hatte zu überleben. Das Lager zu verlassen und nach Hause zurückzukehren.

Ein Schrei ertönte: *„Einundzwanzig, achtundfünfzig!"**
Ich erstarrte! Das war ja meine Nummer! Was konnte passiert sein, dass der *Lagerälteste** selbst – denn wir wussten bereits, dass das seine Stimme war – meine Nummer rief? Ich sprang vom Strohsack auf, lief zur Tür und machte Meldung. Ich wusste, dass das nötig war, denn andernfalls konnte man sich große Unannehmlichkeiten einhandeln, Schläge inbegriffen. Er drehte sich um, denn er war schon weiter, schaute auf die Karte in seiner Hand, fragte nach meinem Namen und befahl mir, mit ihm zu kommen. Ich schaffte kaum, ihm zu folgen. Er lief zum Ausgang. Er beschwerte sich und fluchte, dass er mich nicht hatte finden können, dass ich so viele Probleme bereitete, dass ich hätte hören müssen, was während des Abendappells verkündet worden war, dann wäre schon alles geschafft. Ich wusste nicht, was er meinte. Was hatte das alles zu bedeuten? Erst jetzt erklärte er mir, dass ich nach Hause kann, dafür aber noch alle Formalitäten erledigen muss. Wir würden jetzt zum Arzt gehen, um bescheinigen zu lassen, dass ich gesund und transportfähig sei. Wir gingen also hinüber in die Quarantänestation, um das entsprechende Attest zu erhalten. Zum Glück hatte Dr. Dering Dienst. Er freute sich sehr, dass ich nach Hause kam und unterschrieb sofort was nötig war. Er bat mich, seine Frau zu benachrichtigen und ihr auszurichten, dass er hier ist und dass es ihm gut geht und dass sie sich nicht um ihn sorgen soll. Ich versprach es. Ich war völlig benommen von der Nachricht meiner Heimkehr. Ich ging zu meinem Platz im Saal von Block 11 zurück. Alle waren gerührt, wohl niemand schlief in dieser Nacht. Man bat mich, alles Mögliche zu erledigen, doch ich konnte es nicht versprechen. Denn all die Bitten hätte ich sorgfältig notieren müssen, schließlich konnte ich mir nicht dreißig und mehr Adressen, Namen und Dinge merken. Ich hatte weder Papier noch Bleistift. Und selbst wenn ich alles aufgeschrieben hätte, wäre mir nicht gelungen, es mitzunehmen. Am Ausgang wurde man nämlich gründlich durchsucht, und meine Leichtsinnigkeit hätte mir ernste Konsequenzen einhandeln können.

Makary Bartłomiej Zakrzewski, Nummer 2158,
Deckname „Skała" (Fels). *Wspomnienia z lat 1924–1945*
(Erinnerungen aus den Jahren 1924–1945)

Bis heute fällt es Historikern schwer, eindeutig zu bestimmen, nach welchen Prinzipien man aus Auschwitz freikam. Was war das Entscheidende? Half vor allem das Eingreifen wichtiger Persönlichkeiten und Institutionen, oder vielleicht deutscher Unternehmen, die sich für deportierte Fachleute verwendeten? Petitionen, die von den Familie an den Generalgou-

verneur Hans Frank oder Adolf Hitler selbst geschickt wurden? Schmiergelder? Versuche, persönliche Kontakte zu Angehörigen der Besatzungsmacht zu nutzen?

Zwei Dinge wissen wir sicher. Erstens: Eine größere Chance hatten Häftlinge, die – wie Sie – zufällig ins Lager kamen, die bei Straßenrazzien festgenommen wurden und keinen Eintrag bei der Gestapo hatten. Zweitens: Anhand der Publikation Księga Pamięci (Gedenkbuch) *der Warschauer Transporte lässt sich feststellen, dass 1940 von 3.671 Deportierten 331 Männer entlassen wurden, und von den 3.226 Neuzugängen des Jahres 1941 57 Häftlinge freikamen. Von den rund 13.000 Inhaftierten jedoch, die in den Jahren 1942–1944 ins Lager kamen, entlies man keine 20. Kurz gesagt: Sie hatten viel Glück.*

Das stimmt. Bis heute gelang es mir nicht festzustellen, warum ich aus Auschwitz freikam. Mein Vater und meine Mutter bemühten sich parallel. Für ein üppiges Schmiergeld reichte es nicht, obwohl meine Mutter angeblich irgendwelche Vermittler bestach. Im Büro des Elektrizitätswerks arbeitete sie mit einem gewissen Herrn Bryl zusammen. Er hatte deutsche Wurzeln und die *Volksliste** unterschrieben. Nach meiner Verhaftung nahm er sich der verzweifelten Frau an, die Angst um ihren Sohn hatte. Er versprach meiner Mutter Hilfe, ganz sicher nahm er keinen Pfennig. Einige Wochen vor meiner Entlassung erklärte er, dass ihm jemand versprochen habe, dass ich freikomme. Meine Mutter fragte natürlich nicht weiter nach.

Heute scheint mir jedoch, dass die Bemühungen meines Vaters wirksamer waren. Er wählte den Weg über das Polnische Rote Kreuz, was möglicherweise die Maschinerie des Internationalen Roten Kreuzes in Gang setzte. Vielleicht haben sich die Bemühungen meiner Mutter und meines Vaters aber auch ergänzt. Und auch ein weiterer Faktor könnte eine Rolle gespielt haben: Die Deutschen, die sich auf die Auseinandersetzung mit der Sowjetunion vorbereiteten, waren zu propagandistischen Gesten bereit, die ihr scheinbar humanitäres Vorgehen bezeugten. Das Dritte Reich verfolgte damals eine zynische Taktik der Neuorientierung und nahm nun die Rolle des vermeintlichen Verteidigers Europas und der christlichen Werte vor dem rohen Bolschewismus an.

Ihrem Wissen können wir nur einige unbedeutende, aber interessante Fakten hinzufügen, denn auch in ausländischen Archiven sind keinerlei Spuren eines Eingreifens des Roten Kreuzes erhalten. Wenn wir jedoch *sagen, dass Sie Glück hatten, haben wir noch etwas anderes im Sinn: Der Historiker Piotr Setkiewicz stellte fest, dass vom zweiten Warschauer Transport nicht gerade viele Häftlinge freikamen, die bei Straßenrazzien festgenommen worden waren – dem Bestandsbuch zufolge waren von 71 entlassenen Häftlingen nur 13 im Zuge von Straßenrazzien verhaftet worden. Unter anderem auf die Korrespondenz mit ehemaligen Häftlingen und ihren Familien gestützt, ermittelten die Historiker nach dem Krieg, dass die Deutschen vom Transport am 22. September 1940 mindestens 149 Personen wieder freiließen. Piotr Setkiewicz hält es heute für unmöglich, die geltenden Regeln der Entlassungspraxis des Lagers zu durchschauen. Denkbar ist, dass die Entlassungszahlen zum Teil mit dem aktuellen Bedarf an Arbeitskräften im Lager zusammenhingen. Vielleicht handelte es sich jedoch auch nur um eine vergleichbare Situation, wie sie nach dem Krieg ein Funktionär der politischen Abteilung im Lager,* SS-Untersturmführer* *Pery Broad, beschrieb: Demnach konnte eine Gruppe von Häftlingen, die mit Transporten aus Krakau ins Lager gelangt waren, nicht entlassen werden, weil „die Gestapo Krakau die Akten dieser Unglücklichen einfach verloren hatte, das nicht zugeben wollte und und einfach wartete, bis der letzte als verstorben gemeldet" wurde. Durcheinander in den Akten konnte also über Leben und Tod Ihrer Kameraden im Transport entscheiden.*

Dank Broads Bericht wissen wir auch, worin die letzte Formalität bestand, die über eine Entlassung aus dem Lager entschied. Ein Antrag musste vom Chef der politischen Abteilung im Lager, SS-Untersturmführer* *Maximilian Grabner, begutachtet werden. In den Häftlingsakten verzeichnete er dann eines von drei Symbolen: eine 1 bedeutete die Zustimmung zur Entlassung, eine 1/2 besagte, diesmal negativer Bescheid, aber beim nächsten Mal entlassen. Eine 2 war ein negativer Bescheid. Broad behauptet, dass sein Chef in der Regel nur mit 2 bewertete. Und darunter schwungvoll mit „Gr" paraphierte.*

Sie haben sicher eine 1 erhalten. Um jedoch in die Freiheit zu gelangen, mussten Sie noch einen positiven Eindruck beim SS-Arzt hinterlassen.

Tatsächlich fand diese Vorstellung statt – ich nahm alle meine Kraft zusammen und beantwortete munter und energisch die Fragen, die ich zuvor mit meinen Mithäftlingen besprochen hatte. Zudem versuchten die polnischen Ärzte mich so zu drehen, dass der Deutsche sich nicht für meine zur Tarnung gepuderten Furunkel interessieren möge. Ich spielte die buchstäbliche Rolle meines Lebens. Ich ging zu Dr. Nowak, um ihm zu danken: „Herr Doktor, Sie haben sich nicht umsonst gemüht, ich lebe." Er antwortete: „Da Du lebst, weißt Du, was Du zu tun hast. Du sollst wissen."

Der nächste Schritt war die Schreibstube des Lagers, wo ich andere Häftlinge traf, die an dem Tag entlassen wurden, drei aus den Warschauer Transporten und sechs aus Oberschlesien. Einer der Warschauer hieß Frydrych und war Sohn eines Angestellten der Polnischen Bank (Bank Polski). Bei den anderen handelte es sich um einen Beamten und einen Kaufmann, der später sagte, dass seine Frau ihn aus dem Lager freigekauft habe. In der Kanzlei erklärte der SS-Mann: „Ihr werdet entlassen. Meldet Euch an Eurem Wohnort sofort bei der Gestapo. Ohne faule Tricks. Sofort meldet ihr Euch beim *Arbeitsamt**, und drückt Euch nicht vor der Arbeit. Wer hierher zurückkehrt, der gelangt nur noch durch den Kamin ins Freie, das sage ich Euch freiheraus." Danach mussten wir ein Formular ausfüllen – dass wir gut behandelt worden waren, dass wir keinen Grund zur Klage haben, dass wir keinerlei feindliche Aktivitäten gegen den Staat aufnehmen werden … Es kam mir in den Sinn, dass aus dem Formular gar nicht hervorging, um welchen Staat es sich dabei handelte, aber natürlich erlaubte sich keiner von uns irgendeinen Kommentar. Schweigend unterzeichneten wir die Papiere.

Es handelte sich um ein Standardformular – in seiner Aussage wieder einmal ziemlich surrealistisch, wenn man die Realitäten im Lager bedenkt. Es enthielt zum Beispiel die Versicherung, dass der Entlassene während seines Aufenthalts im Lager nicht schwer erkrankt ist oder einen Unfall hatte, damit er später … keine Entschädigung verlangen konnte. Und natürlich gab es das Verbot, irgendjemandem davon zu erzählen, was im Konzentrationslager geschah.

Nach der Unterzeichnung des Formulars erhielten wir im Depot unsere Zivilkleidung, unsere Papiere und unsere persönlichen Gegenstände – der Empfang wurde erneut durch persönliche Unterschrift bestätigt. Die Kleidung war zerschlissen, zerknittert, aus Säcken herausgezogen. Aber sie war uns lieber als die Häftlingsanzüge, und wie schon gesagt war der Mantel, den meine Mutter mir noch in die Hand gedrückt hatte, angesichts des Schneeregens an diesem Tag sehr nützlich. Ein SS-Mann eskortierte unsere Gruppe zum Bahnhof in Oświęcim. Ich ging ganz zum Schluss, geschwächt und benommen, denn an der frischen Luft war ich das letzte Mal im Dezember des Vorjahres gewesen, bevor ich ins Krankenhaus kam. Ich schaffte es nicht, mit den anderen Schritt zu halten, aber niemand schlug oder trat mich dafür oder setzte einen Knüppel ein. Eine unvorstellbare Veränderung.

Im Gespräch mit Andrzej Friszke erinnern Sie sich, dass der SS-Mann fragte, ob Sie Eltern haben: „'Aha. Und wo?' – 'In Warschau.' – 'Ach, da freut sich die Mutter auf das Osterfest.' Meinem Empfinden nach war es so, als ob ein Tier mit menschlicher Stimme spricht. Unser Status hatte sich plötzlich verändert, plötzlich war ich ein Mensch geworden, mit dem man sprach."

„Hast du Familie?" – „Ja." – „Osterzeit ... Die Mutter wird sich freuen." – „Natürlich, jeder hätte sich gefreut ..." Ich erinnere mich an dieses Gespräch bis heute. Als wir auf dem Bahnhof standen und auf den Zug nach Katowice warteten, abgemagerte Schatten mit rasierten Köpfen, schauten die anderen Reisenden verstohlen in unsere Richtung, aber es war zu sehen, dass sie Angst hatten. Sie vermieden den Kontakt mit uns, wie mit Pestkranken. Endlich kam der Zug. Der SS-Mann ging zur Kasse und gab uns einen Freifahrtschein. Er kam einen Augenblick mit in den Waggon, aber stieg dann sofort aus. Der Zug fuhr an. Freiheit. Ein euphorisches Gefühl der Freiheit.

Welche Kenntnis über die menschlichen Natur haben Sie aus Auschwitz mitgenommen?

Heute zu sagen, wie ich über die Natur des Menschen urteilte und welche Schlüsse ich gezogen habe als ich Auschwitz verließ, ist ziemlich riskant. Jahrzehntelang haben sich in meinem Kopf und meinem Gewissen viele verschiedene Erfahrungen überlagert. Das Lager. Die Zeit, gleich nachdem ich aus dem Lager freikam. Die Kriegszeit, in der ich weitere Grausamkeiten beobachtete, wenn auch aus einer anderen Position heraus. Noch spätere Jahre und Überlegungen. Der Vergleich menschlichen Verhaltens in unterschiedlichen schwierigen Situationen. Menschen, die vollkommen gelähmt sind, und solche, die gewisse Macht über andere haben – in dieser Hinsicht wurde mein Beobachtungsfeld zum Beispiel durch das Verhalten von Gefangenen des kommunistischen Regimes vergrößert. Von Polen gegenüber Polen, von Gefangenen, die Funktionen innehatten, gegenüber gewöhnlichen Inhaftierten.

Ich versuche aber, auf Ihre Frage zu antworten. Mir scheint, dass die erste Lehre weniger eine Lehre als ein Schock war. Die schockierende Entdeckung, dass Menschen in der Lage sind, andere brutal zu behandeln, ohne jeden Nutzen oder auch in Erwartung eines zweifelhaften Nutzens – einen Teller Suppe, eine zusätzliche Brotration oder einen besseren Schlafplatz. Zur Schau, um Loyalität und Eifer gegenüber dem deutschen Terrorapparat zu zeigen. Machen wir uns klar: In Auschwitz lebte jeder Häftling in einem etwas anderen Lager, es gab verschiedene Seilschaften und verschiedene Kreise der Hölle. Ich habe schon erwähnt, schlimmer als der Eifer der deutschen Kapos schien der Eifer einiger Polen. Nicht die fremden Aufpasser, sondern die Landsleute, politische Häftlinge zudem, die in gewisser Weise ja als Feinde des Reichs angesehen wurden. Sie hätten in einem Boot mit den Opfern sitzen müssen, wählten aber die andere Seite. Im Lager empfand ich jede Art von Rohheit, Gefühllosigkeit und Brutalität als schmerzlich. Vor allem auch, weil ich erst achtzehneinhalb war, als ich festgenommen wurde. Ich kam aus einer Familie, in der niemand schlug oder geschlagen wurde. Aus einem Milieu, in dem man anderen Menschen Achtung entgegenbrachte. Ich hatte noch keine Gelegenheit, negative Erfahrungen zu machen, denn ich lebte in einer Art Aquarium, bestehend aus Mittelschule und Gymnasium, Zuhause und Kirche. Die ersten Leichen, die ich sah waren die Opfer des Bombardements und Beschusses von Warschau im Jahr 1939. Aber das war etwas völlig anderes als zu sehen, wie ein Mensch erschlagen wird. Das war etwas ganz grauenvolles Neues. Nach dem Schock kam die Ratlosigkeit. Danach kam der Wille, sich soweit anzupassen, wie nötig ist, um sich zu schützen. Der Selbsterhaltungsinstinkt meldete sich zu Wort. Aber trotz allem blieb ich mir bewusst, möglichst ausweichend zu agieren. Die Grenze war, niemandem Leid zuzufügen. Und das tat ich nicht. Das war für mich das Höchstmaß dessen, was ich von mir erwartete. Vielleicht ist das zu wenig, aber ich war wirklich kein Held. Ich war kein für Sabotageaktionen geschulter Offizier, ich habe im Lager keinen Geheimbund gegründet, nicht einmal zu einem gehört. Niemand ist auf mich zugekommen, denn niemand kannte mich, ich hatte weder Verbindungen zum Militär, noch zu den Pfadfindern. Gott wollte es, oder es waren die Umstände, dass ich nicht auf die Probe gestellt wurde. Natürlich musste ich Hunger, Kälte, Brutalität und Angst ertragen. Wie jeder Häftling in Auschwitz. Aber weder wurde ich durch Folter geprüft, wie viele andere während der Ermittlungen bei der Gestapo, noch der Versuchung ausgesetzt, Mithäftlingen zu schaden, um es selbst leichter zu haben. Ich kann nicht sagen, dass ich mich im Lager zu irgendeiner Zeit heldenhaft verhalten hätte. Ich fand mich nie in der Situation, dass mir etwas angeboten worden wäre, und ich abgelehnt hätte, in dem Wissen, dass mir diese Absage spürbaren Schaden zufügen würde. Ja, dann wäre ich ein potenzieller Märtyrer gewesen. Das war ich aber nicht. Ich wollte ein normaler, anständiger Mensch sein, der nichts Böses tut. Natürlich, wenn ich etwas Gutes getan und anderen geholfen hätte, wäre das schön. Deshalb habe ich mich bemüht, das später, gleich nachdem ich aus dem Lager freikam, nachzuholen. Denn in Auschwitz habe ich begriffen, wie viel Hilfe bedeutet. Kazimierczak, Tyliński und andere haben mich unterstützt, was für mich, einem Jungen aus gutem Hause fundamentale Bedeutung hatte. Angesichts dessen, was einige andere Leute während des Krieges taten, war ihre Hilfe vielleicht gering, aber für mich war es das nicht. Im Inferno habe ich gelernt, jede Geste schätzen zu lernen.

Stellen Sie sich überhaupt die Frage, ob ein Mensch von Natur aus gut oder schlecht ist?

Nein. Betrachtet man das Problem in den Kategorien des Katechismus, so ist klar, dass die menschliche Natur durch die Erbsünde verdorben ist. Ich habe in meinem Leben Gut und Böse gesehen. Wie soll man das in Prozente fassen, abwägen oder messen? Wiegt eine böse Tat mehr als eine gute? Ich bin in dem Glauben erzogen, dass ehrbare und edle Taten, die den Menschen zu Gott führen, ein so großes Gewicht haben, dass sie in den Himmel führen und dass die Tür für niemanden geschlossen ist. Wir kennen die Geschichte des Saulus. Gleich nachdem ich aus dem Lager freikam, erfuhr ich das uneigennützige Gute. In unserem Abteil der polnischen Regionalbahn nach Katowice saßen zwei polnische Mädchen, zwei Schülerinnen, sie müssen um die vierzehn gewesen sein. Mit unseren rasierten Köpfen und abgemagert wie wir waren, sahen wir seltsam aus. Ich sagte kurz, dass wir aus dem Lager kamen. Sie gaben uns ihr Frühstück, ein belegtes Brot. Ich war sehr hungrig, es gelang mir aber zu widersprechen: „Bei euch in Schlesien gibt es doch alles nur auf Bezugskarte." Sie antworteten: „Ja, aber wir haben genug." Ihr Verhalten konnte man als fromme Lüge bezeichnen … Das Brot teilten wir penibel in vier Portionen untereinander auf. Das war so eine Angewohnheit aus dem Lager.

In Katowice mussten Sie in den Zug nach Warschau umsteigen. Wir erinnern noch einmal an Ihr Gespräch mit Andrzej Friszke: „Dort gingen wir ins Bahnhofsrestaurant, ziemlich naiv, das war bestimmt nur für Deutsche*, *aber wir haben das nicht gesehen. Die uniformierten Deutschen beachteten uns nicht. Wir saßen verschreckt in einer Ecke, an einem freien Tisch, umgeben von Rauchschwaden. Ein Kellner, der uns auf Deutsch ansprach, schaute uns an und fragte, ob wir Lebensmittelkarten haben. Wir verneinten, und ich habe wohl sogar gesagt, dass es dort, wo wir herkamen keine Lebensmittelkarten gab. Darauf hin erwiderte er: ‚Aha, dann kann ich euch nur etwas zu trinken geben.' Er brachte uns irgendeinen Tee –* Ersatz* *– und legte uns, glaube ich, ein Stück Brot dazu. Er nahm kein Geld und riet uns, schnell zu verschwinden. Ich habe dann geahnt, dass wir da gar nicht hätten hereingehen dürfen. Wir tranken die Plörre aus, verließen die Kantine und gingen zum Zug, der über Częstochowa nach Warschau fahren sollte." Ein weiterer Beweis uneigennütziger Hilfe für ehemalige Häftlinge, die gerade erst freigekommen waren?*

Und im Zug nach Warschau gleich wieder. Obwohl es großes Gedränge gab, überließen uns die Leute ihre Sitzplätze. Nach der Grenze zwischen dem Reichsgebiet und dem Generalgouvernement änderte sich die Atmosphäre übrigens sofort. Die Menschen hatten nicht mehr soviel Angst, kamen sogar aus anderen Waggons und fragten nach ihren Angehörigen in Auschwitz. Na ja, helfen konnten wir nicht, denn wir waren ja alle nur Nummern und Namen sagten uns im Allgemeinen nichts. Doch es war wichtig für mich, dass die Menschen bereits wussten, was in Auschwitz geschah, dass Nachrichten über das schreckliche Schicksal der Häftlinge durch den Stacheldraht drangen. Ich begriff, wie viel sich seit September des vorherigen Jahres verändert hatte, als wir in einem Güterzug zusammengepfercht in die entgegengesetze Richtung fuhren und keine Ahnung hatten, was uns erwartete.

Sie haben einmal eine Anekdote erzählt, die hervorragend illustriert, dass 1941 schon halb Warschau wusste was das KL Auschwitz ist. Nach dem Angriff auf die UdSSR stellten die Deutschen dort, wo die Ulica Marszałkowska auf die Aleje Jerozolimskie trifft, eine mobile Leinwand auf und zeigten eine propagandistische Wochenschau, in der die Polen zum Kampf gegen den Bolschewismus aufgerufen wurden …

… die Menge schaute, und auf der Leinwand marschierten Freiwillige aus verschiedenen Ländern, aus Norwegen, Spanien und Frankreich. Und der Sprecher fragt: „Und wo sind die Polen?“ Und die Menge gab zur Antwort: „In Auschwitz!“ Und so mussten die Deutschen das mobile Kino vor dem damaligen Hauptbahnhof abbauen.

An jenem Bahnhof an den Aleje Jerozolimskie stieg ich am Dienstagabend vor Ostern aus dem Zug aus Katowice. Ich trennte mich von meinen Kameraden, es war kurz vor Beginn der Polizeistunde. Ich war schwach und wollte endlich nach Hause. Taxis gab es nur für Deutsche, also hielt ich eine Kutsche an. Der Kutscher wollte aber nicht in die Ulica Słowackiego im Stadtteil Żoliborz fahren. Er änderte seine Meinung, als er erfuhr, dass ich aus dem Lager kam: „Und Ihre Mutter lebt noch? Da wird sie sich freuen. Ich fahre Sie, obwohl ich keine weiten Strecken mag. Geld ist nicht nötig.“ Als ich jedoch versuchte, ihm einige Groschen zuzustecken, die ich im Lagerdepot zurückerhalten hatte, lehnte er nochmals ab: „Die können Sie brauchen.“

Wir fuhren auf Umwegen durch Warschau, denn das Ghetto existierte bereits – der Kutscher fuhr erst in Richtung Weichsel, dann zur Ulica Krasińskiego und zum Plac Wilsona. Das Ghetto war damals viel größer als später, als die Deutschen das Gebiet mehrmals verkleinerten. „Da sind die Juden.“ – sagte der Kutscher lakonisch. „Nicht gut ist es da.“ Endlich kamen wir an.

Wer öffnete Ihnen?

Meine Mutter. Ich sah eine Strähne weißgraues Haar. Sieben Monate zuvor, als wir uns verabschiedet hatten, hatte sie noch braune Haare. Und jetzt sah ich die weiße Strähne in ihren im Nacken zusammengebundenen Haaren, die sie gescheitelt und glatt zurückgekämmt hatte. Sie war damals vierundvierzig Jahre alt. An diese Haare erinnere ich mich bis heute.

Fragte sie, was in den vergangenen Monaten geschehen ist?

Sie war nicht imstande, das zu begreifen. Sie weinte nur und freute sich, dass ich da bin. Und am folgenden Tag ging sie zur Arbeit, ins Büro des Elektrizitätswerks. Sie musste nur anrufen, um anzukündigen, dass sie sich verspäten würde, denn als Erstes brachten mich meine Eltern mit einer Kutsche zur Warschauer Gestapo in die Aleja Szucha. Die Kutsche musste jedoch am Plac Unii Lubelskiej stoppen, wo das deutsche Polizeiviertel begann. Von dort ging ich zu Fuß alleine weiter, den Wachleuten zeigte ich meinen *Entlassungsschein** aus Auschwitz vor. Ich war geschwächt und krank. Ich weiß nicht, wie es mir gelungen war, am Morgen Kräfte zu mobilisieren um aufzustehen – und dann mehrere hundert Meter zu laufen. Ich gelangte zum angegebenen Zimmer. „Bitte setzen." Ein Mann in Uniform übersetzte, der andere fragte. Ich hielt mich an das Prinzip, nichts über meine Deutschkenntnisse zu verraten. Hier gab es keinerlei Brutalität, ich wurde recht höflich zu meinem Gesundheitszustand befragt – es war ja kaum möglich, nicht zu bemerken, was mit mir los war. Natürlich musste ich die Vorstellung bis zu Ende spielen und erklärte, tatsächlich sei ich etwas geschwächt, ich hätte mich erkältet, aber zu Hause bekäme ich zu essen und würde wieder zu Kräften kommen. Ob ich irgendwelche Klagen hätte? Nein, woher denn, im Lager hätte ich schließlich ein entsprechendes Dokument unterzeichnet. Der Mann in Uniform sagte, ich solle mich auskurieren und mich, wenn ich wieder bei Kräften bin, beim *Arbeitsamt** melden. Am Ausgang traf ich zwei andere Warschauer, die mit mir zusammen entlassen worden waren. Mit einer Kutsche kehrte ich nach Żoliborz zurück.

Und blieben die nächsten eineinhalb Monate im Bett. Allgemeine Erschöpfung und Blutvergiftung. Furunkolose. Haufenkokken. Ablösung der Fingernägel. Geschwürbildung und Erfrierungen. Als der Arzt mit der Untersuchung fertig war, konnte er nicht an sich halten, und die Tränen liefen ihm über die Wangen.

Dieser Arzt war jener erwähnte, von meinen Mithäftlingen empfohlene Hautarzt, Dr. Wacław Bernhardt, Bruder des Chefarztes des St.-Lazarus-Krankenhauses. Er nahm mich für sich ein, wie er mich sorgsam betreute. Als meine Mutter ihn anrief und um Hilfe bat, sagte er erst, er würde keine Hausbesuche machen, als er jedoch hörte, dass es sich um einen Auschwitz-Häftling handelte, sagte er sofort zu. Mehr noch: Er nahm kein Geld, obwohl er für mich zum Beispiel ein Autovakzin herstellen musste, denn die Diagnose aus dem Lagerkankenhaus hatte sich bestätigt. Außerdem erhielt ich eine Vitamintherapie, die mehrere Wochen dauerte. Das waren Kosten. Meine Eltern hätten das Geld für eine solche Behandlung nicht gehabt, mal abgesehen davon, dass es während der Besatzung schwierig war, überhaupt an Medikamente zu kommen.

Auch unsere Nachbarin Stanisława Popławska half, sie war Krankenschwester und kam, um mir Spritzen zu verabreichen und mich zu massieren. Und weil meine Eltern zur Arbeit mussten, war noch jemand nötig, der mich tagsüber mit Medikamenten versorgte …

… und hier trat die nächste wichtige Person in Ihr Leben – Hanka Czaki.

Das stimmt, aber ich möchte nicht, dass die Leser aus dieser Feststellung den Schluss ziehen, wir wären ein Paar gewesen. Nein, das war reine Freundschaft. Wir haben uns nicht einmal geküsst. Sie war Pfadfinderin durch und durch. Vor meinem Abtransport nach Auschwitz spielten wir manchmal auf dem Hof Volleyball. Sie war immer eine vertrauenswürdige Person. Noch vor dem Lager habe ich Hanka deshalb einmal die konspirative Zeitung „Polska żyje!“ (Polen lebt!) gegeben, die meine Mutter im Elektrizitätswerk von einem Kollegen bekommen hatte.

Als ich nach der Rückkehr aus dem Lager im Bett lag, kam sie regelmäßig, fütterte mich, las mir vor. Wir sprachen viel über die Situation an den unterschiedlichen Fronten und über verschiedene Ereignisse im Generalgouvernement. „Aha“ – dachte ich – „sie muss tiefer in konspirative Kreise eingetaucht sein“, vor allem weil es diesmal Hanka war, die mir den im Untergrund erscheinenden „Biuletyn Informacyjny“ (Informationsbulletin) mitbrachte. Aber natürlich konnte ich damals nicht ahnen, dass sie trotz ihres jungen Alters 1942 bereits die persönliche Sekretärin und Verbindungsfrau von Jerzy „Tomasz“ Makowiecki, dem Chef der Informationsabteilung im Informations- und Propagandabüro der Hauptkommendantur der Heimatarmee (Wydział Informacji w BIP Komendy Głównej AK) sein würde. Hanka wurde im Januar 1944 verhaftet und wurde von der Gestapo auf schreckliche Weise gefoltert und von vier Männern verprügelt, aber sie hat nichts preisgegeben. Ich habe Kassiber in die Hände bekommen, die sie aus dem Pawiak-Gefängnis sendete. Am 11. Februar 1944 wurde sie in den Ruinen des Warschauer Ghettos erschossen, und ihr Körper wurde verbrannt.

Eines Tages fragte mich Hanka nach Auschwitz. Ich begann Dinge zu erzählen, über die ich bisher geschwiegen hatte, von denen ich nicht einmal meinen Eltern erzählt hatte. Meine Mutter und mein Vater waren sich bewusst, dass ich Hunger gelitten hatte und mir kalt gewesen war. Die elementale, normale, menschliche Sorge, die eine Mutter um ihr Kind hat: War Dir nicht kalt? Warst Du nicht hungrig? Bist Du krank? Und wenn Du krank bist, müssen wir einen Arzt rufen. Schluss und aus. Meine Eltern waren schließlich ganz normal, arbeiteten täglich acht Stunden im Büro und bemühten sich, dass die Familie zu essen und ordentliche Kleidung hatte. Welchen Sinn hatte es, mit ihnen über Auschwitz, über unvorstellbare und unbegreifliche Dinge zu sprechen? Meine Mutter wollte übrigens bis zu ihrem Tod nichts über das Lager hören.

Aber Hanka gegenüber öffnete ich mich. Ich erzählte. Nach einiger Zeit brachte sie eine kleine Schreibmaschine mit und begann meinen Bericht aufzuschreiben. Ich konnte nicht schreiben. Ich hatte beide Hände verbunden.

War das eine Art Psychotherapie? Oder vermuteten Sie schon damals, dass Ihr Bericht konspirativen Zwecken dienen würde?

Eine Therapie ganz sicher. Aber es war auch schwer vorstellbar, dass Hanka meinen Bericht für sich behalten wollte, wenn sie schon anfing, eine Schreibmaschine zu benutzen. Es war kein Jahr vergangen, als Hanka mir eine Broschüre mitbrachte, die im April 1942 von der im Untergrund tätigen Propagandakommission (KOPR) herausgegeben worden war, die von Aleksander Kamiński, Autor des berühmten Buchs *Kamieni na szaniec* (Steine auf der Schanze), geleitet wurde. Die Broschüre trug den Titel *Oświęcim. Pamiętnik więźnia* (*Auschwitz. Erinnerungen eines Häftlings*). Zwar wurde die Hauptfigur, der Erzähler, am Ende getötet, aber es war klar, das es dabei nur um Tarnung ging, die die Informationsquelle schützen sollte.

Also Sie. Oder – genau gesagt – unter anderem Sie, denn in den Erinnerungen eines Häftlings *gibt es auch Begebenheiten, die mit Ihrem Aufenthalt in Auschwitz nichts zu tun haben. Wie groß schätzen Sie den eigenen Anteil an den in der Broschüre enthaltenen Informationen?*

Es könnten 80 Prozent sein. Als ich zu lesen begann, stieß ich sofort auf Fragmente meines Berichts und meiner Überlegungen, Fragen, die mich bis heute umtreiben. Zum Beispiel warum wir bewegungslos dastanden und zuschauten, wie sie einen anderen Häftling folterten: „Dass wir dastehen mussten! Uns das anschauen! Es zugelassen haben! …“ Denn jedem von uns war doch bewusst, dass wir so viele Tausend polnische Häftlinge sind und es nur einige Hundert Henker gibt, alles zusammen gerechnet: SS, Wehrmacht usw. Wenn wir es also gewagt hätten?! … Aber sie hatten Maschinengewehre, Waffen aller Art, Alarm, Telefone … Keiner von uns wäre am Leben geblieben!“ Und sofort erwachte in mir ein anderer beunruhigender Gedanke, an den auch in den *Erinnerungen eines Häftlings* erinnert wird: „Und doch, und wenn – und vielleicht? … Wenn wir nicht so zusammengedrückt in Reihen gestanden hätten, ohne uns zu rühren, fast atemlos? … Wenn man uns nicht so dressiert hätte? … Wenn wir es gewagt hätten?! …“ Erst nach dem Krieg erfuhr ich, dass die Autorin der Broschüre die gesellschaftliche Aktivistin, Publizistin und Schriftstellerin Halina Krahelska war. Sie wurde später verhaftet und starb im KL Ravensbrück. Das war die erste Untergrundpublikation über Auschwitz in Europa.

Und das war nicht alles. Die Kurzfassung Ihres Berichts gelangte im Sommer 1941 nach London. Die Wahrheit über Auschwitz zog immer weitere Kreise. Kehren wir jedoch zu Ihrem Leben in den ersten Wochen nach Ihrer Entlassung aus dem Lager zurück: In den Erinnerungen eines Häftlings *wird das Bild eines Menschen gezeichnet, der zur Familie und zu den Freunden zurückkehrte, der aber nicht aufhören konnte an das Lager zu denken. Es gelingt ihm nicht, jene Hölle hinter sich zu lassen. Haben Sie auch immerfort an das Lager gedacht?*

Ja, so war es. So lebte ich. Anfangs hatte ich Schwierigkeiten im Kontakt mit anderen. Da musste ein wenig Zeit vergehen. Mein alter Schulkamerad Wacek Bojarski kam mich besuchen. Es kamen meine früheren Lehrer aus der Mittelschule, unter anderem Tadeusz Mikułowski. Sie waren mir zweifellos wohlgesonnen. Mir fiel es jedoch schwer, mich mit ihnen zu unterhalten.

Zu Besuch kam damals auch der Priester Roman Archutowski, der frühere Direktor der Stanisław-Kostka-Mittelschule, im Sommer 1941 aber bereits Regens des Höheren Priesterseminars in Warschau. Haben Sie sich gefragt, wo Gott war, als in Auschwitz Unschuldige umgebracht wurden?

Im Lager erlebten viele gläubige Menschen einen Schock und eine Glaubenskrise. Ich habe nie aufgehört an die Existenz Gottes zu glauben, aber ich fühlte mich vollkommen ratlos. Obwohl ich auf eine katholische Mittelschule und ein katholisches Gymnasium gegangen war, wo wir nicht nur eine gute Ausbildung in den Schulfächern erhielten, sondern geistliche und weltliche Lehrkräfte unsere Erziehung auch in anderer Weise beeinflussten, war ich so niedergeschlagen, dass es mir nicht gelang, was mir beigebracht worden war, auf all das zu übertragen, was ich im Lager erlebte.

Aber Sie erwähnten, dass in Auschwitz gebetet wurde.

Am Anfang ja, da sprach man ganz traditionell altbekannte Gebete. Es war fast Routine, würde ich sagen. Wie schon gesagt, haben wir später im Krankenhaus halblaut zusammen gebetet, woran ich mich jedoch eher formal beteiligte. Metaphysische Stärkung fand ich nicht darin.
Als ich nach meiner Rückkehr aus dem Lager wieder einigermaßen zu Kräften gekommen war und aufstehen konnte, besuchte ich nicht unsere Pfarrkirche, die St.-Stanisław-Kostka-Kirche, die heute in ganz Polen und sogar weltweit bekannt ist, weil hier der selig gesprochene Priester Jerzy Popiełuszko gewirkt hat, sondern ging in die kleine Kirche in der Ulica Gdańska. Der Pfarrer der Kirche war der Marianerpriester Zygmunt Trószyński. Ich erfuhr, dass er nach der Messe immer zum Gebet für jene Einwohner des Stadtteils aufrief, die in den Konzentrationslagern litten. Das bedeutete mir sehr viel.

Während des Warschauer Aufstands war Pfarrer Trószyński Seelsorger der Heimatarmee und nach dem Krieg politischer Gefangener. Angeblich holte ihn nach verhältnismäßig kurzer Zeit – zwei oder drei Jahren – die Tochter des kommunistischen Staats- und Parteiführers Bolesław Bierut aus dem Gefängnis. Sie soll dankbar für die Hilfe gewesen sein, die sie während des Aufstands von ihm erfahren hatte. Zumindest wird das so in Żoliborz erzählt. Er war ein außergewöhnlicher Seelsorger, ein mutiger und guter Mensch.

Trotz meiner Begegnung mit Pfarrer Trószyński konnte ich mich immer noch nicht entschließen, zur Beichte zu gehen. Ich konnte mich nicht überwinden, obwohl ich mit vielen Priestern gesprochen habe. Die Wende kam erst, als ich in die Kirche der Grauen Ursulinen in der Ulica Gęsta ging, wo die Messe von dem charismatischen Pfarrer Jan Zieja gehalten wurde. Pater Zieja, wie wir ihn nannten, wohnte damals im Ursulinenhaus, wo er später auch starb. Hier war während seines Aufenthalts in Warschau übrigens auch Kardinal Karol Wojtyła, der spätere Papst Johannes Paul II., untergebracht. Ein symbolisches Aufeinandertreffen von Umständen.

In dem Buch Środowisko naturalne. Korzenie *(Natürliche Umwelt. Wurzeln) schreiben Sie, Pfarrer Zieja war ein „Seelsorger, der Licht in das Leben des zwanzigjährigen Władysław Bartoszewski" brachte. Das erwähnte Buch enthält den umfassendsten Bericht – einen im Grunde genommen sehr persönlichen Bericht – über Ihre erste Beichte nach zwei Jahren, bei eben jenem Pfarrer Zieja.*

In der Tat. Ich möchte mich deshalb auch nicht wiederholen, sondern die Passage vollständig zitieren: „Ich erzählte von mir. Was ich als Antwort bekam, war einfach, freundschaftlich und hart: ‚Du sagst, dass Du ratlos bist und aufgehört hast zu vertrauen ... Bemitleide Dich nicht selbst! Vertraue. Lege Zeugnis ab.'

Ich erzählte von dem Bericht über das Lager, der bereits erschienen war. Er lobte mich, fügte aber sogleich hinzu, dass man aktiv werden müsse. ‚Aber was kann ich tun?' – fragte ich. ‚Ich habe keine Kontakte und kein Geld, ich weiß nicht, was ich machen soll, ich bin ein Niemand ...'

Die Antwort lautete: ‚Du bist lebend aus dem Lager gekommen, denn Gott wollte, dass Du dem Bösen, das Du erfahren hast, widerstehst. Das ist eine große Gnade. Eine Gnade und eine Schuld, die Du zurückzahlen musst. Ziehe Deine Schlüsse daraus ...'

Ich fragte: ‚Wie? Was soll ich tun?' – ‚Denke an die, die hinter der Mauer leben' – sagte Pfarrer Zieja. Das war vor der endgültigen Vernichtung des Warschauer Ghettos."

Ich fragte, wie ich jene Bedürftigen finden sollte. Er erklärte, sie würden sich von selbst finden, man dürfe sie nur nicht übersehen. Pater Zieja hatte Recht. Es fanden sich nicht nur Bedürftige, sondern auch Menschen, die mir halfen, mich formten und mir die Arbeit für andere ermöglichten. Das ist eine große Gnade, die ich erfuhr. Ich bin Gott dafür dankbar. Nicht nur für die Rettung, sondern auch dafür, dass mir der Weg gewiesen wurde, nicht durch Erleuchtung oder Offenbarung, sondern durch Gottesmenschen. Dafür halte ich sowohl Pater Zieja als auch Zofia Kossak.

Und allein die Anwesenheit dieser Menschen genügte, um sich nicht mit der Frage zu quälen, wo im Anus Mundi, *dem Arsch der Welt, wie Auschwitz bezeichnet wurde, Gott war?*

Was soll ich sagen, ich bin weder Philosoph noch Theologe. Ich bin ein Mensch, bei dem sich alles, was er glaubte, in der Praxis bewährt hat.

Ich verleugne es nicht und wiederhole: ich hatte Momente religiöser Krisen, vor allem 1941. Aber dann bin ich in das Umfeld, in dem ich aufgewachsen bin, zu meinen Wurzeln zurückgekehrt. Mich mit Gottes Willen abzufinden, wenn ich an Auschwitz dachte, war nicht leicht. Als Schüler einer katholischen Mittelschule und eines katholischen Gymnasiums glaubten wir, dass Gott gerecht und barmherzig ist, dass Gott Liebe ist. Nach dem Lager war das schwer zu verdauen. Für Christen wie für Juden. Primo Levi schrieb ein so wichtiges Buch über Auschwitz, und nach Jahren beging er Selbstmord.

Kehren wir zu dem Moment zurück, als Sie im Juni 1941 wieder aufstehen konnten.

Es begann mit kurzen Spaziergängen, später ging ich in die Praxis von Dr. Bernhardt in die Ulica Miodowa. Dort erlebten wir am 23. Juni 1941 den sowjetischen Luftangriff auf Warschau. Obwohl Luftangriff zuviel gesagt ist, vereinzelt fielen Bomben in einigen Orten der Stadt. Das war eine propagandistische Racheaktion, eine ziemlich kümmerliche Machtdemonstration nach dem deutschen Überfall auf die UdSSR. Erneut spielte die Geschichte uns einen makabren Streich, denn bei diesem Bombenangriff kamen vor allem Polen ums Leben – etwa dreißig Personen, in einer zerstörten Straßenbahn unweit der Kierbedź-Brücke.

Als eine der Bomben vor der Wende-Apotheke an der Ulica Krakowskie Przedmieście fiel, verabreichte mir Dr. Bernhardt gerade eine Spritze. Ein Knall, klirrendes Glas, dem Arzt zitterte die Hand, und er verletzte mir die Vene. Nichts Schlimmes, aber so blieb mir der erste Bombenangriff auf Warschau seit September 1939 im Kopf.

Als ich mich wieder normal in der Stadt bewegte, musste ich die schwere Pflicht erfüllen, mich mit den Familien meiner Kameraden zu treffen, die im Lager ermordet worden oder gestorben waren. Ich erinnere mich noch an den vielleicht vierzigjährigen Herrn Czaplicki vom Schatzministerium, den ich schon im Güterwaggon kennenlernte. Einige Tage vor seinem Tod sprach ich im *Krankenbau** mit ihm. Er hatte Erfrierungen, war brutal geschlagen worden und hatte eine geprellte Niere. Er bat mich: „Du bist jung, vielleicht überlebst Du und kehrst nach Hause zurück. Geh dann zu meinen Kindern und meiner Frau. Sag ihnen, dass ich an sie gedacht habe und sie segne. Sie sollen mich nicht vergessen." Als er starb, notierten die *Pfleger** als Todesursache Urämie.

Natürlich ging ich zu der angegebenen Adresse: Ulica Brodzińskiego in Żoliborz. Mir öffnete eine junge Frau Mitte dreißig. Die Kinder waren klein. Sie dachte, ich wolle ihr eine Falle stellen. Zwar hatte sie die Depesche mit der Nachricht vom Tod ihres Mannes erhalten, aber sie wollte es nicht glauben. Er war schließlich gesund und sportlich – er konnte doch nicht so plötzlich sterben. Und dann kommt da noch ein fremder Mann und erzählt, dass sie ihren Mann im Lager gefoltert haben … Das Gespräch war ein Alptraum.

Ich traf mich noch mit einigen anderen Familien verstorbener Häftlinge. Ich wusste nicht, wie ich mit ihnen sprechen sollte. Ich war ratlos. Ich wusste, dass einige Grenzen unüberwindbar sind, dass sich nicht alles vermitteln lässt, dass sie nicht alles verstehen können. Das einzige, was ich tun konnte, war den Familien zu raten, die Übersendung der Urne mit der Asche des Vaters, Bruders oder Sohnes zu beantragen. Anfangs gab es in Auschwitz diese Möglichkeit. Als ich die Grasnarben auf dem Krematorium verlegte und der Kapo gerade nicht hinsah, schaute ich mich um. Ich fand damals heraus, dass man die Asche von zwei oder drei Leichen in eine Urne tat, nicht von Dutzenden. Der Wert dieser sterblichen Überreste ist also nicht nur ein symbolischer …

Andere Angehörige der Opfer wiederum fragten mich, ob man den versendeten Todesdepeschen Glauben schenken sollte. Vielleicht waren sie falsch? Vielleicht wollten uns die Deutschen nur brechen, und in Wirklichkeit brachten sie die Leute an andere Orte, um dort zu arbeiten? Schließlich sei es doch nicht möglich, dass so viele Menschen ums Leben kommen! Ich erzählte, dass leider einige, ein oder mehrere Dutzend Menschen täglich sterben oder umkommen. Die Todesdepeschen seien wahr, gefälscht seien nur die Todesursachen.

Solche Gespräche haben bei der Rückkehr in den Alltag sicher nicht geholfen?

Nein, geholfen haben sie nicht. Aber das war ich meinen ermordeten Kameraden schuldig. Ein wichtiges Ereignis auf dem Weg meiner Rückkehr zur Normalität, soweit man während der Besatzung überhaupt von Normalität sprechen konnte, hingegen war, dass ich mich im Herbst 1941, mit Beginn meines Polonistik-Studiums im Untergrund, in ein ganz neues Umfeld begab. Mit mir studierten unter anderem die jungen Dichter Tadeusz Gajcy und Zdzisław Stroiński, die später im Warschauer Aufstand umkamen. Im Kreis der Professoren und Studenten trafen wir uns regelmäßig. Ich war den Dozenten wirklich dankbar, dass sie in so höllischen Zeiten versuchten, über bleibende Werte nachzudenken, dass sie uns unterrichteten, obwohl die Welt ringsherum in Flammen stand.

Aber bis ich mich vollständig von meinem Trauma befreit hatte, war es noch weit. Meinen Mitstudenten fiel auf, dass ich meinen Kopf in meinen Armen verbarg, wenn ich hinter mir die Schritte beschlagener Stiefel vernahm. Ich zitterte. Ich zitterte, dass jemand mich schlagen könnte. Beschlagene Stiefel, das hieß ein Deutscher. Lager. Doch in Warschau konnte schließlich auch ein Kassierer der Gaswerke solche Stiefel tragen …

Meinen Mitstudenten gegenüber war ich … na ja, ich will nicht sagen hochmütig, das war kein Hochmut. Das war ein bitteres Gefühl der Überlegenheit durch Erfahrung. So einen Gajcy oder Stroiński betrachtete ich, der ehemalige Auschwitz-Häftling, als Kind, obwohl der Altersunterschied zwischen uns minimal war. Auch wenn jemand die Belagerung Warschaus überlebt hatte und sich bewusst war, dass Menschen auf der Straße verhaftet und deportiert wurden, hatte er doch zu Hause zu essen. Gajcys Mutter war eine gefragte Hebamme. Gajcy selbst ein großherziger, talentierter und für seine feinfühlige Beobachtungsgabe bewunderter Dichter. Aber er wusste ja nicht, was es bedeutete, hungrig zu sein, dass der Mensch bereit ist, verdorbene Abfälle zu verschlingen. Gajcy hatte nicht gesehen, was ich mehrere Monate lang Tag für Tag anschauen musste. Ich habe ihnen davon übrigens nichts erzählt. Und sie haben nicht gefragt. Es herrschte das ungeschriebene Gesetz, dass aus Sicherheitsgründen von gewissen Dingen nicht gesprochen wurde.

Gab es vielleicht noch einen anderen Grund: Haben Sie ihren Mitstudenten nichts über Auschwitz erzählt, weil Sie wussten, dass sie es nicht verstehen würden?

Ich weiß nicht, ob ich so konsequent dachte. Bestimmt befand ich, dass es für mich zu schwer sein würde. Mit der Zeit hatte mein Studium jedoch einen therapeutischen Effekt. Sie müssen verstehen, dass jemand der eine Hausarbeit zum Thema „Totenfeier – Teil III und die Bibel“ zu schreiben hatte, schließlich vom Strom des einigermaßen normalen Lebens gepackt werden musste. Jene Monate waren für meine Psyche wie eine Quarantäne nach dem Lager.

In derselben Zeit durchlief ich noch eine andere, sogenannte Sicherheitsquarantäne. Die Untergrundorganisationen waren allen aus dem Lager entlassenen Häftlingen gegenüber sehr vorsichtig. Zum einen konnten wir unter ständiger Beobachtung der Deutschen stehen, wodurch Strukturen drohten aufzufliegen. Zum anderen gab es schließlich keine Garantie, dass sich unter uns keine Informanten befanden, die aus dem KZ entlassen worden waren, weil sie sich zur Zusammenarbeit mit den Deutschen bereit erklärt hatten. Verdächtigt wurden sogar Geflüchtete. Deshalb lag, bevor man im Untergrund aktiv werden konnte, eine lange Zeit, in der ein Anwärter beobachtet und beschnuppert wurde. Es verging ein Jahr, bevor man mir vollkommen vertraute.

Und ich wollte in den Untergrund. Als ich aus dem Lager kam, war ich neunzehn und hatte weder Frau noch Kinder, ja nicht einmal jemanden, die man Verlobte hätte nennen können. Der Gedanke an ein Privatleben war mir völlig fern. Deshalb habe ich mich mit sehr großem Engagement meiner polnischen Heimat zugewendet, die ja auch weiblich ist.

In diesem Zusammenhang taucht noch eine weitere Frau auf, die bereits von Ihnen erwähnte bekannte Schriftstellerin und gesellschaftliche Aktivistin Zofia Kossak. Sie wurde seit den ersten Septembertagen 1939 von der Gestapo gesucht.

Nach den *Erinnerungen eines Häftlings* erschien im Juni 1942 eine weitere Broschüre über die Konzentrationslager mit dem Titel *W piekle* (*In der Hölle*), die ich natürlich von Hanka Czaki bekam. Die Broschüre berichtete über Auschwitz, die Rede war aber auch von den Lagern in Oranienburg, Mauthausen-Gusen, Dachau und Ravensbrück. Ich muss gestehen, dass mich der Text sehr bewegte, als ich ihn las. Ich war überzeugt, dass der Autor dieser so suggestiven Beschreibungen ein Häftling sein müsse. Ich wollte mit diesem Menschen reden und bat Hanka, den Kontakt herzustellen. Nach einigen Wochen sagte sie, dass „Pani Weronika" sich mit mir treffen würde. Für alle Fälle machten wir mehrere Termine aus. Meine Gesprächspartnerin kam bereits an dem ersten verabredeten Tag.

Ort unseres Treffens war das Antiquariat von Herrn Poniński, dem Vater eines Schulkameraden, in der Ulica Marszałkowska. Ich sah eine Frau mittleren Alters, die sich wohl um Tarnung bemühte, aber einen entgegengesetzten Effekt erreichte. Der Tag war sommerlich und jene

Weronika trug einen Mantel. Ihre blondierten Haare hatten eine seltsame, grüngelbliche Farbe, die sofort die Aufmerksamkeit auf sich zog. Sie lud mich sofort ins Café im Souterrain in der Ulica Noakowskiego ein. Für eine Verschwörerin sprach sie geradezu unbekümmert, tollkühn und erstaunlich offen. Sie erzählte mir von einer katholische Untergrundvereinigung und machte mir schnell das Angebot, mich um den Vertrieb des dazugehörigen Verlags zu kümmern. Schließlich machte sie eine so deutliche Bemerkung, dass mir plötzlich klar wurde – vor mir sitzt die große Schriftstellerin, deren Bücher ich vor dem Krieg mit glühenden Wangen gelesen hatte …

Meine enge Zusammenarbeit mit Zofia Kossak, die ich „Tante" nannte, habe ich schon oft in verschiedenen Büchern beschrieben, deshalb möchte ich auf dieses wichtige Kapitel in meinem Leben in diesem Gespräch über Auschwitz nicht weiter eingehen. Kurz zusammengefasst begann mit dem Ganzen für mich eine Zeit reger Kontakte in den Untergrund. Jede neue Bekanntschaft führte zu weiteren, einer konspirativen Aktion folgte die nächste.

Im Untergrund engagierten Sie sich, gelinde gesagt, mit Haut und Haar. Die katholische Front für die Wiedergeburt Polens (FOP), der Hilfsrat für Juden „Żegota" (Rada Pomocy Żydom „Żegota"), das Jüdische Referat und die Häftlingssektion der Regierungsvertretung im Lande (Delegatura Rządu na Kraj) sowie das Informations- und Propagandabüro der Hauptkommandantur der Heimatarmee (BIP Komendy Główny AK) sind nur die wichtigsten Untergrundstrukturen und -institutionen, in denen Sie aktiv waren. Zwangsläufig hatten sie Zugang zu Informationen darüber, was in Auschwitz geschah.

Nach meiner Vereidigung in der Heimatarmee im August 1942 fühlte ich mich als Soldat der Polnischen Armee. Kurze Zeit später holte man mich in die zivilen Strukturen und damit fühlte ich mich als Beamter der Polnischen Regierung. Meine Vorgesetzten wussten nur allzu gut über meine Lagererfahrungen Bescheid und beschlossen, mich unter anderem dafür einzusetzen, Material über den Terror, insbesondere im Gebiet Warschau, zu sammeln und zu analysieren. Das schloss natürlich auch die Transporte aus der Hauptstadt nach Auschwitz ein.

Ich muss hier daran erinnern, dass nach der Wannseekonferenz (im Januar 1942) auch in Auschwitz-Birkenau die massenhafte Vernichtung der Juden begann. Begriffe wie „Shoah" oder „Holocaust" wurden aber erst seit Mitte der 1950er Jahre verwendet. Anfangs sprach man schlicht von dem großen Unglück und der Tragödie der Juden. Die Regierungsvertretung im Lande des Bezirks Krakau schickte Meldungen über Auschwitz an die Zentrale. Das Material wurde unter anderem von Teresa Estreicherowa gesammelt. Die letzten Berichte las ich vor dem Beginn des Warschauer Aufstands im Sommer 1944. Meine Vorgesetzten im Untergrund, zum Beispiel Kazimierz Ostrowski, waren erfahrene Leute. Natürlich waren sie sich über das Ausmaß der verbrecherischen Pläne der Deutschen im Klaren. Und obwohl wir im Krieg nicht ausdrücklich von Völkermord sprachen, wussten und verstanden wir genau, dass ein solcher verübt wurde. Uns waren die Erklärungen der Alliierten bekannt, die besagten, dass die Schuldigen nach dem Krieg bestraft würden. Unablässig sammelten wir für die Polnische Exilregierung deshalb Dokumente über die deutschen Verbrechen. Auch ich habe daran mitgearbeitet. Zum Beispiel war ich Mitverfasser eines ziemlich umfassenden Berichts, der im Juli 1944 nach Großbritannien gelangte, und den ich während meines Aufenthalts in London im Jahre 1966 ansehen konnte.

Aus Sicht Ihrer Vorgesetzten mussten auch Ihre persönlichen Kenntnisse über Auschwitz wertvoll erscheinen.

In der Tat, Ende 1942, Anfang 1943 stand ich einigen, mir namentlich jedoch nicht bekannten Offizieren Rede und Antwort, die – wie ich mir zusammenreimen konnte – für den Geheimdienst oder die Spionageabwehr der Heimatarmee arbeiteten. Auf unseren Treffen zeigten sie mir Pläne des Stammlagers Auschwitz und die neuen Teile des Konzentrationslagers. Sie versuchten herauszubekommen, welche Bedingungen herrschten, welche Fluchtchancen es gab usw. Ich antwortete so gut ich konnte, aber mein Wissen aus der Anfangszeit des Lagers war damals nicht mehr sehr aktuell.

Über Auschwitz sprach ich auch mit Jan Karski, dem berühmten Kurier, der die Alliierten über die Vernichtung der Juden alarmierte. Unser Treffen fand noch vor meiner Vereidigung in der Heimatarmee, im Sommer 1942 statt. Hanka Czaki sagte, dass ein „Franek“ mit mir sprechen wolle. Wir verabredeten eine Losung und die Uhrzeit. Ich sollte bei mir zu Hause warten. Ich habe mir sofort gedacht, dass ich es nicht mit einem naiven Zivilisten zu tun haben würde. „Franek“ setzte sich nicht an den Tisch, sondern auf die Fensterbank und beobachtete während unseres gesamten Gesprächs die Straße. Er war ein hochgewachsener, sportlicher Mann, mit einer für die Armee typischen Stimme, hinter der sich ein eiserner Wille verbarg. Er stellte konkrete Fragen, manchmal sogar sehr konkrete – über den Weg zwischen dem Bahnhof in Oświęcim und dem Konzentrationslager oder über den Zustand der Gebäude im Lager. Er wusste viel, aber woher er diese Kenntnisse hatte, erfuhr ich erst nach Jahren. Denn Karski war vor dem Krieg zur 5. berittenen Artilleriedivision abkommandiert worden, die in Oświęcim in jener Kaserne stationiert war, die 1940 von den Deutschen zum Konzentrationslager umgebaut wurde.

Ein anderes Mal sollte ich, auf Anweisung von Witold Bieńkowski, meinem Vorgesetzten in der Abteilung für Innere Angelegenheiten der Regierungsvertretung im Lande, mit einem Mann sprechen, der aus Auschwitz geflohen war. Als Treffpunkt wurde eine Wohnung in den Aleje Wojska Polskiego in Żoliborz bestimmt und wie üblich auch eine Losung vereinbart. Ich ging zu der angegebenen Adresse und klopfte, aber niemand machte auf. Das kam schon mal vor. Wenn ich versuche, die bruchstückhaften Informationen und Umstände, an die ich mich erinnere, in ein logisches Ganzes zu bringen, vermute ich, dass ich mich damals mit Witold Pilecki treffen sollte. Aber sicher bin ich nicht.

Und noch eine Geschichte, ich habe bereits von dem Mann gesprochen: Otto Küsel, Nummer 2, ein guter Kapo, für die Einteilung des *Arbeitsdienstes** im Lager zuständig. Er half polnischen Häftlingen und floh später zusammen mit ihnen aus dem Lager. Eines Tages kam mein Kamerad Stefan Rodkiewicz, Deckname „Lech", zu mir. Stefan war vor allem in der Organisation für Kleinsabotage „Wawer" (OMS „Wawer") aktiv, aber diesmal war er auf Anweisung von Bolesław Kontrym von der Regierungsvertretung im Lande gekommen. Kontrym, vor dem Krieg Polizeioffizier, befehligte unter anderem eine Einheit für Sonderaufgaben, die sich auch um die Eliminierung von Informanten und Spitzeln kümmerte. Rodkiewicz kommt also mit dem Foto eines Mannes und fragt, ob ich für ihn eine *Kennkarte** anfertigen könne. Ich schaue auf das Bild und sage: „Seit wann arbeitest Du für die Deutschen?" – „Spinnst Du? Für welche Deutschen?" – „Na, das ist doch ein Deutscher." – „Woher soll ich denn das wissen … Ich habe einen Befehl und basta. Wie, ein Deutscher?" – „Ein anständiger Deutscher, aber ein Deutscher. Wo ist er?" – „Na hier irgendwo." – „Hier?" Ich brach in Gelächter aus, denn ich wusste ja nicht, dass Küsel aus Auschwitz geflohen war und Hilfe aus dem polnischen Untergrund erhielt. Ich antwortete Rodkiewicz jedoch, dass wir im „Żegota“ Dokumente fälschen, die in der Regel jedoch nicht perfekt sind. Man konnte sich damit aus einer Straßenkontrolle herauswinden, aber wenn eine genauere Überprüfung erfolgte oder ein Ermittlungsverfahren, dann wurde es eng. Letztendlich habe ich das Dokument nicht gefertigt.

Haben Sie sich mit ehemaligen Häftlingen, Ihren Mitgefangenen aus Auschwitz getroffen?

Natürlich. Aus unserem Haus in der Ulica Słowackiego wurden vierzehn Männer deportiert. Vier haben überlebt, alle wurden entlassen: ich, Ludwik Włodarczyk, Bogusław Wielhorski und ein junger Kerl, Andrzej Kamiński, der seinen Papieren nach Eisenbahner war. Aber er war so verschreckt, dass er mit mir eigentlich nicht redete. Włodarczyk kam während des Warschauer Aufstands ums Leben. Auf die gleiche Weise starb auch ein anderer ehemaliger Häftling, Zdzisław Rzadkowski aus dem Block für Minderjährige, mit dem ich mich einige Male auf der Straße unterhielt. Er war zwar nicht aus meinem Haus, aber aus Żoliborz. Er kämpfte in der Gruppierung „Żywiciel“, manchmal im August besuche ich sein Grab auf dem Militärfriedhof in Warschau.

Zu einer wahren Fundgrube des Wissens über das Lager wurde für mich der bereits erwähnte Zbigniew Art aus dem ersten Warschauer Transport. Er konnte Auschwitz 1942 dank der Bemühungen seiner Mutter verlassen, einer Hutmacherin, die ihre deutschen Kundinnen um Hilfe bat und ein dickes Schmiergeld bereitstellte. Später ging er wieder in die Falle, konnte aber aus dem Transport nach Majdanek fliehen. Ein cleverer Burscher, Jahrgang 1918. Im KL Auschwitz war Art *Schreiber** im Krankenhaus, blieb mir aber nicht sonderlich in Erinnerung. Die Funktionshäftlinge im *Krankenbau** gehörten eher intellektuellen Schichten an und kamen manchmal zu den Kranken, um mit ihnen einige Worte zu wechseln. Mit Sicherheit war ich mit Art aber nicht per Du.

Und stellen Sie sich vor: 1942 treffe ich Art vollkommen zufällig auf der Straße im Zentrum von Warschau. Im ersten Moment hatten wir einige Schwierigkeiten uns wiederzuerkennen. Im Lagerkrankenhaus hatten wir uns nur im Häftlingsanzug oder in Unterwäsche gesehen, und hier standen wir uns plötzlich wie normale Menschen gekleidet gegenüber. Art waren fast schon wieder die Haare nachgewachsen, denn den Funktionshäftlingen gegenüber war man im Lager etwas lockerer und rasierte sie nicht vollkommen kahl, sondern ließ die Haare einen Zentimeter stehen.

Art besuchte mich oft in Żoliborz, wir sprachen oft unter vier Augen. Er erzählte mir von Dingen, über die er nicht einmal mit seiner Mutter geredet hatte. Er berichtete von den Anfängen des Frauenlagers und Exekutionen, nach denen er von der *Politischen Abteilung** die Anweisung erhielt, die sogenannte *Totenmeldung** auszustellen, mit erfundenen Todesursachen – Herzinfarkt, Kreislaufstörungen usw. Er erzählte auch, wie der Untergrund im Lager ähnliche Methoden anwendete und Spitzel, die ins Krankenhaus kamen, eliminierte. Sie bekamen eine Spritze, und später wurden die Ursachen für ihren Tod gefälscht. Art erzählte mir, dass Sterbende und unheilbar Kranke – statt Gesunde – in den Tod geschickt wurden, indem man ihre Nummern tauschte. Oftmals bewertete Art das Verhalten verschiedener Leute, der Funktionshäftlinge und der *Pfleger**.

Einmal fragte er mich:

„Hast Du …“ – hier zögerte er, erschreckte ein wenig. „Hast Du irgendwelche Kontakte zu den richtigen Leuten?“

Als ich antwortete, begann ich ausweichend:

„Ich habe keine Kontakte. Ich weiß, dass es illegale Zeitungen gibt, denn manchmal bekomme ich etwas in die Hand, aber ich beschäftige mich nicht damit …“ – ich log, denn ich war damals bereits vereidigter Soldat der Heimatarmee.

Aber Art beharrte:

„Unsinn. Das Einzige was ich will ist die Deutschen umbringen. Ich will nichts anderes. Alles andere ist Spielkram für kleine Pfadfinder. Nichts für mich.“

Ich wohnte damals gerade in Żoliborz im selben Haus wie einige Leute aus der Führung der Sabotage (Kedyw) der Heimatarmee. Elitäre Kampfeinheiten für gefährliche Aufgaben. Ich ging zu einem von ihnen, dem Sohn des Vorkriegsoberst Zubrzycki aus Lwów, und sagte: „Ich habe einen Kameraden aus Auschwitz. Ein anständiger Kerl, er möchte sich irgendwem anschließen, will aber nichts anderes als töten.“ Seine Antwort war: „Das trifft sich gut.“

So kam Art zum Kedyw in die „Stasinek“-Einheit, also zu Stanisław Janusz Sosabowski, Sohn des berühmten Generals.

Und er machte, was er wollte – er führte die von Untergrundgerichten verhängten Urteile gegen Angehörige der Gestapo und Informanten aus. Ich ging nicht weiter ins Detail dieser Aktionen, aber Zubrzycki erwähnte mir gegenüber, dass Art eine nützliche Errungenschaft wäre. Später hörte ich auch von anderen, dass er sich durch unerhörten Mut auszeichnete. Verbrecher und Verräter tötete er bravourös in ihren Wohnungen. Eine psychologische Degeneration infolge des Lagers, denn junge Leute mochten diese Art Aufgaben in der Regel nicht. Kampfhandlungen und Schießereien, Verteidigung der Barrikaden, Überfall auf einen Zug – bitte sehr. Aber an eine Tür klopfen und einen unbewaffneten Menschen erschießen? Art hingegen machte das in gewisser Weise gern. So nahm er Rache für den Tod, den er Tag für Tag im Lager gesehen hatte. Nicht die Rache eines Menschen, dessen Angehöriger ermordet wurde. Oder Rache dafür, dass er selbst geschlagen wurde, ihm die Hand oder das Bein gebrochen wurde. Es war die Reaktion eines jungen Mannes Mitte zwanzig darauf, was andere Polen, andere Menschen vor seinen Augen durchmachen mussten.

Am 26. August 1943, Ulica Świętokrzyska: zwei Soldaten des Kedyw, Jerzy Trószyński und Zbigniew Art gehen in Richtung Ulica Czackiego. Sie sollen die bei der Polizei verwahrten Personenkarteien vernichten. Doch sie geraten in eine Falle der Deutschen, höchstwahrscheinlich hat sie jemand verraten. Es kommt zu einer Schießerei, in der beide Verschwörer ums Leben kommen.

Die Deutschen brachten die Leichen in die von ihnen observierte Leichenhalle in der Ulica Oczki, um zu erfahren, wer die beiden möglicherweise sucht. Über meine Kontakte in der Regierungsvertretung im Lande erhielt ich die Nachricht: „Du kanntest ihn gut, geh ihn identifizieren."

Der Untergrund beobachtete die Leichenhalle auch, und ich bekam einen Wink, als der deutsche Unteroffizier in Zivil zum Mittagessen in die Stadt ging. Ich schlüpfte hinein und identifizierte Arts Leichnam. Er wurde unter dem falschen Namen Ryszard Kraft in Bródno beerdigt. Ich hatte noch eine weitere schwere Pflicht – ich musste der Mutter die Nachricht vom Tod ihres Sohnes überbringen. Des einzigen Sohnes.

Wollten Sie sich nach Ihrer Entlassung aus dem Lager nicht ähnlich wie Art an den Deutschen rächen?

Nein, ich habe so nicht gedacht. Ich war sicher, dass Hitler den Krieg verliert. In meiner Generation hatten wir diesbezüglich keine Zweifel, sogar als die Deutschen an der Wolga standen. Und wenn Hitler verliert, fallen die Täter in die Hände der Sieger – Großbritannien und Amerika. Und das wiederum sind christliche, demokratische Länder, die sich an bestimmte Formen halten, die zwischen Menschen und gegenüber Menschen zur Anwendung kommen sollten. Und eine davon ist ein Gerichtsprozess und ein Urteil. Ich habe in meinem Leben niemanden geschlagen und wollte das auch nicht. Ich habe auch niemanden getötet, obwohl andere mich töten wollten.

Ich habe mich immer in der Rolle des Zeugen und nicht in der Rolle des Rächers gesehen: Du hast es gesehen und musst die Wahrheit sagen. Deshalb bist Du da. Wenn Gott Dich am Leben ließ, sollst Du Zeugnis ablegen. Meine gesamte schriftstellerische Tätigkeit ist bis heute dadurch motiviert, Zeugnis über Menschen, Dinge und Fakten abzulegen. Bewertungen oder endgültige, kategorische Aussagen, die sich aufdrängen, bemühe ich mich jedoch, mit Bedacht zu formulieren.

Aber ich kann nicht leugnen, dass ich in der Zeit nach meiner Entlassung aus dem Lager, bis zum Herbst 1942, manchmal eine tiefe Abneigung allen Deutschen gegenüber verspürte. Ich freute mich, dass ihre Städte bombardiert wurden, dass dort Menschen umkamen, dass ihre Familien litten und weinten – so wie auch unsere Familien es hilflos taten. Mich freuten sogar scheinbare oder gar verfälschte Nachrichten über deutsche Misserfolge an der Front, obwohl das Reich bis zum Winter 1942 im Grunde genommen nichts als Erfolge verzeichnen konnte. Ich kann mich auch erinnern, dass ich mich freute, als ich einen Verletztentransport von der Ostfront sah. Vollkommen unkritisch, vor allem für jemanden, der katholische Schulen besucht hatte, lehnte ich jeden Deutschen ab. Erst Zofia Kossak und Pater Zieja beeinflussten mich, und ich begann, meine – ich würde sagen – grenzenlose Abneigung einer Überprüfung zu unterziehen. Ich nahme an Diskussionen teil, die von Studenten in Privatwohnungen geführt wurden. Wir überlegten, was für eine Krankheit der Hass war, mit dem die Menschen durch den von Hitler begonnenen Krieg infiziert wurden. Ich wiederhole: Wir glaubten daran, dass die Deutschen verlieren, und das erfüllte uns mit Befriedigung. Aber langsam begannen wir zu begreifen, dass damit keine kollektive Abneigung gegenüber einem anderen Volk einhergehen darf.

Ich bekam auch Predigten des Münsteraner Bischofs August von Galen in die Hand, die sich gegen Hitler richteten. Der Bischof erwähnte Juden und Slawen zwar nicht direkt, aber er wandte sich gegen Euthanasie und die Ermordung von Menschen. Ich trug zur Übersetzung dieser Predigten ins Polnische bei, sie wurden vervielfältigt und ich half bei ihrer Verbreitung in Warschau. Einige Zeit später erfuhr ich von der Enthauptung der Geschwister Scholl, die in München antifaschistische Flugblätter verteilt hatten. Hans Scholl hatte darin unter anderem von den Warschauer Straßenrazzien und der Deportation von Frauen in Bordelle im Reichsgebiet geschrieben.

Diese Dinge zwangen mich darüber nachzudenken, dass nicht alles so einfach und eindeutig war, denn es gab auch andere Deutsche, die das sahen, was wir auch sahen. Im Herbst 1943 veröffentlichten wir zu diesem Thema eine Nummer der „Prawda", einer vom FOP herausgegebenen Zeitschrift. Zofia Kossak schrieb damals einen Artikel mit dem bedeutendem Titel „Odwet, Zemsta czy kara?" (Vergeltung, Rache oder Strafe?). Wir veröffentlichten auch das Gedicht *Modlitwa*[1] (Gebet) von Leonia Jabłonkówna, einer Jüdin, die sich als Erwachsene taufen ließ und sich während der Besatzung verstecken musste:

Za ugór ojczysty rozdarty, Za fali wiślanej płacz krwawy, Za Tatry skalane i Bałtyk, Za wrzesień śmiertelny Warszawy;	Für die zerissene Brache der Heimat, Für das blutige Weinen der Weichselwellen, Für die beschmutzte Tatra und die Ostsee, Für den tödlichen September Warschaus;
Za grób, co słabnącym jak ulga Pokusą w męczeńskich dniach świeci – – Zbaw, Panie, kobiety i dzieci Z płonących pożarów Hamburga.	Für das Grab, dass dem Geschwächten wie Erleichterung Als Versuchung in den Tagen des Martyriums leuchtet Herr, rette die Frauen und Kinder Aus den brennenden Flammen Hamburgs.
Za krzyż znieważony w kaplicach, Za krzywdę cmentarnych popiołów – – Zachowaj we wrażych stolicach Strzeliste gotyckie kościoły.	Für das beleidigte Kreuz der Kapellen, Für das Leiden der Friedhofsasche Bewahre in den Kapitalen des Feindes Die hochragenden gotischen Kirchen.
O Panie, przez znak Twój na wieżach, Przez prawo Twych groźnych sztandarów, Prosimy Cię szeptem pacierza, Błagamy Cię burzą chorału.	Oh Herr, mit Deinem Zeichen auf den Türmen, Mit dem Recht Deiner drohenden Standarten, Bitten wir Dich mit flüsterndem Beten, Flehen wir Dich an mit tosendem Choral.

1 Eine literarische Übersetzung des Textes von Wolfgang Jöhling und Jürgen Hensel erschien in dem Band: „Poetki z ciemności / Dicherterinnen aus dem Dunkel", WIR. Literaturedition Nr. 2, Berlin 1995, S. 387. (A. d. Ü.)

W godzinę tryumfu nad klęską,
Gdy w gniewie się Twoim objawisz,
Daj siłę, daj radość zwycięską,
A wyrwij nam z duszy nienawiść.

W pożarze piorunów, co walą
W ostatnie bastiony i tamy,
Daj sercom, niech z gruzów ocalą
Twój święty na wieki Testament.

In der Stunde des Triumphs über die Not,
Wenn Du Dich in Deinem Zorn offenbarst,
Gib Kraft, gib Siegesfreude,
Doch reiße den Hass aus unserer Seele.

Im Feuer der niedergehenden Blitze,
Auf die letzten Bastionen und Dämme,
Gib den Herzen und lass sie aus Trümmern erretten
Dein auf ewig heiliges Testament.

Ihr grenzenloser Hass erlosch, aber der Kampf dauerte an, und die Gaskammern und Krematorien in Birkenau liefen auf Hochtouren.

In den letzten Julitagen des Jahres 1944, als in Warschau die Mobilisierung vor dem Aufstand begann, und in den folgenden Wochen lenkten mich die dramatischen aktuellen Ereignisse natürlich von meinem Interesse für die Geschehnisse im Lager ab. Während des Aufstands erfuhr ich lediglich aus den Berichten der BBC, die wir heimlich hörten, dass in Auschwitz-Birkenau, jüdische Transporte aus Ungarn der Vernichtung zum Opfer fielen. Es handelte sich tatsächlich um die schrecklichste Phase im Betrieb der Todesfabrik. Damals wurden über 400.000 Frauen und Männer, Kinder und alte Menschen ermordet. Diese Informationen behielten wir im Stab der Heimatarmee jedoch für uns. Das wurde nicht nach Außen gegeben und erschien nicht in den Informationsbulletins der Aufständischen. Was für einen Sinn hätte es gehabt, den Kämpfern, die sich um ihre Angehörigen in den abgeschnittenen Stadtteilen sorgten, davon zu berichten, was in Auschwitz-Birkenau geschah? Das wäre kontraproduktiv gewesen. Man musste die Leute motivieren, nicht brechen. Niemand von uns befand es für nötig, den Menschen, die ohnehin schon am Boden lagen, zu erzählen, dass die Hölle an anderen Orten ebenfalls wütete …

Nach der Niederschlagung des Aufstands gelangten Sie im Oktober 1944 nach Krakau.

Meine Hauptaufgabe war, das Sekretariat des „Biuletyn Informacyjny" (Informationsbulletin) zu führen, des wichtigsten Presseorgans der Heimatarmee, das nun in Krakau herausgegeben wurde. Von November an gaben wir bis Januar 1945 mehrere Nummern heraus, in denen wir auch über die Konzentrationslager schrieben. Täglich erhielt ich eine Übersicht über die wichtigsten Informationen; aus dem kaum 70 km entfernten Auschwitz kamen Nachrichten über die letzten Akkorde der Judenvernichtung. Aber damals legte sich bereits der Schatten der herannahenden Front auf unsere gesamte Untergrundtätigkeit. Am 18. Januar wurde Krakau von der Sowjetarmee eingenommen. Am nächsten Tag entband der letzte Kommandant der Heimatarmee, General Leopold Okulicki, Deckname „Niedźwiadek", seine Soldaten, mich eingeschlossen, von ihrem Eid.

Zuvor jedoch lastete erneut das Gespenst Auschwitz auf meinem Leben. Am frühen Morgen des 6. Januar 1945 kam die deutsche Polizei in meine Wohnung, die ich im Krakauer Stadtteil Podgórze gemietet hatte. *Aufstehen! Mitkommen!** – ähnliche Kommandos kannte ich nur zu gut. Zum Glück fanden sie das Skript mit dem Material zur neuen Nummer des „Biuletyn Informacyjny" nicht. Ziel der Aktion war, wie sich herausstellte, die Stadt von Bürgern aus Warschau zu säubern. Die Deutschen fürchteten, dass wir ihnen hier den nächsten Aufstand bereiteten. Ich kam in ein Übergangslager und wurde dann, zusammen mit etwa 600 anderen, vor allem älteren Menschen, in einen Zug geladen, der sich in Richtung … Oświęcim in Bewegung setzte. Ich wusste, was das bedeutete. Einer der deutschen Polizisten, die uns eskortierten kam aus Łódź. Ich begann mit ihm zu sprechen: „Was macht Ihr denn mit uns! Sie sind doch ein Christ …" – „Ich bin kein Verbrecher." – „Und warum fahren wir dann nach Auschwitz? Sie wissen doch, was in Auschwitz passiert?" – „Erzählen Sie keine Dummheiten." – „Dass wir nach Auschwitz fahren, und Sie die Verantwortung dafür nicht übernehmen wollen? Für all die alten Leute?"

Schließlich ging der Deutsche, um genau zu prüfen, wie er sagte, wohin wir fahren. Eine halbe Stunde später tauchte er wieder auf und erklärte, wir würden in einen Kurort gebracht. Er schwor es sogar. „Na, prima" – dachte ich mir – „die schicken uns direkt ins Gas. Am Anfang werden sie in diesem Kurort anordnen, dass wir uns duschen."

Doch der Zug änderte tatsächlich seine Richtung und ließ uns in dem Ort Maków Podhalański raus, den sie uns unter Androhung der Todesstrafe untersagten zu verlassen. Aber es herrschte schon allgemeine Entspannung, und am nächsten Tag setzte ich mich einfach in einen normalen Zug und kehrte nach Krakau zurück. Das war am 13. Januar 1945.

Fünf Tage später wurde die Stadt von der Sowjetarmee eingenommen. Danach setzte sie ihren Marsch Richtung Westen fort.

Als die ins oberschlesische Industriegebiet vorrückende Rote Armee am 27. Januar 1945 Auschwitz-Birkenau einnahm, wohnte ich immer noch in Krakau. Ich wartete auf einen Kontakt zu meinen Vorgesetzten aus der Organisation „Nie“ (Nein), einer neuen Untergrund-Vereinigung, die nach der Auflösung der Heimatarmee entstanden war. Der Winter war hart, und die Stadt glich dem Turm zu Babel – sie war voll von Flüchtlingen aus Warschau und Menschen, die vor der vorrückenden Front aus dem Osten flohen. Informationen über den Befreiung von Auschwitz wurden sehr schnell bekannt, sie erschienen in den ersten Nummern der Blätter, die wieder aufgelegt wurden nachdem die Deutschen verjagt waren, und auch in der Frontzeitung „Wolność“ (Freiheit), die auf Polnisch von der Sowjetarmee herausgegeben wurde. Ihr Stil war überaus pathetisch und charakteristisch für die kommende Zeit – „herausgerissen aus faschistischen Klauen“ usw. Mich berührte aber die Nachricht, dass mit dem Wissen und Willen der sowjetischen Führung Sanitätsteams gebildet worden waren, die sich um die Geretteten kümmern sollten. Nach nur wenigen Tagen tauchten die ersten Häftlinge in Krakau auf. Ich war mir bewusst, dass dies nur die Übriggebliebenen waren, unter ihnen war kein bekannter polnischer Name aus intellektuellen Kreisen zu finden. Eine bekannte Ausnahme war Dr. Alfred Fiderkiewicz (Nummer 138907), der für seine Mitgliedschaft in der Polnischen Arbeiterpartei (PPR) festgenommen worden war und in Birkenau als Arzt arbeitete. Im Februar wurde er sogar Stadtpräsident von Krakau und zeigte sich gern im Häftlingsanzug. Mit der Zeit tauchten auch Häftlinge auf, denen es gelungen war, von den sogenannten Todesmärschen zu fliehen, die von den Deutschen zur Evakuierung des Konzentrationslagers angeordnet worden waren.

Nach dem Einmarsch der Sowjetarmee waren Sie nicht speziell mit Auschwitz beschäftigt – sie waren in der Unabhängigkeitsbewegung im Untergrund aktiv und gehörten später der oppositionellen Polnischen Volkspartei (PSL) an. Außerdem versuchten Sie, soweit möglich, sich ein eigenes Leben aufzubauen. Aber erneut erteilte die Geschichte Ihnen eine Lektion. Insgesamt sechseinhalb Jahre verbrachten Sie in kommunistischen Gefängnissen.

In den Gefängnissen traf ich viele frühere Auschwitz-Häftlinge, die erneut in Haft saßen. Edward Ciesielski (Nummer 12969), Henryk Kwiatkowski (Nummer 3002), Witold Różycki, er war Mitarbeiter

Pileckis … Danach saß ich auch mit einem gewissen Drewniak (Nummer 415) zusammen, der wohl Kapo oder *Vorarbeiter** gewesen war und der Kollaboration angeklagt wurde.

Ein fingierter Prozess?

Meiner Meinung nach wurde das hochgespielt, da wurden wohl persönliche Rechnungen beglichen.

Er hatte niemanden getötet, aber Details kenne ich nicht. Im Übrigen wurden gleich nach dem Krieg die einen reingewaschen und andere aufgrund von Gerüchten oder unglaubwürdigen Anschuldigungen verurteilt. Darüber hinaus kamen wir in unseren Gesprächen im Gefängnis recht selten auf das Lager zurück, wir hatten andere Probleme am Hals.

Bevor ich allerdings hinter Gitter kam, schaffte ich es noch, das Grauen näher zu erforschen, auch wenn es nicht direkt um Auschwitz ging. Ich begann ehrenamtlich mit der Warschauer Bezirkskommission für die Untersuchung der deutschen Verbrechen – später: Hitlerverbrechen (KBZN/KBZH) zusammenzuarbeiten. Geleitet wurde sie von Stanisław Płoski, Historiker, Sozialist und Soldat der Heimatarmee, dessen Schwiegermutter in Auschwitz ums Leben gekommen war. Nach dem Krieg gehörte Płoski weiterhin der Führungsriege der PPS an, was ihm unter der neuen Ordnung eine gewisse Sicherheit bot. Die Kommission beteiligte sich an zahlreichen Exhumierungen und Identifizierungen von Exekutionsopfern in der Umgebung der Hauptstadt – von Bukowiec über Magdalenka und Stefanów, die Chojnowski-Wälder und die Umgebung von Piaseczno, bis nach Palmiry. Wir dokumentierten die Matyrologie Warschaus, somit sammelten wir zwangsläufig auch Material über jene Warschauer, die nach Auschwitz deportiert worden waren. Mein damaliges Engagement und die grausigen Erfahrungen, die ich im Krieg gemacht habe, fanden später in dem Buch *Warszawski pierścień śmierci* (*Der Todesring um Warschau*) ihren Widerhall, das ich in den 1960er Jahren publizierte. Das Buch war meinem Verständnis nach die Schuld, die ich zu begleichen hatte, ein Denkmal, errichtet auf dem Grab des Martyriums der Einwohner Warschaus. Soweit ein Mensch mit seiner Arbeit einigen Hunderttausend Menschen ein Denkmal setzen kann.

Ich erinnere mich auch daran, dass gleich nach dem Krieg – auch in populären Blättern, wie „Przekrój“ (Der Querschnitt) – noch lebhaft und offen darüber diskutiert wurde, was aus Auschwitz werden sollte.

Es gab Stimmen, das ehemalige Lager als Freiluftmuseum zu behandeln. Andere wollten es unterpflügen und dem Boden gleichmachen. Später brach die Debatte ab.

Als ich im April 1948 zum ersten Mal aus dem Gefängnis kam, bemühte ich mich, mir eine Existenz aufzubauen, ich hatte andere Probleme und beschäftigte mich nicht mit Auschwitz. Ich wusste, dass vom juristischen Standpunkt aus alles geregelt und 1947 ein Museum eingerichtet worden war. Doch nach einem Jahr und sieben Monaten wurde ich erneut verhaftet …

Aus der Zeit direkt nach Ende des Krieges erinnere ich mich noch an eine Sache, die mit Auschwitz verknüpft ist. Es tauchten damals Anschuldigungen gegen Dr. Dering aus dem Lagerkrankenhaus auf, dass er Jüdinnen und Juden sterilisiert habe und dass er sich nach seiner Entlassung aus dem Lager einverstanden erklärt habe, mit deutschen Ärzten zusammenzuarbeiten und *Reichsdeutscher** wurde. Mit Dering traf sich damals Józef Cyrankiewicz, vor dem Krieg sozialistischer Funktionär, ehemaliger Auschwitz-Häftling. Nach dem Krieg begann er, mit den Kommunisten zusammenzuarbeiten, und als Premier der Polnischen Volksrepublik (PRL) drohte er den Arbeitern, dass eine Hand, die sich gegen die Volksmacht erhebe, abgeschlagen würde. Im Sommer 1945 erklärte Cyrankiewicz Dering, dass er ihm nicht helfen könne. Er riet ihm sich zu verstecken. Vielleicht habe er Möglichkeiten im Ausland … Kurz gesagt, er gab deutlich zu verstehen, dass Dering Polen besser verlassen solle.

Dering zögerte jedoch und wusste nicht, was er machen sollte. Seine Frau, Krystyna Ossowska-Dering, kannte mich noch aus der Zeit der Besatzung, als sie als Ärztin im Pawiak-Gefängnis arbeitete und im Untergrund aktiv war. Fast täglich kreisten zwischen mir, also der Häftlingssektion der Regierungsvertretung im Lande, und der Sanitätskolonne im Serbia-Trakt, in dem sich die Frauenabteilung im Pawiak-Gefängnis befand, Kassiber und Meldungen. Krystyna vertraute mir also und riet ihrem Mann: „Geh zu Bartoszewski. Er ist unser Gewissen.“ Dering kam und sagte: „Pan Władysław, wenn ich keinen Weg meiner Rehabilitierung finde, muss ich dem Rat Cyrankiewicz’ folgen.“ Ich dachte genauso. Wenn einer der führenden Herrscher des neuen Systems Dering zu verstehen gab, dass es keine Chance auf ein rechtsstaatliches Verfahren vor einem polnischen Gericht geben würde, dann musste man sich nach einem anderen Ort umsehen, zum Beispiel in den Kreisen der polnischen Unabhängigkeitsbewegung in London. Letzten

Endes reiste Dering dahin aus, und seine Ehe mit Krysia zerbrach. Auch sie quälte sich übrigens mit den gegen ihn erhobenen Vorwürfen und fragte mich: „Władek, war mein Mann ein Schuft?“

Und, war er es? In England wurde er angeklagt, aber das Gericht fand für seine Schuld keine eindeutigen Beweise. Mit Sicherheit war er im Lager in der von Pilecki in Auschwitz gegründeten Widerstandsbewegung aktiv. Es fehlt auch nicht an Häftlingen, die behaupten, Dering habe ihnen das Leben gerettet.

Soweit ich weiß ist er nie *Reichsdeutscher** geworden, obwohl er tatsächlich einwilligte, aus dem Lager entlassen zu werden und in einem deutschen Krankenhaus zu arbeiten. Zbyszek Art hatte eine gute Meinung von ihm, und er ist eine glaubwürdige Quelle für mich. Im Lager musste Dering als leitender Arzt des Krankenhauses Hunderte, wenn nicht Tausende Entscheidungen treffen, die in außerhalb des Lagers geltenden Kategorien einfach nicht beurteilt werden können. Wer sollte aufgenommen, wer dem sicheren Tod überlassen werden? Durfte man einen alten Häftling opfern, um einen jungen zu retten? Sollte man einen Intellektuellen oder einen Arbeiter behandeln? Mich wollte Dering ja zum Beispiel nicht in den *Krankenbau** aufnehmen.

Aber Ihren Worten ist zu entnehmen, dass Sie ihm das nicht übel nahmen. Wann haben Sie nach dem Krieg Auschwitz zum ersten Mal besucht?

Gegen Ende der 1950er Jahre war meine Lager- und Gefängniskarriere unter zwei Totalitarismen endlich vorbei: aus gesundheitlichen Gründen wurde ich entlassen, und später als Person anerkannt, die zu Unrecht Repressionen ausgesetzt war. Ich kehrte zum Schreiben zurück, einige Zeit beim Wochenblatt „Stolica“ (Die Hauptstadt), aber das politische Tauwetter endete in Polen schnell, und ich musste dort aufhören. Wie dem auch sei, kurz nach dem Polnischen Oktober des Jahres 1956 wurde ich zu einem nützlichen Tier, später aber war ich erneut ein Hindernis. Zum Glück hatte ich bereits gute Beziehungen zur Zeitschrift „Tygodnik Powszechny“ (Allgemeine Wochenzeitung). Hier publizierte ich regelmäßig als freier Mitarbeiter, angestellt wurde ich 1961. Jemand aus der Redaktion bat mich, mit ihm nach Auschwitz zu fahren. Damals sah ich zum ersten Mal Birkenau. Das muss Ende der 1950er, vielleicht Anfang der 1960er Jahre gewesen sein.

Der „Tygodnik“ und die um das Blatt sowie den Verlag und die Monatsschrift „Znak“ (Zeichen) versammelte katholische Intelligenz öffneten ein neues Kapitel in meinem mit Auschwitz verbundenen Leben. Schließlich handelte es sich hierbei um die Schmiede der Pioniere des deutsch-polnischen Dialogs. Gerade Ende der 1950er, Anfang der 1960er Jahre begannen die ersten Vertreter christlicher Kreise aus der DDR nach Polen zu kommen und Kontakte zu suchen. Eine der Türen, an die sie klopften, befand sich in der Ulica Wiślna 12 in Krakau, wo sich der Sitz des von Jerzy Turowicz geleiteten „Tygodnik“ befand. Zwar handelte es sich noch nicht um formale Gruppen, doch waren die Initiativen sicherlich von der Aktion Sühnezeichen inspiriert. Die 1958 in deutschen evangelischen Kirchenkreisen gegründete Organisation machte sich die Versöhnung mit den Völkern zum Ziel, die durch das Dritte Reich besonders gelitten hatten. Als erster kam der Katholik Günter Särchen, weltlicher Mitarbeiter der Diözese Magdeburg, nach Polen, um vorzufühlen, welche Möglichkeiten einer Zusammenarbeit es gab.

Wenn Leute wie er beim „Tygodnik“ auftauchten, rief die Redaktion mich in Warschau an und bat mich, sie durch die Stadt zu führen und mit ihnen zu sprechen: „Sie werden glücklich sein, dass ein Auschwitz-Häftling Deutsch mit ihnen redet.“ In der Tat kamen wir in unseren Gesprächen immer auf das Thema Auschwitz zurück. Ich erzählte ihnen auch von der Besatzung, vom Pawiak-Gefängnis, vom Ghettoaufstand und vom Warschauer Aufstand. So begann ich mich um diese jungen Deutschen zu kümmern, die meisten waren um die zwanzig, Oberstufenschüler oder Studenten. Erwähnenswert ist, dass sie entgegen dem damals herrschenden Trend agierten, denn selbst in der evangelischen Kirche fehlte es an Verständnis für ihre Einstellung. Sie waren die Nachkommen der Generation, die die Verantwortung für die Verbrechen des Krieges trug.

Für Bürger der BRD war die Einreise nach Polen ziemlich kompliziert. Seit den 1970er Jahren wurde jedoch das katholische Maximilian-Kolbe-Werk aktiv, das sich die Betreuung ehemaliger Häftlinge zum Ziel setzte. Damit öffnete sich ein Feld weiterer Kontakte, und meine mehr oder weniger dienstlichen Treffen zum Thema Zweiter Weltkrieg und Auschwitz nahmen zu. Doch damit nicht genug: dank des Engagement des Journalisten Reinhold Lehmann – Bruder des heutigen Kardinals Karl Lehmann – begann auch die Zusammenarbeit zwischen der Friedensorganisation „Pax Christi“ und „Znak“. 1972 riefen beide Seiten die jährlich, abwechselnd in Deutschland und Polen stattfindenden sogenannten Auschwitz-Seminare ins Leben. Der Name sollte die kommunistischen Machthaber täuschen, denn wir sprachen vor allem davon, wie man die schwere deutsch-polnische Vergangenheit überwinden kann. Und obwohl das Thema Auschwitz in unseren Gesprächen zwangsläufig auftauchte, war es nie das wichtigste Motiv.

Am Staatlichen Museum Oświęcim (Państwowe Muzeum w Oświęcimiu) wiederum wurde eine Expertenkommission einberufen, die die Pläne zur Entwicklung des Ortes begutachten sollte. Man kann sich nur schwer des Eindrucks erwehren, dass Sie in gewisser Weise in der Rolle des Feigenblatts in dieses Gremium berufen wurden …

Besonders in der Moczar-Zeit[1] bemühte man sich in der PRL, das gesellschaftliche Interesse an Auschwitz institutionell zu stärken. Tatsächlich wurde ich in irgendein Expertengremium berufen, ohne überhaupt gefragt zu werden, ob ich damit einverstanden bin. Da ich nicht protestierte, ging man davon aus, dass ich zustimmte. Wir sollten den Direktor des Museums beraten. Alle paar Monate wurden ziemlich formelle Treffen abgehalten, auf denen der Direktor vorstellte, was er plante, und alle anderen zustimmend nickten. Schon kurze Zeit später war das ganz vorbei.

Man muss sich in Erinnerung rufen, dass das Museum in PRL-Zeiten erheblichem parteilichen Druck ausgesetzt war. Auschwitz wurde als Ort des „Martyriums der Polen und anderer Völker" dargestellt. Die Juden, die schließlich die zahlenmäßig überwältigende Mehrheit der Opfer darstellten, wurden marginalisiert. Von den polnischen Häftlingen wurden Kommunisten und Sozialisten in den Vordergrund gerückt. Um Soldaten der Heimatarmee, Funktionäre nicht linksgerichteter Parteien, Katholiken und Priester war es besorgniserregend ruhig. Man versuchte, Auschwitz ins Joch der Propaganda zu spannen, die die Sowjetunion und die kommunistischen Satellitenparteien als einzige an-

1 Benannt nach dem Parteifunktionär der Polnischen Vereinigten Arbeiterpartei (PZPR) Mieczysław Moczar, der vor allem als polnischer Innenminister (1964–1968) zum wichtigsten innerparteilichen Gegenspieler von Parteichef Władysław Gomułka wurde. Er war führender Vertreter der sogenannten „Partisanen", die Reformen ablehnend gegenüber standen und eine nationalkommunistische Politik verfolgten. Moczar gilt als einer der Hauptverantwortlichen für die antisemitische Kampagne in Polen infolge der März-Unruhen von 1968. (A. d. Ü.)

tifaschistische Kraft darstellte. Sogar im Allgemeinen vernünftige Friedensparolen wurden als Instrument der Manipulation genutzt.

Wie es in solchen Situationen manchmal ist, trat anstelle der offiziellen Tätigkeit etwas anderes, in meinem Fall persönliche Kontakte. So lernte ich ehemalige weibliche Häftlinge kennen, zum Beispiel Barbara Sadowska (Nummer 50025), die für ihre Zugehörigkeit zur Konföderation des Volkes (KN) 1943 unter dem Namen Sulima-Kamińska verhaftet wurde. Ihr junger Mann, gerade zwanzig, starb in Majdanek. Das war das Ende ihrer kurzen Ehe, die nur einige Wochen oder Monate dauerte. Basia kam nach Auschwitz-Birkenau. Nach dem Krieg wurde sie Direktorin des Büros des Internationalen Auschwitz Komitees, das legal in Warschau tätig war. Mit diesen Frauen, so auch mit der Ärztin Regina Gabruk-Krzyżanowska (Nummer 44719), konnte ich sehr offen über Auschwitz sprechen und erfuhr viel über das Frauenlager und die Tragödie von Birkenau. Die Frauen waren damals um die Fünfzig. Sie waren abgehärtet, denn nur durch Härte hatten sie überleben können.

Als langjähriger Mitarbeiter der Hauptkommission für die Untersuchung der Hitlerverbrechen (KBZH) erhielt ich zudem verschiedene Materialien und nahm an diversen Symposien teil. Ich las alles, was auf deutsch und polnisch über die Konzentrations- und Vernichtungslager erschien. Von den Berichten über Auschwitz schätze ich zum Beispiel *Anus Mundi* von Wiesław Kielar. Empfehlenswert sind auch die *Refleksje z poczekalni do gazu* (*Überlegungen im Warteraum zum Gas*) von Adolf Gawalewicz. Eines der besten, leider in Vergessenheit geratenen, wissenschaftlichen Bücher ist *Wartości a przemoc. Zarys socjologicznej problematyki Oświęcimia* (*Werte gegen Gewalt. Betrachtungen einer Soziologin über Auschwitz*) von Anna Pawełczyńska (Nummer 44764). Die Autorin war politische Gefangene und analysiert in ihrem Buch gekonnt die Mechanismen der Entmenschlichung der *Häftlinge**. Moralische Fragen wiederum erörtert sie ohne Pathos und sieht davon ab, durch die übertriebene Beschreibung von Greueltaten beeindrucken zu wollen oder oberflächliche Kritik zu betreiben. Ich habe hier wirklich viele eigene Verhaltensweisen wiedererkannt und dank der Lektüre dieser kurzen Abhandlung verstanden. Eine interessante Initiative war auch die Zeitschrift „Przegląd Lekarski. Oświęcim“ (Ärztliche Rundschau. Auschwitz), die ich als ehemaliger Bewohner des *Krankenbaus** natürlich mit besonderem Interesse las.

Für Auschwitz-Birkenau engagierten Sie sich formal erst nach dem demokratischen Umbruch von 1989. Wie kam es dazu?

In der Tat. Alles begann mit Izabela Cywińska, die ich bereits in den späten 1970er Jahren kennenlernte. Vor dem Kriegszustand in Polen war sie Direktorin des politisch sehr ambitionierten und avantgardistischen Teatr Nowy (Neues Theater) in Posen. Ich war wegen verschiedener politischer Aktivitäten auf Einladung des Dominikanerpaters Honoriusz Kowalczyk in die Stadt gekommen. Cywińska bat mich, im Theater aufzutreten. Ich wunderte mich, denn ich bin ja kein Schauspieler. Aber das war schon die Zeit der Solidarność, und das Teatr Nowy begann mit der Cegielski-Fabrik zusammenzuarbeiten. Cywińska wollte, dass ich als Vertreter der Generation, die im Krieg gekämpft hatte, eine politisch aufbauende Ansprache an die Arbeiter richtete. Also fuhr ich hin und hielt eine Rede. Damit begann unsere Freundschaft.

Nach dem Fall des Kommunismus wurde ich Botschafter in Wien und Cywińska Kulturministerin in der Regierung von Tadeusz Mazowiecki. Ende 1990 rief sie mich an, weder verschlüsselt noch über diplomatische Kanäle, und erklärte mir ganz offen: „Ich habe eine große Bitte an Dich. Ich schicke Unterstaatssekretär Waldemar Dąbrowski nach Wien, der erklärt Dir alles." – „Aber worum geht es?" – fragte ich. Cywińska: „Du warst doch in Auschwitz. Wir müssen jetzt so viele Lügen aufdecken wie möglich. Dazu brauchen wir die entsprechenden Leute, wir sind schon in Kontakt mit ehemaligen jüdischen Häftlingen und Vertretern jüdischer Kreise. Aber an der Spitze eines solchen Gremiums sollte nicht jemand aus Israel oder der Diaspora stehen, sondern aus Polen. Durch meine Gespräche mit jüdischen Vertretern bin ich zu dem Schluss gekommen, dass Du der einzige bist, mit dem sie einverstanden wären. Also musst Du zustimmen." Ich erklärte: „Ich kann nicht. Ich habe sehr wichtige Dinge zu tun, ich kann mir nicht noch mehr aufhalsen. Außerdem habe ich einen sehr strengen, fordernden Chef."

Aber Cywińska gab nicht auf: „Außenminister Krzysztof Skubiszewski aus Posen? Das regele ich. Der wird schon zustimmen." – „Und wenn er nicht zustimmt?" – „Wird er." – „Na ja, Du müsstest ihn vorwarnen, dass es sich um ein Treffen von Zeit zu Zeit handelt, beratende, inhaltliche Tätigkeit, kein Tagesgeschäft organisatorischer Art. Der Außenminister müsste zustimmen, dass ich von Österreich nach Oświęcim fahre. So sind die Vorschriften für Botschafter."

Einige Tage später rief Cywińska erneut an: „Alles erledigt. Minister Skubiszewski hat gesagt, dass er zustimmt, wenn Du Dich formell mit einer Begründung an sein Sekretariat wendest. Und meine jüdischen Gesprächspartner sind sehr zufrieden."

Und so übernahmen Sie, ehemaliger Auschwitz-Häftling, Gerechter unter den Völkern und Ehrenbürger des Staates Israel, den Vorsitz des Internationalen Rates des Staatlichen Museums Auschwitz-Birkenau, der damals unter der Schirmherrschaft des polnischen Kulturministeriums stand und das Museum in den wichtigsten Fragen beriet. In der Regierungszeit von Jerzy Buzek wurde das Gremium im Jahre 2000 in den Internationalen Auschwitz-Rat beim Premier der Republik Polen umgewandelt und sein Verantwortungsbereich auf die anderen ehemaligen Konzentrations- und Vernichtunglager auf heutigem polnischen Gebiet ausgeweitet. Trotz wechselnder Regierungen leiten Sie dieses Gremium über all die Jahre. Was war der größte Erfolg des Rates?

Der größte Erfolg war die Rückkehr zur Wahrheit, was den allgemeinen Verlauf der Ereignisse in Auschwitz-Birkenau und die statistischen Daten betrifft. Damit wurde ein gewisses Tabu gebrochen. Nach ersten sowjetischen Ermittlungen im Jahre 1945 prägte sich in der kollektiven Vorstellung eine Zahl von vier, vielleicht sogar fünf Millionen Menschen ein, die in Auschwitz-Birkenau ums Leben gekommen waren. Aber mit den Jahren erschienen neue Arbeiten über den Holocaust, viele Archive der Nationalsozialisten wurden erforscht, es gab zahlreiche Gutachten alliierter und deutscher Gerichte, zu wichtigen Erkenntnissen kam unter anderem auch Franciszek Piper vom Staatlichen Museum Auschwitz-Birkenau. So wurde klar, dass die ursprüngliche Zahl viel zu hoch angesetzt gewesen war. Ich wurde also aktiv, zusammen mit meinen klugen jüdischen Freunden, wie den ehemaligen Auschwitz-Häftlingen Israel Gutman (Nummer 128067) und Marian Turski (Nummer B-9408), aber auch mit Kalman Sultanik und Miles Lerman, die ebenfalls höllische Erfahrungen während der Besatzung gemacht hatten. Im Rat führte ich in vertraulichen Gesprächen, deren Inhalt nicht für die Presse bestimmt war, folgende Argumente an: „Wenn jemand Lügen über Auschwitz-Birkenau verbreitet oder die Vernichtung negiert, wird er jeden unserer Fehler und jede Verfälschung ausnutzen, um die Menschen davon zu überzeugen, dass nichts von alledem wahr ist. Wir müssen präzise sein. Jüdischen Historikern zufolge kamen während des Krieges etwa sechs Millionen Juden ums Leben. Wenn wir die Opfer von Treblinka, Sobibor, Bełżec, Majdanek, Stutthof, Mauthausen-Gusen, Dachau und anderen Lagern sowie jene, die in den Ghettos oder durch die nationalsozialistischen *Einsatzgruppen** starben, zusammenzählen und die angeblich vier Millionen Opfer von Auschwitz-Birkenau hinzufügen, sind wir bei über acht Millionen ermordeten Juden. Überlegen wir also, was wir wollen. Die Wahrheit? Oder ziehen wir es vor, durch Unwahrheit Grauen hervorzurufen? Doch selbst eine geringere Zahl an Opfern verringert ja nicht die Tragödie von Auschwitz-Birkenau."

Es ist tatsächlich gelungen, dass in der Öffentlichkeit, in Schulbüchern und in Debatten in den Medien heute zumeist die korrekten Zahlen der Opfer von Auschwitz-Birkenau genannt werden. In den Jahren 1940-1945 kamen in diesem Konzentrations- und Vernichtungslager etwa eine Million Juden, bis zu 75.000 Polen, 21.000 Roma, 15.000 sowjetische Kriegsgefangene und 15.000 Menschen anderer Nationalitäten ums Leben.

Und kein seriöser Historiker zweifelt daran, dass eventuelle Berichtigungen sich in einer Größenordnung von Tausenden und nicht Hunderttausenden Ermordeten bewegen. Wie stünden wir heute in der Welt da, in der es an Leugnern nicht mangelt, wenn wir jene falschen Statistiken nicht hinterfragt hätten? Einfach war es jedoch nicht. Das war schwere Arbeit, psychologisch wie politisch. Zuweilen dramatische Gespräche gab es in Israel, die Konsultationen zogen sich über mehrere polnische Regierungen hin. Doch es gelang – sowohl dank des Vertrauens, dass mir persönlich von jüdischen Kreisen entgegengebracht wurde, als auch dank des guten Willens der polnischen Juden selbst, die viel durchgemacht haben, um die Wahrheit über Auschwitz-Birkenau zu erkämpfen.

Der Internationale Auschwitz-Rat setzt sich aus Christen und Juden zusammen, Bürgern Israels und Vertretern der jüdischen Diapora, einem Repräsentanten der Roma und weiteren Mitgliedern aus verschiedenen Ländern: Polen, Frankreich, Deutschland, Großbritannien und der Ukraine. Im Rat sitzen ehemalige Häftlinge, Historiker und Bildungsexperten. Es gibt auch katholische Priester und einen Rabbiner. Ist es gerade die

Zusammenarbeit und das Vertrauen der Menschen so unterschiedlicher Herkunft, die hier die wichtigste Rolle spielt?

Im Rat, und das wiederhole ich fortwährend, fand ich die Atmosphäre längst vergangener Zeiten wieder, als ich während der Besatzung in der „Żegota" aktiv war, und Christen und Juden zusammen denen halfen, die vernichtet werden sollten. Der Internationale Auschwitz-Rat stützt sich auf Dialog und Vertrauen. Wir müssen manchmal sehr schwere Fragen lösen, zum Beispiel, was man mit den Haaren der Opfer macht, die langsam verrotten. Konservieren? Warten, bis sie sich vollständig auflösen? Bestatten? Jeder hat zahllose Argumente bei der Hand, aber die Entscheidung fällt immer gemeinsam und wird dadurch allgemein respektiert und anerkannt.

Das alles, ich sage es noch einmal, ist wirklich nicht leicht. Der Mensch hat die Tendenz, sich nur an das eigene Martyrium zu erinnern. Aber man muss doch auch an das Martyrium der anderen erinnern. Nicht alle, vorsichtig ausgedrückt, verstehen das. Dann beginnt ein Wettlauf des Leids, der sinnlos ist. Vollkommen sinnlos. Der Internationale Auschwitz-Rat bemüht sich vor allem zu zeigen, dass es unnötig ist sich zu messen und zu konkurrieren.

In der letzten Zeit kämpfen wir gemeinsam darum, die Relikte, die von Auschwitz geblieben sind, zu erhalten. Wir haben die Stiftung Auschwitz-Birkenau gegründet, die auf der ganzen Welt Gelder für die Konservierung des ehemaligen Lagers sammelt. Das ist nicht zu unterschätzen. Das Lager haben wir Häftlinge, geschlagen und gequält, *im Laufschritt** gebaut. Egal wie. Unser einziges Ziel war es, den Hieben zu entgehen, durchzuhalten, zu überleben. Gebaut wurde aus dem, was da war – ich habe von den Ziegeln aus den abgetragenen Häusern erzählt, von denen wir auf dem Appellplatz den Putz abschlugen. Noch kümmerlicher waren die Blocks in Birkenau; bei einem Teil handelt es sich um gemauerte Baracken, bei einem anderen um Holzbaracken, schlimmer als Scheunen für das Vieh. Was das betraf, legten die Deutschen keinen besonderen Wert auf eine lange Lebensdauer. Niemand plante, dass diese Gebäude siebzig Jahre und mehr stehen würden.

Jetzt verfallen sie und benötigen sofortige Rettung. Auch die Ruinen der Gaskammern und Krematorien, die zu den wichtigsten Symbolen und Beweisen des Holocaust gehören, müssen erhalten werden. Wir müssen Tausende Gegenstände der beraubten Opfer konservieren –

Koffer, Schuhe, Brillen, Zahnbürsten ... All diese Spuren, Beweise, Symbole und Reliquien retten wir für zukünftige Generationen. Auschwitz-Birkenau ist kein gewöhnliches Märtyrermuseum. Es ist ein Ort des Gedenkens, ein Gräberfeld, eine brennende Wunde der Menschheit, ein sich auf ewig gen Himmel erhebener Schrei der Opfer. Seien wir ehrlich: Augenzeugen wie mich, gibt es schon bald nicht mehr. Das ist eine Frage von wenigen Jahren. Es bleibt nur der authentische Ort. Dieser Ort muss erhalten bleiben.

Ich habe meine Pflicht erfüllt, die mir einst in Auschwitz, im Krankenhaus, auferlegt wurde. Ich habe berichtet, Zeugnis abgelegt. Die Letzten von uns gehen heim. Es bleiben unsere Geschichten – Ihr tätet gut daran, Schlüsse daraus zu ziehen.

Warschau, November 2009–Juni 2010

II. Mein Auschwitz

Eine Anthologie, kommentiert
von Władysław Bartoszewski

Dieses Buch führt seine Leser nicht nur in die Anfänge des Konzentrationslagers Auschwitz. Die Texte der Anthologie erlauben auch noch weitere Einblicke: Sie zeigen anhand der ersten Dokumente zum Geschehen in Auschwitz, wie noch während des Krieges und unmittelbar danach darum gerungen wurde, für das Ungeheuerliche und Unbeschreibliche die richtigen Worte zu finden und dem Unfassbaren einen Sinn zu geben. Dass dieser Sinn auch in religiösen Deutungen gesucht wurde, dass unterschiedliche Personengruppen innerhalb des Lagers kritisch beurteilt wurden, dass auch Gegner der Nationalsozialisten über „Rassen" und Nationen sprachen, mag manchen heutigen Leser verwundern. Indessen zeigen diese Wendungen nur, wie vor nunmehr 70 Jahren erst begonnen wurde, sich ein Verständnis der faschistischen Barbarei zu erarbeiten. Und noch eine weitere Erkenntnis ermöglichen die in diesem Buch zusammengestellten Texte: Zu sehen, wie schon in den Anfängen bestimmte Szenen und Ereignisse des Lageralltags aus den ursprünglichen Zeugenberichten in andere Dokumente wanderten und ihre Spuren sogar in der Literatur hinterließen, wo sie in verdichteter, gestalteter Form die Erinnerung an das Geschehene bewahren.

Mein Auschwitz – Gesichter

Zbigniew Art, Nummer 1833
„Zu einer wahren Fundgrube des Wissens über das Lager wurde für mich der bereits erwähnte Zbigniew Art aus dem ersten Warschauer Transport."

Zygmunt Janta, Nummer 891
„Ich erinnere mich an den Ersten im Block, der ehrlich und offen mit mir redete: Zygmunt Janta."

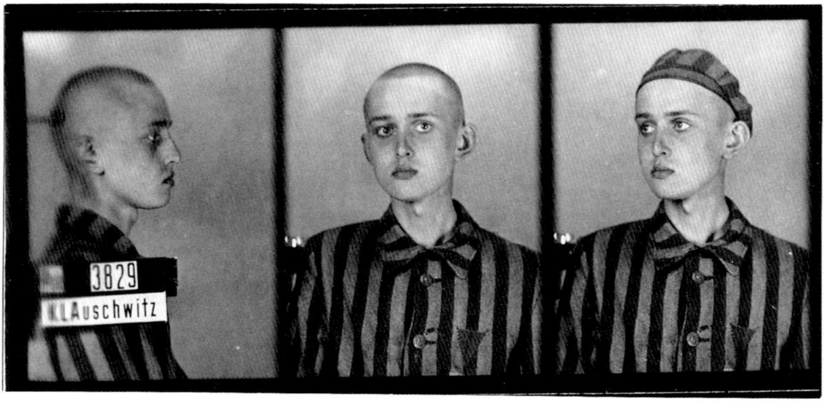

Witold Kupczyński, Nummer 3829
„Witold Kupczyński (…) erinnert sich, dass Sie Karl May vorgelesen haben."

Witold Sosnowski, Nummer 5263
„An der Straßenwalze war ich zum Glück nur wenige Tage. Und wenn ich da nicht zufällig meinen ehemaligen Mathelehrer Witold Sosnowski (…) von der Warschauer Stanisław-Kostki-Mittelschule getroffen hätte, würde ich diesen Zwischenfall möglicherweise gar nicht erinnern."

Witold Pilecki, Nummer 4859
„… Rittmeister Pilecki, der sich (…) aus freien Stücken unter die Festgenommenen mischte."

Bolesław Lewicki, Nummer 810
„… Polonist an der Jan-Kazimierz-Universität in Lwów (nach dem Krieg, den er überlebte, war er an der Universität Łódź tätig)."

Witold Kazimierczak, Nummer 4071

Stanisław Tyliński, Nummer 4896
„Ich wusste nicht einmal, dass mich die ganze Zeit [im Krankenhaus] zwei Häftlinge aus Żoliborz pflegten: Witold Kazimierczak (...) und (...) Stanisław Tyliński."

Adolf Gawalewicz, Nummer 9225
„Lohnenswert zu lesen sind auch die Überlegungen aus dem Warteraum zum Gas *von Adolf Gawalewicz."*

Janusz Nel Siedlecki, Nummer 6643
„… mit einem mir unbekannten Mann auf einem Strohsack lag. (…) Nach Jahren stellte sich heraus, dass es sich um Janusz Nel Sielecki gehandelt hatte, der gemeinsam mit Krystyn Olszewski (Nummer 75817) und Tadeusz Borowski (Nummer 119198) in München das Buch Byliśmy w Oświęcimiu *(Wir waren in Auschwitz) herausbrachte."*

Edward Ciesielski, Nummer 12969

Henryk Kwiatkowski, Nummer 3002
„In den [kommunistischen] Gefängnissen traf ich viele ehemalige Auschwitz-Häftlinge wieder, die erneut in Haft saßen. Edward Ciesielski (…), Henryk Kwiatkowski (…).“

Władysław Dering, Nummer 1723
„Im Lager musste Dering als leitender Arzt des Krankenhauses Hunderte, wenn nicht Tausende Entscheidungen treffen, die in außerhalb des Lagers geltenden Kategorien unmöglich beurteilt werden können."

Otto Küsel, Nummer 2
„Otto Küsel (…), ein guter Kapo (…), der polnischen Häftlingen half und später zusammen mit ihnen aus dem Lager floh."

Józef Franica, Nummer 1272
„Ein einfacher, ungehobelter Typ Mitte dreißig.“

Józef Baltaziński, Nummer 749
„Er verhielt sich brutal, aber hätte er sich nicht so verhalten, wäre er nicht Blockältester gewesen.“

HALINA KRAHELSKA

Auschwitz. Erinnerungen eines Häftlings

Warschau, April 1942

Dies ist die erste in Europa erschienene Broschüre über das Konzentrationslager Auschwitz, herausgegeben im April 1942 von der im Untergrund tätigen Propagandakommission des Informations- und Propagandabüros (KOPR BIP) der von Aleksander Kamiński geleiteten Kommandantur der Heimatarmee im Bezirk Warschau (Komenda Okręgu Warszawskiego AK). Mit Hilfe eines Vervielfältigungsgeräts erstellt, zählte sie 22 maschinengeschriebene Textseiten, mit minimalem Zeilenabstand und kleiner Schrift, um Papier zu sparen. In Warschau kursierten viele Abschriften.
1969 bat Edmund Polak, Redakteur der Zeitung „Express Wieczorny" (Abendexpress), die Leser um Hilfe, um den Urheber und die Umstände der Entstehung des Textes festzustellen. Außer mir folgten diesem Aufruf Dr. Lucjan Dobroszycki, Dr. Wanda Kiedrzyńska und Marek Getter sowie Irena Krahelska, die Tochter der Autorin.
Halina Maria Krahelska war vor dem Krieg eine bekannte gesellschaftliche Aktivistin, Publizistin und Schriftstellerin. Während der deutschen Besatzung engagierte sie sich im Untergrund, vor allem in der Demokratischen Partei (SD) und im BIP der Hauptkommandantur der Heimatarmee (BIP Komendy Głównej AK). In den *Erinnerungen eines Häftlings* (*Pamiętnik więźnia*) stützte sie sich vor allem – aber nicht nur – auf meine Beschreibungen aus dem Jahr 1941, die Hanna Czaki gleich nach meiner Entlassung aus dem Lager aufgezeichnet hatte. Nach Jahren erfuhr ich von der Tochter der Autorin, dass Halina Krahelska meinen Bericht im Herbst 1941 gelesen hat und tief bewegt gewesen sein soll.
Dem Text folgt ein Beitrag über Untergrundpublikationen zum Thema Auschwitz von mir.

W. B.

Diese Erinnerungen hat ein schwerkranker junger Mann nach seiner Entlassung aus Auschwitz, vor fast einem Jahr geschrieben. Den Impuls, es zu schreiben, gab ihm, nach Aussage seiner Nächsten, vor allem die innige Beziehung, die ihn über den Tod hinaus mit seinen im Lager zurückgelassenen Kameraden verband. Jeden Tag kehrte er immer wieder in Gedanken zu ihnen zurück und es schien ihm, dass eine detaillierte Beschreibung, das Festhalten aller Umstände des Martyriums im Lager die Pflicht desjenigen sei, dem es gelungen war herauszukommen, auch wenn er nicht mehr lange leben sollte.

Andererseits hielt er es für notwendig, die Häftlinge in Auschwitz in ihrer Unterschiedlichkeit, wahrheitsgemäß darzustellen. Denn er war der Meinung, dass man zu wenig über sie wisse, oder sich die Dinge oft anders vorstelle, als sie wirklich sind. Er, der sich in so jungen Jahren von seinem Leben verabschieden musste, starb in der Überzeugung, dass Andere durchhalten würden. Dass es vor allem die für Polen so typischen Eigenschaften wie psychische Widerstandskraft und die Fähigkeit den eigenen Willen zu fokussieren, seien, die es ihnen ermöglichten, das bittere Martyrium zu ertragen. Er schrieb seine Erinnerungen auf (diese Arbeit nahm dem Kranken mehrere Monate lang in Anspruch) – kurze Zeit später starb er.

I

Mutter sitzt an meinem Bett, in ihren Händen hält sie eine Handarbeit (und weiß wahrscheinlich selbst nicht, was für eine), schaut aber immer wieder auf ihre Armbanduhr, um die Zeit für das Medikament oder Essen nicht zu verpassen. Auch mich sieht sie an … Sie schaut nur flüchtig, versucht nur kurz mich anzusehen, denn sie möchte mich nicht ärgern durch lange, beharrliche Blicke.

Dabei bin ich doch nicht mehr dort: Seit Wochen bin ich wieder zu Hause, habe es mir im Bett bequem gemacht, werde gewaschen, gefüttert, gehegt, ununterbrochen medizinisch behandelt, bekomme Spritzen und rettende Mittel aller Art. Doch ich selbst weiß es – seit dem ersten Tag – im tiefsten Innern, dass es mit mir vorbei ist. Denn obwohl nicht Ochsenziemer, Stiefel oder Ziegelstein mich umgebracht haben – werde ich trotz aller Bemühungen der Ärzte und meiner Eltern, hier, im sauberen Bett sterben müssen, neben der Blume, die ich von einem netten Mädchen bekam.

Als ich einige Tage nach meiner Rückkehr aus dem Nebenzimmer vernahm (unterbrochenes Geflüster zwischen dem Arzt und meinen Eltern), dass ich sterben muss, beschloss ich sogleich, diese Erinnerungen aufzuschreiben, die wichtigsten Dinge aufzuzeichnen, festzuhalten, auch wenn es mich größte Mühe kosten sollte. Seit diesem Tag erzähle ich fast gar nichts mehr, ich muss mich schonen, ich schreibe und schreibe, dafür brauche ich Kraft.

Als ich am nächsten Tag nach jenem Gespräch, das ich belauscht hatte, nach einem Heft und einem Bleistift verlangte, war meine Mutter verunsichert und beunruhigt. Sie ergriff meine Hände: „Aber mein Sohn! Wozu denn jetzt? … Das wird dich schwächen … Das ist nichts für deine Nerven! … Der Doktor hat gesagt, du sollst dich schonen …"

Ich habe mir nicht anmerken lassen, dass ich wusste, was der Doktor gesagt hatte. Ich befürchtete, dass meine Mutter, wenn ich mich verraten würde, sich so sehr um mich kümmern würde, dass mein Vorhaben, diese Erinnerungen aufzuzeichnen, im Sande verlaufen würde. Ich lächelte und täuschte eine gute Verfassung vor, und sagte, sie würde mir damit einen Gefallen tun: Es würde mich beruhigen, alles aufzuschreiben, all das loswerden zu können, was ich dort erlebt hatte. Meine Mutter ließ sich überzeugen. Seitdem hilft sie mir, wenn mich ein Besucher mit dem Heft auf dem Schoß antrifft, dem Thema im Gespräch auszuweichen und es herunterzuspielen …

„Er wollte es so", sagt sie. „Das Erzählen strengt ihn an … Er kritzelt so vor sich hin, will etwas aufschreiben, überdenken …"

Dann schicke ich ihr einen dankbaren Blick, und hinter ihrer Brille antwortet sie mir mit dem ermutigenden, solidarischen, freundschaftlichen Blick der treuen Komplizin und Verbündeten. Wenn wir jedoch allein sind und ich schreibe (ich schreibe manchmal zähneknirschend, seufzend, vor Erschöpfung stöhnend), so ist die Ärmste sehr beunruhigt, weil sie sich mit mir verschworen hat, weil sie mir das erlaubt und sich dadurch vielleicht mein Zustand verschlechtert … Deshalb hebt sie ihre blassen Augen hinter der Brille immer wieder von ihrer Handarbeit und der Armbanduhr, und ihr Blick stiehlt sich an mich heran, zieht sich wieder scheu zurück, und dann spüre ich ihn erneut auf mir …

Seitdem ich beschlossen habe, diese Erinnerungen aufzuschreiben, esse ich übrigens alles, was sie mir geben, denn das wird mich einige Zeit bei Kräften halten. Auch meine Mutter freut sich darüber. Denn das mit dem Essen war für sie in den ersten Tagen ein großer Kummer und eine Qual. Ich konnte nicht essen – da war ich vermutlich weder der erste noch der letzte –, bekam nichts herunter, bis auf das, was die Häftlinge in Auschwitz essen.

Dreiundzwanzig von uns sind entlassen worden, doch schon als wir durch den Warschauer Bahnhof gingen und uns dann auf der Straße verabschiedeten, wurde uns klar: Ja, wir sind entlassen worden. Elende, übel zugerichtete, verkrüppelte Skelette, Knochengerüste, die nur noch von einer inwendigen Sturheit am Leben gehalten werden … Doch unser Inneres, das, was der Mensch als Seele bezeichnet, unsere Streben, unsere Sehnsüchte, ist nicht mitgekommen, es war noch dort, in Auschwitz gefangen. Einer der Entlassenen, ein ganz junger Mann, der in den langen Monaten im Lager seine Verlobte vermisste, fasste diese innere Veränderung gleich in die richtigen Worte: „Für uns ist es egal – ob sie uns entlassen haben oder nicht! … Nur wenige von uns wollen oder sind imstande sich loszueisen … Ich zumindest werde wohl für immer dort bei den anderen sein … der größere Teil von mir ist dort geblieben …" Und er lächelte uns dabei vielsagend und sehnsuchtsvoll an. Alle schwiegen, nur einer sprach, ein ebenso junger Mann, er war noch einigermaßen bei Kräften, weil ihn seine Verwandten schnell aus dem Lager herausbekommen hatten. Und dieser erwiderte zu unserem Erstaunen: „Ich werde kein Schwein sein, das frisst und vergisst, was man dort mit ihnen treibt". Ich sagte gar nichts, es schien mir im ersten Moment irgendwie übertrieben.

Dieser junge Mann hatte auf die Nachricht seiner Entlassung heftig reagiert. Er hatte ein ganz besonderes Gefühl für die im Lager zurückgelassenen Freunde entwickelt. Man hatte uns, als wir freigelassen wurden, ziemlich große Pakete mit auf den Weg gegeben. Wir schauten hinein, sobald wir das Lager verlassen hatten. Jedes enthielt einige dicke Brotscheiben, mit Butter beschmiert und mit Wurst belegt. Außerdem waren sie in Pergamentpapier eingepackt! Mein Mithäftling warf das Paket sofort mit Verachtung und Wut weg: er wollte es nicht! Natürlich hob ein anderer es auf, und es war ein Wunder, dass es nicht zu einer Schlägerei deswegen kam, denn die Menschen hatten schließlich Hunger gelitten! …

Doch als ich die Wohnung meiner Eltern betrat, wurde mir unter den merkwürdigsten Umständen die ganze Wahrheit jener Worte bewusst. Mein Vater war noch zu Hause; als ich ins Esszimmer kam, saß er gedankenverloren bei seinem Kaffee. Er hob seine Augen – stieß sich mit beiden Händen vom Tisch ab, sprang auf, richtete sich kerzengerade auf und fiel plötzlich um. Wie sich später herausstellte, wurde er ohnmächtig. Meine Mutter kam bei dem Lärm aus ihrem Zimmer, stürzte wie von Sinnen, schreiend auf mich zu, drückte und küsste mich, wobei sie ununterbrochen schluchzte; ihr Schluchzen war glücklich und erschreckend zugleich. Dann erst stürzte sie auf meinen Vater zu, um ihm hochzuhelfen, und rief mich zur Unterstützung. Aber ich stand wie versteinert da, weil über der Stelle, wo mein Vater hingefallen war, die große Uhr gerade kurz nach sieben zeigte … Dort wurden sie also schon zur Arbeit hinausgeführt! … Sie stellten sich gerade in Reihen auf … Die Leute aus meiner Reihe hatten dort eine Lücke, vielleicht suchten sie mich aus Vergesslichkeit mit den Ellenbogen? Ich war dort, ich war dort mit ihnen. Das überstieg meine Kräfte … Ich war nicht hier! …

Dasselbe geschah am Mittag. Ich lag im Bett, gewaschen, gesäubert, wartete auf mein Essen, meine Mutter telefonierte bereits mit dem Arzt und ich hörte, wie sie seine Anweisungen entgegennahm: „Verstehe …, verstehe …, das leichteste, am besten verdauliche …, ausgehungert …“.

Ich dachte sogar, dass ich mit großer Freude essen würde. Aber … Als meine Mutter hereinkam, und auf dem Tablett einen Teller köstliche, hausgemachte Suppe oder Graupen mit Brühe brachte, verspürte ich plötzlich einen inneren Widerspruch, einen Widerstand mit wilder, unheimlicher Spannung … Durch das dampfende, köstliche Essen hindurch sah ich ihre lebendigen Gestalten: dort, um die Kübel herum versammelt, mit ihren Blechnäpfen. Als ob ich hinter ihnen stünde und auch meinen Blechnapf hinhalten würde … Ganz deutlich sah ich den Blick eines Freundes, der am Vorabend meiner Entlassung gestorben war und sein letztes Mittagessen mit den Worten begrüßt hatte: „Na ja … Wieder so was, was man mit kaltem Wasser abspülen kann …“.

Und hier, auf meinem Teller, glitzerten golden viele zarte, glänzende Kreise.

Schweiß trat auf meine Schläfen, ich gab meiner Mutter das Tablett mit dem unberührten Essen zurück … Die Augen meiner Mutter wurden trüb und feucht hinter den Brillengläsern, ihr Mund zuckte: „Aber warum denn, mein Sohn? … Das schmeckt gut. Du musst doch wieder zu Kräften kommen!“.

Ich saß im Bett, fern, kalt, fremd, unzugänglich. „Das schmeckt zu gut“, sagte ich erbarmungslos. Meine Mutter stöhnte, ohne ein Wort zu sagen, tat so, als ob sie gestolpert wäre, und setzte sich hin. Mein Vater, der nach seiner Ohnmacht im Nebenzimmer auf der Ottomane gelegen hatte, kam herein. Er beugte sich über mich, und aus seinen Augen strömte genauso viel Freude darüber, dass ich überlebt habe, wie – Verzweiflung. Er legte seine Hand auf meinen rasierten Kopf und sagte, sich räuspernd, mit gebrochener Stimme: „Wenn du nicht essen willst, wirst du sterben müssen. Willst du unser Volk anstelle der Deutschen fertig machen? Dann hätte dich deine Mutter vielleicht nicht von den Läusen befreien sollen?". Ich schloss meine Augen, ich war sehr müde. Ich hörte, dass meine Mutter flüsterte: „Lass ihn".

Und ich begann erst zu essen, als ich zu schreiben beschloss.

II

Zuerst muss ich einige Worte zu mir selbst sagen, damit man weiß, weswegen man nach Auschwitz kommt. Ich bin kein Schriftsteller, schreibe keine Literatur, vielleicht werden meine Aufzeichnungen also schlecht geschrieben sein. Das ist eben so. Doch sie werden ehrlich sein. Ich war kein wichtiger Widerstandsaktivist, kein Politiker, überhaupt ein Niemand. Vor dem Krieg war ich ein Jahr lang an der Universität und hatte die Fähnrichschule der Infanterie im Rang eines Unteroffiziers absolviert. Als solcher nahm ich am Septemberfeldzug teil. Jetzt ist das ja egal. Danach blieb ich im Lande. Alle meine besten Freunde überlegten, ob sie sich unserer Armee im Ausland, in Frankreich anschließen sollen, und realisierten dieses Vorhaben schließlich. Ich war ebenfalls dafür gewesen, doch ich war nicht imstande, den Widerstand, die Bitten, das Flehen meiner Eltern zu überwinden. Sie dachten, dass sie mich unwiderruflich verlieren würden, wenn ich wegginge. Ihnen war nicht bewusst, dass es einfacher und erbärmlicher war, hier im Lager zugrunde zu gehen. Ich hatte an keinerlei Widerstandsarbeit teilgenommen (damit meine ich eine geplante und regelmäßige Tätigkeit). Denn wir Zwanzig- und Überzwanzigjährigen kamen uns selbst vor, als würden wir für eine solche Aktion völlig unvorbereitet sein. Wir waren in einem freien Polen geboren und an die Öffentlichkeit des Lebens im gleichen Maße gewöhnt wie daran, dass man sich täglich anziehen und essen musste. Natürlich hatte jeder ein wenig Kontakt zum Widerstand, hin und wieder bekam auch ich kleine Untergrundzeitschriften in die Hand, las sie und gab sie weiter; aber es war nur eine sporadische, zufällige Verbindung zum Untergrund, keinerlei politische Tätigkeit.

Ich wurde während einer der zahlreichen Straßenrazzien im Sommer 1940 festgenommen. Zig Stunden nach der Verhaftung wurden wir nach Auschwitz gebracht. Kurz zuvor hatte man das Lager „in Gang gebracht".

Schon während wir in der Warschauer Kaserne saßen und auf die Abfahrt warteten, oder eher lagen, da man uns befohlen hatte, uns auf den Fußboden zu legen – aufstehen durfte man nicht, nur auf Befehl –, erfuhr ich, dass die meisten Verhafteten ebenso wie ich zufällige Menschen waren, Durchschnittsbürger von der Straße. Das war eben die Methode der Straßenrazzien. Gerade weil wir so ein „Sammelsurium" waren, muss hier gesagt werden, dass dieses „Sammelsurium" sich sehr wohl zu verhalten wusste. Stellen Sie sich mehrere Tausend Menschen vor, die in eine große Halle geworfen worden sind, und denen man befohlen hatte, sich hinzulegen und bewegungslos nebeneinander auf dem Boden liegen zu bleiben. Wenn jemand aufstehen musste, um seine Notdurft zu verrichten, stützte er sich auf die Ellbogen, hob vorsichtig die Hand und gab dem Wachmann so zu verstehen, dass er um Erlaubnis bat, auf Toilette zu gehen. In der ersten Stunde, als es gleich sehr viele solcher Bitten gab, als die Bewegungen noch weniger vorsichtig und ungelenk waren, bekamen diejenigen, die am Rand lagen, sofort einen Tritt mit dem Fuß oder einen Stoß mit dem Bajonett. Erst nach einiger Zeit ließ man sie gehen. Auf einer Erhöhung, die sich am Ende der großen Halle befand, saß ein Soldat mit einem Maschinengewehr. In der ersten Stunde spielte er mit seiner Waffe, richtete sie auf verschiedene Abschnitte der liegenden Menschenmasse, wobei er Grimassen schnitt – einmal bedrohliche, dann wieder lustige. Danach wurde ihm das zu langweilig und er blieb ruhig sitzen. Doch das Schlagen, Ohrfeigen und die Fußtritte gingen immer weiter, denn die um uns herum laufenden deutschen Wachmänner (es war wohl die Polizei) hielten dies offenbar für eine unumgängliche erzieherische Maßnahme. Und wie verhielten sich die Menschen, die Polen? … Vollkommen ruhig! Sogar in der schlimmsten Zeit der ersten Stunden, als die Wachmänner noch keine Ordnung festgelegt hatten, wie sie mit dieser Masse der Verhafteten umzugehen haben, hörte ich niemanden weinen, keine einzige demütigende Bitte, kein Winseln, ich sah kein Katzbuckeln. Es herrschte beinahe Stille, eine sehr düstere – die enorme menschliche Bedrücktheit war zu spüren, wir waren auf das Schlimmste gefasst, denn was konnten wir schon erwarten? Natürlich klangen die Fragmente von stillen Gesprächen, die an meine Ohren drangen, tragisch: Die Menschen wollten leben, sie hatten zu Hause Ehefrauen, kleine Kinder, alte Eltern … Aber es gab auch dieses tragische und düstere Geflüster, das sorgenvolle Seufzen, die vor dem Gesicht zusammengepressten Hände – den Ausdruck dessen, wie es in ihrem Inneren aussah. Es gab auch welche, die sich an die Deutschen wandten, ja; das kam aber vereinzelt vor – mit der Bitte um Klärung, um die Überprüfung der Papiere. In der Nähe lag ein Offizier, der infolge schwerer Invalidität aus dem Oflag entlassen worden war; er hatte teilweise gelähmte Beine. Man hatte ihn aus einer Wohnung oder einem Lokal mitgenommen, wobei das deutsche Entlassungszeugnis nicht beachtet worden war. Er war jedoch der Meinung, und das sagte er auch zu uns, dass das doch für die Deutschen maßgeblich sein müsste. Mehrmals versuchte er – wobei er vorher um Erlaubnis bat, aufstehen zu dürfen – dieses Dokument den Wachmännern zu zeigen, und obwohl er jedes Mal einen Hieb auf den Kopf oder den Arm bekam und nichts erreichte, wiederholte er seine Bitte. Es kann sein, dass der Anblick eines Maschinengewehrs und die Drohung des sofortigen Todes (obwohl wir ihn alle erwarteten), vielleicht auch die Angst vor dem Geschlagenwerden ihre Wirkung auf diese Menschenmasse taten. Tatsache ist jedoch, dass es kein kollektives Rufen oder Flehen um Erbarmen, kein Stöhnen oder Schluchzen gab. Das Gefühl der Hoffnungslosigkeit, das alle unter diesen Bedingungen erfasst haben musste, entlud sich in knappen, zurückhaltenden, düsteren Worten: „Wir sind verloren! … Wenn's so ist, dann kommt keiner hier raus! … Man wird sterben müssen …“ usw.

Dabei waren das doch die ersten, kurzen Dutzend Stunden!

III

Auschwitz. Es ist so schwierig, eine Ahnung davon zu vermitteln, was Auschwitz ist, wenn man in einem warmen Bett liegt. Ich tröste mich damit, dass ein Teil der Auschwitz-Häftlinge, die stärker als ich sind, überleben und herauskommen wird. Und dass sie unserer Pflicht, diesen Ort des beispiellosen polnischen Martyriums zu beschreiben, nachkommen werden – für Polen, für unsere künftigen Generationen, für die polnischen Kinder. Also ist mein Schreiben erst der Anfang …

Ich muss mir von vornherein selbst vergeben, wenn ich nicht imstande sein werde, hier das ganze Grauen von Auschwitz wiederzugeben. Ich bin zu erschöpft … Ich habe dort elf Monate gesessen.

Der erste Eindruck: die Einfahrt ins Lager. Der Zug, mit dem wir gefahren sind, fuhr direkt ins Lager. (Später, in anderen Fällen, blieben die Züge manchmal zwei oder drei Kilometer von dieser Stelle entfernt stehen und die Häftlinge wurden zu Fuß getrieben). Unser Zug hatte längere Zeit in Skierniewice gestanden, und dort versuchten einige Häftlinge zu fliehen. Alle wurden getötet. Die Leichen hat man aber in den Waggon hereingezogen und später als erste auf das Lagergelände geworfen. Sie eröffneten sozusagen unsere Einführung. Wir, die Lebenden, wurden hinausgetrieben, aus den Waggons geschmissen, und dies unter Begleitung vom wilden Geschrei der Lagerwachen und unserer Eskorte. Alte, kranke und gebrechliche Menschen, denn auch an solchen fehlte es nicht unter uns, wurden mit Fußtritten angetrieben; und wenn sie nicht schnell genug waren, hetzte man Hunde auf sie.

In Reihen aufgestellt, mussten wir sechs Stunden lang bewegungslos auf dem Platz stehen und auf die Aufnahme ins Lager warten. Die SS-Männer spazierten um uns herum, rissen Menschen, deren Gesichter ihnen nicht gefielen, aus den Reihen heraus, warfen ihre Brillen herunter, traten sie und schlugen mit Stöcken und Gummiknüppeln zu. Wir waren etwa zwei Tausend, die auf den Platz gekommen waren …

Während dieser Stunden, die sich ins Unendliche zogen, geschahen verschiedene Dinge. Der Lagerkommandant hielt eine Rede an uns: sie war scharf, peitschend, hasserfüllt. Sie wurde uns übersetzt. Dass wir schuldig seien, dass wir nicht für die Gemeinschaft erzogen worden seien – und erst hier die richtige Schulung bekämen. Er machte uns bewusst, dass unser weiteres Schicksal nur von uns selbst abhänge. Für uns gelte nun bedingungslose Zucht und Ordnung, blinder Gehorsam, Fleiß, Ehrlichkeit, Ordnung und Sauberkeit. Nicht einmal der kleinste Verstoß werde geduldet. Wir würden die Strafen kennenlernen, die wir verdienten. Das war ungefähr der Inhalt der Kommandantenrede. Abgesehen davon amüsierten sich die Lagerwächter, wie sie nur konnten, je nach Charakter und Temperament; also schossen sie, um Schrecken zu verbreiten, in die Luft, zogen Juden aus den Reihen heraus und peinigten sie; besondere Aufmerksamkeit widmeten sie Priestern, indem sie ihnen befahlen, närrische Kniebeugen zu machen, zu tanzen, seltsame Papiermützen aufzusetzen usw. Die Wachmänner schossen auch mehrmals auf die alten Häftlinge, die sich uns näherten und um Brot baten. Einen von ihnen haben sie gefasst und ihm – um uns eine Lehre zu erteilen – 50 Hiebe mit dem Ochsenziemer gegeben.

Erst nachdem all diese Ideen erschöpft waren, erfolgte endlich die eigentliche Aufnahme ins Lager: Registrierung, Abgabe der eigenen Sachen, Rasieren der Haare auf dem Kopf und am ganzen Körper, Duschen und Umziehen in Lagerunterwäsche und -kleidung.

Der Weg ins Lager, die Art, wie wir wehrlose Menschen behandelt wurden, der konsequente, bestialische Sadismus der Deutschen, drückt die Tiefe des moralischen Verfalls aus, zu dem der preußisch-hitlersche Geist dieses Volk gebracht hat. Seit vielen Jahrzehnten hatte man doch – und in den letzten Jahren mit Schaum vor dem Mund – in einem besessenen Wahnsinn diesen Deutschen eingeredet, sie seien die erste Nation der Welt, und dass von ihrem Glück und Wohlstand die Zukunft der ganzen Welt abhänge, dass sie diese Welt beherrschen müssten, dass kein anderes Volk sich mit ihnen vergleichen könne, dass sie in ihrem Streben nach Macht das Recht hätten, über Schutt und Asche von Städten und über Leichen der Bevölkerung anderer Länder zu gehen … Ich weiß, dass es nicht Hitler, sondern Bismarck war, der dem deutschen Volk dieses Bewusstsein einprägte. Nicht irgendein Gefreiter, sondern der große deutsche Philosoph Fichte rief in seinen Vorlesungen, dass die Welt untergehen werde, wenn Deutschland nicht frei und mächtig sei, da von ihm die Zukunft der Welt abhänge. Nun, es ist aber Hitler, dem man den vollen Verdienst (lese: das Verbrechen) zuschreiben muss, das moralische Rückgrat der breiten Masse der Deutschen gebrochen, jegliche moralischen Bremsen zerschmettert, und verbrecherische, tierische, sadistische Instinkte auf die wildeste, zynischste Weise freigesetzt zu haben … Ich meine hier nicht die Gestapo und die SS, die man unter Kriminellen, Räubern, Dieben und Verbrechern rekrutieren konnte; übrigens sollen sich diese Institutionen auch den extremen Hass ihrer eigenen Landsleute verdient haben … Aber womit sonst, wenn nicht mit der kompletten Verwilderung und Verrohung könnte man die Tatsache erklären, dass der erstbeste Deutsche, der eine Uniform trägt – ob Soldat, Polizist oder Eisenbahner – imstande ist, Stiefeltritte zu verteilen, wehrlose Menschen – oft Frauen, alte Frauen und Kinder – zu Tode zu schlagen … Weil man sie auf der Straße unabsichtlich angestoßen, sich abgewandt, nicht schnell genug geantwortet hatte und ähnliches. Unsere polnischen Befürworter des Totalitarismus (aus der Vorkriegszeit) waren so manches Mal begeistert von der Hitlerschen Erziehungsleistung! Vielleicht hat jetzt die Realität der düsteren deutschen Besatzung mit dieser ganzen Verkommenheit, die in Deutschland zu Tage tritt, diesen verblendeten Menschen die Augen geöffnet …

Allein die Bezeichnung der Internierten – *Schutzhäftling* – bedeutet, dass es sich um Menschen handelt, die zu ihrem eigenen Schutz ihrer Freiheit beraubt werden, vorsorglich: die isoliert werden, um keine Verbrechen zu begehen! Den Meisten wurde aber nicht nur kein begangenes Verbrechen nachgewiesen, sondern sie wurden weder verhört noch wurde gegen sie ermittelt, was aus der Art ihrer Verhaftung folgt. Unter den Internierten überwiegt das „Mannesalter", zwischen 25 und 45, doch es fehlt auch nicht an Greisen über sechzig und minderjährigen Jungen.

Für die Letzteren (unter 18 Jahren) gibt es einen Sonderblock, wo sie angeblich etwas andere, bessere Lebensbedingungen haben: ein paar Stunden „Unterricht", das heißt Schulung im Hitlerschen Geiste, Deutschunterricht, weniger und keine sehr schwere Arbeit. Dafür werden sie mit „Sport" gequält. Anfänglich versprach man ihnen, sie würden nach einem kurzen Aufenthalt im Lager ins Reichsinnere fahren, in Fabriken und auf Bauernhöfe, später sprach man aber gar nicht mehr davon. Übrigens fehlt es an genauen Informationen über den Minderjährigenblock, und es gibt überhaupt keinen Kontakt zu ihm.

Am schrecklichsten ist die „Rekrutenzeit", die sog. Quarantäne. Denn in dieser Zeit „bilden" die Lagerwachen die Häftlinge für das Lagerleben „aus", sie bringen uns unsere Pflichten und ihre Anforderungen bei. Wir aber wissen noch nichts, wir können uns im Rahmen dieser „Ordnung" nicht bewegen, können nichts voraussehen, nichts verhindern und uns nicht schützen. In dieser Zeit sind wir so schrecklich hilflos, weil uns die Lagererfahrung fehlt, die uns später – obwohl das Leben nicht aufhört, eine Qual zu sein – doch eine „Schutzanpassung" erlaubt. Wir wissen dann, wie man zumindest manchen Konflikten, Auseinandersetzungen, einer bestimmten Menge von Schlägen aus dem Weg geht – und das erspart uns doch einiges. Außerdem sind in der Quarantänezeit die Frische der erlebten Eindrücke so schrecklich, und diese Eindrücke so unmenschlich, dass man kaum aus dem Zustand völligen Taumelns und der Betäubung herauskommt. Hinzu kommen die Gesichter, die Gesichter der internierten Mithäftlinge! Nach Monaten wird sich das Auge daran gewöhnen; man sieht keine anderen Gesichter, viele Details entgehen unserer Aufmerksamkeit. Doch in den ersten Tagen – diese Augen, die Augen der Häftlinge! In ihnen ist das Leid zu sehen – das alltägliche, ununterbrochene, nicht erlöschende Leid. In manchen Augen sieht man eine Scheu wie bei gejagten Tieren, große Angst, als ob sie ständig zittern würden: das sind die Schwachen, weniger Widerstandsfähigen. Bei anderen sieht man – abgesehen vom Leid – Verbissenheit: Ausdauer und den Willen, nicht aufzugeben. Doch jedes Gesicht ist gezeichnet – so, wie man das im normalen Leben nicht trifft. Es sind unterschiedliche menschliche Gesichter, und sie ähneln sich doch sehr. In den ersten Wochen war ich zum Beispiel nicht imstande, die Menschen zu unterscheiden, sie wiederzuerkennen. Ich verwechselte sie, sie wurden für mich eins, schienen keine Persönlichkeit zu haben. Ich war imstande, sogar Jacek, mit dem ich meine Strohmatratze teilte und mit dem ich mich sehr angefreundet hatte, nach zwei Wochen wie einen Fremden anzusprechen. Das ist mir ein, zwei Mal passiert, beim dritten Mal – das war während der Mittagessenausgabe – hielt mich Jacek am Handgelenk fest und sagte scharf: „Hey du! Pass auf dich auf, Bruder! … Willst doch kein Irrer werden?! Denn das mit dem Verwechseln der Leute – das ist nicht gut! … Das sind die Nerven, nimm dich zusammen!". Aber Jacek war ein starker junger Mann, eine widerstandsfähige, gesunde Natur. Er ist schon lange tot, sie haben ihn umgebracht. Er kam etwa ein Vierteljahr nach meiner (und seiner) Ankunft im Lager ums Leben.

Ich komme nochmal auf die Zeit der Quarantäne zurück. Schläge! Mein Gott. Schläge ohne Ende, jederzeit an jedem Tag, für alle und jeden. Das war natürlich am schrecklichsten, es war neu und roh. Und später, in den darauf folgenden Monaten, verschwanden die Schläge nie, nicht einmal für einen Tag. Es prügelten die deutschen Wachleute, die Kapos, Deutsche und Nicht-Deutsche, heftig schlugen die Stuben- und Blockältesten zu, und – oh Schande – manchmal auch die Polen. Aber nach einer gewissen Zeit kannte jeder von uns die Geheimnisse, Arten und Gesetze dieses bestialischen Prügelns. Längst erkannten und kannten wir die Prügelnden. Wir wussten, wer wie schlug, aus welchem Grunde, unter welchen Umständen usw. Das Prügeln der Häftlinge schien nach einem gewissen Schema stattzufinden; hin und wieder war etwas vorausschaubar, wenn nicht neue, unvorhergesehene Umstände eintraten.

Während der „Rekrutenzeit" floss all dies zu einer grausamen Kontinuität des Prügelns, Ohrfeigens und Stiefeltretens zusammen, und ich fühlte mich auch dann geschlagen, wenn meine eigene Wange gar nicht berührt wurde … Geschlagen, weil gleich neben mir oder zwei Stellen weiter jemand ins Gesicht geklatscht, geschlagen wurde – und weil das jederzeit auch mir passieren könnte, und in der Tat oft passierte … Es kam mir sogar so vor, als würde ich in dieser Hinsicht in Hysterie verfallen, und ich fragte Jacek – um der Kontrolle willen – ob auch in ihm dieses Schlagen der Anderen neben uns, in unserer Gegenwart, so stark widerhallt. An seine Bemerkungen anknüpfend sagte ich, dass ich hier nicht verrückt werden wolle. Wir unterhielten uns spät abends, in den wenigen kurzen Augenblicken, wo wir allein sein konnten: nachdem man uns für die Nacht eingeschlossen hatte. Die meisten unserer Kameraden schliefen tief und fest.

Jacek setzte sich auf den Strohsack, das Thema hatte ihn sichtlich bewegt. „Nein, das ist kein Rappel“, antwortete er aufgeregt. „Das ist Folgendes. Als sie diesen älteren Mann gestern von beiden Seiten mehrmals geohrfeigt hatten, weißt du, was ich da fühlte? Ich muss die Zähne so zusammengebissen haben, dass ich dachte, ich bekomme sie nicht wieder auseinander. Wie ein Krampf, und als ob sie eingefroren wären! ... Und der arme Alte stand doch weit von uns entfernt und es war nicht abzusehen, ob der Deutsche alle bis zu uns weiter schlagen würde. Das war genau das, was du sagst.“ Ich habe auch mit anderen Kameraden über die „Rekrutenzeit“ gesprochen. Die allgemeine Empfindung der besonderen Qual dieser Zeit konnte man immer in demselben Gedanken zusammenfassen: „Man weiß gar nichts und wird ununterbrochen geschlagen!“.

Außerdem gibt es noch eine andere empfindliche Marter. In der Zeit der Quarantäne gehen wir nicht zur Arbeit. Dabei ist das aber die Zeit, in der man uns für die entsprechende Lagerform „abrichten“ will. Also erfahren wir die klassische Pein der Konzentrationslager, das sogenannte „Sportexerzieren“, in vollem Ausmaß. Zu anderen Zeiten, wenn es keine Arbeit gibt, wendet die SS auch gern Sportübungen an. Sie haben etwas außergewöhnlich Quälendes und Peinigendes aufgrund ihrer Zahl, der Vielzahl der Stunden, die ihnen gewidmet wird und des Bewegungstempos. Man muss sich hinlegen und wieder aufstehen, wie ein Frosch, das heißt in der Hocke springen, sich auf dem Boden wälzen, im Kreis laufen u.ä. Und es hört nicht auf. Natürlich zieht jede etwas ungeschicktere Bewegung Prügel und Folter nach sich.

Die Menschen starben oft nachts. Eigentlich war das eine so alltägliche Erscheinung, dass es beim Eintritt der SS-Männer am Morgen zu einer stereotypen Frage wurde: „Wie viele Tote?“. Denn im Lager starben jeden Tag 10, 20 und mehr Menschen, die Unfälle nicht mitgerechnet, wenn nach Strafappellen bei Frost in der Nacht und am nächsten Tag 40, 60 und mehr Menschen hinschieden.

Nun bin ich schon auf die Details des Lagerlebens eingegangen, und habe dabei vergessen, dass man zuerst eine Vorstellung davon geben muss, wie das Lager in Auschwitz aussieht. Es wurde nach dem Vorbild älterer, großer deutscher Konzentrationslager errichtet, obwohl die Gebäude hier nicht extra zu diesem Zwecke gebaut worden sind. Man benutzte ehemalige (österreichische) Militärkasernen, die aus mehreren gemauerten, einstöckigen Gebäuden bestanden. Dieses weitläufige Gebiet wurde mit einem hohen Stacheldrahtzaun umgeben, über den eine Hochspannungsleitung verläuft. Hinter den Zäunen erheben sich Holztürme, auf denen Wachmänner mit Maschinegewehren stehen. In der Nacht müssen die Wachen unaufhörlich das Gelände des Lagers und seiner Umgebung mit Hilfe von Scheinwerfern bewachen, die den Boden „abtasten", um jeglichen Fluchtversuch zu unterbinden. Das Lager soll ein geschlossenes Ganzes bilden. Abgesehen von den Räumen für die Häftlinge gibt es hier Wohnungen für die Wachen (SS-Männer), die Kanzlei, die Krankenstube, den Krankenbau, Wirtschaftslager, Reparaturwerkstätten und das Krematoriumsgebäude. In Auschwitz gibt es außerdem einen eigenen Gemüsegarten und eine Landwirtschaft.

Die Häftlingswohnungen wurden in sogenannte Blöcke unterteilt. Jede Etage stellt einen gesonderten Block dar. Jeder Block ist in Stuben unterteilt. In Baracken, die wie in Deutschland neu gebaut werden, hat jeder Block gemeinsame Wascheinrichtungen und Klosetts für seine Stuben. Die Stube besteht aus zwei Räumen: dem Schlafraum sowie dem Essraum oder Wohnraum. In den Schlafräumen gibt es mehrstöckige Betten, in den Essräumen Tische und Bänke sowie Spinde für die Häftlinge (einen für drei). Das alles lässt sich aber nicht auf Auschwitz anwenden, wo wir in einer ehemaligen Kaserne wohnen und es in den Blöcken keine Waschanlagen gibt; man schläft meist auf Strohsäcken und es gibt für die Häftlinge keine Spinde.

Leider kann ich nicht alles ordentlich, wie es sich gehört, beschreiben, so wie ich es mir wünschen würde, um alle Details dieses Lebens getreu wiederzugeben. Mir fehlt die Kraft dazu. Ich liege im Bett, werde ernährt, behandelt, die Spritze ist den ganzen Tag aktiv: Glukose, Strychnin oder Kampfer, ich kann es nicht mehr unterscheiden, weiß aber, dass sie mit Gewalt Herzmedikamente in mich hineinpumpen. Soweit ich es gehört und verstanden habe, besteht mein größtes Problem, das ich aus dem Lager mitgebracht habe – abgesehen von der großen Entkräftung des ganzen Organismus – darin, dass eine meiner Nieren zerschlagen oder durch einen Schlag geschädigt worden ist. Das bewirkt Schmerzen, Schwäche, den Zusammenbruch verschiedener Aktivitäten des Organismus. Und von dieser Seite droht mir offenbar die größte Gefahr. Mein Zustand macht es mir unmöglich, eine größere, systematische Anstrengung zu unternehmen. Ich will schreiben, und da überkommt mich plötzlich Schwäche, mir wird schwarz vor Augen, der Bleistift rutscht mir aus der Hand … Ich lege das Schreibzeug beiseite, meine Mutter nimmt es mir ab, beugt sich besorgt über mich, befühlt meinen Puls. „Na gut, schon gut, ich ruhe mich aus – ich werde schlafen. Später werde ich mich stärken. Nach dem Mittagessen werde ich mehr schreiben". Und so wird mein Schreiben ständig unterbrochen. Deshalb sind meine Aufzeichnungen gezwungenermaßen etwas chaotisch. Ich werde so viel und so gut beschreiben, wie ich kann.

Ich komme noch einmal auf den Schlaf zurück, denn in der Nacht lauern verschiedene Qualen auf uns. Die betreffen nicht mehr nur die Quarantänezeit und hängen in Auschwitz nicht mit ihr zusammen, sondern mit dem Grad der Überfüllung des Lagers. In diesem fast ganzen Jahr, das ich dort gesessen habe, hatte ich wohl nur fünf Monate lang einen eigenen Strohsack zur Verfügung. Es ist eine grundlegende Sache, weil unter den Bedingungen des Lagerlebens, der großen Anspannung und des Nervenverschleißes das Alleinsein, auch wenn es sich nur um ein schmales Stück Bett handelt, die Hauptvoraussetzung ist, um sich erholen zu können. Wenn aber zu viele Häftlinge gebracht werden und die Stuben überfüllt sind (über 200 bis 250 Personen pro Stube), dann schlafen wir zu zweit auf einem Strohsack. Für sehr nervöse Menschen kommt der Schlaf deshalb oft gar nicht, oder er wird nur auf einige Stunden in der Nacht reduziert. Ich zählte mich selbst gar nicht zu den Nervösen, doch erfuhr ich am eigenen Leibe, wie schwer diese Pein ist. Weil der Partner sich zum Beispiel hin- und herdreht, nicht den richtigen Platz findet; ein anderer hat wiederum einen schlechten Traum und redet ständig im Schlaf, setzt sich plötzlich auf und zieht die Decken weg, mit denen wir auf dem Strohsack gemeinsam zugedeckt sind. Noch schlimmer wird es, wenn die Kälte kommt, im kühlen Herbst, mit dem Schmuddelwetter. Beinahe alle erkälten wir uns am ersten Tag der Kälte, denn fast bis zum ersten Frost gehen wir barfuss und in Drillich. Und sogar später, als es erlaubt wurde, uns warme Sachen zu schicken und die eigenen Schuhe zu behalten, hatte kaum jemand die Möglichkeit, sich vor einer Erkältung, vor dem Durchgefrorensein und Krankheiten zu schützen. Allgemein sehr verbreitete Krankheiten waren Blasenentzündungen und Magenverstimmungen. Unabhängig von den Krankheiten bewirken die Vielzahl der Flüssigkeiten in der Ernährung und häufiges Verabreichen von Kräutern mit harntreibender Wirkung zum Abendessen, dass die Arbeit der Blase ungewöhnlich belebt wird. Das nächtliche Gedränge von und zwischen den Strohsäcken zur Toilette

– das waren echte Pilgergänge, die eigentlich die ganze Nacht dauerten. Wenn dein Partner aufstehen musste, wachtest du auf. Du konntest nicht einmal fluchen, denn was sollte der Ärmste denn tun? Schlimmer war es übrigens, wenn einer nicht aufstand, und eine so entzündete Blase hatte oder so krank war, dass er das Wasserlassen nicht mehr kontrollierte. Er war imstande, den gemeinsamen Strohsack wie ein Kleinkind völlig nass zu machen, ohne dabei aufzuwachen. Aus diesem Grunde kam es in der Stube zu den schärfsten Beschimpfungen, Streitigkeiten, Schlägereien, denn nicht jeder geschädigte Partner hatte Verständnis dafür, dass die Unannehmlichkeit die Folge einer Krankheit ist. Ich verstand das, doch als ich es Dutzende von Malen persönlich erleben musste, muss ich zugeben, dass ich meine Zähne in unvernünftiger Wut zusammenbiss, die ich trotz allem diesem armen Menschen gegenüber empfand. Der Schlaf war jedenfalls hin, denn man musste nun den unglückseligen Strohsack hin- und herschieben, wenden u. ä. Außerdem sah man schon die morgendlichen Folgen: dass die Kontrolle während des Aufräumens der Strohsäcke darauf kommen würde. Man musste überlegen, wie man sich selbst und den Unglückseligen vor Schlägen und einer Strafe wegen des nassen Strohsacks schützt … Jemand, der in Freiheit lebt und das Lager nicht kennt, könnte denken, dass das doch Kleinigkeiten seien. Aber wir dort im Lager wissen, dass diese Kleinigkeiten, wenn die Kälte kommt, und dazu noch eine Menschenmenge, und man mit jemandem „sein Bett teilen muss", die Dimension einer schmerzhaften Pein annehmen … Weil der Mensch, der schlimmer als ein Zugtier gepeinigt wird, unbedingt, wie jedes Tier, wenigstens ein paar Stunden Vergessen und Erholung im Schlaf braucht.

Jetzt sollte man ein paar Worte zu unserem Tagesablauf im Lager sagen. Man steht zu unterschiedlichen Zeiten auf; im Sommer sehr früh, da wird man bereits um vier Uhr morgens geweckt, im Winter – gegen sechs Uhr. Gleich nach dem Aufstehen muss man seinen Schlafplatz aufräumen, die Diensthabenden räumen die Stube auf, der Rest geht zum Waschen. Dann zieht man sich an und bekommt Frühstück. Der Kaffee wird in großen Kesseln in die Blöcke aus der Küche gebracht. Nach dem Frühstück (also zwischen fünf und sieben Uhr, je nach Jahreszeit), muss man vor dem Block antreten, zum Appellplatz marschieren, dann gibt es den Morgenappell (der grundsätzlich eine halbe Stunde dauert). Nach dem Appell werden die Arbeitskolonnen geformt, man marschiert zur Arbeit ab (dazu spielt uns ein Häftlingsorchester auf), die von sieben/acht Uhr bis elf/zwölf Uhr dauert. Dann kommt man zum Mittagessen zurück, vor dem Mittagessen gibt es einen Appell (eine halbe Stunde), dann wieder Arbeit von dreizehn bis siebzehn/achtzehn Uhr. Im Winter dauert die Arbeit etwa acht bis neun Stunden, im Sommer neun bis zehn Stunden täglich. Dann kommt die Rückkehr ins Lager, der Abendappell (eine halbe Stunde), das Abendessen und Schlafen. Im Sommer mussten wir um 20:30 Uhr, und im Winter früher – um 19:45 Uhr schlafen gehen.

IV

Die Krankheiten der Internierten sind sehr unterschiedlich. Da es eine enorme Anzahl von Läusen gibt, entstehen Hautkrankheiten wie Läusebefall. Sehr verbreitet und sehr ansteckend sind Krätze, Geschwüre, Eitergeschwüre; es kommt auch zu Phlegmonen, da der Körper geschwächt ist und sogar kleine Wunden verunreinigt werden. Ungeheuer verbreitet ist der Durchfall, und zwar blutiger Durchfall, insbesondere im Sommer: er wird durch schlechtes Trinkwasser und den Verzehr schmutziger Kartoffelschalen verursacht. Häufig kommt auch eine besondere Art von Durchfall vor, der nervenbedingt ist. Die Folge ist, dass der Magen die Nahrung nicht einmal für ein paar Minuten behalten kann. Epidemisch verbreiten sich im Lager Erkältungskrankheiten (infolge stundenlangen Stehens bei den Appellen, des Waschens mit freiem Oberkörper im Freien, schlechter Kleidung) und alle möglichen Lungenkrankheiten. Die Tuberkulose dezimiert vor allem junge Menschen. Sie erkranken auch an Flecktyphus. Abgesehen von Eitergeschwüren, die eine Folge des schlechten Stoffwechsels sind, haben sehr viele Häftlinge Eiterbeulen, die das Ergebnis von Schlägen sind, auch Eiterbeulen auf dem Kopf, für den es oft keine Bedeckung gibt; im Winter kommt es auch zu vielen Erfrierungen. Da es in Auschwitz, wie in jedem Lager, einen Arzt und Sanitäter gibt, eine Krankenstube und einen Krankenbau, könnten in dieser Hinsicht einige Illusionen entstehen (natürlich nur außerhalb des Lagers). Man muss aber ausdrücklich betonen, dass es hier keinerlei medizinische Betreuung gibt, dass alles nur eine niederträchtige Komödie ist, die dem menschlichen Leid hohnspricht. Wahrscheinlich bräuchte nach den Begriffen der Nichtlagermedizin das ganze Lager eine Behandlung. Unterdessen ist die Kapazität aller Krankenbaugebäude für maximal dreitausend Personen berechnet. Wenn man diese Zahl also mit der Gesamtzahl der Häftlinge im November-

Dezember 1940 vergleicht, machte das ungefähr nur 30 Prozent der Gesamtzahl der Häftlinge aus. Vor allem ist es sehr schwierig, zum Arzt vorzudringen, weil alle Block- und Krankenbauaufseher das in der Regel zu verhindern versuchen. Man darf auch erst dann zum Arzt gehen, wenn man über 38° Fieber hat. Sie benutzen keinerlei Medikamente außer Aspirin und Verbandsmaterial (Papierbandagen), die Kompressen werden von Sanitätern gemacht. Diese sucht man unter den Häftlingen aus; sie verfallen leicht der Demoralisierung, verachten die Kranken und Verwundeten, dienen den Deutschen und zittern um ihre bettlerhaften Privilegien. Sie verbinden also – zu dritt oder zu viert – innerhalb von 1–2 Stunden – manchmal bis zu 500 Häftlingen, wobei sie diese wie Vieh behandeln. Natürlich sind der Arzt und seine Helfer ebenfalls Polen! Auch sie quälen die Häftlinge. Es ist sehr schwierig, in die Krankenstube zu kommen, wo übrigens der Schmutz und die Lebensbedingungen analog zu den im Lager allgemein herrschenden Bedingungen sind. Der Unterschied besteht darin, dass man nicht zu Sport und Arbeit gezwungen oder zum Appell geweckt wird. Doch auch wenn der Kranke, dem es nicht gelungen ist, in die Krankenstube zu kommen, eine Arbeitsbefreiung erhält (am einfachsten ist es, *Bettruhe* zu bekommen, die Erlaubnis, auf dem Strohsack im Bett zu liegen), ist er weiterhin verpflichtet, zum Appell aufzustehen, unabhängig von seinem Gesundheitszustand und vom Wetter. Am schwierigsten ist es, in den Krankenbau zu kommen, der einen ganzen Block einnimmt. Erst dort ist es sauber.

V

Alle aus dem Lager Entlassenen klagen allgemein über den Hunger, den sie dort gelitten haben, überhaupt über das Essen. Man könnte es so sagen, dass die jungen Menschen sehr großen Hunger leiden, die Älteren aber – fast gar keinen. Dort tritt sehr deutlich zutage, dass der menschliche Organismus am Ende seines Lebens bereits wenig Schlaf und wenig Nahrung braucht. Wir dagegen, die Jungen, leiden schrecklichen Hunger, sterben dort vor Erschöpfung infolge ständiger Unterernährung, und wir brauchen auch unsere sieben Stunden Schlaf. Im Lager gibt es drei Mahlzeiten. Morgens (je nach Aufstehzeit, im Sommer früher, im Winter später, um fünf oder sechs Uhr) schwarzen Malzkaffee, der manchmal gesüßt ist, und dazu kann man einen Teil seines

Brotstücks essen, das für den ganzen Tag ausgeteilt wird (300 Gramm pro Person); zum Mittagessen darf man grundsätzlich kein Brot essen, denn jeder muss sein Brot für das Abendessen aufsparen. Zum Mittagessen gibt es immer eine Suppe, die mal besser, mal schlechter ist. So eine Gefängnissuppe, die aber angeblich nicht schlechter sein soll als z. B. die Suppe im Warschauer Pawiak-Gefängnis. Dabei wird unterschiedliches Gemüse verwendet: einmal Kohlrüben, dann wieder Kohl, Bohnen, und immer Kartoffeln. Doch es ist kein dicker Eintopf, nur ein paar Kartoffeln pro Häftling. Manchmal auch Graupen. Es gibt Zeiten, in denen die Suppen besser sind, etwas fetter, mit ein wenig Speck. Aber es gibt auch lange Zeiten, in denen die Suppen so mager und ohne Einlagen sind, dass man den Blechnapf mit kaltem Wasser sauber spülen kann. Zum Abendessen, gegen sieben Uhr, bekommen wir zum Brot Kaffee, manchmal wieder eine Suppe, es gibt aber auch Wochen, in denen wir ein, zweimal die Woche ein Stück Margarine oder ein paar Scheiben Wurst zum Brot bekommen. Ich habe bereits gesagt, dass die Flüssigkeitsmenge in der Nahrung groß ist. Tatsächlich: morgens und abends gibt es einen dreiviertel Liter Kaffee, Kräutertee, Suppe oder Abendkaffee, zum Mittagessen einen Liter Suppe. Das ergibt also 2,5 Liter am Tag, und manchmal kann man auch einen Nachschlag bekommen. Die Ernährung der Häftlinge wird zeitweise besser oder schlechter, während meines Aufenthalts gab es auch mehrere solche Veränderungen. Manchmal verschlechterte es sich so weit, dass die Häftlinge Kartoffelschalen aus den Küchenabfällen aßen. Im Frühjahr 1941 wurde unsere tägliche Brotration auf 500 Gramm pro Person erhöht – und zum Frühstück wurde, ähnlich wie zum Abendbrot, ein wenig Marmelade, Margarine oder Ähnliches ausgegeben. Doch auch, wenn man alle Verbesserungen berücksichtigt, muss trotzdem festgestellt werden, dass diese Ernährung nicht ausreichend ist. Da sie kein Fett enthält, hat sie auch keinen Nährwert, und ihre Folge sind Erschöpfung, bösartige Anämie und Skorbut.

Wenn man vom Essen spricht, so muss noch hinzugefügt werden, dass man uns manchmal zu viel Kartoffeln oder Kohlrüben oder Kohl in die Suppe gibt; das kommt vor, wenn im Lebensmittellager irgendein Produkt verdirbt, wenn es zu viel davon gibt und man es schneller verbrauchen muss. Die Kartoffeln in der Suppe sind grundsätzlich geschält, doch es kam auch vor, dass wir sie ungeschält bekamen. Wovon das abhängt, weiß ich nicht. Vielleicht werden die Kartoffelschäler zu anderer Arbeit getrieben, so dass sie es nicht schaffen, genügend

Kartoffeln zu schälen, und der Koch den Rest samt Schalen in den Kessel wirft – was geht ihn das schließlich an? Übrigens werden Kartoffelschalen und anderer Gemüseabfall bei uns gar nicht verachtet; aus Hunger essen die jungen Leute, wie ich bereits gesagt habe, oft Schalen und andere Mittagessenabfälle roh, sie suchen sie aus dem Müll heraus. Das ist wohl ein genügendes Zeugnis dafür, wie schrecklich unsere Jungen dort hungern.

Eine gute Illustration für die Auszehrung der Inhaftierten kann auch das folgende Ereignis sein. Einer der Kapos, offensichtlich ein anständiger Mensch, hatte sich auf eigene Faust um einen zusätzlichen Kessel Graupen gekümmert und verteilte diese Graupen lachend unter seinen Untergebenen. Als sich jedoch eine große Menge um den Kessel zu bilden begann und die sich drängelnden Menschen ihre Blechnäpfe nicht an der richtigen Stelle hinschieben konnten, begann der Kapo, noch mehr lachend, die Graupen mit einem Löffel über die Köpfe und Arme der Häftlinge zu werfen, und direkt auf die Erde… Es war ein furchtbar unangenehmer Anblick, wie die Menschen die Graupen von der eigenen Kleidung ableckten oder von der Erde, mit Sand vermischt, aufsammelten. Während ich das beobachtete, begriff ich, dass bei vielen Menschen der Hunger, vielleicht nicht der wortwörtliche Hunger, sondern die Unterernährung, Zustände hervorruft, in denen jegliche Bremsen aufhören zu funktionieren; die Scham, die Würde, und schließlich einfach die Vernunft.

Als Maß der allgemeinen Auszehrung kann auch die Tatsache dienen, dass der größte Traum und Wunsch aller Häftlinge darin besteht, sich satt zu essen! … Dieser Traum ist im Lager natürlich unerfüllbar. Aber seine Verwirklichung in der Freiheit hat so manchen der Auschwitz-Häftlinge eine lang anhaltende Krankheit beschert: der ans Fasten gewöhnte und ausgehungerte Magen ist nicht imstande, normale, bessere, fettere Nahrung aufzunehmen. 90 Prozent aller Gespräche zwischen den Häftlingen im Lager drehen sich um das Thema Essen.

Ich muss noch hinzufügen, dass es für uns grundsätzlich erlaubt ist, in der Lagerkantine Essen hinzuzukaufen. Doch in dieser Kantine gibt es fast nichts zu Essen. Dafür gibt es andere Dinge und denken Sie bitte nicht, dass ich jetzt Witze oder Späße mache: in der Kantine kann man Puder, Gesichtscreme und Handcreme, Kölnisch Wasser und ähnliche Toilettenartikel kaufen.

VI

Waschen. Darüber muss man schreiben. Abgesehen von der Sommerzeit versucht jeder von uns, sich vor dem Waschen zu drücken. Denn man muss sich draußen waschen, an der Pumpe, wobei man verpflichtet ist, den Oberkörper frei zu machen. Man kann sich das Waschen sparen, weil an dieser Pumpe gewöhnlich ein großer Andrang herrscht. Es gibt nur zwei Pumpen für das ganze Lager. Und keiner kontrolliert richtig, ob sich tatsächlich alle waschen; man springt also „zur Hälfte" für einen Moment drunter, treibt sich dann dort ein wenig herum und kehrt in die Stube zurück. Hinzugefügt werden sollte noch, dass man uns keine Seife gibt. Um genau zu sein, wurde uns Seife sehr selten und in völlig unzureichender Menge ausgeteilt: zwei, drei Stück für mehr als zwanzig Personen.

Abgesehen von der Kälte stößt noch die Frage der gemeinsamen Handtücher viele vom Waschen ab. Denn auf diesem Wege scheuern wir fremde Krankheiten in unsere Haut ein, und zwar die unerträglichsten. Denn nach Auschwitz kommen auch kranke Leute, mit verschiedenen Ausschlägen, mit Krätze, Augenkrankheiten, Trachomen usw. Von den Tuberkulosekranken ganz zu schweigen. Und andere werden hier durch diese Handtücher krank.

Unsere Sauberkeit ist natürlich von vornherein ungleich, denn auch in der Freiheit fehlt es nicht an Schmutzfinken. Viele bringen die Plage des Lagers – die Läuse – aus dem freien Leben mit. Unter den Lagerbedingungen vermehren sich die Läuse vorzüglich. Wohl kein einziger der in Auschwitz Internierten kann davon verschont bleiben, wenn das Waschen wie beschrieben stattfindet und das Duschen äußerst selten ist (einmal alle paar Wochen), ähnlich wie der Wäschewechsel. Läuse bevölkern uns in unglaublichen Mengen; manche Kameraden bewiesen so viel Humor, dass sie die am Tag an sich selbst getöteten Läuse zählten! Es waren meist mehrere Dutzend, manche zählten sogar einige Hundert … obwohl das so unwahrscheinlich klingt … Mit der Sauberkeit hängt auch die Frage der Kleidung zusammen. Als wir im Herbst (kurz nach seiner Gründung) ins Lager kamen, wurden uns die eigenen Sachen und auch Schuhe weggenommen, wir bekamen Sommerdrilliche und mussten barfuss laufen. Dann, im Winter, nachdem die Menschen massenweise gestorben waren, gab man uns Holzschuhe, teilweise auch unsere eigenen Schuhe zurück. Im Frühjahr 1941 änderte sich etwas in dieser Hinsicht: noch im Mai durften wir unsere Schuhe behalten. Anfänglich bestand unsere Kleidung aus einem Hemd und einem Drillichanzug: Jacke und Hose. Lange Unterhosen hatten wir nicht, erst im Winter, bei großem Frost, wurden unsere Drillichanzüge gegen wärmere alte Militärkleidung ausgetauscht. Ein Teil der Häftlinge bekam sogar Mäntel. Zeitweise erlaubte man später, warme Kleidung in Paketen zu schicken, aber das war schwierig und kaum einer schaffte es; nicht alle erhielten die an sie geschickten Sachen. Man muss noch sagen, dass die Lagerkleidung der Häftlinge gestreift ist (um die Flucht aus dem Lager zu erschweren). Der Sommeranzug ist dunkelblau und weiß gestreift, der Winteranzug dunkelblau und grau. Aus dem gleichen Stoff sind auch die Mützen und Mäntel gemacht (falls es sie gibt). Die Sommeranzüge sind aus Drillich (und man muss sie oft bis November tragen), die Winterkleidung aus einem Stoff, der eine Mischung aus Baumwolle und Brennnesseln ist, also nicht wärmt. Die Lagerjacken haben einen Pyjamaschnitt. Zeitweise, vor allem am Anfang, oder wenn die Menge der ankommenden Häftlinge zu groß war und es dadurch an Kleidung fehlte, wurde den Häftlingen auch alte Militärkleidung gegeben, auf die rote und schwarze Streifen gemalt waren.

Diese Kleidung geht von einem Häftling auf den anderen über, sie passt nicht; es kommt auch vor, dass aus sadistischen Gründen großen und beleibten Menschen Hosen gegeben werden, die ihnen bis zur Wade reichen, Jacken, die sie nicht zuknöpfen können u. ä. Alles ist schmutzig, zerrissen, geflickt.

Doch die größte Marter für die Häftlinge sind in dieser Hinsicht die Schuhe. In der Zeit, wo man barfuss geht, verletzt man sich die Füße an scharfkantigen Schottersteinen, mit denen das Lagergelände bedeckt ist; oft bekommt man auch von Schuhtritten Wunden an den Beinen hinten. Später, wenn Schuhe ausgegeben werden (Holzschuhe oder ehemalige Soldatenstiefel aus Leder), dann passen sie oft nicht, sind häufig zu klein, und die Kanten drücken auf die Wunden. Die Häftlinge, die den ganzen Tag damit laufen, Übungen machen und arbeiten müssen, leiden meistens sehr unter verletzten Füßen, Wunden und Schmerz. Es gibt Menschen, bei denen die Füße monatelang nicht heilen, obwohl sie die vor den Anderen aufstehen, fleißig Läppchen um die Wunden legen und diese somit vor der direkten Berührung mit den Schuhen schützen. Natürlich beeinflusst auch die schlechte Ernährung die schlechte Wundheilung. Und so schließt sich der Kreis.

VII

Arbeit. Ich weiß, dass es sehr wichtig ist, sorgfältig über die Arbeit der Häftlinge zu schreiben, bei der und in Zusammenhang mit der so viele Menschen gestorben sind und weiterhin sterben.

Man sollte das nicht so verstehen, dass es die Arbeit an sich ist, die die Menschen tötet. Vor allem für gesunde Menschen, die körperliche Anstrengung gewohnt sind, gab es im Lager keine so schwere Arbeit. Ich habe übrigens gesagt, dass die Menschen bei der Arbeit und im Zusammenhang mit der Arbeit sterben würden, und das stimmt genau, denn nicht die Arbeit selbst tötet sie, sondern die Arbeit in Verbindung mit schlechter Ernährung, Erkältungen usw. Eigentlich wollen wir alle in der Zeit der Quarantäne, wenn wir noch zu keiner Arbeit zugelassen werden, unbedingt arbeiten. Denn es kommt einem so vor, als würde das die unbegrenzte Zeit des Aufenthalts in dieser verdammten Folter verkürzen, die Gedanken ablenken, eine Erleichterung bringen. Vor allem die starken, gut gebauten, muskulösen Männer, die an schwere körperliche Arbeit gewöhnt sind, sehen in dieser Arbeit eine Möglichkeit, im Lager zu überleben. Aber diese Erwartungen und Hoffnungen enden meist mit einer großen Enttäuschung: denn die Arbeit ist, wie alles im Konzentrationslager, mit verschiedensten Schikanen und Qualen gespickt und manchmal ist sie einfach ein Martyrium.

Das Schlimmste ist, dass unsere Arbeit (unabhängig von ihrer Art) unter der Kontrolle besonderer Wachmänner stattfindet, die unter den Häftlingen ernannt wurden, und den besonderen Titel „Kapo" tragen (aus dem Italienischen: Capo – Haupt). Dieser Titel kommt aus deutschen (und vermutlich auch italienischen) Konzentrationslagern, denn ich glaube, es waren die Italiener, die bei dieser abscheulichen Erfindung führend waren. In meiner Stube gab es einen Mann, der vor Auschwitz bereits in einem der deutschen Konzentrationslager gewesen war, und seinen Erzählungen verdanke ich die Möglichkeit, Vergleiche anzustellen. In Auschwitz übernehmen, wie in den deutschen Konzentrationslagern, grundsätzlich Deutsche die Funktion des Kapos.

Hier muss ich erwähnen, dass wir in Auschwitz am Anfang nur Polen waren. Nach etwa einem halben Jahr wurden deutsche Häftlinge gebracht und in einem gesonderten Block untergebracht. Unter uns dagegen saßen so genannte Volksdeutsche, die für irgendwelche Vergehen hierher deportiert wurden und unser Schicksal teilten. Die internierten Deutschen gingen nicht zur Arbeit. Der Kamerad, der das Konzentrationslager in Deutschland kannte, erzählte, dass dort die SS die Deutschen nicht weniger als die Polen knechte. Hier bei uns, in Auschwitz, konnten sich die SS-Männer das aus verständlichen Gründen nicht erlauben. In den deutschen Lagern übernehmen angeblich politische Häftlinge die Aufsichtspflichten. In Auschwitz wurde die Funktion der Kapos meistens deutschen Kriminellen anvertraut. Das kann man nach den Farben der Dreiecke unterscheiden, die den Häftlingen auf ihre Kleidung genäht werden. Die Politischen und wir Polen haben rote Dreiecke.

Dagegen wurde in Auschwitz die Würde des *Unterkapo* Polen anvertraut. Solch ein Unterkapo hat 20 Häftlinge unter sich, während der Kapo etwa 100 hat. Sie suchen sich natürlich Menschen aus, die gut Deutsch sprechen können, also kommen hier auf natürliche Weise die Schlesier in Frage. Das könnte der Grund dafür sein, dass die aus Auschwitz Entlassenen oft vom schlechten Benehmen der Häftlinge aus Schlesien sprechen, und dabei – unrichtigerweise – eher vereinzelte niederträchtige und unwürdige Taten von Polen aus dieser Region verallgemeinern. Längere Zeit wurden nur Polen aus Schlesien und dem so genannten Generalgouvernement nach Auschwitz gebracht. Aus Pommern und Posen gab es niemanden, diese schickte man ins Reichinnere.

Was die Schlesier anbetrifft, so fand ich sie zum Beispiel im Herbst 1940 in den Positionen der Kapos (oder eher derer Stellvertreter) vor. Ich glaube, sie wurden unter den kriminellen Häftlingen aus der Region ausgewählt. Später hat man sie dann aus der Gesamtgruppe der Häftlinge ernannt, wenn jemand geeignet schien.

Man muss verstehen, welche Rolle hier die Deutschkenntnisse spielen. Ich selbst verstehe kaum Deutsch, erst in Auschwitz habe ich die Bedeutung von einem Dutzend, vielleicht mehreren Dutzend immer wieder wiederholter Wörter kennengelernt. Ich kann also aus eigener Erfahrung sagen, und das deckt sich mit der Meinung vieler Häftlinge, die in derselben Lage wie ich waren, dass die Unkenntnis der Sprache uns sofort sozusagen wie eine Mauer von unseren Henkern, den SS-Männern trennt. Sicherlich schlagen sie einen Menschen, der ihren Befehl nicht versteht, ihnen nicht antworten kann usw., in ihrer Wut leichter und schneller zu Tode. Doch wie viele Dinge bleiben uns erspart, wenn wir die Flut der Worte in diesem abscheulichen rauen Geschrei nicht verstehen; in wie vielen Fällen bleiben wir, die Masse, die über diese Kenntnisse nicht verfügt, einfach stehen – wenn derjenige, der die Sprache kennt, gehen muss. Die Schlesier dagegen, oder überhaupt Menschen aus den westlichen Regionen unterscheiden sich von der Masse allein durch die Tatsache, dass sie Deutsch sprechen. Sie erhalten direkten Zugang zu den Machthabern und werden auch dann, wenn sie die anständigsten Polen sind, doch zu einem vermittelnden Glied zwischen den deutschen Lagerbefehlshabern und uns – den polnischen Häftlingen. Dasselbe, was die Kapos betrifft, wird gilt auch für die Stuben- und Blockältesten, und weiter – für die Blockschreiber oder Blocksekretäre. Natürlich sind das immer nur Leute, die gut Deutsch sprechen.

Ähnlich wie die Unterkapos, erhalten die Stuben- und Blockältesten ihr „Amt", ihre Funktionen aus der Hand der Deutschen. Sie müssen entsprechende Fertigkeiten nachweisen, denn sie sind selbst Häftlinge und jeder von ihnen kann, wenn er dem SS-Mann nicht gefällt, einen ebensolchen Schuhtritt ins Gesicht bekommen wie wir. Er kann jeder Strafe unterzogen werden: der Prügel-, der Pfahlstrafe und noch anderen, also hat er Angst, geht aus dem Weg, dient den Machthabern. Außerdem haben diese Menschen aufgrund ihrer „Oberfunktionen" und der Tatsache, dass sie Kapo sind, gewisse Privilegien, z.B. eine beliebig große Portion Suppe, Brot, einen besseren Schlafplatz, was weiß ich, was es da noch gibt? Und das ist auch nicht zu verachten. Sicher rechnen manche damit, dass sie vielleicht leichter ihre Entlassung bewirken können, wenn sie sich verdient machten. Diese Umstände bewirken, dass die Häftlingsältesten und die Kapos schnell demoralisiert werden. Also quälen sie die Häftlinge mit Forderungen übermäßiger Anstrengung, schlagen sie, manchmal beantragen sie selbst die Bestrafung des Häftlings nach dem „Strafkatalog" (über die Strafen werde ich noch detailliert schreiben).

Es gibt verschiedene Arten von Arbeit. Am leichtesten und beliebtesten ist die Küchenarbeit. Das Schälen von Kartoffeln, Abwaschen von Küchengeschirr; ihre Essschüsseln und Becher waschen die Häftlinge selbst ab. Ich habe nicht in der Küche gearbeitet, ich hatte kein Glück. Das hängt vom Zufall ab. Während der Zeit meines Aufenthalts hatte ein Häftling dort von Anfang bis zum Schluss bei dieser Arbeit ausgeharrt. Die Anderen wechselten sich ab. Alle lobten diese Arbeit natürlich. Man arbeitet in einem warmen Raum, meist im Sitzen. Von vielen „Kartoffelmenschen" hörte ich, dass auch die Küchenkapos größtenteils erträglich waren. Einer erklärte mir das so: „Weißt du, in der Wärme dampft das Fressen vor sich hin. Und wenn er will, kann er jederzeit was essen – dann wird er auch nicht wütend!". Das ist eine gute Erklärung.

Andere Arbeiten waren nicht unbedingt schwer, aber oft aufgrund ihrer Sinnlosigkeit tödlich. Übrigens bewirken das Antreiben, das ständige Schlagen, das Hochschrauben der Leistungen, sowie die Einstellung der Kapos, die ihre Häftlinge dressieren und ihnen das Leben schwer machen müssen – all das bewirkt, dass eigentlich jede Arbeit unerträglich wird. Insbesondere, weil wir bei jedem Wetter zur Arbeit getrieben werden: bei Regen, Schnee und Kälte.

Am schwersten sind natürlich Bauarbeiten, die sich für uns übrigens eher darauf konzentrieren, Baumaterial für eine in der Nähe geplante deutsche Fabrik oder andere Gebäude zu sammeln, auszuladen oder zu tragen. Die Baumaterialien sind schwer und werden den Menschen über die Maßen aufgebürdet. Hierbei sollte man erwähnen, dass Häftlinge, die in der Strafkompanie sind, diese Arbeit im Laufschritt ausführen müssen. Überhaupt hängt das Antreiben des Arbeitstempos vom Gutdünken, Laune, Temperament usw. des Aufsehers ab. Hier sind die schwächeren, älteren Menschen und diejenigen, die an körperliche Arbeit nicht gewöhnt sind, wirklich unglücklich und müssen oft ihr Leben lassen. Die Ungeschicklichkeit, die fehlende körperliche Leistungsfähigkeit unserer armen Gelehrten, Professoren, Priester und Rechtsanwälte bringt ihnen im Lageralltag unglaubliche Qualen. Denn bei den jungen deutschen Tieren, deren ganzer Intellekt in die Bein- und Armmuskeln geflossen ist, erweckt jede ungeschickte, unbeholfene Bewegung des Häftlings, jedes Stolpern einen unglaublichen Wutanfall. Sehr oft töten sie in einem solchen Fall den Häftling auf der Stelle oder sie schlagen ihn so zusammen, dass der Mensch in kürzester Zeit aus dem Leben scheidet. Ich habe selbst einmal aus der Ferne gesehen, wie ein älterer, magerer, hochgewachsener Häftling – der übrigens gar nicht unbeholfen aussah – mit Ziegelsteinen lief (er war, glaube ich, Ingenieur). Doch er rutschte beim Laufen aus und fiel hin, wobei die Ziegelsteine auseinander fielen. Der SS-Mann stürzte sich blitzschnell auf den Liegenden und tötete ihn mit einem Stiefeltritt in die Schläfe auf der Stelle. Es gab Unmengen solcher Vorfälle.

Zu den schwierigsten Arbeiten gehört das sog. Walzen des Geländes. An die Walze, mit deren Hilfe das stattfindet, werden vorne Häftlinge eingespannt. Auf der Walze ist eine Art Sitz befestigt, auf dem der diese Arbeit beaufsichtigende Kapo seinen Platz hat. Das Lagergelände, das gewalzt werden muss, ist, wie ich bereits erwähnt habe, mit scharfkantigem Schotter bedeckt. Es geht darum, den Schotter zu ebnen. Bei dieser Arbeit bekommen die Häftlinge verletzte, bis aufs Blut aufgescheuerte Füße, und da sie diese weder behandeln noch ordentlich waschen dürfen, entstehen bei vielen Eiterbeulen, Fäulnis und Brand.

Der Kapo beschäftigt sich während der ganzen Zeit dieser sehr anstrengenden Arbeit damit, wild herumzuschreien und die Häftlinge mit einem Ochsenziemer oder Stock zu schlagen. Bei dieser Arbeit, die von ihrem Wesen her große Anstrengung verlangt, fallen und sterben sehr viele Häftlinge. So lange es im Lager Juden gegeben hat (ihre Gruppe wurde besonders gequält, starb schnell und ist jetzt wohl gänzlich ausgestorben), wurden Juden für diese Arbeit benutzt, doch nicht Juden allein, sondern auch Priester. Hier möchte ich erwähnen, dass die Deutschen, da sie die Priester ärgern wollen, diese in einem Block mit den Juden unterbrachten. Wie die anderen Priester damit zurechtkamen, weiß ich nicht, aber in Auschwitz gab es Pater Marian Morawski, der im ganzen Lager als Heiliger bekannt war: so wunderbar, so heldenhaft und zugleich so zutiefst christlich und menschlich war sein Verhalten. Obwohl er zusammen mit den Juden bei der Straßenebnung arbeitete und wie die Juden gequält, misshandelt und geschlagen wurde, verlor dieser Mensch für keinen Moment seine innere Heiterkeit. Sein sanftes Lächeln verschwand nie aus seinem Gesicht, für jeden Kameraden in der Not hatte er Worte des Mitgefühls und der Zuversicht. Abends in der Stube kümmerte er sich unaufhörlich um die am schlimmsten Gepeinigten und erteilte ihnen jeglichen Trost. Der Einfluss dieses Menschen auf die Häftlinge war enorm. Bis zum Ende seines Lebens harrte er in dieser Haltung aus. Er wurde von einem Henker während der Arbeit durch einen Schlag auf den Kopf getötet.[1]

Quälend – weil dumm und sinnlos – waren solche Arbeiten, wie zum Beispiel das Auflesen von Steinen aus dem Weg; das Schleppen der Steine von einem Ort zum nächsten; das Graben von Löchern, die nicht wirklich gebraucht wurden und die man oft bald wieder zuschütten musste. Wir begriffen, dass es hier nicht wirklich darum ging, eine Arbeit auszuführen, sondern darum, uns zu einer ganztägigen, unseren Kräften und unserer Ernährung immer unangemessenen Anstrengung zu zwingen, um uns bei dieser Gelegenheit zu foltern und unter ständiger Anspannung zu halten. Umso mehr, als dass auch schwer Kranke zur Arbeit gehen mussten. Ich denke, dass die Aufsicht genauso wie wir

---

1 Pater Marian Morawski SJ, geb. 1881, Theologieprofessor an der Jagiellonenuniversität, wurde am 10. November 1939 in Krakau verhaftet. In Auschwitz war er seit dem 20. Juni 1940, er starb am 8. September 1940, dem Fest Mariä Geburt, nachdem er von seinem Mithäftling Pater Dembowski das Hl. Sterbesakrament erhalten hatte (Anm. von Władysław Bartoszewski).

die völlige Überflüssigkeit und Sinnlosigkeit mancher im Lager ausgeführten Arbeiten begriff. Aber das störte sie nicht dabei, zu verlangen, anzuspornen, zu schlagen und zu bestrafen.

Manchmal gab es keine Arbeit, die man hätte machen können. Dann traten die Kapos zurück und die Aufseher übernahmen uns. Dann begannen „Sportübungen“, von denen ich bereits geschrieben habe. Das war manchmal noch schwerer auszuhalten!

Die Kapos hatten, abgesehen von ihrer unbegrenzten Freiheit, seit der Übernahme ihres „Amtes“ die Häftlinge schlagen zu dürfen, nicht das Recht, persönlich Strafmeldung über einen Häftling zu erstatten, das heißt zu einer von der Lagerordnung bestimmten Strafe, über deren Charakter und Höhe der Lagerkommandant entschied. So eine Sache musste vom Kapo zum SS-Mann gehen und erst dieser gab sie weiter. Das einzige Privileg der so schwer Arbeitenden war eine größere Brotration (3 Mal die Woche jeweils 1 Kilo).

VIII

Jetzt komme ich zu den Strafen. Menschen, die nicht in Konzentrationslagern waren, verbinden Strafen meist mit dem alltäglichen, allgemeinen Prügeln und Totschlagen der Häftlinge. Wir aber unterscheiden diese Dinge und man muss sie auch unterscheiden. Die Strafen, die die Lagerleitung für verschiedene Vergehen bestimmt, sind im Allgemeinen schwer. Manche sind schrecklich. Es gibt nur eine leichte Strafe – dass einem der freie Sonntag genommen wird. Diese Strafe ist der Traum aller Häftlinge.

Die Dunkelarrest-Strafe besteht darin, dass man im sogenannten Bunker eingesperrt wird, einer winzigen leeren Zelle, bei Wasser und ein wenig Brot. Eine warme Mahlzeit wird nur alle paar Tage gereicht. Diese Strafe wird noch mit der Prügelstrafe verbunden.

Die Wasserstrafe. Sie wird unabhängig von der Jahreszeit eingesetzt und kann von fünfzehn Minuten bis anderthalb Stunden dauern. Der angekleidete Häftling wird mit Wasser aus einem Gummischlauch übergossen. Das endet meistens mit einer Lungenentzündung. Das Schlagen mit Hilfe von Wasser aus dem Hydranten aus kleiner Entfernung bewirkt wiederum die Verletzung der Augäpfel im Gesicht; das Schlagen mit Wasser gegen die Brust stoppt die Herztätigkeit und kann in bestimmten Fällen den Tod auf der Stelle hervorrufen.

Sehr schwer ist die „Pfahlstrafe“, es handelt sich dabei eigentlich um eine alte österreichische Militärstrafe, die nicht öffentlich, meist auf Dachböden von Gebäuden angewandt wurde. Der Mensch wird an den Händen hoch gehängt, die hinter seinem Rücken an einen Pfosten gebunden sind, so, dass seine Füße, die Zehenspitzen sich nicht auf den Boden stützen können, sondern ihn nur leicht berühren. Die Henker schieben dem Hängenden dabei die Beine auseinander; der Schmerz der ausgerenkten Hände, der Gelenkschmerz in den Schultern und Armen soll furchtbar sein (ich habe diese Strafe nicht erlebt). Es ist so schmerzhaft, dass starke Männer während dieser Strafe einfach vor Schmerz heulen und brüllen. Eine einmalige „Dosis“ der Pfahlstrafe darf eine Stunde nicht überschreiten, doch man wird auch zu zwei und drei Stunden verurteilt, „auf Raten“, an verschiedenen Tagen. Menschen, die einen starken Willen haben (obwohl körperlich schwächer sind), oder auch stark gläubige, die diese Art des Martyriums an Christus näher zu bringen scheint, ertragen diese Folter besser und ruhiger. So sehe ich das heute, wenn ich in Gedanken die mir bekannten Fälle der „Pfahlstrafe“ durchgehe. Zu den Regelstrafen, die in der Lagerordnung stehen, gehört natürlich auch die Prügelstrafe.

Zur Prügelstrafe wird man meist für Vergehen verurteilt, die als die bedeutendsten gelten: hier wird die Prügelstrafe öffentlich angewandt, auf dem Platz, in Anwesenheit der in Reihen aufgestellten Häftlingen … Man wird zu 25, 50 und 100 Schlägen verurteilt, jeweils 25 pro Tag. Natürlich bedeuten 100 Schläge den sicheren Tod, aber kaum einer von uns, die wir erschöpft und geschunden sind, hält 50 Schläge aus und bleibt am Leben, denn ich muss hier betonen, dass es sich um keinen einfachen Hieb handelt: man schlägt mit ganzer Kraft zu, aus der Schulter heraus. Sie prügeln mit Stöcken, mit Ochsenziemern, selten mit Gummiknüppeln. Die SS-Männer wissen in dieser Hinsicht gut Bescheid, denn sie wissen, an welcher Stelle es am meisten weh tut.

Ich denke, jetzt habe ich die wichtigsten Strafverfahren aufgezählt.

Spontan, ohne Strafmeldung, wenden die SS-Männer noch verschiedene andere Strafverfahren an, um die Häftlinge zu „schulen“. Es gibt eine solche Vielzahl von ihnen, dass es schwierig wäre, alle aufzuzählen. Zu den spontanen Lieblingsstrafen gehört das sog. „Froschspringen“ in der Hocke, das außerdem noch als Sportexerzieren benutzt wird; sie lassen einen so eine Viertelstunde, zwanzig Minuten springen! Alte, schwere oder kranke Menschen halten diese Strafe nicht aus.

Aber ich muss noch einmal auf die öffentliche Prügelstrafe zurückkommen, denn ich würde mir wünschen, dass man sich aufgrund meiner Worte das ganze Grauen und das schreckliche Verbrechen einer solchen Strafe zumindest teilweise vorstellen kann. Ich möchte, dass unsere Kinder im freien Polen in einem solchen Hass gegen diese Vorgehensmethoden erzogen werden, dass ein Konzentrationslager (Bereza!)[1] in Polen nie wieder denkbar sein wird. Denn es ist wirklich eine überaus verbrecherische und schreckliche Sache. In der Zeit meines Aufenthaltes in Auschwitz musste ich – mit allen zusammen – vier Mal bei der Prügelstrafe eines wegen eines Fluchtversuchs Verurteilten dabei sein. Diese Strafe wird meistens für dieses Verschulden angewandt. Der Unglücksselige, der bei einem solchen Fluchtversuch gefasst wurde, hat meist genug vom Leben: erstens weiß er, was ihn erwartet, zweitens – da er einen Fluchtversuch unter diesen Bedingungen gewagt hatte – hatte er sich bereits zwischen Leben und Tod gestellt. Manche der Gefassten hatten das Glück, auf der Stelle erschossen oder tödlich verletzt zu werden (ich denke, dass es viele solche Fälle gibt, viel mehr, als wir wissen), andere wurden von den wütenden Wachmännern sofort zu Tode geprügelt. Noch Weiteren wiederum gelang es manchmal, den Händen der Wachleute zu entkommen und sich in den Stacheldraht zu werfen, denn nachts und bei Alarm steht der Draht unter Strom. Doch trotzdem gab es noch immer die größten Pechvögel, denen es nicht gelungen war, ihren Tod vor der Strafe zu erreichen, und eben diese mussten ihr Leben wie auf einer Parade, auf dem Platz, unter öffentlicher Prügelstrafe beenden.

Uns allen sind diese Fälle tief im Gedächtnis geblieben. Ganz besonders scharf erinnere ich mich an einen. Es handelte sich um einen noch jungen Menschen. Er wurde auf dem Platz auf einer provisorisch zusammen gezimmerten Tribüne aufgestellt, auf dem Kopf trug er eine Narrenkappe, und hinter den Kragen hatte man ihm eine Stange mit daran befestigter Tafel und der teuflischen Aufschrift *Ich bin wieder da!* gesteckt. In die Hand drückte man ihm eine Trommel, und nachdem wir uns den Unglücksseligen auf der Tribüne angesehen hatten, wurde der Unglückliche vor allen Blöcken herumgeführt, wobei man ihm zu trommeln befahl. Dann hat man ihn wieder auf diese Erhöhung geführt und dort schlugen sechs Banditen diesen wehrlosen Menschen mit ihren Stöcken zu Tode.

---

[1] Das polnische Internierungslager in Bereza Kartuska war ein Lager zur Isolierung politischer Häftlinge in den Jahren 1934–39. (A. d. Ü)

Am Tag dieser Hinrichtung waren wir fast zwölftausend in Auschwitz. So viele Menschen standen also in den Reihen, ohne Bewegung, ohne sich zu rühren, mit Augen, die auf unseren unglücksseligen Kameraden gerichtet waren, auf das Opfer. Ich habe später mit vielen Menschen über diese Sache gesprochen, mit Menschen unterschiedlichen Bildungsniveaus, aus verschiedenen Milieus – und die Reaktion war gleich: „Dass wir dastehen mussten! Uns das anschauen! Es zugelassen haben! …" Denn jedem von uns war doch bewusst, dass wir so viele Tausend polnische Häftlinge sind und es, alles zusammen gerechnet: SS, Wehrmacht usw., nur einige Hundert Henker gibt. Wenn wir es also gewagt hätten?! … Aber sie hatten Maschinengewehre, Waffen aller Art, Alarm, Telefone … Keiner von uns wäre am Leben geblieben! Und doch, und wenn – und vielleicht? … Wenn wir nicht so zusammengedrückt in Reihen gestanden hätten, ohne uns zu rühren, fast atemlos? … Wenn man uns nicht so dressiert hätte? … Wenn wir es gewagt hätten?! … Ich weiß nicht, wie viele damals wie ich dachten. Aber ich meine, es waren sicher einige Tausend. Und wenn man es nicht bewusst dachte, diese Alternative nicht erwog, so spürte man mit seinem ganzen Sein, mit allem, was vom Menschen in uns blieb, dass wir in dem Moment mehr erlebten als den eigenen Tod.

Jetzt, wo ich bereits weiß, dass ich hier zu Hause sterben muss, sehe ich deutlich, wie leicht das sein wird im Vergleich zu dem, was wir damals auf diesem Platz, und überhaupt in Auschwitz erleben mussten.

Selbstmorde in Auschwitz sind – entgegen dem, was hier in Warschau erzählt wird – zweifellos selten. Wir Polen sind doch sehr widerstandsfähig. Ein Kamerad, der andere Lager kannte, erzählte, dass sowohl Tschechen als auch Deutsche oft Selbstmord im Lager begehen würden. In Auschwitz gab es während meines Aufenthalts nur ein paar Fälle, dass Häftlinge in den Hochspannungszaun rannten: man wusste, dass die Wachen in einem solchen Fall schießen müssen, weil das als Fluchtversuch gedeutet werden kann. In den Fällen, die ich kenne, gab es eine Selbstmordabsicht. Zu den Strafen, die von der Lagerleitung verordnet wurden, gehört die besonders populäre, für uns sehr empfindliche Strafe der Strafappelle. Insbesondere in der kalten Jahreszeit sind Strafappelle die Ursache für ein verstärktes Massensterben. Ein solcher Appell, der in den ersten Monaten meines Aufenthaltes im Lager, am 28. Oktober, einem besonders windigen und kalten Tag, stattgefunden hatte, kostete 80 Häftlinge das Leben. Ein Teil von ihnen starb in derselben Nacht, der Rest im Abstand von 24 Stunden oder einigen Tagen. Wir trugen damals nämlich noch Sommerdrillich, und gerade als wir mittags von der Arbeit zurückkamen, wurde sofort ein Strafappell angeordnet: Man sagte, ein Häftling sei irgendwo abhanden gekommen. Wir wurden, verschwitzt von der Anstrengung bei der Arbeit und hungrig, sechs Stunden lang ohne Bewegung festgehalten! Man steht da ohne sich zu rühren, wie eine Mauer, stramm, wie beim Militär. Für jede kleinste Bewegung gibt es Prügel, wildes, rasendes, unmenschliches Schlagen. Denn beim Strafappell sind die Aufseher wütend, aufgeregt, und die weniger wichtigen Posten versuchen, sich bei ihnen anzubiedern.

Strafappelle mit stundenlangem Stehen auf dem Appellplatz sind eine Methode, bei der die kollektive Verantwortung für das Vergehen eines Einzelnen angewandt wird. Nehmen wir also an, dass man in einem der Blöcke bei einem Häftling Tabak gefunden hat (im Block darf man nicht rauchen): der ganze Block hat einen Strafappell. Jemand ist nicht von der Arbeit zurückgekehrt: entweder der Block oder das ganze Lager haben einen Strafappell, bis er zurückkommt. Manchmal kann er nicht zurückkehren, weil er an einem Herzinfarkt gestorben oder in einem Graben oder Loch erfroren ist. Wenn das festgestellt wird, wird der Appell wieder beendet. Aber einmal hatten wir vier Stunden gestanden, weil ein Toter … „verlorengegangen" ist.

Während der Appelle kommt es oft zu Todesfällen. Ich selbst habe während einiger einander folgenden Appelle 7, 9, 6 und 11 Tode in der Reihe gezählt. Das kommt daher, dass die Sterbenden dazu gezwungen werden, zum Appell zu gehen: das heißt die Gesunden müssen sie hochheben und in der Reihe aufstellen oder auf den Boden legen. Wenn hier die Agonie folgt – darf keiner dem Sterbenden helfen, sich über ihn beugen, seinen Kopf heben … Aufgrund dieser Erlebnisse sowie wegen der schlechten Kleidung und großer Erschöpfung der Häftlinge sind die Strafappelle eine große Pein für die Internierten, obwohl andere Strafen empfindlicher und für die Menschenwürde demütigender sein können.

Erwähnt werden muss noch, dass es im Lager eine gesonderte Strafkompanie gibt, die vollkommen isoliert ist. Wenn einer der Häftlinge, der nicht dazu gehört, die Kameraden aus der Strafkompanie anspricht, wird er selbst in die Strafkompanie versetzt. Diese Strafkompanie besteht aus Häftlingen, die bereits mit dieser Bestimmung ins Lager gekommen sind: in der Regel gehören alle Priester und Juden dazu. Der Rest sind Insassen, die im Lager schon dreimal bestraft worden sind. Natürlich nimmt diese Kompanie einen gesonderten Block ein, und die Aufsicht führen hier Häftlinge, die an einem „Extrakurs" des Folterns teilgenommen haben. In der Strafkompanie wird jede Arbeit im Laufschritt verrichtet. Es gibt keinen freien Sonntagnachmittag (das ganze Lager hat ihn). Die Häftlinge aus der Strafkompanie sind mit einem schwarzen Kreis unter der Häftlingsnummer auf der Jacke und dem Hosenbein gekennzeichnet. Zu dieser Kompanie gehören auch diejenigen die einen Fluchtversuch unternommen (wenn sie nicht sofort umgebracht werden!), oder solche, die mit ihnen beim Planen der Flucht Kontakt aufgenommen haben und dabei erwischt wurden; diejenigen werden – um der Aufsicht die Arbeit zu erleichtern – zusätzlich mit einem roten Kreis gekennzeichnet.

Für die (gelungene) Flucht eines Häftlings werden 10 Personen aus dem Block erschossen, in der Strafkompanie sind es 20.

Im Zusammenhang damit, dass wegen einer gelungenen Flucht andere Häftlinge erschossen werden, erinnere ich mich an folgendes Ereignis: im Frühjahr 1941 war einem Häftling aus unserem Block die Flucht gelungen. Vor kurzem war in einem anderen Block dasselbe passiert und wir wussten, dass sie gleich zu uns kommen würden, um 10 Personen für die Erschießung auszuwählen. Wir warteten. Tatsächlich kamen die SS-Männer und begannen – wobei sie unsere Gesichter betrachteten – die Opfer aufzurufen. Als bereits drei ziemlich junge Menschen aufgerufen worden waren, trat plötzlich ein Greis aus der Reihe und bat darum, ihn an Stelle des jungen Mannes zu erschießen (es war ein alter Pädagoge, ich glaube, emeritierter Professor einer unserer Universitäten). Es ist mir nicht gelungen, seinen Namen in Erfahrung zu bringen, er war übrigens nur kurz in diesem Block. Der SS-Mann war einverstanden, zählte den Alten mit und suchte sich noch neun Andere dazu, wobei er jetzt genau Männer im besten Alter aussuchte. Sie wurden hinausgeführt, kamen jedoch nach kurzer Zeit wieder; der Lagerkommandant soll sie aufgrund des Auftritts des Professors begnadigt haben. Das schien gar unwahrscheinlich, doch solche Fälle von Aufopferung für einen Anderen kommen ja nicht jeden Tag vor. Fast hatten wir schon daran geglaubt, und was war das für eine Freude! … Aber einen Moment später wussten wir bereits, wie der deutsche Sadismus mit diesem Sonderfall umgegangen ist: die „Begnadigten" wurden in den Bunker geführt. Und von diesen zehn wanderten sieben nach drei Tagen Dunkelarrest ins Krematorium, darunter natürlich auch der heldenhafte Alte. Also hatte der Lagerkommandant ihren leichteren, schnelleren Tod durch eine Kugel gegen den schwereren und schrecklicheren Folter- und Hungertod im Dunkelarrest ausgetauscht.

Ich habe bereits geschrieben, dass man das tagtägliche Prügeln von den Strafen trennen müsse. Nicht weil es sich um ein unschuldiges Schlagen handeln würde; dass jemand bei diesem „normalen“ Prügeln zu Tode geschlagen wird, ist an der Tagesordnung. Sondern weil es sich um eine Handlung handelt, die auf einer anderen Ebene liegt. Denn Prügeln ist für den Deutschen aus der SS das, was nach Erzählungen älterer Menschen die hässliche Schelte in der russischen zaristischen Armee mit Beleidigungen der Mutter des Beschimpften gewesen ist. Im Lager wird – man kann nicht sagen: jeden Tag, sondern jeden Augenblick geschlagen. Ohrfeigen, Hiebe mit Reitgerte oder Gummiknüppel, Fußtritte gegen die Knöchel, die Knie, das Werfen auf den Boden und Treten in die von den Henkern so geliebten Nieren – das alles kommt ständig vor, ist allgegenwärtig. Sie schlagen die Häftlinge bei jeder und oft auch ohne Gelegenheit, als Sport, als Training, für den Triumph der deutschen Macht, Rasse und Kultur; um die „nichtwertvolle“ Rasse der Polen zu erniedrigen, um uns Demut beizubringen. Es schlagen, wie ich geschrieben habe, abgesehen von allen Deutschen, das heißt der Lagerwachmannschaft – auch die von den Deutschen als Älteste ernannten Häftlinge, also Unterkapos, und die Stuben- und Blockältesten. Infolge dieses „außervorschriftsmäßigen“ Schlagens kommen die Menschen oft ins Krankenhaus, häufiger ins Grab, oder kehren, wie zum Beispiel ich, mit einer zerschmetterten Niere nach Hause zurück, ohne die man nicht leben kann. Sie schlagen uns die Muskeln von den Knochen ab, und tragen zum Entstehen hartnäckiger innerer Eiterbeulen und ewig eiternden Wunden bei. Oft schlagen sie einen auch auf den Kopf. Niemand kann ausrechnen, welcher Prozentsatz der Häftlinge infolge dieses Schlagens stirbt, doch er ist mit Sicherheit hoch.

Dieses Schlagen ist deshalb eine schreckliche Plage, weil man nichts dagegen tun kann. Es ist untrennbar mit der SS und mit den Lagern verbunden. Ihrer Meinung nach muss man prügeln, ständig, mit voller Kraft und unaufhörlich.

Doch während ich darüber schreibe, denke ich: nicht die Tatsache, dass sie schlagen, ist am wichtigsten. Sondern, dass man darüber nachdenken muss, was in Auschwitz mit manchen unserer Leute geschieht, weswegen sie einer so abscheulichen Demoralisierung erliegen.

Und gerade diese Frage möchte ich – so lange meine Kräfte ausreichen – offen ansprechen. Ich habe geschrieben, dass die Häftlingsaufseher schlagen würden. In Auschwitz sind das Polen. Aus den oben erklärten Gründen sind es Polen, die Deutsch können.

IX

Meine Eltern können die Besuche von Bekannten, die mit meiner Rückkehr zusammenhängen, nicht unterbinden. Übrigens wäre das in Bezug auf unsere zahlreichen Verwandten, Freunde, sehr guten und alten Bekannten nicht möglich. Gewisse Einschränkungen in dieser Hinsicht hat der Arzt eingeführt. Außerdem sind meine Eltern selbst ein sehr wachsamer und intelligenter Regler der Besuchszeiten, Gesprächsinhalte usw. Sie kennen sich mittlerweile ausgezeichnet mit meinen geringen körperlichen Kräftevorräten und meinem schwierigen Nervenzustand aus. Grundsätzlich meide ich auch das Erzählen, seit ich zu schreiben angefangen habe. Und doch komme ich nicht umhin, ein paar Worte zu sagen, hin und wieder eine Frage zu beantworten. Ich muss mir auch immer sehr viele Dinge zum Thema Auschwitz anhören.

Angesichts der unerhörten Zurückhaltung der Worte, mit denen wir dort unsere Gefühle zum Ausdruck bringen, stört mich das Pathos, die Übertreibung, mit der hier – übrigens die besten – Menschen diese ganze Frage behandeln, sehr. Die Gespräche haben mir vor Augen geführt, dass ich versuchen muss, über die Häftlinge von Auschwitz zu schreiben. Ich muss möglichst viel erklären, wer diese dort eingeschlossenen Menschen sind, wie sie aussehen und was man von ihnen erwarten kann. Denn die Tatsache, dass man uns allesamt wie Nationalhelden behandelt, uns alle auf übermenschliche Sockel der Aufopferung, des Patriotismus, der Tapferkeit, des Charakters und ähnlichen stellt, stimmt nicht mit der objektiven Wahrheit überein, dass dort gewöhnliche, heute sehr unglückliche Menschen sitzen. Sie müssen unter grauenhaften Bedingungen überleben, die bei Einzelnen heldenhafte Reaktionen hervorrufen, bei Anderen wiederum die niederträchtigsten Instinkte erwecken, und in den meisten Fällen sagt ihnen der Selbsterhaltungstrieb die eine oder andere Verhaltensweise vor …

Gestern hat mich meine Verlobte besucht, ein nettes, treu ergebenes Mädchen, in deren Augen ich übrigens, wenn sie mich jetzt ansieht, nur Entsetzen sehe. Ha! Es ist nett, sich ein lebendiges Knochengerippe anzusehen! Ihre Mutter ist mit ihr gekommen.

Und diese hatte ihre Hände wie zum Gebet gefaltet, Tränen (keine falschen) flossen über ihre (gut konservierten) Wangen …

„Mein Sohn! Mein Sohn! Du weißt wohl, dass ganz Polen, wir alle, alle euch wie ein Heiligtum betrachten … ein Heiligtum, wie Nationalhelden … wie die ersten Märtyrer des Christentums!!!“

Ich war höflich, sah Hanka an, küsste meiner (beinahe) Schwiegermutter die Hand und schwieg. Doch der Grießbrei, den meine Mutter mir brachte, blieb mir im Hals stecken.

Also komme ich noch einmal auf das Verhalten der Lagerältesten zurück.

Man muss unterstreichen, dass ein anständiger Pole natürlich nicht darauf erpicht ist, das Amt des Stubenältesten zu übernehmen. Ich kenne jedoch – abgesehen von einem Fall, den ich selbst erlebt habe – andere Fälle, wo der Stubenälteste ein anständiger Mensch und Pole blieb; zu so einer Stube zu gehören war natürlich ein Privileg, vor allem wenn alle zufällig so gut zueinander passten, dass es keine Diebe, Denunzianten u. ä. Kanaillen gab. In solchen Fällen hielt der Älteste die ganze Ordnung ohne Prügeln aufrecht und das Zusammenleben war sehr gut.

Aber die meisten Ältesten waren wertlose Menschen, denen diese Stellung erlaubte, ihren kriminell-sadistischen Charakter auszuleben. Unter den Schlesiern gibt es viele germanisierte Menschen, deren gesamte Lebenseinstellung völlig ins Wanken geraten ist.

Ich möchte nicht so verstanden werden, dass jeder Stuben- oder Blockälteste, jeder Kapo prügelt. Sicherlich können viele frei von diesem Vorwurf sein. Nicht alle prügeln. Und doch prügeln die meisten, sie prügeln notorisch, es prügelt auch der, der in den ersten Monaten seiner Amtsausübung nicht zugeschlagen hat. Das ist unser großes Übel, dass die Lagerältesten, die aus unserem eigenen Kreis stammen, meistens keine gute Figur machen und sich im Umgang mit den Häftlingen wie die deutschen Lagerwächter verhalten. Übrigens fehlt es nicht – auch außerhalb der Ältesten – an Fällen, dass Häftlinge zu Schweinen werden, bespitzeln, denunzieren, zu Schurken werden, sich niederträchtig anbiedern usw. Ich will nicht auf die Details solcher Fälle eingehen, sondern möchte mich um eine gewissermaßen objektive Erklärung bemühen. Also ganz falsch ist sicherlich die Meinung, die diese Dame gestern zum Ausdruck gebracht hatte, dass die Häftlinge von Auschwitz hundertprozentige Helden seien. Es gibt nichts Dümmeres als eine solche Ansicht! Woher denn? Es sind zufällige Menschen: vom Lande und aus den Städten, von den Straßen, aus Cafés und Wohnungen wahllos mitgenommene, gewöhnliche, durchschnittliche Menschen. Denn die Deutschen benutzen bei uns die Methode des Massenterrors, der Terrorisierung des „Durchschnittsmenschen". Sie haben diesen Weg erstens deshalb erwählt, weil es ihnen trotz größter Bemühungen offenbar nicht gelungen sei, zu den tatsächlich politisch aktiven, bewussten Kreisen vorzudringen. Zweitens in der richtigen Überzeugung, dass sie, wenn sie die Massen terrorisieren und die ersten besten, zufälligen Menschen auf der Straße verhaften, Kreise angreifen, die weniger widerstandsfähig und einfacher zu brechen sind – ob in den Personen der Häftlinge oder deren Familien, und dass sie auf diese Weise großes Grauen und enorme Angst und Schrecken verbreiten können.

Auschwitz ist also eine Ansammlung zufälliger Menschen, unter denen die wirklich politischen, tatsächlichen Aktivisten der polnischen Untergrundbewegung vermutlich nur ein paar Prozent ausmachen. Und wenn die meisten zufällige Menschen sind, die sich auf das – sagen wir es direkt – Martyrium weder vorbereitet noch dafür geübt haben, braucht man sich nicht zu wundern, dass es hier zu viel mehr Zusammenbrüchen, Ausrutschern, moralischem Scheitern usw. kommen kann, als im Milieu von Menschen, die bewusst in Aktion mit all ihren Folgen gehen. Außerdem musste es unter den nach Auschwitz wahllos Mitgenommenen doch auch verschiedene Menschen geben, notorischen Abschaum, Verbrecher, Diebe, Banditen, moralisch unterentwickelte, durch ihr bisheriges Leben völlig verdorbene Menschen usw. Nach Auschwitz kamen auch verschiedene Helfer der Deutschen, ihre Komplizen in Schmiergeldnehmen, in Finanzgeschäften, wenn man sie – nachdem man sie benutzt hatte – fertig machen wollte. Auch verschiedene „Zuträger", Verräter, Feiglinge erhielten – nachdem man ihre Aussagen genutzt hatte – „als Preis" dafür Auschwitz.

Wenn wir uns das alles bewusst machen, werden wir Vieles im anderen Licht sehen. Ich selbst habe in Auschwitz die unter Polen vorkommenden verschiedenen Zusammenbrüche und „das zum Schwein werden" anders beurteilt, als ich heute darüber denke. Jetzt tut es mir weniger weh, ich beurteile das ruhiger – natürlich weil ich hier nachdenken kann. Ich möchte, dass Sie mich richtig verstehen, ich will sagen, dass das, was man aus unserem Volk nach Auschwitz geschafft hat, ganz sicher keine „Crème de la crème" ist und sein kann. Im Gegenteil: so schöpfend, wie sie geschöpft haben, mussten sie den Durchschnitt bekommen. Doch, sicher haben sie mit dieser Methode – vorübergehend – eine gewisse Einschüchterung und Terrorisierung erreicht. Aber nur vorübergehend und keine sehr große. Doch sie haben keine entscheidende Beute gemacht. Denn auch dieses – zufällig aufgegriffene – Element erwies sich meistens als stark genug, um sich anständig zu verhalten. Ich habe bereits beschrieben, wie das Verhalten der Aufgegriffenen in der Warschauer Kaserne ausgesehen hat. Dasselbe muss ich mit

Nachdruck über die Masse der Häftlinge in Auschwitz sagen. Zuträger, Spitzel, Lakaien – das sind Einzelne, vielleicht gibt es einige von ihnen in jedem Block, aber der Rest?

Über dieses Thema habe ich häufig mit einem Freund gesprochen. Er war, wie ich bereits erwähnt habe, ein Junge vom Lande. Er hatte nicht die einmal die Volksschule beendet, besaß aber sehr viel angeborene Lebensintelligenz und die Neigung zur tiefgehenden Reflexion. Dabei hatte er eine große Heiterkeit an sich, einen großen Vorrat davon, einen echten Schatz. Deshalb mussten sie ihn umbringen, weil sie anders nicht gegen ihn ankommen konnten: er hätte durchgehalten.

Eines Abends hatte ich mich über einen Blödmann sehr aufgeregt – das Söhnchen einer Kaufmannsfamilie –, der in aller Ruhe ausführte, dass er jeden Moment seine Entlassung erwarte, weil er wisse, dass seine Mutter keinen Weg auslassen würde, um ihn zu retten. Und er dachte, seine Mutter würde ein Gnadengesuch an Kanzler Hitler selbst richten! Er war ein dummer Typ, intellektuell wenig entwickelt, obwohl er mehrere Sprachen sprach: ein junger Herr, dessen Leben sich bisher auf Fußball und Tanzveranstaltungen beschränkt hatte. Er war eigentlich auch keiner, mit dem man reden konnte, aber es fügte sich, dass ich ihn doch gesprochen und beschimpft habe: ich kickte seinen Strohsack so weit wie möglich von mir weg. Er saß dann allein da, beleidigt, böse, beleidigt.

„Wieso sprichst du ihn überhaupt an?", fragte Jacek, als er sich auf unserem gemeinsamen Strohsack schlafen legte. „Er hat doch so eine Fresse – na und du weißt doch, dass er Deutsch spricht! Er wäre noch bereit, dich zu denunzieren!"

Ich hätte diesen Blödmann dessen nicht verdächtigt, aber es war mir in dem Moment egal, ich kochte über! An Jaceks Worte anknüpfend, begann ich mich darüber zu beklagen, dass es hier solche Typen gäbe, dass jeder einen denunzieren könnte usw.

Da antwortete Jacek sehr ernst:

„Du nimmst diese geringe Sachen immer so ernst, so dass sich dadurch dein ganzes Bild verzerrt. Wo siehst du denn, dass die Menschen so böse sind? Sie sind so … alltäglich, grau, meistens bescheidene Leute … Aber ich habe noch nie gesehen, dass sich einer vor einem Deutschen hingekniet oder ihm die Hand geküsst hätte, oder? … Wo siehst du das? … Wir stehen bei den Appellen, frieren, dann sterben so viele, und hörst du denn in den ganzen Stunden irgendein Weinen oder Bitten oder Anbiedern? … Stimmt, das würde nichts helfen, aber keiner aus einer solchen Menschenmasse versucht, sich zu erniedrigen! … Da, siehst du, durch so etwas sollte man unser Volk beurteilen!".

Oft, sehr oft nach Jaceks Tod erinnerte ich mich an seine Worte, die voller tiefen Glaubens waren, und musste ihre Richtigkeit immer mehr anerkennen.

Aber auch der Tod von Jacek, einem Jungen vom Lande, war ein Zeugnis für die Lebenskraft eines durchschnittlichen Polen, an der die Bemühungen der Deutschen scheitern. Er hat es verdient, hier beschrieben zu werden, obwohl mir damals der Schmerz und die Trauer über Jaceks Tod die herrliche Aussage seines Todes verdeckten.

Jacek war ein kräftiger, hoch gewachsener junger Mann und wurde gleich zu den Bauarbeiten zugeteilt. Er kam mit jeder Arbeit sehr gut zurecht; er war ruhig und geschickt, führte alles aus, was sich gehörte, und der Kapo (ein germanisierter, abscheulicher Schlesier, der durch ein Missverständnis hierher geschickt worden war) war mit ihm sichtlich zufrieden. Nur selten stupste er Jacek an, und wenn die SS-Männer es nicht sahen, nutzte er ihn gern als Aushilfe. Der Schlesier war ein Gewohnheitstrinker und hielt mit den Deutschen zusammen, die ihm hin und wieder, sonntags, die Möglichkeit zu trinken gaben. Also war der Kapo montags nicht zur schnelleren Arbeit oder wacheren Aufsicht fähig, es war ihm lieber, ein ruhiges Plätzchen an einer Mauer zu finden und zu schlummern. Und wenn irgendwas ihm in die Quere kam, geriet er in unglaubliche Wut und verprügelte die Häftlinge auf unmenschliche Weise. Nun kam so ein „mißglückter", schlechter Montag. Zwei Häftlinge und Jacek als Dritter gingen, gleich nach dem Appell, mit Schubkarren zur Arbeit. Der Kapo hatte ohne Grund etwas gegen die Kameraden von Jacek, begann sie zu beschimpfen und ohrfeigte sie. Jacek stand da und wartete, bis es vorbei war, blickte dabei finster drein, wie immer, wenn er jemanden verdammte. (Ich war nicht dabei, die Details kenne ich nur von einem der Häftlinge.) Plötzlich sprang der Kapo auf Jacek mit dem Schrei zu: „Na, das gefällt dir wohl nicht? Willst wohl selber was abbekommen?" und er schlug ihm ins Gesicht. Jacek ertrug das Schlagen normalerweise ruhig. („Wenn man schon in ihre Hände geraten ist", pflegte er zu sagen, „weiß man, dass sie schlagen werden"). Doch auf die wiederholte Frage „Gefällt's dir?" – ich weiß nicht, ob er trotzig wurde, ob er an diesem Tag einfach genug hatte – antwortete er verbissen und laut: „Nein!" Da ohrfeigte ihn der Kapo noch mehrmals, und da er sich selbst dumm vorgekommen sein muss, diesen ruhigen Jungen und hervorragenden Arbeiter zu schlagen, unterbrach er sich plötzlich, drehte sich auf der Stelle, warf einen der Kameraden von Jacek auf eine Schubkarre, trat den zweiten und sprang wieder auf Jacek zu: „Es gefällt dir nicht? … Dann schlag sie doch selbst! Ich befehle es dir! Schlag sie! Schlag sie sofort!"

Zum Schrecken einiger ungewollter Zeugen dieser Szene antwortete Jacek genauso entschieden und ruhig: „Oh nein, das – nicht! Das werde ich nicht!".

Der Kapo soll angeblich erstarrt sein, lachte dümmlich und winkte ab … Vielleicht hätte dieses ganze Ereignis glimpflich geendet, aber … ein Deutscher, ein SS-Mann hatte es vom Weiten bemerkt.

„Jacek! Jacek! Schlag mich, schlag zu!" …, flüsterte einer der Häftlinge. „Der Deutsche kommt her!"

Aber Jacek stand kerzengerade da und rührte sich nicht.

Der Deutsche kam angelaufen – es war ein junger Stürmer – und fragte den Schlesier, was los sei. Dieser erklärte ihm dienstbeflissen, der junge Mann wolle die beiden Anderen auf seinen Befehl nicht schlagen.

„Frag ihn, warum!", brüllte der Deutsche. Der Schlesier wiederholte die Frage für Jacek, und fügte noch von sich hinzu: „Sei nicht dumm!".

Jacek antwortete darauf, nachdrücklich: „Ich werde meine Landsleute nicht schlagen".

Da nahm der Deutsche ohne ein Wort seinen Revolver heraus und erschoss Jacek aus einer Entfernung von drei Schritten. Dann ging er, ohne sich umzudrehen.

Der Kapo rief zwei Häftlinge, die in der Nähe waren (den seinen befahl er, mit den Schubkarren loszugehen) und ließ den Leichnam zum Krematorium bringen. Jacek war tot.

Der Deutsche hatte verstanden, was Jacek gemeint hat. Und das ist auch ein Beitrag zur Beurteilung der deutschen Kultur! Unser Jacek starb lieber, als seine Landsleute zu misshandeln. Der junge Deutsche, unser Altersgenosse, von der Hitlerjugend erzogen, hatte bereits das Gefühl jeglichen moralischen Wertes völlig verloren: die Wut aus dem Grunde, dass der Pole es wagt, sich ihm zu widersetzen, stieg ihm augenblicklich zu Kopf, er zögerte keine Sekunde und tötete ihn.

Jacek hätte das Lager überleben können. Er erkältete sich nicht, war sehr stark, die Läuse konnten ihm nichts anhaben. Er war so lebendig, dass ich noch lange, lange Zeit, wenn ich nachts aufwachte, neben mir auf dem Strohsack nach ihm suchte. Manchmal, vor dem morgendlichen Wecken, wenn ich aus einem Traum aufwachte, hatte ich den realen Eindruck, als würde er neben mir sitzen und sich anziehen. Er wachte gern vor allen anderen auf, um in Ruhe dazusitzen und nachzudenken.

Er hätte das Lager überlebt.

X

Nach Jacek, den man nicht vergessen kann, wurde ein älterer Mann mein Nachbar auf dem Strohsack, ein Buchhalter oder Buchhaltergehilfe. Im Lager war er Küchenarbeiter. Warum dieser Mensch bei der Küchenarbeit ständig erkältet und krank war, habe ich nie verstanden. Er soll bereits in der Freiheit krank gewesen sein. Hier, neben mir, litt er an der für den Nachbarn anstrengendsten Krankheit: er konnte das Wasser nicht halten. Was war das für eine Pein! Ich erfuhr sie in vollem Ausmaß. Kaum eine Nacht war „trocken". Außerdem war es, falls es am Morgen gelang, den nassen Fleck zu verstecken, viel schwieriger, mit dem scharfen Uringeruch zurechtzukommen! Ständig wurden wir entdeckt und bekamen beide Schläge. Er tat mir leid, aber ich hatte genug von ihm. Ich atmete wirklich auf, als er und viele andere nach einigen Wochen entlassen wurden. Es gab mehr Platz und ich erhielt einen ganzen Strohsack für mich.

Der Buchhalter war nicht nur aufgrund seines beschriebenen Nachteils anstrengend. Er stöhnte auch ständig. Bevor er einschlief und sobald er aufgewacht war, flüsterte er sofort: „Oh Gott! Oh Gott! Alles ist verloren!".

Er hatte Glück, bekam eine leichte Arbeit, wurde kein einziges Mal ernsthaft verletzt, und ständig stöhnte und winselte er. Aus einem Gespräch erfuhr ich, dass ihm im Krieg nichts zugestoßen war: er hatte weder seine Wohnung noch seine Arbeit verloren. Keiner aus seiner Familie hatte gelitten, nicht einmal einer ist in den Krieg gezogen. Sein zwanzigjähriger Sohn (wohl ein Idiot!) hatte den ganzen September unter Mutters Schürze verbracht. Abgesehen von der alten Blasenkrankheit war dem Alten nichts passiert. Nach Auschwitz kam er direkt aus einem Café, wo er (seit 18 Jahren) jeden Nachmittag zum Kaffee und Zeitungslesen kam. Ich denke, dass dieser Typ auch nach seiner Freilassung weiterhin stöhnen wird: „Oh Gott! Oh Gott! Alles ist verloren!".

Manche Menschentypen werden in Auschwitz besonders plastisch. Vielleicht, weil der Hintergrund notgedrungen grau ist. Die meisten Häftlinge schützen sich durch innere Gewöhnung, durch Zurückhalten aller überflüssigen menschlichen Gefühle, und deswegen wird der allgemeine menschliche Hintergrund nivelliert. Übrigens ist diese Taktik ganz gut, die einzig richtige. Jeder, der länger als einige Wochen im Lager verbracht hat, weiß ganz gewiss, dass der in jedem Sinne durchschnittliche Mensch, der sich durch nichts besonderes auszeichnet, die wenigsten Verfolgungen auf sich zieht: weder schön noch hässlich, weder stark noch schwach, weder besonders geschickt noch besonders unbeholfen. Hundertprozentig starke, wunderbare Polen werden von den sadistischen Deutschen mit besonderer Freude zu Tode geprügelt. Sie quälen auch besonders gern – das folgt wohl aus dem Wesen des Sadismus selbst – körperlich ungeschickte Menschen, die vollkommen unfähig zu handwerklicher Arbeit sind, und sehr kranke, sehr unglückliche Menschen. Jeder von uns hat nach seinen ersten Erfahrungen bereits beobachten können, dass man, wenn man geschlagen wird, seine Reaktion auf den Schmerz beherrschen muss, aus ganzer Kraft den Schrei oder das Stöhnen, das Gesichtverziehen, Zittern usw. unterdrücken muss. Denn eine deutliche Reaktion auf Schmerz und Prügel reizt und erregt die Henker. Natürlich verlangt eine solche Beherrschung der Reflexe einen starken, konzentrierten Willen. Aber wir kommen auch alle in Auschwitz zu der Überzeugung, dass man einen sehr starken Überlebenswillen, einen Willen zum Durchhalten haben muss: das schützt!

„Mein" erster Stubenältester war ein älterer Mann aus der Wojewodschaft Łódź. Ich glaube, er war ein Guts- oder Vorwerkverwalter, der aus der Zeit des vorherigen Krieges – oder vielleicht noch aus der Schule – fließend Deutsch sprechen konnte. Ich weiß nicht, wodurch er zum Stubenältesten ernannt worden war, denn ich fand ihn schon in diesem Amt vor, aber ich hörte, er habe einmal einen Deutschen als Freund gehabt, der sich eifrig für ihn einsetzte und persönlich an den Lagerkommandanten geschrieben habe mit der Bitte, seine Lebensbedingungen zu verbessern. Ich habe ihn drei Monate lang beobachtet, denn danach wurde er entlassen. Er war kein besonders intelligenter Mann, im Leben höchstwahrscheinlich anständig, der hier zuerst versucht hatte, das Gewissen eines Polen mit dem Drang zu vereinen, bei den Deutschen nicht aufzufallen. Zu Anfang hatte er nie selbst einen Häftling geschlagen. Nur, wenn er eine Vernachlässigung oder ein Verschulden feststellte, begann er sofort wild herumzuschreien, um so schlimmer, je näher die Vorgesetzten sein könnten. Wenn die Vorgesetzten dann in der Stube auftauchten, sprach er sie ständig an und begleitete sie mit kleinen Schritten hinterher trippelnd; er versuchte, die Ausbrüche der schlechten Laune seiner Vorgesetzten zu verhindern und blickte dem SS-Mann mit einem schwachen, bittenden Lächeln direkt in die Augen. Und da er dabei auch richtig Meldung machen konnte, den Rapport so brachte, dass er angenommen wurde und immer richtig sprechen konnte, gelang meistens alles ohne größere Konflikte. Vielleicht tat da auch die Tatsache, dass der Deutsche sich für ihn eingesetzt hatte, ihre Wirkung, oder vielleicht war er einfach ein Mann, der die Deutschen mit seinem Typ nicht reizte. Doch nach einem Monat wurde er von einem SS-Mann bei der Meldung geohrfeigt, einfach so, der Form wegen, zum Training, eins und zwei von beiden Seiten – so dass es klatschte! Einer der Häftlinge, ein kleiner Idiot, kicherte plötzlich nervös. Der SS-Mann erbebte, sprang auf ihn zu, erkannte das lachende Gesicht, schleifte ihn in die Mitte der Stube, warf ihn zum Boden und trat mit den Füßen, dabei brüllend, wir sollten unseren Stubenältesten respektieren. Ich beobachtete den Stubenältesten: er stand eine Sekunde lang bewegungslos da, dann sprang er zu dem Liegenden und trat ihn ebenfalls mit seinem Schuh. Sein Gesicht war dabei rot, die Augen wild; offenbar hatte er seine Beherrschung verloren. Leider hatte das weitgehende Folgen. Von dem Tag an schlug er den jungen Mann bei jeder Gelegenheit, und wenn jemand für ihn sprach, wurde auch er geschlagen.

Abends, am Ende des Tages, kamen drei ältere Häftlinge zum Stubenältesten und erklärten ihm mehrere Minuten lang, er solle aufhören, seine Landsleute zu schlagen. Es schien, als hätten sie ihn überzeugt: er drückte ihre Hände, sie küssten sich auf die Wangen, er sah gerührt aus.

Doch die Angst, selbst geschlagen zu werden, erwies sich als stärker. Zwar prügelte er nach dem erwähnten Gespräch längere Zeit nicht mehr, doch eines Tages, als das Grauen der schlechten Laune der Vorgesetzten vom frühen Morgen an über dem Lager hing, stellte unser Stubenältester uns in Reihen zum Appell auf, wurde dann merkwürdig unruhig, lief hin und her, begann zu lauschen. Als wir vom Weiten das raue Brüllen der Deutschen hörten, erblasste er, erzitterte, lief, seine Zähne zusammenpressend, auf uns zu und schlug ein Dutzend von uns ins Gesicht. Da bekam auch ich etwas ab, ich hatte es erwartet, so dass ich es fast gelassen aufnahm. Ich kann feststellen, dass dieser Mensch beim Schlagen versuchte, uns nicht ins Gesicht zu schauen, er wandte seine Augen ab. Ich verstand, dass er sich durch eine solche Demonstration des Dressierens seiner Stube selbst absicherte … Und er hatte sich tatsächlich abgesichert: die Vorgesetzten hatten ihn diesmal ganz wohlwollend behandelt.

Ich denke, dass die soeben beschriebene Szene die Gestalt meines ersten Stubenältesten ausreichend charakterisiert. Man sollte noch hinzufügen, dass er kurz nach diesem Vorfall entlassen wurde, und er hatte diese Entlassung erwartet; offenbar hatte ihn jemand frühzeitig darüber informiert. In den letzten zwei Wochen fühlte er sich uns gegenüber sehr verunsichert. Mein Gott! Vielleicht dachte er daran, dass doch bald, in der Freiheit, ein Zufall ihn mit jemandem von unserer Stube zusammenbringen könnte, einem Zeugen oder Opfer seiner Taten? … Vielleicht dämmerte es in seinem Kopf, dass er im künftigen Polen nicht gut dastehen würde, wenn die Menschen erfahren, wie er den Deutschen gedient hatte. So oder so, wurde er sehr verträglich und menschlich, versuchte, uns in den letzten Tagen zu schützen, wie er nur konnte; er nahm verschiedene Aufträge und Bitten mit, die er in der Freiheit ausführen wollte und versprach so Manches.

Ich wurde Zeuge, wie er sogar versuchte, sich bei dem Jungen zu entschuldigen, den er getreten und dann längere Zeit verfolgt hatte. Diese Szene möchte ich gern beschreiben. Ich stand gerade neben diesem Jungen, denn er hatte von seinem Kapo ein zusätzliches Stück Brot bekommen, und ich wollte wissen, unter welchen Umständen das passiert ist.

Der Junge hatte noch keine Zeit, etwas zu sagen, als der Stubenälteste angelaufen kam, mir einen zerstreuten Blick zuwarf, den Jungen an der Schulter fasste und etwas in der Art stotterte „Du … weißt du … damals hast du dich nicht richtig verhalten! … Aber … ich will, dass du weißt, dass … ich dir damals nichts zuleide tun wollte! … Du weißt selbst, wie das ist … Na und sei mir nicht böse!“ Der Junge hörte sich das ruhig an, schaute ihn mit unterdrückter Belustigung an, dann öffnete er seine blassen, breiten, dümmlichen Lippen und sagte: „Macht nichts“. Dann lächelte er.

„Was sagst du da?“, mischte ich mich empört ein. „Macht nichts? Bist du denn völlig verblödet? Begreifst du es nicht? Der Stubenälteste verabschiedet sich von uns, na und er fühlt sich … er weiß … er möchte nicht …“

Die Worte verfingen sich in meinem Mund unter dem hartnäckigen Blick des Jungen, der mit Mühe seine Belustigung zu beherrschen versuchte.

„Macht nichts“, wiederholte der Junge ruhig.

Der Stubenälteste schaute mich aufmerksam an, mit Vorwurf und Unwillen, dem Jungen klopfte er freundschaftlich auf die Schulter und zog sich schnell zurück. Ich ging ebenfalls weg, nachdem ich jedwede Lust auf ein Gespräch mit diesem Dummkopf verloren hatte. Unterdessen holte mich der Junge aber ein, fasst mich am Ärmel, hielt fest, drehte mich mit dem Gesicht zu sich und flüsterte mir direkt ins Gesicht:

„Bist du mir böse? … Hattest du Angst, dass ich ihm verzeihen werde? Ich bin nicht so dumm wie es ausgesehen hat, mit meinem Lachen und überhaupt … Der ältere Herr und ich stammen aus demselben Landkreis! Ich kenne ihn sehr wohl noch aus der Freiheit … Weißt du, sobald ich hier rauskomme, werden wir schon auf ihn warten … weißt du? Ich überrede meine Jungs dazu, ich habe gute Freunde. Wir werden ihn ganz schön zurichten für das, wie er sich hier uns gegenüber verhalten hat. Weißt du, so richtig … Ich kann treten wie er und ich habe mir vieles abgeguckt, wie die das hier gerne machen … In die Niere! … Verstehst du? …"

Mein zweiter Stubenältester war nur eine ganz kurze, leuchtende Episode: ein junger Pfadfinderführer, aus Pommern, ein Flüchtling, in Warschau aufgegriffen. Sofort nachdem er zum Stubenältesten ernannt worden war, hielt er am ersten Abend, als wir in der Nacht allein in der Stube geblieben waren, eine Ansprache an uns. Er sagte, ihm wäre alles lieber als das; dass er verstehe, dass er sehe, was mit unseren Leuten in diesen Positionen gemacht werde. Dass wir es jedoch wüssten, dass man nicht nein sagen kann. Er bitte uns also alle – alle kollektiv – ihm zu helfen: wir sollten alles reibungslos ausführen, was zu uns gehöre, um mögliche Konflikte zu vermeiden: und er gebe uns das Wort eines Polen, dass er uns treu zur Seite stehen werde, dass er sich nicht vergessen werde, dass … wir vielleicht gemeinsam irgendwie überdauern werden …

Das war eine sehr menschliche, eine fast jugendliche Ansprache. Es schien, als wäre die ganze Stube gerührt. Ich hörte Geflüster: „Na, wirklich! Der ist ein Pfundskerl! Wir müssen uns Mühe geben! Wir dürfen ihn nicht auflaufen lassen." usw. Gleich am nächsten Tag wollte es der Zufall, dass unser neuer Stubenältester auf die Probe gestellt wurde. Nach dem Morgenappell, als er unsere Zahl überprüfte, fehlte einer. Der Stubenälteste wurde kreidebleich, stotterte, wir hörten: „Ein Unglück! …"

Alle wussten wir doch, was die ganze Stube und der Block für so etwas bekommen würden. Wir hatten keine Zeit mehr, um ihn zu suchen, zu ihm hinzulaufen. Er ging also hin und meldete es dem Blockältesten. Dann stand er ruhig da, sehr traurig. Er erwog irgendetwas. Er hatte für sich genau festgelegt, wer fehlte.

Die Vorgesetzten näherten sich bereits unserem Block. Es gab keine andere Möglichkeit! Es war ein dramatischer Augenblick. Als der Blockälteste zum Rapport antrat, bemerkten wir, dass derjenige, der verschwunden war, sich unauffällig in unsere Reihen schlich. Mit unseren Augen, unserer Mimik, zwangen wir den Stubenältesten, wahrzunehmen, dass dieser schon da ist. Da wurde er noch blasser und richtete sich noch gerader in der „Stillgestanden-Position“ auf.

Der SS-Mann hatte es an dem Tage eilig, überging nachlässig den Rapport unseres Blocks, zählte aber die Stube ab und sah, dass keiner fehlte. Da erinnerte er sich daran, dass im Blockbericht … Der gerufene Blockälteste bekam einen Schlag mit einem Gummiknüppel über den Kopf und trat wankend zur Seite. Da rückte unser Stubenältester resigniert noch weiter nach vorne. Der SS-Mann war offensichtlich nicht ganz klar im Kopf und bekam erst jetzt mit, dass er es war, der das ganze Durcheinander verursacht hatte.

„Ah!“, brüllte er. „So bewährst du dich also, wo wir dir doch Vertrauen geschenkt haben. Du als Stubenältester?“ Er schlug ihn ins Gesicht. Der Pfadfinder stand unberührt da. „Welcher Schurke ist es gewesen?“, brüllte der Deutsche. „Gib ihn her! … Welcher? …“

Und genau da – blitzschnell – geschah diese einzigartige Sache! Der Stubenälteste antwortete auf Deutsch, doch wir haben alle verstanden:

„Ich weiß nicht, welcher das war … Ich habe nur die Zahl aufgenommen“, und dann: „Bestrafen Sie mich bitte für diese Fahrlässigkeit“.

Er blickte dem Deutschen direkt in die Augen, obwohl das Blut in seinem jungen Gesicht aus seiner zerschlagenen Nase und den Zähnen floss. Der Deutsche schwieg, schaute zuerst uns, dann noch einmal den Stubenältesten an und sagte etwas in der Art:

„Das ist ja ein guter Anfang! Ich schreibe eine Strafmeldung über dich!“.

Doch irgendwie hatte er ihn vorerst nicht aufgeschrieben, weil am nächsten Tag nichts passierte. Unsere Stube wusste gar nicht, wie sie ihrem Stubenältesten ihre Dankbarkeit erweisen sollte. Aber nach zwei Tagen wurde er doch mitgenommen und bekam sieben Tage „Strafarrest“. Wie wir erfahren haben „für das Halten einer Rede“. War es also einer von uns, aus unserer Stube, der ihn denunziert hatte? … Deutsche gab es zu jener Zeit nicht mehr in unserem Block. Oh, wir hätten ihn mit unseren nackten Händen erwürgt, wenn man nur hätte erfahren können, wer es gewesen ist … Wer? … Wir erfuhren es nicht. Ich habe ein Jahr dort gesessen und es nicht erfahren.

Und unser Blockältester wurde nach sechs Tagen „Strafarrest" ins Krematorium gebracht.

Noch erschütternder war an ihm, dass ihm sein Heldentum, ähnlich wie bei Jacek, nicht bewusst zu sein schien. Das heißt bei Jacek war es völlig unbewusst, und bei diesem Pfadfinder gab es, unabhängig von der Vernunftlinie in Richtung Ehre, Würde, Kameradschaft, noch etwas Unterbewusstes: einen unterbewussten Tapferkeitsinstinkt.

Der Häftling, den er gerettet hatte, dieser zeitweilig auf der Toilette verloren gegangene, schwerkranke Mann, hat seinen Retter nicht lange überlebt: nach etwas mehr als zehn Tagen hatte ihn der Durchfall getötet. Aber bis zu seinem Tod sprach er nur von ihm.

„Ich dachte, er würde meinen Namen nennen – und er hätte Recht gehabt; er wusste, dass ich es nicht schaffe … Als der andere zuschlug und brüllte, schaute er mich aus dem Augenwinkel an … Ich hatte sogar leicht genickt … Und seine Augen – so hell, wach, so scharfsinnig – ich dachte, gleich wird er es sagen! – wurden plötzlich matt, zogen sich zurück, na und ihr wisst … Er verdeckte sie … Ich denke, das war unbewusst … Vielleicht hätte er es – von der Vernunft her – gesagt, doch im letzten Moment konnte er es nicht!"

Diesen Anmerkungen des alten Rechtsanwalts, den wir ein paar Tage nach dem Pfadfinder ins Krematorium brachten, verdanke ich den Gedanken über das unbewusste Heldentum.

Natürlich konnten solche Lichtgestalten wie jener Pfadfinder nicht oft unter den Lagerältesten vorkommen. Das lässt sich meistens nur schlecht verbinden: Anstand, Edelmut, menschliche Behandlung und die Macht über die eigenen Kameraden.

Mein dritter (und letzter) Stubenältester war ein menschlich vollkommen niederträchtiger Typ (den ersten zähle ich, – ich denke das verdeutlicht zu haben – persönlich nicht zu erklärten Schuften, er war eher ein schwacher und feiger Mensch).

Dieser Dritte war Jura- oder Philosophiemagister aus Warschau. Es war ein menschliches Tier mit absolvierter Hochschulbildung, die nichts in der Stumpfheit seines Verstands verändert hatte. Offensichtlich war er von Kind auf (er war ein junger Mensch) von der Größe der sogenannten deutschen Kultur fasziniert, begeisterte sich für Hitler und dessen Regierung; er bedauerte, dass in Polen „kein Hitler aufgetaucht ist" … Bevor er Stubenältester geworden war, sprach er mit so manchem Häftling, wenn er vorher erfuhr, er habe es mit einem „gebildeten" Menschen zu tun, und dann äußerte er solche Ansichten. Ich hatte damals ein einziges Mal mit ihm gesprochen und empfand danach eine extreme Abscheu gegen ihn. Übrigens sollte mich dieses Gespräch, wie sich später herausstellte, teuer zu stehen kommen. Es war an dem Tag, als man uns plötzlich erlaubte, eigenes Schuhwerk zu behalten. Es war natürlich eine große Erleichterung und seinerzeit konnte eine solche Sache über das Leben von vielen zig Häftlingen entscheiden. Ich sagte, als ich abends mit einer Gruppe von Kameraden stand, dass diese Erleichterung leider für viele zu spät komme; darauf reagierte der Magister sofort und sagte Folgendes: „Es ist eine polnische Eigenschaft, alles zu kritisieren. Und wenn es auch zu spät kommt: sollte es vielleicht gar nicht kommen? … Und was soll das mit der Erleichterung? Das ist keine Erleichterung, sondern eine große Gnade! …“ Es lief uns kalt über den Rücken. “Wer sind Sie denn“, fragte ich, „etwa kein Pole, dass Sie uns die polnischen Eigenschaften so vorhalten? Dann muss ich noch eine weitere polnische Eigenschaft hinzufügen: dass ich Gnade nicht mag … Nicht aus diesen Händen.“ Der Magister musterte mich mit einem bösen Blick. Sehr zungenfertig, woran man den Warschauer in ihm erkennen konnte, sagte er: „Gleich so scharf, so ohne Bedarf? Genau das steckt in den Köpfen der Polen und daher kommt das alles, woran wir uns heute erfreuen. Und was mich anbetrifft, so bin ich Pole, aber ein Pole der westlichen Kultur“, beendete er, stülpte seine Lippen vor und ging. Mehr haben wir nicht miteinander gesprochen, aber wir haben uns nicht vergessen.

Seitdem er ernannt worden war, begann dieses Rindvieh die Häftlinge zu Tode zu schlagen. So wandte er seine Kultur an. Er lief vor den Deutschen wie ein kleines Hündchen, wollte fast den Staub vor ihren Füßen lecken …

Einmal, als in der Stube Tabak gefunden worden war (damals verriet keiner etwas), erhielten wir vier Stunden Strafappell. Nachdem wir diese Strafe verbüßt hatten (an dem Tag bekamen wir auch kein Mittag- und kein Abendessen) wollten wir so schnell wie möglich ins Bett gehen, um uns etwas aufzuwärmen und zu erholen. Plötzlich kam unser Stubenältester mit einem SS-Mann herein und erzählte ihm, an der Schwelle stehend, etwas über uns. Wer Deutsch verstand, hörte aufmerksam zu, doch wir hatten Angst zu flüstern. Ich verstand nichts. Plötzlich flüsterte mein nächster Nachbar konvulsiv: „Sie reden von dir, von dir … dass du ihre Gnade nicht erträgst! …“ In dem Moment wurde meine Nummer genannt und ich ging zu ihnen.

Der SS-Mann fragte mich, breit lächelnd, auf Polnisch: „Dann müssen Sie ja ein großer Herr sein, wenn Sie Gnade nicht ertragen, was?“

Der Stubenälteste verzog sein Gesicht und nickte: „Genau, ein großer Herr". Da sagte der Deutsche ganz ruhig: „Na, wenn du keine Gnade magst, dann magst du vielleicht lieber Strafe … Ich kann dir die Freude machen und werde dich vorschlagen … morgen bekommst du etwas anstelle von Gnade".

Ich war ruhig. Ich war bereits ziemlich erkältet, krank, konnte nicht schlafen, mein Herz tat weh, ich rechnete nicht mit dem Leben. So oder so?

Ich schaute den Stubenältesten mit dem Gedanken an, dass ich wohl Dunkelarrest oder die „Pfahlstrafe" genießen werde. Der Deutsche, der bisher ruhig gewesen ist, geriet in Wut, als ich meine Augen von ihm abgewandt hatte. Er begann, etwas auf Deutsch zu brüllen (später wurde mir gesagt, dass es eben darum gegangen sei), zerrte an meinem Kragen, stieß mich irgendwie so, dass er mich mit dem Gesicht auf den Fußboden warf und er trat mich – natürlich – mit seinen Stiefeln. Da hatte er sich Erleichterung verschaffen, und dabei wurde höchstwahrscheinlich meine unglücksselige Niere zerschmettert. Übrigens schlug der Stubenälteste damals nicht. Es war nicht nötig. Die Arbeit war gut gemacht, nach den Prinzipien der „Kultur".

Am Morgen brachten mich meine Kameraden in die Krankenstube, und das hat mich wahrscheinlich vor der Regelstrafe gerettet. Ich war fast drei Wochen krank, hatte Fieber, spuckte Blut, alle normalen Körperfunktionen waren zusammengebrochen. Das Fieber hatte meine Sensibilität gegenüber dem Grauen der sogenannten ärztlichen Betreuung geschwächt.

XI

Eine Entlassung aus dem Lager ist grundsätzlich sehr selten. Eigentlich wird man meistens dank Protektion entlassen. Und dann dank Schmiergeld, das die Verwandten des Häftlings geschickt an Vermittler weitergeben, die diese Prozedere professionell betreiben. Übrigens führt auch das nur in einem Bruchteil von Fällen überreichter Schmiergelder zu einer tatsächlichen Entlassung des Häftlings, sonst wäre es ja auch kein so gewinnbringendes Prozedere und würde nicht zur Entstehung von großen Vermögen führen.

Außerdem werden aus Auschwitz manchmal Menschen entlassen, die völlig zusammengebrochen sind und mit einem Fuß im Grabe stehen. Vielleicht rechnen sie damit, dass diese wahres Grauen draußen verbreiten (denn sie tun es wohl nicht aus Humanität). Im Lager peinigen die Deutschen die Häftlinge vor der Entlassung noch gern zusätzlich. Ein Kamerad wurde zu einer ungewöhnlichen Zeit (abends) in die Kanzlei gerufen, wo ihm irgendwelche Fragen gestellt wurden, deren Zweck er nicht verstand. Auf dem Rückweg fragte er den Aufseher, was das wohl bedeuten könnte. „Ach, du wirst morgen erschossen", verkündete der Sadist. Dabei wurde der Häftling am nächsten Tag aus dem Lager entlassen. Darüber, wie Häftlinge allein bei dem Gedanken an eine eventuelle Entlassung reagieren, könnte folgendes Ereignis etwas aussagen: eine Gruppe von Häftlingen wurde eines Tages in die Kanzlei gerufen und man befahl ihnen, sich für den nächsten Morgen darauf vorzubereiten, das Lager zu verlassen. Und einer aus dieser Gruppe starb in der Nacht vor Aufregung. Vor der Entlassung werden wir von einer Kommission begutachtet, die sich darum kümmert, dass die Menschen nicht mit offenen, sichtbaren Wunden am Gesicht, Hals oder an den Händen entlassen werden. Die Häftlinge wissen auch bereits, dass sie auf die Frage, wie es ihnen geht, sofort „sehr gut" antworten müssen. Wenn sie sich über irgendetwas beschweren, hat das bei so manchem Häftling die Entlassung verhindert, zumindest für eine bestimmte Zeit. Also erheben sich Menschen mit ruinierter Gesundheit, mit fortgeschrittener Tuberkulose, zerrütteten Nerven, zerschlagenen Nieren und oft todkranken Herzen durch die Kraft ihres Willens, um so zu tun, als ob sie gesund wären!

Vor der Entlassung muss sich der Häftling eine Belehrung des Lagerkommandanten anhören und eine Erklärung unterschreiben, die aus folgenden Punkten besteht: dass man nach seiner Rückkehr nach Hause niemanden von den Verhältnissen im Lager erzählen werde; dass man sich gesund fühle; dass man niemals gegen das Dritte Reich auftreten werde; dass man niemals seine Pflicht vernachlässigen werde, die deutschen Behörden über alle Machenschaften gegen sie zu informieren, von denen man erfährt. Bei der Entlassung wird dem Häftling nur seine eigene Wäsche und Kleidung zurückgegeben (die letztere – gebügelt), außerdem Sachen oder Geld, die er zur Verwahrung abgegeben habe. Ich habe auch schon das Essen erwähnt, das man für unterwegs bekommt. Das ist wohl alles! …

Ich habe nicht alles geschrieben, was ich schreiben wollte. Es ist chaotisch aufgezeichnet, ohne System, fragmentarisch. Aber daran ist mein Gesundheitszustand schuld, oder eher das schnelle Fortschreiten meiner Krankheit. Es geht schneller, als der Arzt erwartet hatte, von meinen Eltern ganz abgesehen.

Es hat keine Bedeutung, dass ich sterben werde, denn es werden viele, viele Auschwitz-Häftlinge überleben. Wer wird überleben? Die Meisten – man wird sie noch für alles gebrauchen können. Aus diesen Reihen werden noch polnische Soldaten kommen.

Mir sind nur noch ein paar Tage Leben geblieben. Ich schreibe nicht mehr, beunruhige meine Eltern nicht mehr … ich liege ruhig da, esse, schlafe, höre mir meine Lieblingsetüden von Chopin an, und bitte meine Mutter darum. Meine Mutter weint, aber sie spielt …

Oh, es ist sehr gut, zu Hause zu sterben …

Nur weiß ich, dass im letzten Moment auch sie, meine Kameraden, meine Freunde aus meiner Stube neben meinem Bett stehen werden.

Ich wollte Auschwitz darstellen, den kollektiven Durchschnitt des polnischen Martyriums. Wir wussten, als wir bereits dort saßen, dass viele Tausend Polen, die von Auschwitz verschont geblieben waren, von den Deutschen, ihres ganzen Hab und Guts beraubt, zwangsausgesiedelt wurden. Wir wussten von den blutigen Befriedungsaktionen in Dörfern und Städten, und dass die Juden in Ghettos eingeschlossen wurden, ganz besonders gelitten haben, und dass in einer Reihe von Orten Massenmord an ihnen begangen wurde … Mir ist vollkommen bewusst, dass das kollektive Martyrium unseres Volkes viel weiter geht als Auschwitz und Konzentrationslager überhaupt. Und doch wird unser Volk alles überleben, weil es einen Überlebenswillen hat.

Dieser wunderbare Junge, mein teurer Kamerad, Jacek – hätte nach seinem Tod eine feierliche Erinnerungsstunde verdient … Ich kann aber keine hochtrabenden Worte benutzen. Ich habe Tatsachen beschrieben und mir scheint, dass diese von ihm erzählen werden. Ich behaupte auch, dass das Lager, die Schwierigkeiten oder Verfolgungen diesen Jungen nicht besiegt hätten, wenn sie ihn nicht einfach umgebracht hätten. Jacek hatte einen starken Geist, einen Glauben an unsere Nation, er sehnte sich nach einem freien Polen und wartete darauf; er hätte also durchgehalten …

Das kann ich also mit Nachdruck wiederholen: die schrecklichsten Bedingungen unseres Lagers kann auch jemand überleben, der körperlich nicht der Gesündeste ist (obwohl das natürlich eine wichtige Voraussetzung ist), doch vor allem jemand, der psychisch und moralisch stark und widerstandsfähig ist. Es gibt viele solche starken Menschen, die im Lager sitzen und nicht zu brechen sind. Meistens schweigen sie, sind konzentriert, manchmal sogar etwas verschlossen, und ihr Wille ist auf eines gerichtet: zu überleben … Das sind echte Charaktere. Wie man sieht, ist das eine bei uns in Polen ziemlich verbreitete Erscheinung. Sie werden durchhalten, wenn man ihnen keine Kugel in den Kopf schießt, wenn man ihnen nicht mit dem Stiefelabsatz die Nieren zerschmettert.

Es gibt keinen Grund, zu verzweifeln, zusammenzubrechen oder depressiv zu werden. Unser Volk ist stark. Immer populärer wird auch die Überzeugung – und genau das lehrt uns Auschwitz – dass Passivität und Feigheit uns nicht vor den Deutschen schützen. In den Lagern sind Hunderte, vielleicht Tausende von Menschen ums Leben gekommen, die gar nichts mit politischen Aktionen oder der Arbeit in der Widerstandsbewegung gegen die Deutschen zu tun hatten. In Bezug auf kleinere polnische Städtchen wurde beispielsweise manchmal folgende Methode angewandt: alle örtlichen Ärzte, Zahnärzte, Ingenieure, Priester und Lehrer – das heißt die ganze Intelligenz – wurde ins Lager deportiert. Was die Landgüter im Westen Polens anbetrifft, so wurden alle Landbesitzer von dort fortgerissen und in deutsche Lager gebracht. Sowohl im ersten als auch im zweiten Fall handelte es sich meist um Menschen, die politisch nicht engagiert und mit ihrer Erwerbsarbeit oder ihren Landgütern beschäftigt waren. Diese politische Passivität hatte sie nicht geschützt. Umso weniger tut das die Feigheit. Übrigens liegt die Feigheit – wie angenehm ist es, das festzustellen – meistens nicht in der polnischen Natur … Tausende von Menschen, die Auschwitz in dem Jahr, als ich dort gesessen habe, füllten, waren keine Feiglinge. Sie krochen nicht, sie winselten nicht, sie erniedrigten sich nicht – wie Jacek es gesagt hat. Feiglinge, Denunzianten, Schurken waren nur Einzelne.

Mir scheint, als hätte ich nun alles aufgeschrieben, was noch fehlte. Ich sterbe frohen Mutes, und mit großer Freude stelle ich jetzt fest: sie haben auch mich nicht gebrochen … Nein, für keinen Augenblick. Ich muss sterben, wie Jacek, aus mechanischen Gründen: es ist diese Niere!

Aber andere werden leben, die Nation wird überleben, Polen wird wieder entstehen! Ein Polen, dessen Leiden unter dem Stiefel der Nazis bereits bewirkt haben, dass es jetzt zu einer Bastion, zu einem Felsen, einer Festung im Kampf gegen jegliche Gelüste, die Deutschen nachzuahmen, wird, gegen jeglichen Totalitarismus, Unterdrückung und Misshandlung des Menschen … Wir werden zu unseren schönsten Traditionen zurückkehren … Es wird wieder ein Polen geben!

WŁADYSŁAW BARTOSZEWSKI

Untergrundpublikationen über Auschwitz

Im April 1942 erschien im besetzten Warschau in einem Untergrundverlag der Text *Oświęcim. Pamiętnik więźnia* (*Auschwitz. Erinnerungen eines Häftlings*). Mit Hilfe eines Vervielfältigungsgeräts erstellt, zählte die schlichte Broschüre knapp 22 Textseiten, die platzsparend, ohne Absätze und „in einem Rutsch" beschrieben waren. Verantwortlich zeichnete die Propagandakommission des Informations- und Propagandabüros (KOPR BIP) der von Aleksander Kamiński geleiteten Kommandantur der Heimatarmee im Bezirk Warschau (Komenda Okręgu Warszawskiego AK). Der Text war darüber hinaus die erste Publikation der für solche Zwecke beim BIP des Bezirks Warschau eingerichteten Sonderkommission (Deckname „Sztuka"). Später folgte rund ein Dutzend weiterer Publikationen. Sie wurden bereits gedruckt, nicht vervielfältigt, erschienen in höheren Auflagen und erlangten eine wesentlich größere Verbreitung (u. a. Kamińskis Text *Kamienie na szaniec* – Steine auf der Schanze). Kamiński selbst bestätigt in seinem Bericht *KOPR. Geneza i niektóre szczegóły akcji wydawniczej* (Die KOPR. Genese und einige Details ihrer Publikationstätigkeit), den er auf meine Bitte hin verfasste (er erschien ohne Datum, jedoch mit Sicherheit in den Jahren 1958 oder 1959): „*Auschwitz* war die erste Publikation, für die die KOPR verantwortlich zeichnete", und fügt knapp hinzu: „Die *Erinnerungen* waren fingiert, auf der Grundlage von Berichten aus Konzentrationslagern." Die Broschüre wurde nach dem Krieg nie nachgedruckt. Es gibt jedoch Beweise, dass der Text durch verschiedene Abschriften, die während der Besatzung von unbekannten Lesern angefertigt wurden und bis heute erhalten sind, bekannt war. Edmund Polak von der Zeitung „Express Wieczorny" (Abendexpress), der eine dieser Abschriften in die Hände bekam, rief im Jahr 1969 dazu auf, die Urheberschaft des Textes und die Umstände seines Entstehens publik zu machen („Wer ist Autor der Erinnerungen eines Häftlings des Konzentrationslagers Auschwitz aus den Jahren 1940–1941?). Ich habe mich damals dazu geäußert („Express Wieczorny", Nr. 114, 19. Juni 1969). Die Redaktion des „Express Wieczorny" erreichten außerdem Briefe von Dr. Lucjan Dobroszycki, Dr. Wanda Kiedrzyńska und Marek Getter. Ergänzende, genauere und sachkundige Informationen erhielt die Redaktion des „Express Wieczorny" schließlich von Halina Irena Krahelska, Tochter von Halina Maria Krahelska (1886–1945), der tatsächlichen Autorin des 1942 als *Erinnerungen eines Häftlings* publizierten Textes („Express Wieczorny", Nr. 164, 12./13. Juli 1969).

Halina Krahelska, eine vor dem Zweiten Weltkrieg bekannte gesellschaftliche Aktivistin, Publizistin und Schriftstellerin, war unter anderem Autorin der Werke: *Wspomnienia Rewolucjonistki* (Erinnerungen einer Revolutionärin, 1934), *Ze wspomnień inspektora pracy* (Aus den Erinnerungen eines Arbeitsinspektors, 1936) sowie der Reportagen *Polski strajk* (Polnischer Streik, 1936) und *Zdrada Heńka Kubisza* (Der Verrat des Heniek Kubisz, 1938). Während der deutschen Besatzung engagierte sie sich in zahlreichen Untergrundorganisationen, vor allem in der Demokratischen Partei (SD) und im BIP der Hauptkommandantur der Heimatarmee (BIP Komendy Głównej AK). In ihren publizistischen und schriftstellerischen Arbeiten widmete sie sich besonders dem Leben der Menschen unter den Bedingungen von Besatzung, nationalsozialistischen Greueltaten und Verbrechen sowie der Haltung der polnischen Gesellschaft in dieser Zeit. So prädestinierten Krahelska ihre Lebenserfahrung und ihr Interesse besonders, sich des Themas Auschwitz anzunehmen.

*

Das Konzentrationslager Auschwitz wurde im Mai 1940 gegründet und am 14. Juni des Jahres in Betrieb genommen. Die ersten Transporte – polnischer – politischer Häftlinge kamen aus Tarnów, Wiśnicz, aus Schlesien und Krakau. Die Existenz des neuen Lagers blieb größeren Kreisen in den ersten Wochen noch verborgen. Zum Bekanntwerden von Auschwitz trug zweifellos erst die Überführung größerer Gefangenengruppen aus Warschau bei: Am 15. August 1940 traf der erste große Warschauer Transport im Lager ein – 1.666 Männer, darunter 513 Inhaftierte aus dem Pawiak-Gefängnis und 1.153 im Zuge der Straßenrazzia am 12. August 1940 festgenommene Personen. Fünf Wochen später, am 22. September 1940, kamen 1.705 Männer ins Lager, größtenteils (1.139) waren sie in den Morgenstunden des 19. September in Warschauer Stadtteilen festgenommen worden, die als Hort der Intelligenz galten, insbesondere Żoliborz, Mokotów, Kolonia Staszica und Kolonia Lubeckiego. Die Zahl der Häftlinge in Auschwitz stieg damals auf 5.500, wuchs aber auch danach stetig, so dass im Frühling 1941 die laufenden Nummern die 15.000 überstiegen.

In der Untergrundpresse wurde die Entstehung und Entwicklung des Lagers verfolgt. So sind auch im „Biuletyn Informacyjny" (Informationsbulletin, 4. Oktober und 13. November 1940), im „Głos Polski" (Stimme Polens, Nr. 20, 1. Oktober und Nr. 26, 1. Dezember 1940), in der „Kronika Okupacji" (Besatzungschronik), die von Ludwik Landau redigiert wurde (Nr. 4 und 5, Oktober und November 1940), sowie im „Szaniec" (Schanze, Nr. 44, 14. November und Nr. 49, 19. Dezember 1940) zutreffende und im Allgemeinen recht genaue Informationen darüber zu finden, was damals im Lager geschah. Quelle für diese Informationen waren anfangs vor allem Personen, die Auschwitz verlassen konnten. Bekannt sind mehrere Hundert Entlassungen in den Jahren 1940 und 1941, wobei die ersten umfangreicheren Rückkehrwellen aus dem Lager schon Mitte Oktober 1940 und dann im Frühjahr und Sommer 1941 erfolgten. Die Angst vor Konsequenzen und das verhältnismäßig leichte Auffinden möglicher Informanten des Untergrunds durch die Gestapo ließ die meisten Rückkehrer verstummen. Manchmal spielten jedoch Kontakte im Umfeld und unterschiedlichste Verbindungen in den Untergrund eine größere Rolle als das Verbot. So nahm der (während der Straßenrazzia am 12. August 1940 festgenommene) Künstler Eryk Lipiński, der im Oktober 1940 entlassen worden war, nach seiner Rückkehr Kontakt mit dem ihm bekannten Zygmunt Zaremba auf, der Aktivist im sozialistischen Untergrund in Warschau war. Eigene Kontakte in den Untergrund hatte auch der Theaterwissenschaftler Bohdan Korzeniewski, der im Oktober 1940 aus dem Lager freikam und vor seiner Festnahme (am 19. September 1940, in der Ulica Harcerska im Stadtteil Żoliborz) Redakteur der Zeitschrift „Głos Wolnej Polski" (Stimme des freien Polen), Organ des illegalen Bundes zum Wiederaufbau der Republik Polen (ZOR) gewesen war.

*

Am 19. September 1940 wurde ich zu Hause, in der Ulica Słowackiego 35/43, festgenommen. Zusammen mit anderen Gefangenen traf ich am 22. September 1940 in Auschwitz ein und erhielt die Nummer 4427. Ich war damals Mitarbeiter des Polnischen Roten Kreuzes (PCK). Aller Wahrscheinlichkeit nach haben die beharrlichen Anstrengungen dieser Institution dazu beigetragen, dass ich nach nicht ganz sieben Monaten, am 8. April 1941, aus dem Lager entlassen wurde. Ich kehrte ernsthaft erkrankt nach Hause zurück und musste mehrere Wochen im Bett bleiben. Hanka Czaki, eine Freundin aus unserem Haus, half mir und sorgte für mich. Sie war Pfadfinderin aus Żoliborz, Tochter des alten Unabhängigkeitskämpfers und gesellschaftlichen Aktivisten Tytus Czaki, und selbst rege im Untergrund aktiv. Über die Art ihrer Arbeit wusste ich damals natürlich nichts Näheres, aber es war wohl im Mai 1941, als sie mir vorschlug, einen Bericht über meine Erlebnisse und Beobachtungen im Lager zu schreiben. Sie verschwieg nicht, dass dies für eine umfassende Information der zuständigen Untergrundkämpfer notwendig sei. Ich hatte damals beide Hände verbunden, deshalb diktierte ich Hanka Czaki meinen Bericht, die ihn niederschrieb. Nach all den Jahren bin ich nicht mehr in der Lage, sämtliche Elemente dieser frühen Erzählung im Einzelnen wiederzugeben. Ich erinnere mich jedoch noch gut an meine psychische Verfassung. Meine Mithäftlinge, von denen ich mich wenige Tage zuvor in Block 20 (dem *Krankenbau**) verabschiedet hatte, vor allem Stanisław Tyliński (Nummer 4896) und Witold Kazimierczak (Nummer 4071), verpflichteten mich, den Jüngeren, sollte ich überleben, irgendwann die „Wahrheit über Auschwitz“ zu berichten. Mir lag besonders daran, ein Bild von der alltäglichen Qual der Menschen im Lager zu vermitteln, ein Bild, das damals unbekannt und kaum vorstellbar war. Ich stand noch unter dem allzu frischen Eindruck der in Auschwitz erlittenen und beobachteten Grausamkeiten, um irgendeine Art von Abstand zu erlangen. Für einen Neunzehnjährigen (ich hatte im Lager, wenige Wochen vor meiner Entlassung, Geburtstag) war die Konfrontation seiner bisherigen kümmerlichen Lebenserfahrungen mit dem Übermaß an Qual, Erniedrigung und Leid ein gewaltiger Schock, und in allem, was ich im Frühjahr 1941 erzählte, zeigte sich vermutlich vor allem Auflehnung gegen die Ratlosigkeit angesichts des Leids, das Tausende unschuldiger Menschen weiterhin erlitten. Hier mag erwähnenswert sein, dass diese psychische Verfassung zweifellos Einfluss auf die Wahl meines weiteren Weges hatte: Während der Besatzung beteiligte ich mich an einer Reihe von Unterfangen, um auf unterschiedlichste Art und Weise verfolgte Menschen zu retten oder zumindest ihr Schicksal zu lindern, um darüber zu informieren, was tatsächlich geschah und um die Öffentlichkeit im Land und in der freien Welt wachzurütteln. Ich denke hier sowohl an meine Tätigkeit im Hilfskomitee für Juden (Komitet Pomocy Żydom) und später im Hilfsrat für Juden (Rada Pomocy Żydom) wie auch in der Häftlingsgruppe in der Abteilung für Innere Angelegenheiten der Regierungsvertretung im Lande (Departament Spraw Wewnętrznych Delegatury Rządu na Kraj), an die Hilfe für die Häftlinge des Pawiak-Gefängnisses und an verschiedene karitative Tätigkeiten in der illegalen, katholischen Front für die Wiedergeburt Polens (FOP).

Welches Schicksal den aus meinem Bericht über Auschwitz entstandenen Aufzeichnungen zuteil geworden war, war mir indes nicht bekannt. Bis zu dem Zeitpunkt, als Hanka Czaki mir etwa ein Jahr später die vervielfältigte Broschüre *Auschwitz. Erinnerungen eines Häftlings* schenkte. Ich erkannte sofort eine Vielzahl von Informationen, situativen Bildern, Bewertungen und Reflexionen, die von mir stammten. Aber es gab dort auch Dinge, die mir vollkommen unbekannt waren, die von Leuten stammten, die 1940 einige Wochen vor mir ins Lager gekommen waren oder sich noch nach meiner Entlassung, im Sommer 1941, in Auschwitz aufhielten. Zu den Informationen aus diesem späteren Zeitraum gehörte u. a. der – wie wir heute wissen – äußerst ungenaue Bericht über einen Menschen, der sein Leben für einen Mitgefangenen opferte (dabei handelt es sich zweifellos um eine verdrehte Version der Geschichte von Maksymilian Kolbe).

Bedeutend später erfuhr ich von der konspirativen Rolle Hanka Czakis. Sie war Vertrauensperson und Sekretärin des damaligen Chefs der Informationsabteilung des BIP der Hauptkommandantur der Heimatarmee, Ingenieur Jerzy Makowiecki, zugleich einer der herausragenden Funktionäre der Demokratischen Partei im Untergrund. Ich glaube, ich habe gleich nach dem Krieg erfahren, dass Halina Krahelska, die Makowiecki politisch und organisatorisch nahestand, Autorin der *Erinnerungen eines Häftlings* war. Das erklärte mir sowohl den Weg, den mein Bericht nahm – in einem Kreis von Leuten, die sich ideell nahestanden und in der Konspiration zusammenarbeiteten –, wie auch die Verarbeitung des Themas als literarische Reportage sui generis, eine Form, die den schriftstellerischen Erfahrungen Krahelskas entsprach. Charakteristisch für den erfahrenen Verschwörerkreis war auch die weitgehende Tarnung, die die Erstellung der Broschüre begleitete: miteinander verschmolzene Elemente unterschiedlicher Berichte und Erzählungen aus dem Lager und ein angeblicher Erzähler der *Erinnerungen*, der für tot erklärt wurde … – Maßnahmen in Sorge um die Sicherheit einiger Hundert entlassener Auschwitz-Häftlinge, für den Fall, dass die Broschüre in die Hände der Gestapo fallen würde.

*

Im Juni 1942, kaum zwei Monate nach Krahelskas konspirativer Broschüre, erschien in Warschau (in einer Auflage von 3.000 Exemplaren) das Büchlein *W piekle* (*In der Hölle*). Es beschrieb auf 31 engbedruckten Seiten, gestützt auf die Berichte von Häftlingen, das Leben in mehreren nationalsozialistischen Konzentrationslagern – Auschwitz, aber auch Oranienburg, Mauthausen-Gusen, Dachau und Ravensbrück. Die Autorin dieser Publikation war Zofia Kossak, eine berühmte katholische Schriftstellerin, die sich damals vor der Gestapo versteckte. Durch eine merkwürdige Fügung des Schicksals wurde sie ein gutes Jahr später (am 25. September 1943) verhaftet und geriet im Oktober 1943 selbst in das von ihr beschriebene Konzentrationslager Auschwitz. Allerdings herrschten hier bereits andere Bedingungen, und sie kam nach Birkenau, nicht ins Stammlager Auschwitz I. Eine wahrscheinliche Quelle der Schriftstellerin für Informationen über Auschwitz könnte der bekannte katholische Aktivist und langjährige Vorsitzende des Schulvereins Polska Macierz Szkolna (Polnische Schulheimat), Józef Stemler, gewesen sein. Er war in der zweiten Hälfte des Jahres 1941, nach mehrmonatiger Inhaftierung, aus dem Lager entlassen worden. Zofia Kossaks Arbeit wurde vom katholischen FOP herausgegeben, dessen Mitbegründerin und führende Funktionärin sie war. *In der Hölle* stieß auf große Resonanz: 1943 wurde das Büchlein in Warschau (in einer Höhe von 5.000 Exemplaren) neu aufgelegt, und 1944 erschien in London eine englischsprachige Ausgabe mit dem Titel *In Hell*.

In der zweiten Hälfte des Jahres 1942 erschien in Warschau die dritte und letzte Untergrundpublikation über Auschwitz, der Text *Obóz śmierci* (Todeslager) von Natalia Zarembina. Er wurde auf Bemühen der Polnischen Sozialistischen Partei – Freiheit, Gleichheit, Unabhängigkeit (PPS-WRN) in Warschau herausgegeben (27 Seiten, in einer Auflage von 2.500 Exemplaren). Die Autorin – Journalistin und Ehefrau des herausragenden PPS-Funktionärs Zygmunt Zaremba – lieferte das übersichtlichste und umfassendste Bild vom Leben im Konzentrationslager Auschwitz. Es bezog sich auch auf die erste Zeit seines Bestehens in den Jahren 1940 und 1941, auch wenn an einer Stelle im Text der Satz zu finden ist: „Die aktuell vergebenen Nummern für die neu in Auschwitz eintreffenden Häftlingen liegen bei über 30.000." Dies hätte dem Stand von Mitte April 1942 entsprochen, die Gesamtsituation im Lager in dieser Zeit (u. a. Ausbau von Birkenau und Frauentransporte) findet im Text, der von Zarembina offenbar auf der Grundlage früher gesammelten Materials erarbeitet wurde, jedoch keine Entsprechung.

Dank der Bemühungen polnischer sozialistischer Kreise im Exil stieß Zarembinas Arbeit im Ausland auf besonders große Resonanz. Der vollständige Text wurde in polnischer Sprache in der Londoner Zeitschrift „Nowa Polska" (Neues Polen, Heft 7-8, Juli/August 1943) nachgedruckt, und hier mit der Information versehen: „Sammlung von Berichten aus dem Lager Auschwitz, in Polen veröffentlicht durch die Bewegung der arbeitenden Massen Polens (Ruch Mas Pracujących Polski)". Mit der Auflage der Zeitschrift „Neues Polen" wurde das *Todeslager* im August 1943 auch als eigenständiges Heft herausgegeben. 1945 wiederum erschien der Text als erster Teil des Büchleins *Chronik des Generalgouvernements. Erzählungen aus einem Land unter deutscher Besatzung* (Kroniki Generalnej Guberni. Opowiadania z kraju pod okupacją niemiecką, Verlag Światpol, London) von Wita Marcinkowska (eigentlich: Natalia Zarembina).

Im März 1944 wurde Zarembinas Text unter dem Titel *Underground Poland Speaks. Oświęcim – Camp of Death (Underground Report)* in New York publiziert. Das Vorwort schrieb Florence J. Harriman. Der Publikation wurde eine Reproduktion des Umschlags der in Warschau im Untergrund erschienenen Ausgabe beigefügt.

Im Juli 1944 wiederum erschien die Londoner Ausgabe *The Camp of Death* mit einem Vorwort der Parlamentsabgeordneten Jennie L. Adamson. Die Bibliografie verzeichnet auch eine 1944 in Mexiko erschienene spanischsprachige Ausgabe von Zarembinas Text mit dem Titel *Oświęcim. Campo de la Muerte. Documentos Publicados par el Movimento Clandestino de Polonia.*

Halina Krahelskas *Auschwitz. Erinnerungen eines Häftlings* war die in der polnischen und weltweiten Literaturgeschichte bis dato erste bekannte Publikation über das Konzentrationslager Auschwitz. Bei der heutigen Lektüre des Textes nach mehr als vierzig Jahren, wo wir auf der Grundlage hunderter Bücher, offengelegter Dokumente, Aussagen von Zeugen der nationalsozialistischen Verbrechen und der individuellen Erfahrungen von Menschen, denen es gelang, das Lager zu überleben, über ein unvergleichlich größeres Wissen über Auschwitz verfügen, darf nicht vergessen werden, dass Krahelskas Broschüre im Frühjahr 1942 eine erschütternde Sensation darstellte. Das Wissen darüber, was in Auschwitz geschah und wozu Menschen gegenüber anderen Menschen fähig sind, war damals unendlich viel geringer als heute, sogar im besetzten Land selbst, bei den Polen und Juden, die betroffene und potenzielle Opfer des damaligen Terrors waren.

Bei „Auschwitz" in dem von Krahelska verfassten Text handelt es sich nur um das Stammlager Auschwitz I. Weder gibt es Birkenau noch Monowitz, die späteren Orte der Vernichtung und Qual. Im Lager befinden sich fast ausschließlich Polen – der Anteil polnischer Juden ist verschwindend gering – sowie eine Gruppe deutschen Wachpersonals. Es gibt noch keine sowjetischen Kriegsgefangenen (die ersten Opfer, die vergast wurden), keine Frauen, und auch das weltweit bekannteste Kapitel der Geschichte von Auschwitz – die Vernichtung der polnischen und europäischen Juden – hatte noch nicht begonnen. Das Krematorium gibt es schon, aber die Gaskammern waren noch nicht gebaut. Diese nächste Etappe – noch nicht abzusehen und nicht vorstellbar, als ich Hanka Czaki meinen Bericht aus dem Lager darlegte – war im Umgang mit den Menschen, wie ihn das totalitäre System in Auschwitz schon damals praktizierte, im Kern moralisch bereits angelegt. Es scheint mir deshalb wert, an das Bild dieses „frühen" Auschwitz zu erinnern.

*

Hanka Czaki wurde im Januar 1944 von der Gestapo verhaftet, im Untersuchungsgefängnis in der Aleja Szucha gefoltert und in den Ruinen des Ghettos in der Nähe des Pawiak-Gefängnisses am 11. Februar 1944 hingerichtet. Auch ihre Eltern wurden ermordet. Ingenieur Jerzy Makowiecki (Decknamen „Tomasz", „Malicki") wurde zusammen mit seiner Frau am 13. Juni 1944 in Warschau von Gegnern im Untergrund ermordet. Halina Krahelska wurde infolge einer Denunziation im Juli 1944 verhaftet und starb am 19. April 1945 im Konzentrationslager Ravensbrück. Im Kreis der inhaftierten Frauen engagierte sie sich bis zuletzt gesellschaftlich und intellektuell.

ZOFIA KOSSAK

In der Hölle

Chronologisch gesehen handelt es sich um den zweiten im Untergrund erschienenen Text über das Konzentrationslager Auschwitz. Erwähnt werden muss jedoch, dass hier auch von anderen Lagern – Oranienburg, Mauthausen-Gusen, Dachau und Ravensbrück – die Rede ist. Das Büchlein wurde im Juni 1942 in Warschau in einer Auflage von 3.000 Exemplaren veröffentlicht und zählte 31 eng bedruckte Seiten. Das Interesse war so groß, dass 1943 eine Neuauflage von 5.000 Exemplaren erschien und der Text im folgenden Jahr in London in englischer Sprache publiziert wurde.

W piekle (*In der Hölle*) entsprang der Feder der katholischen Schriftstellerin und gesellschaftlichen Aktivistin Zofia Kossak. Als ich den Text, der sich in großen Teilen mit meinen Lagererfahrungen deckt, im Sommer 1942 zum ersten Mal las, war ich überzeugt, dass es sich bei dem Autor um einen Häftling handeln musste. Und ich beschloss, meinen Leidensgenossen kennenzulernen. Zu meinem Erstaunen erwies sich der Autor als Autorin, die sich – ähnlich wie Halina Krahelska – vor allem auf Berichte von Menschen stützte, die aus dem Lager entlassen worden waren. Zu ihnen gehörte wahrscheinlich auch Józef Stemler, katholischer Aktivist und langjähriger Vorsitzender des Schulvereins Polnische Schulheimat (Polska Macierz Szkolna), der in der zweiten Jahreshälfte 1941 aus dem Konzentrationslager Auschwitz freikam.

Mein Treffen mit Zofia Kossak, angeregt durch die Lektüre des Textes *In der Hölle*, erwies sich als Vorsehung, denn es stand am Anfang unserer konspirativen Zusammenarbeit und Freundschaft. Es sei erwähnt, dass die Schriftstellerin im Oktober 1943 durch eine merkwürdige Fügung des Schicksals selbst nach Auschwitz-Birkenau kam. Es gelang ihr jedoch, noch vor Beginn des Warschauer Aufstands, dieser Hölle zu entfliehen.

W. B.

Nichts passiert zufällig

Vor eintausendachthundertsechsundneunzig Jahren schrieb der Evangelist Johannes, der Lieblingsjünger Jesu, der wegen seines Glaubens zur Schwerstarbeit im Steinbruch auf die Insel Patmos verbannt worden war, die Bücher der Offenbarung, die als Apokalypse bezeichnet werden. Der Kaiser der Welt war damals Domitian, und die Macht des römischen Reiches schien bis zu den Sternen zu reichen. Die Menschheit teilte sich in zwei ungleiche Teile: römische Bürger, denen alles erlaubt war, für die keine Gesetze oder Einschränkungen galten, und römische Nichtbürger, für die ebenfalls keine Gesetze galten, keinerlei Schutz. Sie stellten den Dung dar, den Mist, der für die Entwicklung der herrschenden Rasse notwendig war. Dieses seit langem bestehende System schien unerschütterlich.

Doch der Blick des Greises, der in den Steinbrüchen arbeitete, reichte tiefer, er sah weiter. Er sah nicht nur den baldigen Fall des römischen Kolosses, sondern auch den Fall aller ihm ähnlicher Imperien, die sich auf Hass und Hochmut stützten, die von der Bestie innerhalb der nächsten Jahrhunderte geboren werden sollten. Und mit der altersschwachen, jedoch sicheren Hand, schrieb er Belehrungen für die ihm unterstehenden Kirchen:

„… Ich bin das A und das O, der Anfang und das Ende, spricht Gott der Herr, der da ist und der da war und der da kommt, der Allmächtige …

Ich, Johannes, euer Bruder und Mitgenosse an der Trübsal (…) hörte hinter mir eine große Stimme wie von einer Posaune, die sprach: Was du siehest, das schreibe in ein Buch und sende es zu den sieben Gemeinden: nach Ephesus und nach Smyrna und nach Pergamon und nach Thyatira und nach Sardes und nach Philadelphia und nach Laodicea…

Dem Engel der Gemeinde zu Ephesus schreibe: Ich weiß deine Werke und deine Arbeit und deine Geduld und dass du die Bösen nicht ertragen kannst …

Und dem Engel der Gemeinde zu Smyrna schreibe: Fürchte dich vor keinem, was du leiden wirst!

Und dem Engel der Gemeinde zu Thyatira schreibe: Ich weiß deine Werke und deine Liebe und deinen Glauben und deinen Dienst und deine Geduld, und dass deine letzten Werke mehr sind als die ersten …

Und dem Engel der Gemeinde zu Sardes schreibe: Ich weiß deine Werke: Du hast den Namen, dass du lebest, und bist tot.

Und dem Engel der Gemeinde zu Pergamon schreibe: Ich weiß, wo du wohnst, da des Satans Thron ist; und du hältst an meinem Namen und hast den Glauben an mich nicht verleugnet …"

Es ist der Thron von Zeus, das Meisterwerk der antiken Kunst aus Pergamon, berühmt für seine ausschweifenden Mysterien zu Ehren von Asklepios, dargestellt als Schlange, den der Evangelist als die Hauptstadt des Satans bezeichnet. Die Präsenz der Kultstätte heidnischer Götter bewirkte, dass die Kirche in Pergamon zu einer größeren Wachsamkeit und Eifer als andere Gemeinden verpflichtet war. Dieser Thron des Zeus ist nicht verschwunden. Er ist nicht zerstört worden, nicht zur Asche zerfallen, er wurde nicht zerschlagen, nicht von Räubern gestohlen, ist nicht durch die Ereignisse der Jahrhunderte zerdrückt worden. Während so viele andere wichtigere und wertvollere Denkmäler der antiken Welt spurlos verschwunden sind, existiert Zeus Thron immer noch. Er stellt ein wertvolles Schmuckstück eines Museums dar, das zu seinen Ehren Pergamon-Museum heißt. Das Museum und der Thron befinden sich in BERLIN …

Ein normaler Lagertag

Bis vor kurzem hatte sich das Städtchen durch nichts von einer Menge anderer galizischer, jüdischer Städtchen der Polnischen Republik unterschieden. Die lärmende Minderheit verdeckte die alten, ehrwürdigen Erinnerungen. Darin gingen die Reste einer trutzigen Burg unter, die früher Hauptstadt eines souveränen Fürstentums gewesen ist, und darunter verwitterte die poetische Legende von dem tragischen Liebespaar Jan und Anna, die hartnäckig gerade an diese Mauern geheftet wurde, obwohl sie woanders geendet hatte. Unweit der Stadt, auf den flachen Auen am Fluss, erhob sich eine ehemalige österreichische Kaserne. Früher herrschten hier die K.u.k-Langeweile, mehrsprachige Regimente der Habsburger Monarchie, die Monokel der Offiziere und rote Ulanenhosen. Danach verflogen wie ein schöner Traum, wie ein Peitschenschlag, die zwanzig Nachkriegsjahre, verrückt, leidenschaftlich, von der Freiheit benommen. Schmucke Regimenter gingen in September ins Feuer wie auf einen Ball und verbrannten wie eine Kienfackel, die man auf einen Scheiterhaufen wirft. Und all diese Veränderungen und Wechsel wurden von den beiden Schwestern Weichsel und Soła überflutet, als ob sie es im Stillen verabredet hätten, Jahr um Jahr,

Jahr um Jahr diese Niederung, diese Auen und die Kaserne zu überfluten. Als ob sie ahnten, wovon sie Zeugen werden würden. Sie wollten sie mitleidvoll rechtzeitig wegwaschen, ums Leben bringen, vernichten, aus der Welt schaffen. Damit das, was geschehen sollte, nicht geschehen kann.

So war die Vergangenheit von Oświęcim. Man sollte sie erwähnen, weil das die letzte Erinnerung ist. Denn für niemanden mehr, weder in Polen, noch in der ganzen Welt, verbindet sich diese Siedlung mit etwas Menschlichem, Heiterem, oder gar einfach Alltäglichem. Für alle Zeiten wird AUSCHWITZ Dantes Höllenkreis bedeuten, Satans Einöde, von der man mit Grauen nur flüsternd erzählt. Die Menschheit wird die Befestigungen von Verdun vergessen, die schwedischen Schützengräben, tatarischen Hügelgräber, die Flucht aus Dünkirchen, die Überwinterung der Deutschen in Russland. Sie wird die Kreuzzüge vergessen, Tannenberg, die Schlachten Napoleons. Auschwitz wird sie nicht vergessen. Es ist Auschwitz, das über das menschliche Maß hinaustritt. Auschwitz wird in alle Ewigkeit ein Beweis dafür bleiben, wozu Menschen fähig sind, wenn sie freiwillig in den Dienst des Satans treten.

Es ist der späte und kalte Vorfrühling des Jahres 1942, vier Uhr morgens laut dem Besatzer, nach der Sonne also drei Uhr. Der noch unsichtbare Tagesanbruch erhellt kaum die Dunkelheit. Kalte, durchdringende Morgenkühle sticht die Körper. Im Lager ertönt der Weckruf. Aufstehen! In den dunklen Schlünden der Stuben beginnen die Menschen sich zu bewegen. Die Stuben sind überfüllt. Die Kasernengebäude waren für maximal dreitausend Bewohner bestimmt. Jetzt leben hier zwölftausend. Deshalb liegt hier ein Strohsack neben dem anderen, und auf jedem Strohsack schlafen jeweils zwei Häftlinge. In den Stuben herrscht stickige Luft; das verfaulte Stroh bewegt sich vor lauter Insekten. Die Menschen, die der Weckruf geweckt hat, fühlen sich nicht ausgeruht, denn was ist das für ein Schlafen, zu zweit auf einem Strohsack? Der eine schnarcht, der andere wirft sich im Traum hin und her, jener stöhnt die ganze Nacht; noch ein weiterer ist Eiterbeulen bedeckt, der nächste hat, wie die meisten Häftlinge, eine Blasenentzündung und uriniert unbewusst nachts in sein Bett. Dann plagt er sich zusammen mit seinem Schlafkameraden, sie beraten sich bei dem Versuch, diese Tatsache zu verbergen, sonst werden sie von den Schlägen umgebracht. Der Eine ist in der Nacht gestorben und sein Kamerad hat mehrere Stunden an eine erkaltende Leiche gedrückt geschlafen. Es ist schwierig, auszuschlafen. Der Stubenälteste treibt an, schneller aufzustehen. Links und rechts verteilt er Fausthiebe.

Mein Auschwitz – Bilder

Władysław Siwek: Zugang* *1940 (1949)*

Władysław Siwek: Begrüßung der Neuankömmlinge (1950)

Jerzy Potrzebowski: Morgens – Aufstehen (1950)

Mieczysław Kościelniak: Morgenappell (1950)

Mieczysław Kościelniak: Arbeit – Balken schleppen (1950)

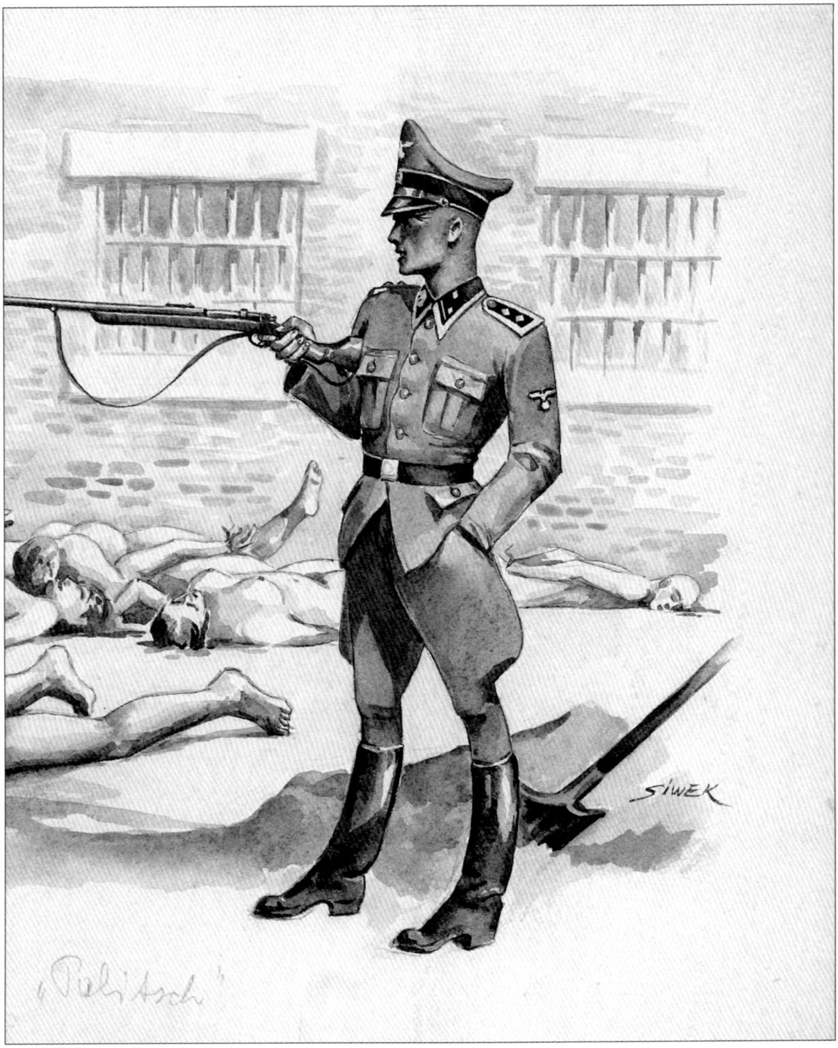

Władysław Siwek: Palitzsch (1945)

Mieczysław Kościelniak: Krankenbesuch (1946)

Mieczysław Kościelniak: Hunger (1972)

Der „Stubenälteste" ist ein Pole. So ein Menschlein, das ständig durch sein Verantwortungsgefühl verängstigt ist. Die Lagerleitung hatte ihn unter den Häftlingen ausgesucht. Wenn er seine Aufgabe nicht erfüllt, wird er genauso wie die anderen geschlagen, vielleicht sogar noch schlimmer. Also zittert er. Er möchte seine Kameraden, mit denen er noch bis vor kurzem den gemeinsamen Strohsack geteilt hatte, nicht brutal behandeln, aber was kann er schon dagegen tun? Sie sind so abgestumpft, so gleichgültig, so teilnahmslos, dass sie ohne einen Schubs seine Worte nicht beachten. Also schubst er sie, schlägt, stößt sie an, flucht, bis sie aufgestanden sind und mit nacktem Oberkörper endlich in den Hof zum Waschen gehen.

Das Waschen! Kaltes, frisches Wasser würde so manchen wieder zu sich bringen, dabei helfen, das Ungeziefer loszuwerden, die schwindende Energie aufrechterhalten. Was soll man aber tun, wenn es zwar das Waschen gibt, aber kein Wasser. Die Häftlinge dürfen sich nur an der Pumpe waschen, und für das gesamte Lager gibt es nur zwei Pumpen! Ganze zwei. Bei der größten Eile schaffen es in der fürs Waschen bestimmten Zeit nur 300–400 Häftlinge, zu ihnen vorzudringen, während 10.000 Schlange stehen! Aus der Stube darf man kein einziges Gefäß mitbringen, keinen Blechnapf, Eimer oder Becher, um Wasser zu schöpfen und es einem anderen zu reichen – und das Waschen wird zur Fiktion. Infolge dieser Bedingungen waschen sich die Neulinge oft mehrere Wochen lang gar nicht. Sie träumen davon, sich die Wohltat eines kalten Wasserstrahls über Kopf und Schultern laufen zu lassen, doch dieser Traum wird unerreichbar. Erfahrene Häftlinge besorgen sich Wasser während der Arbeit, wobei sie oft ein Lebensrisiko eingehen; sie waschen sich eilig, heimlich, weil sie verstehen, dass es die erste Bedingung des Überlebens ist, sich einigermaßen sauber zu halten.

Die frierende, nackte Menschenmasse, die in einer hoffnungslosen Schlange steht, versucht, sich gegenseitig durch Körpernähe zu wärmen. Die abgemagerten Oberkörper, Rücken, auf denen die Rückgratwirbel wie eine Reihe von Beulen ragen, stellen einen jämmerlichen Anblick dar. Nichtverheilte Hiebwunden, innere Ergüsse, massenhaft auftretende Eiterbeulen, Krätze, Abszesse, Erfrierungen zeigen die Pein der Existenz. Eingefallene Brustkörbe und durchdringender Husten zeugen von fortgeschrittener Tuberkulose. Kaum einer beachtet diese Krankheit. In Auschwitz nimmt sie eine zweitrangige Stellung ein, DENN ES GIBT KEINE ZEIT FÜR SIE. Die Häftlinge werden durch blutige Durchfälle, Lungenentzündungen, Typhus, Prügel und vor allem durch Hunger dezimiert.

Die Glücklichen, die heute bis zu den Pumpen vorgedrungen sind, beenden ihre Wäsche. Seife gibt es im Lager nicht, die Handtücher sind für viele zur gemeinsamen Nutzung da. Der Eiter, der aus den Wunden an einem Körper mitgenommen wird, überträgt sich automatisch auf den anderen. Abgerissener Schorf wandert mit Hilfe des Handtuchs von einem Körper zum nächsten.

Nach dem Waschen gibt es Frühstück. Eine schwarze und bittere Flüssigkeit, Kaffee genannt, mit einem winzigen Stückchen Brot. Jetzt der Appell. Zum Appell müssen sich alle einfinden, sogar die Sterbenden. Die Kameraden schleppen sie aus den Stuben mit und legen sie in einer Reihe auf den Boden. Der Kapo überprüft im Vorübergehen mit einem Fußtritt, ob sie nicht simulieren.

Der Kapo (aus dem Italienischen „capo" – der Kopf, der Aufseher) ist immer eine Kanaille. Die Kapos werden unter den kriminellen deutschen Häftlingen ausgesucht. Das sind Verbrecher, Mörder, Einbrecher, Homosexuelle. Angenommen sogar, dass sich unter ihnen ein Individuum mit menschlichem Herzen finden würde – er würde es nicht lange in dieser Funktion aushalten. Die Kapos sind verpflichtet, die Häftlinge zu misshandeln. Die Kapos erhalten eine Strafbefreiung um den Preis, dass sie Andere peinigen. Wenn sie ihre Pflicht nicht erfüllen, wenn sie in ihrem Eifer nachlassen, werden sie sofort als gewöhnliche Häftlinge in deutsche Lager zurückgeschickt, nicht mehr als Aufseher. Lieber schlagen sie die Anderen, als selber geschlagen zu werden. Sie machen sich bei der Lagerleitung beliebt, wie sie nur können und bestehlen dabei die Häftlinge, so weit es geht. Sie nehmen ihnen sogar noch etwas von ihren Hungerrationen weg.

Der Kapo ist der Alptraum der Häftlinge. Der Kapo ist immer anwesend, Tag und Nacht.

Beim Appell wird stillgestanden. Diese Position muss man manchmal zwei Stunden lang unverändert behalten, manchmal drei, manchmal sechs, manchmal zwölf, es kam auch vor, dass es achtzehn Stunden waren! Die Häftlinge stehen Schulter an Schulter barfuss da (Holzpantinen bekommen sie nur bei starkem Frost), mit nackten, kurz geschorenen Köpfen. Gekleidet sind sie in einheitliche Anzüge aus Zellwolle, grau-dunkelblau gestreift. Diese grässliche Zellwolle! Wenn sie nass wird, wird sie steif wie ein Brett. Im Winter gibt sie, obwohl sie dick ist, keinerlei Wärme.

Die Kleidung wandert von einem Häftling zum Anderen, von den Toten zu den Lebenden. Die Aufseher sind froh, jede Gelegenheit zu nutzen, um die Häftlinge zu ärgern, indem sie ihnen bösartig falsche Größen zuteilen, eine große Jacke und Hose an Kleinwüchsige geben, und kleine Sachen für Großgewachsene; dadurch sehen viele Häftlinge auf eine tragische Weise grotesk aus. Und die Gesichter? Die Gesichter ähneln keinen anderen. Das sind keine Gesichter von Märtyrern, Galeerensklaven, Verurteilten oder Helden. Das sind Gesichter von TOTEN. Auf ihnen liegt das Brandmal des Grabes. Ihre graublaue Farbe riecht nach Grab. Der leichenhafte Eindruck entsteht auch durch Muskellähmungen, eine Folge von Erschöpfung und Hunger: das Zufallen oder unnatürliche Heben des Augenlides, das Nichtschließen des Mundes, schwankende Bewegungen, die Unmöglichkeit, einen Becher oder ein Werkzeug in der Hand zu halten. Während sie dastehen, wanken sie wie eine im Wind ausgehende Flamme. Ein geübtes Auge erkennt unter ihnen Individuen, die vom Hunger gezeichnet sind und höchstens nur noch eine, zwei Wochen leben werden. Der endgültige Sterbeprozess beginnt mit dem Anschwellen der Augenhöhlen, danach kommt die Schwellung des ganzen Gesichts, dann die Schwellung der Gliedmaßen und der Tod.

Die Eigenschaften des leichenhaften Verfalls bewirken, dass die Menschen, die in der Reihe stehen, sich alle ähnlich werden, obwohl sie aus verschiedenen Schichten kommen und früher unterschiedliche Menschentypen repräsentierten. Da stehen Wissenschaftler, Künstler, Priester, Juristen, Gutsbesitzer, Handwerker, Arbeiter, Bauern und Soldaten zusammen. Größtenteils Vertreter der Intelligenz. Die körperlich arbeitenden Klassen machen etwa 20 Prozent der Häftlinge aus, die Intelligenz und Jugendliche, die noch lernen, ungefähr 80 Prozent.

Die Hölle von Auschwitz wurde im Juni 1940 gegründet. Die Einweihung machten 1.200 Gefangene, die aus dem Gefängnis Montelupich in Krakau, aus Sanok und Tarnów gebracht wurden. Die beiden letzten Orte lieferten ein Kontingent an jungen Menschen und Offizieren, die versucht hatten, heimlich über die Grenze nach Ungarn durchzukommen. Mehrere Hundert wurden aus deutschen Gefängnissen gebracht, aus Kattowitz, Beuthen und einem SS-Schulungszentrum in Breslau[1]. Diese Einrichtung ist eine einmalige, obwohl nicht die einzige solche Institution in Deutschland. Es ist eine Schule von Menschenschinderei. Die dortigen Häftlinge spielen die Rolle von Versuchskaninchen, an denen die künftigen Henker üben und trainieren. Die Breslauer Häft-

1 Vermutlich handelt es sich um die SS-Totenkopf-Unterführerschule Breslau (A. d. Ü.)

linge hatten, nachdem sie in Auschwitz angekommen sind, ihre Kameraden darüber belehrt, was sie erwartet.

Zu den ersten 12.000 wurden im August weitere 2.000 politische Gefangene gebracht. In Oktober kam das erste Kontingent von Opfern von Straßenrazzien, 1.800 Menschen. Danach wurde ihre Zahl immer größer, und der jetzige Stand hat etwa 15.000 Menschen erreicht. Sie werden in Transporten aus dem Pawiak-Gefängnis geliefert, es handelt sich also fast ausschließlich um politische Gefangene, die um die Unabhängigkeit Polens kämpfen, geheime Soldaten der Polnischen Republik.

Diesen fällt es leichter, die Pein zu ertragen. Arm dran sind dagegen diejenigen, die man zufällig bei einer Straßenrazzia festgenommen und hergebracht hat, gewissermaßen aus kollektiver Verantwortung. Der eine ist aus einer Kirche mitgenommen worden, der andere aus einem Café, der nächste ging gerade mit Frau und Kind spazieren, ein weiterer eilte ins Büro. Es waren ruhige Menschen. Sie hatten Angst vor der Arbeit im Untergrund gehabt, nahmen gefährliche Zeitschriften nicht in die Hand. Sie glaubten, dass dank ihrer weitgehenden Vorsicht keine Katastrophe sie ereilen würde. Und da fiel in dem Moment, wo sie es am wenigsten erwarteten, das Böse über sie. Sie gerieten in die Kreise der Hölle. Sie sind leidende Seelen, die der Macht des Satans übergeben wurden. Sie leiden den Hunger von Tantalos, die Qualen des Sisyphos.

Doch jede Seele hat ihr Fassungsvermögen und behält aus dem Übermaß an Grauen, das über sie fällt, nur so viel, wie sie ertragen kann. So standen also unter einem scheinbar einheitlichen Aussehen sehr unterschiedliche Menschen, große und kleine, erhabene und oberflächliche, heldenhafte und feige, welche, die sich dessen bewusst waren, was um sie herum stattfindet, und vor Angst erstarrte kleine Tiere, die nur an sich selbst dachten. Solche und solche. Ein treuer Querschnitt der Bevölkerung.

Entscheidend ist dabei, wer sich als Mehrheit erweist. Erst auf dieser Grundlage kann man einen Schluss über die nationale Kraft oder Schwäche ziehen. Und da kann man mit Stolz feststellen, dass bei diesem Konglomerat von Menschen für die ENTSCHEIDENDE Mehrheit von 80 Prozent eine verächtliche Gleichgültigkeit gegenüber den Schlägen und eine unnachgiebige Härte charakteristisch ist („Denkst wohl, du dummer Deutscher, dass ich deine Schuhe lecken werde? … Da kannst du aber lange warten!") – die von der hohen Klasse dieser Rasse zeugen. Diese Haltung ist kein Privileg bestimmter gesellschaftlicher Kreise oder Gruppen. Sie ist ein nationales Merkmal. Typisch sowohl für den

Vertreter der Intelligenz, als auch für den Arbeiter oder Bauern. Nur ein Unterschied lässt sich beobachten; diejenigen, die um die Unabhängigkeit Polens kämpften, sind ausdauernder als die zufällig Festgenommenen. Der harte, erprobte Kampf- und Siegeswille hilft zu überleben. Deshalb bröckelt und stirbt am schnellsten das Element, das wegen „Arbeitsverweigerung", das heißt Trunkenheit verurteilt wird, wegen Verspätung zum Arbeitsbeginn am Montag usw., und dieses Element liefern Łódź und Schlesien.

Die Situation der Schlesier in den Konzentrationslagern ist besonders schwierig. Die deutschen Behörden üben besonderen Druck aus, damit sie sich als Volksdeutsche deklarieren. Sie versuchen sie mit Freiheit zu verführen, ihnen zu drohen, sie zu überreden. Es kommt vor, dass ein Schwächerer nachgibt und ... aus dem Lager entlassen, sofort zur Wehrmacht eingezogen wird. Die meisten bleiben jedoch gegenüber allen Überredungskünsten taub. „Ich bin doch Pole, da werd' ich doch nicht sagen, dass ich ein Deutscher bin, bin Pole und werde Pole bleiben".

Unter den Häftlingen herrscht Solidarität. In den ersten Wochen grollen die Neuankömmlinge noch den Anderen, betrachten die Entlassenen missgünstig, es stört sie so manches im Verhalten ihrer Kameraden. Das geht schnell vorbei. Die Gemeinsamkeit des Unglücks ruft ein so starkes Gefühl der Brüderlichkeit hervor, dass Alle sich ehrlich freuen, wenn jemand entlassen wird, und der Entlassene selbst verspürt Verlegenheit und Scham ... „Wie soll ich weggehen, wenn ihr hier bleibt".

Die morgendliche Kälte verzieht sich nicht, sondern nimmt zu. Der Himmel hat sich verdunkelt, sich fast auf die Erde herabgesenkt, es gibt keine Hoffnung auf Sonne, dafür beginnt ein durchdringender Nieselregen. Er tröpfelt auf die nackten Schädel, fließt hinter den Kragen, wo der Sitz der Läuse ist, hinab, er rinnt über den Rücken, durchdringt den Zellwollanzug. Vielen Erkälteten wird dieser Regen dabei helfen, sich schneller ins Jenseits abzumelden. Gerade gehen die Diensthabenden an den Reihen derer entlang, die in der Nacht gestorben sind. Die Leichen sind entblößt, ihre Kleidung haben bereits Andere bekommen. In Dachau und Oranienburg wird den Verstorbenen ein Zettel mit ihrer Nummer an den großen linken Zeh gebunden. In Auschwitz ist das System einfacher: der Stubenälteste spuckt dem Toten auf die Brust, schreibt die Nummer mit einem Kopierstift drauf, und ab ins Krematorium. Bevor die Leiche in den Ofen geworfen wird, wird die Nummer in die Bücher eingetragen.

Die Toten sehen fürchterlich aus. Das sind keine Körper, sondern mit kranker, eitriger Haut überzogene Skelette. Die Hüftknochen stehen hervor, als ob sie durch Pflugscharen umgedreht worden wären. Die Kniescheiben springen krass nach außen, die Oberschenkel sind dünner als die Waden. Doch auf die Stehenden macht die Magerkeit keinen Eindruck mehr. Unter der locker sitzenden Kleidung sieht doch jeder genauso aus.

Die Ärzte-Häftlinge haben bereits die Normen der menschlichen Ausdauer bestimmt: ein durchschnittlich gesunder Mann mittleren Alters kann in Auschwitz drei Monate überleben. Die jüngeren, zwischen 15 und 20 Jahren (es werden viele von ihnen hergebracht) und Greise über 60 halten es nicht länger als eine bis zwei Wochen aus. Besonders körperlich und geistig starke Personen, die einen Überlebenswillen und einen Vorrat an Kräften haben, können unter den Lagerbedingungen maximal ein Jahr überleben. Es gibt also einen Unterscheid zwischen der Hölle und Auschwitz, weil die Hölle kein Ende hat.

In einer gesonderten Formation stehen die soeben angekommenen Rekruten, die sich in der sog. Quarantäne befinden und die Unglücklichsten von allen sind. Noch haben sie ihre normale, menschliche Sensibilität beibehalten und es nicht geschafft, sich an die dortige Lebensweise zu gewöhnen. Das unaufhörliche, unbegründete Schlagen ins Gesicht, auf den Kopf, das Treten, Demütigen, Niederprasseln von schmerzhaften Hieben, vom wütenden und unverständliche Brüllen begleitet, bringt sie zum Wahnsinn.

Da sie in der angeblichen Quarantäne sind, werden sie nicht zur Arbeit herangezogen. Das ist jedoch keine Erleichterung, denn statt zu arbeiten nehmen sie an stundenlangen Sportübungen teil, die so angewandt werden, dass sie die Schwächeren möglichst schnell töten. Wenn ein älterer Mensch, ein Vertreter der Intelligenz mit ungeübten Muskeln, einige hundert Mal hintereinander gezwungen wird, den „Froschsprung“ zu wiederholen, und „Fallen, aufstehen“ – dann kann man ruhig annehmen, dass die Familie des jeweiligen Professors, Priesters oder Juristen lange vor Ende der Quarantäne die Benachrichtigung über seinen Tod bekommen wird.

Die auf die Kleidung genähten roten Kreise bedeuten Strafkompanie. Das sind Verurteilte. Keiner von ihnen lebt länger als einen Monat. Separat werden auch die Priester untergebracht, die am strengsten behandelt und zu den schwersten, abscheulichsten Arbeiten abkommandiert werden. Unabhängig von der Arbeit des Aufsehers bemüht man sich, ihnen das Leben schwer zu machen. Sie werden zum Singen gotteslästerlicher Lieder gesungen, zu merkwürdigen Kniebeugen, zum Aufsetzen von Narrenkappen.

Doch stillgestanden! Da kommen die Henker. Eine Schar junger, ausschließlich junger, wohlgenährter deutscher Stiere, SS-Männer. Sie sind ausgeschlafen, haben sich satt gegessen und eilen nun her, um die Menschen zu misshandeln. Sie verspüren einen unwiderstehlichen Drang dazu, sie brauchen das wie der Raucher die Zigarette, wie der Erotomane die Frauen. Es sind alles Süchtige, Sadisten, es gibt unter ihnen keinen einzigen normalen Menschen, keinen, der kein Perversling wäre. Mordlüstlinge. Ihre Gesichtzüge haben sich zu einer abstoßenden Maske verwandelt, die keinen menschlichen Ausdruck mehr annehmen kann. Ähnlich unzugänglich ist für sie der ruhige, natürliche Klang der Stimme. Sie leben im Zustand unaufhörlicher Erregung. Der Säufer hat nie genug vom Schnaps, der Morphinist von Morphin, ähnlich haben sie niemals genug von dem ungeheuerlichen Anreiz, Qualen zu verursachen. Es ist für sie eine Wonne, sich neue Qualen auszudenken, die schmerzhaftesten Schläge zu studieren, vor Schmerz blau werdende Münder zu beobachten, Stöhnen zu hören. Stöhnen und Angst sind notwendig, damit der Sadist zufrieden ist. Deshalb bringt sie der Stolz des Opfers, sein gleichgültiges Schweigen zur Raserei. Da vergessen sie sich, schlagen bis zum Eintreten des Todes, Hauptsache, dass die Unfolgsamen zum Schreien gezwungen werden.

Die sadistische Entartung ist alt wie der Satan und kam immer wieder vor. In der Geschichte kannte man Basileios den Bulgarentöter, Gilles de Retz, den Kindermörder, Anna [eigentl. Elisabeth – Hg.] Bathory, die Mädchenmörderin, Landru, den Frauenmörder. Zum ersten Mal kommt es jedoch vor, dass die GANZE GENERATION eines Volkes in diesen furchtbaren und unheilbaren Wahnsinn verfallen ist. Eine ganze Generation! Wie ist das passiert? Warum? Jeder dieser Henker war doch noch vor kurzem ein normales und fröhliches, vielleicht auch ein nettes Kind, das von seiner Mutter liebkost und geküsst wurde. Die meisten von ihnen wurden getauft. Zusammen mit dem Sakrament kam die Gnade über sie, jemand hatte sich in ihrem Namen vom Satan und dessen Verlockungen losgesagt. Kraft dieser Lossagung und der Gnade bestehen sie, wie jeder rechtschaffene Christ, nicht nur aus Seele und Geist, sondern aus Seele und den Geschenken des Heiligen Geistes. Wo sind all diese Geschenke, diese Vorboten, diese Talismane geblieben? Wie ist das passiert, dass aus Gottes Söhnen Satans Kinder wurden?

Nun, die Raubgier hatten sie im Blut und in der Rasse. Das Christentum hatte diese Raubgier gezähmt, doch es gelang ihm nicht, sie gänzlich abzuschaffen. Sie schlummerte unter einer dünnen Schicht Ethik und wartete auf die richtige Zeit. Diese Zeit kam zusammen mit der Machtübernahme durch Adolf Hitler. Zwar verkündeten die hervorragendsten Vertreter des deutschen Volkes, Bismarck, Hegel und Nietzsche schon seit langem das deutsche Recht auf Weltherrschaft und seine Überlegenheit gegenüber anderen Völkern, insbesondere gegenüber der slawischen Rasse, doch erst Hitler systematisierte und realisierte diese Ansichten. Indem sie den Führer annahm und anbetete, nahm die deutsche Jugend vorbehaltlos seine Lehre an. Sie glaubte, dass ein starker Mensch ein böser Mensch zu sein hat, dass Mitleid, Barmherzigkeit und Erbarmen lächerliche Anzeichen von Weinerlichkeit seien, dass der Deutsche der Herr sei, und die Anderen seine geborenen Diener, dass das Recht anderer Nationen auf Leben dem Recht eines Ochsen gleicht, der zum Schlachthof geführt wird. Der Ochse ist dazu da, den Menschen mit seinem Fleisch zu ernähren. Ein Ausländer, insbesondere ein Slawe, ist dazu erschaffen worden, den Deutschen zu ernähren. Den Rest der Umwälzung vollzogen die Schulen, jene berüchtigten Burgen, die sich auf Denunziantentum, Zuträgerei, Grausamkeit und Hass gegen alles, was nicht nationalsozialistisch ist, stützten. Schulen in denen die Jugendlichen gezwungen werden, bei Vorführungen von Vivisektionen zu assistieren, damit sie gegenüber fremdem Leid gleichgültig werden; in denen die heutigen jüngeren Jahrgänge zum Applaudieren für den Henker bei Exekutionen von Polen oder der Erschießung bolschewistischer Kriegsgefangener benutzt werden. Die geplante Zucht von Wilden konnte kein anderes Ergebnis bringen als dieses, auf das die Welt mit Entsetzen schaut: eine ganze deutsche Generation ist unheilbar verdorben, degeneriert, eine Generation von Unmenschen, und zugleich unehrlichen und bestechlichen Feiglingen, die nur Wehrlosen gegenüber mutig sind. Gibt es kein Heilmittel dagegen? … Es scheint keines zu geben. Einer der großen Meister der Malerei, Breughel, hatte in seinem weltbekannten Bild den Kampf des Erzengels gegen die gefallenen Engel dargestellt. Schon hat er sie besiegt, schon fallen sie in einer Lawine hinunter. Und, oh Gott, sie verwandeln sich im Fallen in Larven. Soeben waren es noch schöne, leuchtende Geister – und nun nehmen sie die Gestalt von ekelhaften Schreckgespenstern, Lurchen, Reptilien und Fledermäusen an. Noch glänzen die Reste der alten Schönheit an ihnen, noch zittert hier und da der Schmetterlingsflügel auf dem zur Larve gewordenen Rumpf, diese Spuren verschwinden jedoch und der Abgrund nimmt sie in sein Inneres nur noch als Scheusale auf... Es ist der Hochmut und der aus dem Hochmut entstandene Hass, die diese Veränderung bewirkt haben, die schrecklicher ist als alle Ideen von Ovid. Hochmut und der aus dem Hochmut entstandene Hass, nichts sonst, reichten, um die Schönheit in Abscheulichkeit, Licht in Dunkelheit, Aufstieg in Fall zu verwandeln.

Dieselbe Verwandlung vollzog sich vor unseren Augen im deutschen Volk.

Die bereits rebellierenden Engel werden nicht mehr in ihre alte Form zurückkehren. Sie SIND VERDAMMT. Freiwillig haben sie etwas Grundsätzliches verloren: den Wunsch nach Gutem. Sie haben sich den Rückweg abgeschnitten. Wir sind Zeugen, wie die Deutschen eifrig, planmäßig denselben göttlichen Instinkt in sich zerstören – die Sehnsucht nach Gutem. SIE WOLLEN BÖSE SEIN. Sie schneiden sich den Rückweg ab.

Der Appell nähert sich seinem Ende. In der Zwischenzeit sind einige Kranke, die auf der Erde lagen, gestorben. Eine normale Sache, die bei jedem Appell passiert. Die durchschnittliche tägliche Sterblichkeit im Lager beträgt 300 Menschen im Sommer und 500 im Winter, wenn es friert. Normal ist auch, dass ein junger Häftling mit einem schmalen, schweigenden Gesicht, vor Erschöpfung schwankend, aus der Reihe hinausläuft, und von einer Leiche zu anderen läuft. Die Kapos schlagen ihn und brüllen: er reagiert nicht. Scheinbar hilft er dabei, die Toten zur Seite zu schieben, scheint bietet er seine Hilfe beim Ausziehen der Kleidung an (die Aufseher ziehen die Kleidung manchmal noch vor dem Tod aus, bevor der Körper erstarrt), er bemüht sich, sich über jeden zu verbeugen. Wer ist dieser Häftling? – ein Verrückter, ein Nekrophiler? – Nein, es ist ein Priester, der den Sterbenden die Absolution erteilt. Priester Peplau – bald ein Märtyrer.

Der Appell ist zu Ende. Einige Häftlinge bleiben auf dem Platz, zu Tode geschlagen und getreten dafür, dass sie eine Frage nicht schnell, laut oder reibungslos genug beantwortet haben. Jetzt gehen die Kommandos zur Arbeit, zu der sie bestimmt wurden. Dabei spielt das Häftlingsorchester für sie auf. Ein Skelettorchester, das Gespenstern lustige Melodien vorspielt. Es gibt verschiedene Arbeiten. Die wenigen Glücklichen, vom Schicksal privilegierten, werden der Küche zugeteilt, um Kartoffeln zu schälen. Sie sitzen in der Wärme unterm Dach, und haben die Möglichkeit, heimlich Kartoffelschalen zu essen. Zwar bewirken rohe und mit Sand beschmutzte Kartoffelschalen einen blutigen Durchfall, aber es ist schwer, sich daran zu erinnern, wenn der Hunger die Eingeweide zusammenkrampft. Genauso glücklich sind die in den Ställen Beschäftigten, die sich um Schweine, Schafe oder Kaninchen kümmern. Auch hier kann man so einiges aus dem Trog naschen. Die Tiere werden gut ernährt, und dabei verraten sie einen nicht … Hin und wieder findet man auch Aas … Letzten Monat haben die Häftlinge ein an der Ruhr krepiertes Schwein roh gegessen. Die Arbeit auf dem Feld bietet nichts von diesen Vorteilen, gilt aber trotzdem als privilegiert. Allein die Tatsache, dass man das Gelände innerhalb der verhassten Zäune, der Stacheldrahtverhaue und Gebäude verlassen darf, dass man den weiten Horizont über dem Kopf hat, und in der Ferne die hellblauen Buckel der Schlesischen Beskiden sieht, stellt einen gewissen Trost dar. Eine Flucht ist unmöglich, man kann jedoch davon träumen, dass es vielleicht doch gelingt … Es gab welche, die es versucht haben. Die Maschinenpistole hat jedoch ihren Lauf zur Freiheit schnell unterbrochen. Zur Abschreckung wurden die Leichen nicht begraben und verbrannt. Sie lagen lange Zeit auf dem Feld und wurden von den Hunden zerrissen. Nur einmal hat es eine GELUNGENE Flucht aus Auschwitz gegeben. Der Häftling flüchtete durch einen unterirdischen Gang. Den hatte er selbst gegraben und ist egoistischerweise allein geflüchtet. Er wurde nicht gefasst. Doch alle anderen Häftlinge standen 36 Stunden lang auf dem Hof beim Strafappell … einige Hundert sind damals gestorben.

Küche, Schweinestall, Feld – die drei schöpfen die Träume der Auschwitzer vollständig aus. Alles andere ist eine einzige höllische Plackerei. Die Arbeit in der in Lagernähe gebauten Fabrik für synthetischen Kautschuk ist nicht weniger tödlich als beim Bau eines Dammes. Jeder kennt die Straßenwalzen, die durch ihr tonnenschweres Gewicht den Straßenbelag ebnen, die von einem Dampf- oder Dieselmotor gezogen werden… In Auschwitz wird diese Rolle von den Häftlingen übernommen. Anstelle des Mechanikers setzt sich der Kapo, das heißt der Aufseher, oben auf die Walze, mit einem mächtigen Ochsenziemer bewaffnet. Mehrere Dutzend Häftlinge ziehen die Maschine vorne, einige Dutzend schieben sie von hinten. Dabei röcheln sie vor Anstrengung, fallen atemlos hin. Wenn sie hingefallen sind, werden sie erbarmungslos mit dem Ochsenziemer geschlagen. Vielleicht noch schlimmer als der Ochsenziemer ist der scharfe Granitkies, in dem ihre nackten Füße versinken. Dieser Kies reißt die Haut von den Füßen ab und verursacht tiefe, schwer heilbare Wunden.

Während die einen Häftlinge sich mit der Walze abmühen, fahren die anderen die Erde mit Schubkarren hin und her. Die vorschriftsmäßige Belastung der Schubkarre beträgt 170 Kilogramm Erde; nachdem sie aufgeladen wurde, stellen sich die Arbeitenden zu fünft auf und müssen auf ein Zeichen hin IM LAUFSCHRITT losrennen. Die Schubkarre ist sehr schwer, kaum jemand schafft es, damit zu rennen. Diejenigen, die langsamer sind, bekommen erbarmungslose Schläge. Wehe vor allem denen, die hinfallen. Einige mächtige Tritte beenden ihr Leben.

Noch weitere Häftlingsgruppen graben Gräben. Sie graben in Eile, erbarmungslos angetrieben, sie graben präzise, aufpassend, dass sie von der vorgeschriebenen Breite und Tiefe um kein Haar abweichen. Sie wissen aber, dass niemand diese Gräben braucht. Sie haben sie schon so manches Mal gegraben. Das ist nur eine Art Beschäftigung: in ein paar Tagen werden sie gezwungen, mit genau derselben Eile, genauso präzis das zuzuschütten, was sie ausgegraben haben.

Eine ähnliche Rolle erfüllen Steine, die in einer Ecke des Hofes liegen, und die an sein entgegengesetztes Ende getragen werden müssen, um sie nachher wieder zurückzutragen, und so mehrere Male. Die Steine sind tote Dinge, seelenlose Rundsteine, vom Wasser aus den Bergen hergeschleppt. Und doch scheint es, als ob diese Steine unter der so häufigen Berührung der ohnmächtigen, blutigen Hände weich und mitfühlend geworden seien. Denn ein Stein kann besser sein als die Menschen.

In ihrer stumpfsinnigen Wanderung gehen die Steinträger an dem Ort vorbei, an dem Strafen verhängt werden. Derjenige, der meinen würde, dass ständiges grausames tödliches Schlagen eine Strafe sei, würde irren. Ganz und gar nicht! Schlagen ist nur ein Erziehungsmittel, eine Methode, vergleichbar mit der Schelte eines polnischen Unteroffiziers („Mich wirst du niemals vergessen, du Gymnasiast!"). Prügeln ist gar nichts. Die Strafe ist etwas anderes. Die Strafe wird von den Aufsehern nach der Lagerordnung für alle wahrgenommenen Vergehen verhängt. Es gibt verschiedene Strafen. Den Dunkelarrest, der so eng ist, dass man sich nicht bewegen kann, verbunden mit vollständigem Fasten. Begießen mit Wasser aus dem Hydranten, das zwischen 15 Minuten und 1,5 Stunden dauern kann. Eine harte Strafe, vor allem im Winter. Sie endet dann unvermeidlich mit dem Tod des Delinquenten. Im Sommer ist sie auch nicht besser. Von der Kraft des Wasserstrahls, der aus der Nähe auf die Brust gerichtet wird, kommt es vor, dass das Herz stehen bleibt, was den sofortigen Tod bewirkt; der Strahl ins Gesicht bewirkt Blindheit durch Verletzung der Augäpfel. Die schlimmsten Strafen sind die Prügelstrafe (die fast immer tödlich endet) und die Pfahlstrafe. Der Verurteilte hängt hierbei an seinen nach hinten verrenkten Händen, die an einen Pfahl gebunden sind, ohne mit den Füßen den Fußboden zu berühren. Es ist eine unbeschreibliche Qual und es kommt vor, dass starke Männer die ganze Zeit vor Schmerz brüllen. Die Schwächeren werden schnell ohnmächtig und verfallen in Empfindungslosigkeit. Es gibt aber noch andere, die unabhängig von einer starken oder schwachen körperlichen Verfassung die Folter schweigend ertragen, bei Bewusstsein, aber geduldig. Ihre Lippen zittern im Gebet, ihre Augen suchen den Himmel. Das sind diejenigen, deren große, aktive Religiosität sie das Martyrium willig ertragen lässt, die es mit Freude erfüllt, dass sie ähnlich wie Christus leiden; die sich mit Ihm verbinden, indem sie Ihm ihr Leiden und das der sie umgebenden Menschen opfern. Sie sind glücklich, sie spüren Gott neben sich. Sie wissen, dass das Leiden einen Sinn hat, dass es notwendig ist, dass man es in den kostbaren Schatz des Verdienstes umwandeln kann, als Lösegeld für Andere, dass man dafür um alles bitten kann, sogar darum, die Befreiung des Landes zu beschleunigen. Wie sollten sie sich also beklagen? Es kommt vor, dass sie sterben, während sie am Märtyrerpfahl hängen. Dann kommen die Engel ihnen entgegen.

Gesegnet seien sie. Ihr Opfer ist die einzige Messe, die sich aus diesem Gebiet zu Gott erhebt. Wo die Söhne der Hölle herrschen, ist das Gebet verboten. Das Verbot wird mit Verbissenheit und Wut befolgt. „Hier darf man nur zum Teufel beten" – dieser Lieblingsslogan der SS-Männer wiederholt sich wie eine Besessenheit in jedem deutschen Konzentrationslager. Sie schlagen die Häftlinge aus jedem erdenklichen Grund – doch am heftigsten wegen des Kreuzzeichens, für die Gebetgeste … Hier darf man nur zum Teufel beten. Das ist verständlich! – Das Gebet ist die Feststellung der Anwesenheit Gottes. Und Gott – ist die Gerechtigkeit, er ist Rache und Strafe. Die Diener des Satans können die Existenz Gottes nicht anerkennen, weil sie ein Urteil über sich selbst sprechen würden. Sie reden also sich selbst und anderen ein, dass es Ihn nicht gibt.

Der Entzug des Rechts auf Gebet macht den Häftlingen jetzt erst bewusst, was sie verloren haben. In der Freiheit hatten sie der Religion und dem Seelenleben nicht viel Aufmerksamkeit geschenkt! Für die einen existierten diese Dinge gar nicht, den anderen reichten sehr kleine Dosierungen. Meistens war die Religion für sie eher eine nette, traditionelle Gewohnheit als ein tatsächliches Bedürfnis. Dafür werden sie jetzt, wenn sie diese Tortur lebend verlassen werden, nie wieder genauso denken. Sie waren in der Hölle, also wissen sie den Himmel zu schätzen. Ein tiefes Erlebnis war für sie die gnädig erteilte Erlaubnis zu Weihnachten 1940 … sich bekreuzigen zu dürfen. Die in den Blöcken versammelten Häftlinge standen in einem Kreis, jeder umfasste mit der Hand einen Brocken trockenes Brot, das sie sich von der Tageshungerration erspart hatten, und das die Oblate[1] ersetzen sollte. Dann hoben sie gleichzeitig, langsam, feierlich, die Hände und machten das Zeichen des Kreuzes an der Stirn, den Schultern, der Brust. Sie seufzten tief. So wenig, und gleichzeitig so viel! Das Zeichen des Kreuzes … Wie oft hatten sie es gedankenlos gemacht, automatisch, reflexartig, weit vom Bewusstsein des eigentlichen Sinnes dieser Geste entfernt, die scheinbar so gewöhnlich ist, die wie ein Blitz vom Osten nach Westen reicht, und wie ein von oben fallender Donner den Himmel mit der Erde verbindet.

Der Regen ist beharrlich und durchdringend. Die Stunden vergehen langsam, langsamer als die sich erschöpfenden Kräfte. Die Peitschen pfeifen immer häufiger, immer öfter ist das raue Schreien der Aufseher zu hören. Ab und zu ertönt innerhalb des Lagers ein einzelner Schuss. Keiner dreht den Kopf, da jeder weiß, was das bedeutet. Jemand wurde erschossen. Weswegen? … Das weiß man nicht. Vielleicht hat er sich widersetzt, vielleicht hatte man ihm befohlen, seine Kameraden zu schlagen und er weigerte sich. Der SS-Mann nahm einen Revolver aus der Tasche und erschoss den Widerspenstigen. Das ist eine gewöhnliche Sache. Endlich kommt das Mittagessen. Ein Blechnapf Kohlrüben- oder Kohlsuppe, in der es überhaupt kein Fett gibt. Wenn man sie gegessen hat, kann man den Blechnapf problemlos mit kaltem Wasser unter der Pumpe abspülen. Nach dem Mittagessen werden die Fußböden in den Schlafräumen geschrubbt. Ein scheinbar sanitärer Vorgang, der aber in Wirklichkeit das Faulen der Strohsäcke beschleunigt, die auf dem nassen Fußboden liegen, und der das Ziel verfolgt, die Häftlinge in der Zeit zu beschäftigen, wenn ihre Aufseher sich nach einem üppigen Mittagessen erholen. Dann ertönen wieder die spöttischen Klänge des Orchesters und es erfolgt der Abmarsch zur Arbeit. Heute gibt es eine Arbeitspause. Auf dem oberen Platz wird in Anwesenheit aller Häftlinge wegen eines Fluchtversuchs die Prügelstrafe verhängt.

---

1 In Polen wird am Heiligabend vor dem Essen, bei dem die ganze Familie versammelt ist, traditionell eine geweihte Oblate geteilt; jeder teilt sie mit jedem und spricht zugleich die besten Wünsche für die anderen aus. (A. d. Ü.)

Zwölftausend Menschen müssen Zeugen des Todes ihres Kameraden werden. „Ein Pechvogel", flüstern sie einander zu, „ist doch klar, dass man es nicht schafft zu fliehen, aber sie hätten ihn ja gleich erschießen können, er hätte in den Stacheldraht laufen sollen" … In der Mitte des Rechtecks der Häftlinge wird ein Tisch aufgestellt, eine Art Schafott. Die Henker führen den Pechvogel darauf. Die degenerierte deutsche Fantasie ließ sie ihn mit einer seltsamen Papiermütze schmücken. Hinter den Kragen hat man dem Verurteilten eine Stange gesteckt, an der eine Tafel mit der spöttischen Aufschrift „Ich bin wieder hier" befestigt ist. Er ist tatsächlich wieder hier, gleich wird er aber woanders sein, sich bei anderen Aufsehern melden. Die Exekution dauert nur kurz. Es nimmt nicht viel Zeit in Anspruch, einen einzigen, halb lebendigen Menschen zu töten, wenn es sechs hochgewachsene, in diesem Prozedere geübte Schufte tun. Die Kommandos kehren zur Arbeit zurück. Wieder im Laufschritt mit den Schubkarren, bringen sie die Steine dorthin zurück, von wo sie sie vorher genommen hatten, schütten die am Morgen ausgegrabenen Gräben wieder zu, zittern vor Kälte und Feuchtigkeit, werden ohnmächtig vor Hunger, wanken vor Erschöpfung. Für diesen Nachmittag haben sich die Aufseher noch einen zusätzlichen Zeitvertrieb ausgedacht. Die meisten Häftlinge leiden an Durchfall und können die Nahrung nicht behalten. Die Kapos erlauben ihnen nicht, sich zur Stuhlentleerung zu entfernen. Mit Gelächter beobachten sie die Qual der Kranken. Übrigens versäumen sie es nicht, sie gleich wegen der verunreinigten Kleidung zu treten und sie als liederliche Rindviecher zu beschimpfen.

Auch wenn der Tag sich hinzieht, kommt endlich der Moment, wo er zu Ende geht. Gleich wird man sich ausruhen können. Nur noch der Abendappell … Vielleicht wird er nicht lange dauern … Oh Gott! Aus dem Block vier fehlt ein Häftling! Er ist nicht zum Appell erschienen! Der Kapo ist blass vor Wut, der Stubenälteste blass vor Angst, sie durchsuchen das Gebäude. Die SS-Männer rasen. Der Verschwundene ist nicht da. Wo kann er bloß sein? Er ist ganz sicher nicht geflohen. Ein alter, kranker Mensch. Trotzdem aber werden, da er nicht da ist, entsprechend der Lagerordnung aus demselben Block 10 Häftlinge zur Erschießung ausgesucht. Ein junger Sadist mit einem geschwollenen, derben Gesicht sucht diejenigen aus, die umkommen sollen, wobei er mit der Reitgerte über seine Stiefel schlägt. Er sucht sich absichtlich die gesünderen und jüngeren aus. Einer von ihnen ist ein erst vor kurzem gekommener ganz junger Mann mit einem entsetzten Gesicht. Noch scheint man an ihm die Hände seiner Mutter zu erkennen, noch ist eine Spur Rot an seinen Wangen zu erahnen. Der neben ihm stehende Greis, ein emeritierter Professor, betrachtet ihn voller Mitgefühl. Er kennt den Jungen nicht, er weiß nicht einmal, wie dieser heißt, doch es tut ihm leid um diese frische Jugend. Wer weiß, vielleicht hätte gerade er durchgehalten, wäre nach Hause zurückgekehrt? Ihm, dem Alten, wird nichts mehr helfen. Egal, ob man ein paar Tage früher oder später stirbt. Mit einer entschiedenen Bewegung tritt der Alte aus der Reihe vor, meldet sich und bittet darum, ihn statt dieses Jungen zu erschießen. Der SS-Mann kneift bösartig seine katzenartigen Augen zusammen. Ohne ein Wort stößt er den Alten zu den Zehn, und teilt an seiner Stelle einen Häftling zu, dessen Gesicht nach einem dem Tode nahen Tuberkulosekranken aussieht. Der Junge wird erschossen.

Kaum ist die Salve des Erschießungkommandos verklungen, kommen der Kapo und der Unterkapo angelaufen und melden, dass der Vermisste gefunden wurde. Er ist einfach gestorben und lag, von allen unbemerkt, in einem Erdloch. Tja, da wird er gerade weggetragen. Der SS-Mann nickt zufrieden. Alles in Ordnung. Der Appell ist zu Ende. Die Häftlinge dürfen in die Gebäude gehen, ihr Abendessen einnehmen und schlafen gehen.

Die lauwarme schwarze Flüssigkeit und der Fetzen Brot können niemanden wärmen oder sättigen. Vor Kälte zitternd legen sich die Häftlinge auf die Strohsäcke. Kälte zieht vom feuchten Fußboden hoch, vom verfaulten Stroh, von der nicht ganz geschlossenen Tür. Die Kälte lässt einen nicht einschlafen. Der Hunger setzt einem sehr zu. Zusammengekauert unterhalten sich die Häftlinge flüsternd. Es ist der einzige Moment am Tag, wo sie ein paar Worte wechseln können, Hauptsache, der Stubenälteste merkt das nicht. Wenn er Gespräche bemerkt und schlechte Laune hat, wird er die ganze Stube zur Strafe nach draußen treiben und sie dort mehrere Stunden stehen lassen. Also erzählen sich die Strohsackgenossen die Lagernachrichten im leisesten Geflüster. Von Block drei sollte Nummer zehn entlassen werden, er wurde in die Kanzlei gerufen. Nachdem er erfahren hatte, worum es geht, verstarb er … Er starb vor Freude … Wirklich …

„Na, also ich weiß nicht, ob ich mich freuen könnte, wenn ich entlassen werden würde? … Irgendwie ist es blöd, allein wegzugehen, wenn ihr alle hier bleibt … Ich würde euch immer vor Augen haben …“

„Quatsch. Du würdest es schnell vergessen … Würdest dich endlich satt essen.“

„Ich wäre nicht so ein Schwein, nur zu fressen und zu vergessen, was hier getrieben wird …"

Auf dem benachbarten Strohsack hört man einen anderen Dialog:

„Haben sie dir das Geld aus der Verwahrung gegeben? … Warst du in der Kantine?"

„Ich war da, hätte mir fast die Beine gebrochen vor lauter Eile, weil der Stubenälteste sagte, wenn ich zu spät kommen würde … Ist eine ganze Ecke bis zur Kantine, aber ich war da …"

„Hast du was zu essen gekauft? … Antworte!"

„Du kannst deine Spucke runterschlucken, ich hab nämlich nichts bekommen. Da kann man nur Senf, Essig und Hefepulver kaufen …"

„Sonst nichts?"

„Sonst nichts". Dafür gibt es Puder, Kölnisch Wasser, Handcreme und Schuhcreme … Du kannst dich pudern, Bruder, oder die Füße schwarz polieren wie Lackschuhe …"

„Du lügst wohl?"

„Ich schwöre bei Gott, dass ich nicht lüge …"

Und noch weiter:

„Am meisten tut es mir leid, dass ich nichts im Untergrund gemacht habe … Ich habe Geschäfte gemacht, hatte keine Zeit, irgendwie passte es nicht… Seinerzeit, nach dem Septemberfeldzug, wollte ich zu Fuß nach Frankreich, aber die Alten haben mich nicht gehen lassen … Meine Mutter insbesondere … sie hat immer so um mich gezittert … – Du gehst nicht und Schluss … – Ich blieb … Jetzt tut es der Armen sicher leid …"

„Ich war auch in keiner Organisation. Ein Freund wollte mich überreden, aber ich hatte Angst … Ich hatte Angst davor, dass sie einen im Gefängnis verprügeln …"

„Sicher nicht schlechter als hier, aber man hätte zumindest die Genugtuung, dass man den Scheißdeutschen vorher zugesetzt hat …"

„Ich dachte, sie würden mich in Ruhe lassen, wenn ich sie nicht ärgere …"

„Denkst du!"

… und noch weiter:

„… man hat doch schon früher Polen gesehen, die mit den Deutschen Geschäfte gemacht haben und deswegen mit ihnen getrunken haben, und es gab Backfische, die mit diesen Scheißdeutschen spazieren gegangen sind… Man hat sie immer wie Pöbel betrachtet, aber man war nicht so schrecklich darüber empört … Na ja, man hat das eigentlich kaum beachtet … Wenn ich mir jetzt vorstelle, dass nach all dem, was die hier mit uns anstellen, sich noch ein Mädchen finden könnte, dass mit einem Deutschen geht, oder dass der eine und andere Lump noch Geld in ihre Taschen fließen lässt und ihnen zuprostet, dann übermannt mich eine solche Wut, weißt du, so eine Leidenschaft, dass ich hinrennen und schlagen und beißen könnte … Die ermorden uns hier, und unsere Landsleute unterhalten sich mit ihnen …"

„Sei still …" – der Stubenälteste gibt ihnen Zeichen, dass der Kapo kommt.

Tiefste Nacht. Das Lager ruht sich aus. Es ist eine schwache Erholung, weit entfernt von tatsächlicher Ruhe. In den Stuben stöhnen und weinen die einen im Traum, die anderen liegen im Sterben … man kann nicht immer unterscheiden, was das Schnarchen eines Gesunden, und was das Röcheln der Agonie ist. Der massenhaft auftretende Durchfall und die Blasenentzündungen zwingen die Ruhenden dazu, ständig zu wandern. Diese Wanderungen beginnen erst um 24 Uhr, denn vor Mitternacht dürfen die Häftlinge ihre Lager nicht verlassen, um ihre Naturbedürfnisse zu befriedigen. Eine zusätzliche und oftmals fürchterliche Pein. Der Kapo geht wegen der Nachtinspektion durch die Räume. Er hebt die Decken und überprüft, ob die Häftlinge saubere Füße haben. Es gibt nichts, womit man sich waschen könnte, aber wegen schmutziger Füße wird man auf die Fersen geschlagen und der ganze Raum muss aufspringen und strammstehen.

Die Inspektion ist glimpflich verlaufen, ohne Exekution. Nachdem der Peiniger weg ist, nutzen die Häftlinge die sicheren Ruhestunden und beten … Erschöpft, gepeinigt, sich am dünnen seidenen Faden des erlöschenden Lebens noch auf der Erde haltend, beten sie inbrünstig, leidenschaftlich. Hier und da erklingt heimliches leises Flüstern. Es sind die Priester, die die Beichte abnehmen, dann erteilen sie die Hl. Kommunion nach Art der Geistlichen. Sie bitten Gott den Allmächtigen, dass er mit der Fürsprache der Unbefleckten Jungfrau Maria das Opfer annimmt, das sie leisten können, dass er die Heilige Hostie segnet, die zwar nicht in ihrer materiellen Gestalt da ist, jedoch eine echte heilige, unbefleckte Hostie ist, das Heilige Brot des ewigen Lebens, damit er mit ihr den Leidenden Mut einflößt …

Tiefste Nacht. Die Häftlinge schlafen endlich, auch ihre Henker schlafen. Die SS-Männer sind betrunken vom Schnaps, schwerem Essen und Verbrechen. Sie träumen von Szenen raffinierter Folter. Manchmal schiebt ihnen Satan, seinen Spott mit ihnen treibend, Bilder zu, in denen sie selbst gequält werden. Dann wachen die Henker schreiend auf, im kalten Schweiß gebadet.

Die Hähne krähen zum zweiten Mal. In der Dunkelheit beginnt die Morgendämmerung weiß zu schimmern. Aufwachen! Wieder beginnt ein neuer Tag.

Das Olympische Dorf[1]

Den Sportbegeisterten wird der Name Oranienburg (Sachsenhausen) nicht fremd sein. Diesen Namen trug eine fröhliche Sportsiedlung, die anlässlich der 1936 in Berlin stattfindenden Olympischen Spiele errichtet wurde. Die Siedlung war für Sportler, ihre Trainer und Masseure vorgesehen. Auch für Korrespondenten, Filmemacher und das internationale bunte Völkchen, das Deutschland in der Überzeugung verlassen sollte, dass das Dritte Reich hinsichtlich der Kultur, wie auch in jeder anderen Hinsicht international an der Spitze liege. Dieses Ziel ist erreicht worden, die hervorragend organisierte Propaganda hat den Ruhm Hitlerdeutschlands über die ganze Erdkugel getragen, hat in so manchem Volk Neid hervorgerufen, bei einigen Nachahmung gefunden. Gut komponierte Filme (die auch in Polen bekannt sind) zeigten unendliche Scharen prächtiger, gesunder, hervorragend im Team zusammenarbeitender deutscher Jugendlicher. Auf der Grundlage dieser Filme konnte man sich vormachen, dass die Geschicklichkeit der Muskeln mit geistiger Entwicklung einhergehe. Doch die schöne Vorstellung war zu Ende, der Zuschauerraum leerte sich, das lustige internationale Völkchen verließ Oranienburg, die Schauspieler blieben allein, nahmen ihre Masken ab und begannen ein anderes Schauspiel zu spielen, auf das sie sich länger und genauer als auf die Olympischen Spiele vorbereitet hatten. Da verwandelte sich diese bunte Siedlung, geschaffen für Vitalität und Lebensfreude, in eine düstere Mörderhöhle, den Ort des langsamen Sterbens vieler Tausender von Menschen – da stellte sich heraus, dass

1 Dem Anfang dieses Teils liegen offenbar falsche Informationen zugrunde. In Oranienburg gab es keine Sportsiedlung, die für die Olympischen Spiele gebaut wurde. Seit 1933 gab es dort ein Konzentrationslager, das sich in einem alten Fabrikgebäude im Zentrum der Stadt befand. Erst im Sommer 1936 begann man mit dem Bau eines ganz neuen Konzentrationslagers, das als Modell- und Schulungslager diente und somit vor den Olympischen Spielen nicht fertig sein konnte. Das Olympische Dorf befand sich in Elstal bei Berlin. (A. d. Ü.)

die Reihen der stattlichen Jugendlichen Vorposten moralischer Monster sind, die durch eine geheimnisvolle Zaubermaßnahme ihrer Herzen und ihres Gewissens beraubt worden sind und zu den größten Verbrechen fähig sind. Und da hat der wahre Regisseur mit Amselaugen sein Gesicht hinter den Kulissen gezeigt und die Welt erkannte mit Entsetzen, dass es der Fürst der Dunkelheit gewesen ist.

In Oranienburg wohnten Trainer, Masseure und Filmemacher, die Siedlung war nicht umzäunt. Damit das neue Schauspiel gespielt werden konnte, wurde sie mit einer hohen Mauer und mit einem betonierten Graben umgeben. Hinter dem Graben wurde eine noch höhere Mauer aufgestellt, und hinter dieser kam noch ein Graben. Die Mauer wurde vom Stacheldraht gekrönt, der unter elektrischer Spannung stand, tödlich beim Anfassen, und der es unmöglich machte, auf die andere Seite zu kommen. Alle 100 Meter wurde ein Wachtturm aus Holz auf die Mauer gebaut, von wo aus die mit Maschinengewehren ausgestatteten Wachen Tag und Nacht die Umgebung und die Mauernähe patrouillierten. In der Nacht beleuchteten Scheinwerfer jede Biegung des Geländes. Ein Teil der Materialien für diese Befestigungen stammten von den Tribünen, Zäunen oder olympischen Kiosken, und an manchen befanden sich Reste von Aufschriften, die die Brüderschaft der Völker, den kampflosen Wettbewerb sowie freies Zusammenleben in Gesundheit und Freude verkündeten.

Das Leben im Oranienburger Lager unterliegt denselben Regeln, die auch in Auschwitz herrschen. Eine strikte Lagerordnung, die in allen deutschen Konzentrationslagern gilt. Darin werden die Zahl der Arbeitsstunden und des Schlafes festgelegt, die Zeit der Appelle, die Form der Strafen, die Hungerration, die unmenschliche Behandlung. In dieser Lagerordnung, werden die „Erziehungsmethoden“ vorgeschrieben, die im ständigen Prügeln bestehen und dem Abverlangen von Arbeit, die über die Kräfte der Häftlinge geht, im Misshandeln. Es wäre also überflüssig, die Tagesordnung in Oranienburg zu beschreiben, wenn man bereits beschrieben hat, wie diese Ordnung in Auschwitz aussieht. Sie sind identisch. Wer ein Lager kennen gelernt hat – hat alle kennen gelernt. Die geringen Unterschiede zwischen ihnen hängen einzig von der Qualität der Gebäude, der Topografie des Geländes, dem Klima und schließlich der kleineren oder größeren Dosis sadistischer Fantasie der Henker ab. Denn ALLE Lagerposten sind Sadisten. Von dieser Regel gibt es keine Ausnahme. Ein normaler Mensch würde eine solche Stelle nicht annehmen. Falls er sie doch annimmt, wird er entweder schnell als ungeeignet liquidiert, oder er beginnt aus Angst um die eigene Haut die

Häftlinge zu misshandeln, und bald kommt die Sucht danach von allein. Es geht nur um die Fantasie. Manche Henker haben eine reiche Erfindungsgabe und wenden eine wahrlich teuflische Inszenierung an, anderen fehlt es an Erfindungsgabe und Fantasie, sie geben sich einfach mit Zu-Tode-Prügeln zufrieden. Andere Unterschiede gibt es nicht. Daher auch antwortete einer der Krakauer Professoren, der todkrank aus Oranienburg entlassen wurde, auf die Frage, ob er unter den Deutschen Menschen getroffen habe, mit tiefster Überzeugung: „Menschen? Nein … Während meines ganzen Aufenthaltes dort habe ich keinen einzigen Menschen getroffen …"

Das Wort Oranienburg klingt für jeden Polen besonders schmerzhaft und hasserfüllt, es kommt Auschwitz gleich. Oranienburg war das erste deutsche Konzentrationslager, mit dem das polnische Volk direkt nach der Niederlage des Jahres 1939 Bekanntschaft machte, das erste Öffnen der Augen auf die deutsche Realität, auf die Grausamkeit, die nicht von den Bedürfnissen des Krieges, wie manche sich vormachten, sondern des planmäßigen Vorhabens der Ausrottung einer ganzen Nation diktiert wurde.

Über einhundertsechzig Professoren der Jagiellonenuniversität gehörten zur ersten Partie der polnischen Bewohner von Oranienburg. Sie wurden aus keinem anderen Grund verhaftet als aus dem Willen heraus, die polnische Wissenschaft zu vernichten. Die Professoren waren nämlich alles ältere oder ganz alte Menschen, weit entfernt von der aktiven Politik; sie widmeten sich ausschließlich ihrer wissenschaftlichen Arbeit. Es gab unter ihnen keinen einzigen, der nicht das Recht gehabt hätte zu meinen, dass er unter seinen deutschen Kollegen, den Wissenschaftlern, Freunde besitze. Es gab keinen einzigen, der nicht daran geglaubt hätte, dass das Wissen für jeden Wissenschaftler (ähnlich wie für sie) ein erhabenes, ehrliches und reines Gebiet ist, das keinen chauvinistischen Ausbrüchen oder politischen Kämpfen unterliegt. Wenn Polen im Septemberfeldzug den Sieg davongetragen hätte und die deutschen Gelehrten bedroht gewesen wären, hätten sie sich ganz automatisch so herzlich wie möglich um sie gekümmert.

Diese ehrliche menschliche Haltung, diese Überzeugungen und Ansichten bewirkten, dass die unverdiente Marter der Professoren der Welt besonders im Gedächtnis geblieben und schändlich für Deutschland ist. Viele Tausend Polen sind seitdem in Oranienburg gestorben, doch wenn der Name dieser ehemaligen olympischen Siedlung fällt, erinnert man sich vor allem an die Krakauer Professoren.

Sie wurden mit besonderer Hartnäckigkeit misshandelt. Die SS-Männer fühlten sich glücklich, wenn sie bei der Gelegenheit Europa zeigen konnten, wie wenig sie die Wissenschaft oder das Wissen schätzen („Wenn ich das Wort Kultur höre, entsichere ich meinen Revolver", pflegte Goebbels vor dem Krieg zu sagen) und wie wenig sie sich um die Meinung der Welt kümmern.

„Das ist ein großer Astronom, Mathematiker oder Chemiker … seine Arbeiten sollen in viele Sprachen übersetzt worden sein … er soll eine ganze Reihe von unverständlichen Erfindungen gemacht haben … Aber wir lassen ihn zwei Stunden lang Kniebeugen machen, und dann mit einem vollen Kübel Wasser laufen, das man nicht verschütten darf … Die Gesellschaft hält so jemanden für ihren Stolz? … Hervorragend! Bei uns wird dieser polnische Stolz die Aborte putzen … Die dummen Italiener legen für sie Fürsprache ein… sie können sich das sparen … Die Gelehrtheit, das Wissen, sind uns widerwärtig … Wir schätzen nur die Kraft."

So dachten die SS-Männer, als sie zu Herren über Leben und Tod der polnischen Gelehrten wurden. Eine zusätzliche Pein war der Winter, jener schreckliche Winter des Jahres 1940, als der Frost sich drei Monate lang unter 25 Grad Minus hielt, ohne nachzulassen. In diesem Frost standen die Häftlinge unerbittlich draußen, gekleidet wie immer in Drillich, mit nackten, kurz geschorenen Köpfen, während der Appelle, die in der Regel mehrere Stunden dauerten. Unvergessen war ein Appell, der bei tödlichem Frost acht Stunden lang gedauert hat. Die Menschen fielen der Reihe nach, einer nach dem anderen um, 86 Tote wurden direkt vom Appellhof ins Krematorium getragen. In diesen Stunden der Pein organisierten die polnischen Professoren ihre berühmten Vorlesungen, verbunden mit wissenschaftlichen Disputen, die sie vor Verzweiflung und Erniedrigung retteten.

Und das Maß ihres Geistes war so groß, ihre Wissensliebe so ehrlich, dass es vorkam, dass die diskutierte Frage sie WIRKLICH voll in Anspruch nahm. Sie fingen Feuer, spürten die Länge der Stunden und die Qualen des Frostes nicht. Ihre wunderbare Haltung, auf die ganz Polen stolz war, stellt ein ruhmreiches Blatt der polnischen Wissenschaft dar. Die Zeit wird es nicht löschen. Es waren über einhundertundsechzig. Kein einziger ist zusammengebrochen, keiner hat sich erniedrigt, keiner hat um Erbarmen gebeten. Sie starben, oh ja, sie starben massenweise, aber keinen Moment lang konnte der Feind der Überzeugung sein, dass er sie geknechtet hat.

Sie starben den normalen Tod des Konzentrationslagers, an Lungenentzündung, Durchfall, Hungerödem. Sie starben während des Appells, auf dem gefrorenen Boden liegend, gleich neben ihren stehenden Kameraden. Sanitäre oder ärztliche Betreuung welcher Art auch immer gibt es in den deutschen Lagern nicht. Wozu sollte es sie auch geben. Es geht hier doch nicht darum, die Menschen zu erhalten, ihr Leben zu verlängern, sondern im Gegenteil: sie so schnell wie möglich fertig zu machen. Deshalb muss hier klar, offen und brutal festgestellt werden, damit es alle erfahren: dass die auf Papier erwähnten, den Korrespondenten neutraler Staaten mit Stolz in den Lagern vorgeführten Krankenhäuser, Krankenstuben, Ambulanzstationen eine niederträchtige Fiktion sind, eine entsetzliche Komödie, die alle menschlichen Gefühle verspottet. Die Häftlinge werden nicht behandelt, es gibt keine sanitäre Betreuung für sie. Das ist die Regel, die sowohl in Auschwitz, als auch in Oranienburg, Mauthausen oder Dachau gilt. Grundsätzlich werden nur zwei Arten von Medikamenten verabreicht: Aspirin und Papierverbände. In Auschwitz werden die Verbände von Sanitätern gemacht, die allesamt kriminelle Häftlinge sind, und die 500 Patienten pro Stunde abfertigen; sie begrüßen sie mit Fußtritten und verabschieden sie mit Fußtritten. Mit Fußtritten werden in Dachau Hungerödeme behandelt, die bewirken, dass der Mensch nicht mehr in seine Kleider passt. In Gusen versetzt der Krankenbaudienst einem Kranken, der sein Bett schmutzig macht, den letzten Todesstoss. In der Krankenstube darf man sich erst dann melden, wenn man 39 Grad Fieber hat; keinerlei Krankheit befreit einen von der Anwesenheit beim Appell, und allgemein herrscht unter den Häftlingen die Überzeugung, dass es aus dem Krankenbau keinen anderen Ausgang als „durch den Kamin“ gibt …

In jenem Winter 1940, im ersten Halbjahr der deutschen Besatzung, glaubte die polnische Bevölkerung noch nicht an diese Grauen. Man hörte sich die Nachrichten aus den Lagern wie Märchen aus Tausendundeiner Nacht an. Mit einem ähnlichen Gefühl werden sie heute vom Westen aufgenommen. Wie kann denn in der Mentalität eines normalen Menschen des Abendlandes jenes berüchtigte „Weihnachten“ in den Kopf hineingehen, das den Häftlingen in Oranienburg vom Lagerkommandanten zu Weihnachten 1940 bereitet wurde? Ein reichlich beleuchteter Weihnachtsbaum, alle Häftlinge wurden gerufen, und unter dem Weihnachtsbaum lagen 40 nackte Leichen im Kreis … Was war das Ziel dieses makabren Schauspiels? … Es gab keines – nur die Degeneration.

Ausdruck einer analogen Degeneration war der KRANZ, der offiziell am Sarg jedes der verstorbenen Gelehrten niedergelegt wurde. An ihrem Tod waren Prügel, Hunger oder Frost schuldig – und dann die närrische Simulation von Ehrerweisung! Eine analoge Erscheinung waren Dosen mit der Aufschrift „Heil Hitler!", in denen aus Oranienburg und Dachau den Angehörigen die Asche der Verstorbenen geschickt wurde. Diese Degeneration nahm deutlich satanische Eigenschaften an, sooft ein religiöses Motiv, eine geistliche Person oder das Beten ins Spiel kamen. Die bereits bekannte Losung „Hier darf man nur zum Teufel beten" war in Oranienburg als Grundton immer wieder zu hören.

„… Na, willst du wieder deine Gebete herunterleiern!", spottete der SS-Mann über den beim Beten erwischten Priester. „Sag mal, hast du deinen Gott wenigstens mal gesehen? Hat er sich dir gezeigt! …"

„Herr, ich bin nicht würdig", entgegnete der Geistliche.

„Und den Jesus, diesen Tölpel, der sich hat zu Tode quälen lassen, und seine Mutter, diese Jungfrau, diese Maria (hier kam eine Reihe von gotteslästerlichen Beschimpfungen) – hast du die gesehen?"

„Ich habe sie nicht gesehen, glaube aber, dass ich sie sehen werde!"

„Ach, du alter Esel! So viele Jahre veranstaltest du schon dein Hokus-Pokus am Altar, dein Dominus, und sie haben sich nicht mal dazu bequemt, sich dir zu zeigen? … Und du glaubst trotzdem? … Und hast du den bösen Geist gesehen? So einen, weißt du, mit Hörnern und Schwanz?"

„Habe ich nicht."

„Na dann schau ihn dir genauer an – *du hast ihn jetzt vor dir.*"

Und da begann die Folter.

„… Wenn du sehen könntest, wie komisch deine Pfote zittert … Wie ein kleiner Bär, wenn er die Fliegen loswerden will" … sagt der Teufel bei Mickiewicz zu Priester Piotr.[1] Die SS-Männer kennen seine „Totenfeier" sicherlich nicht, sprechen jedoch dieselbe Sprache.

Häufig gibt es Fälle von hartnäckigen Versuchen, Priester dazu überreden zu wollen, vom Glauben abzutreten oder den ehelichen Bund einzugehen. Für diesen Preis können sie entlassen werden. Bisher waren solche Versuchungen vergeblich. Unter den Hunderten von polnischen Priestern fand sich kein einziger, der sie beachtet hätte.

Vielen Lesern ist vielleicht nicht bewusst, wie viel Tapferkeit, Charakter und Ausdauer es verlangt, im Lager die richtige psychische Haltung

---

1 Zitat aus „Die Totenfeier" von Adam Mickiewicz.

zu bewahren. Es genügt ja, sich zu erniedrigen, zu demütigen, um eine privilegierte Stellung zu bekommen, um vor Kälte und Hunger sicher zu sein. Der Hunger … Er ist der härteste Feind des Menschen, die schmerzlichste Folter. Menschen, die vor dem Krieg eine Abmagerungskur gemacht und behauptet haben, sie würden „hungern", die jetzt trotz Krieg immer noch satt sind, können sich keine Vorstellung davon haben, was chronischer, langzeitiger, realer Hunger bedeutet, welch entsetzliche Qual das ist, die man keinen Moment vergessen kann. Ein Hunger, von dem man sich für den Preis einer demütigen, niederträchtigen Geste befreien kann… Und trotzdem …

Auf der hohen Kiefer

Mauthausen ist die Zentrale, Gusen – die Filiale. Beide Lager sind drei Kilometer voneinander entfernt. In der Nähe befindet sich die Stadt Linz, und beide Mordhöhlen liegen im Tal der Donau. Sie sind von Bergen umgeben. Das Flusstal bildet eine tiefe Schlucht, die alle Wolken und Nebel aus der Umgebung anzieht. Die Zahl der Jahresniederschläge ist rekordverdächtig. Das trägt nicht gerade zur Gesundheit der Häftlinge bei.

In Mauthausen und Gusen braucht man keine Arbeit zu erfinden und keine Gräben zu graben, um sie am nächsten Tag wieder zuzuschütten. Es gibt genug reale Arbeit. In nächster Nachbarschaft gibt es riesige Steinbrüche, die das Privateigentum der Partei sind und jedes Jahr beträchtliche Einnahmen bringen. Selbstverständlich haben sich diese Einkünfte in dem Moment bedeutend vergrößert, wo der Kriegsausbruch dem Eigentümer die Sorge um Miete und Arbeitergehälter, um Reparaturen von Maschinen, deren Amortisation und Kauf abgenommen hat. All dies ersetzen heute die Häftlinge. Sie ersetzen die Arbeiter, sie ersetzen die Maschinen, arbeiten anstelle von Traktoren und Kränen mit Luftkompressoren. Mit den Händen der Fellachen wurden die Pyramiden gebaut, mit den Händen polnischer Angehöriger der Intelligenz sprengt, fördert, haut und stellt die NSDAP mächtige Steinblöcke weg. Zwar wird der menschliche Rohstoff schnell verbraucht, aber damit gibt es keine Schwierigkeiten. Eine Straßenrazzia mehr in Warschau, ein weiterer Transport aus Dachau gleichen diese Mängel aus.

Vom Morgengrauen bis zur späten Abenddämmerung klettern zwei Menschenkolonnen die Wände des Steinbruchs hoch, zweitausend in jeder. Einer hinter dem Anderen, nur mit Mühe halten sie ihr Gleichgewicht am schmalen Hang. Die einen gehen hinauf, die anderen hinunter. Die Aufseher treiben sie mit Ochsenziemern an. Der Zug sieht vom Weiten wie ein altägyptisches Fries oder eine marschierende Ameisenkolonne aus.

Die Polen in Gusen und Mauthausen stammen meistens aus Schlesien, Pommern und der Gegend von Suwałki, obwohl es auch nicht an Vertretern Zentralpolens fehlt. Im Frühjahr 1940 wurden Tausend Männer nach Gusen gebracht, der Ertrag einer großen Razzia, die zu jener Zeit in den Warschauer Cafés durchgeführt wurde. Unter den Schlesiern gib es auch welche aus Oppeln. In der Gefängniswelt haben Mauthausen und Gusen denselben Ruf wie Auschwitz, von Orten, aus denen es keine Rückkehr gibt. Obwohl die Hungerrationen genauso wie in den anderen Lagern sind, sind die Entkräftung und Magerkeit noch größer als in Auschwitz oder Dachau. Das ist sicherlich die Folge der besonders schweren Arbeit. Die Gestalten der Häftlinge, die Steine von den Bergen herunter schleppen, erinnern an Reisefotos aus Afrika, die Einheimische im letzten Vorstadium des durch die Schlafkrankheit bedingten Todes darstellen. Keine Menschen, sondern Knochengerippe, keine Lebenden, sondern Tote. Kein Wunder also, dass von den neuntausend Polen, die im Frühjahr 1940 nach Gusen gebracht worden sind, nur eintausend das Frühjahr erlebt haben …

Die Sterblichkeit ist größer als woanders, der Terror ist auch verstärkt. Zwangsläufig sind die Arbeiter auf einem ziemlich großen, schwer zu beaufsichtigenden bergigen Gebiet verstreut, und die Aufseher versuchen mit verstärktem Terror, ihnen die Lust zu fliehen auszutreiben. Aus diesem Grunde findet der Appell nicht zweimal, sondern dreimal am Tag statt: morgens, mittags und abends. Es herrschen dieselben Krankheiten wie in den anderen Lagern: Tuberkulose, Durchfall, Lungenentzündung, Phlegmone, Geschwüre, Abszesse, Läusebefall. Die Häftlinge tragen blau-weiß gestreifte Kleidung. Das auf den Drillich aufgenähte rote Dreieck bedeutet politischer Gefangener, ein grünes – einen Dieb, ein schwarzes – einen „Asozialen", rosa – einen Sittenstrolch, einen Homosexuellen. Diese Sucht, die unter den polnischen Häftlingen selten ist, herrscht weitverbreitet unter den Deutschen. Abgesehen von Polen und Deutschen gibt es im Donautal noch einige Tausend Spanier. Es sind Rote. Nach dem Sieg von General Franco waren sie ins benachbarte Frankreich geflüchtet. Dort hatte der Krieg sie überrascht. Die Franzosen haben ihre ehemaligen Freunde an die Deutschen ausgeliefert, die sie im Steinbruch inhaftiert haben. Diese Spanier kommen aus den niedrigsten proletarischen Schichten. Ihr nationales und gesellschaftliches Bewusstsein ist schwach ausgebildet. Es sind nicht die Urheber, sondern die Opfer der Revolution. Willenlose Späne der Geschichte.

Mauthausen und Gusen gehören zu den Lagern, in denen Sadisten mit einer blühenden Vorstellungskraft herrschen. Daher nimmt der hiesige Sadismus entsetzlich groteske Formen an. In deren Erfinden zeichnen sich der Lagerkommandant aus, der germanisierte Ruthene Chmielewski, sowie der SS-Mann Schubert. Unabhängig von den vorschriftsmäßigen Strafen, der Prügelstrafe, der Strafappelle und der Pfahlstrafe wenden sie noch Zusatzstrafen an. Für den Diebstahl von einem Stück Brot stopfen sie dem Häftling ein Gummirohr in den Mund, das mit einem Hydranten verbunden ist, und lassen einen Strahl Wasser hineinlaufen. Dieses Schauspiel endet natürlich mit dem Tod des Delinquenten. Ein anderes Spiel besteht darin, die Mütze des Häftlings außerhalb der Grenze zu werfen, die man nicht überschreiten darf. Es folgt ein ulkiges Spiel. Die Wache schießt sofort auf ihn, weil er das Verbot, sich über die Linie hinauszubeugen, überschritten hat. Die Lagerleitung birst vor Lachen.

Die Nachtinspektion der Baracke lässt den ganzen Block aufspringen, man steht in der „Stillgestanden"-Position. Einer der Häftlinge, ein schwer kranker Mann, taumelt beim Aufstehen. Der SS-Mann Schubert schlägt ihn, versetzt ihm Tritte, treibt wütend alle Häftlinge in Unterwäsche nach draußen, lässt sie bis zum Morgen stramm stehen. Erst als der Moment des Weckens kommt, dürfen sie in die Baracke gehen, sich anziehen, ihr Frühstück trinken und zur Arbeit gehen. Zu solch einer Arbeit ohne Schlaf, ohne Erholung!

In der Erinnerung der Häftlinge ist ein Appell geblieben, nach dem der Lagerhof wie ein Schlachtfeld aussah. Ein Priester wurde zu Tode geprügelt, siebenundzwanzig Menschen mit Tritten getötet, etwa einhundert schwer verwundet, mit gebrochenen Armen und Beinen. Der Grund? … Mein Gott, welchen Grund kann es gegeben haben? Einer der Häftlinge hatte sich, vor Erschöpfung sterbend, mit einer zwanzigminütigen Verspätung zum Appell geschleppt …

Und hier ein anderes Ereignis:

Der SS-Mann Schubert will einen Häftling aus Wien wegen irgendeinem belanglosen Vergehen bestrafen. Öffentlich bestrafen. Er zwingt den Verbrecher, auf eine hohe, im Hof wachsende Kiefer zu steigen. Es ist eine masthohe Bergkiefer, etwa 40 Meter hoch. Als das Klettern dem Häftling schwer fällt, treibt ihn der SS-Mann ihn mit Revolverschüssen an. Endlich kommt der Delinquent ganz oben am Baumwipfel an. „Singe!", brüllt der Wahnsinnige. „Singe!" Das Opfer singt eines der stumpfsinnigen Nazilieder. „Sing lauter!" Er singt lauter. Gleichzeitig sägen zwei Aufseher auf Befehl des SS-Mannes die Kiefer an. Der Wiener heult vor Angst, aber er singt. Als er unterbricht, schickt Schubert eine Revolverkugel in seine Richtung. Er singt also, singt bis zu dem Moment, wo der Baum krachend umfällt. Der Wiener ist auf der Stelle tot.

Hundert Menschen schauen sich diese Szene an, hundert Menschen, die bereit sind zu schwören, dass es so gewesen ist, dass kein einziges Wort in dieser Geschichte erfunden ist. Für solche Sadisten wie Schubert genügt es nicht, einen Menschen zu töten. Man muss ihn vorher peinigen, dazu zwingen, vor Furcht zu heulen, eine ganze Skala von Gefühlen der Unsicherheit, der Hoffnung, der Angst, der Verzweiflung zu erleben … Erst dann ist der Henker zufrieden.

In Mauthausen fand ein Ereignis statt, dass schrecklicher war als andere: beim Herunterlassen der Leichen ins Krematorium hatte sich eine der Leichen, offenbar nur bewusstlos, im Wagen aufgesetzt und begann zu schreien. Der Junge, der den Ofen bediente, wollte den Wagen anhalten, den Unglücklichen retten. Der SS-Beamte brüllte wütend, dass der Tote schon durch die Kanzlei durch sei und er ihn nicht wieder auferstehen lassen werde … Ein lebender Mensch wurde in den Ofen geschoben.

Vor einem Jahr befanden sich in Mauthausen und Gusen mehrere Hundert polnische Priester. Zuversichtlich ertrugen sie die schlimmen Misshandlungen, wobei ihre Anwesenheit eine Wohltat für die Häftlinge war, und ihr Verhalten ein Beispiel. Besondere Hochachtung erweckte einer der Ordensbrüder, ein hochbetagter Alter. Er fühlte sich im Steinbruch an der Donau wie der Evangelist Johannes im griechischen Steinbruch auf der Insel Patmos. Er und seine Priesterbrüder waren doch aus demselben Grund verbannt worden wie der Apostel. Es war derselbe Feind, der sie peinigte. Wie Johannes empfanden sie in den schlimmsten Augenblicken den Beistand Christi. Und obwohl ihnen nicht gegeben war, Offenbarung zu empfangen, reichte ihr Blick, genauso scharf wie der des Apostels, in die Zukunft, und spürte den baldigen Niedergang des aus der Bestie geborenen Staates. Die Kraft, die sie daraus schöpften, wirkte sich auf ihre Mithäftlinge aus. An den kurzen Sonntagnachmittagen versammelten sich kleine Gruppen von Häftlingen um die Priester und nahmen an ihren Gebeten teil. Jeder gab eifrig vor, mit irgendeiner für den Sonntag vorgesehenen Arbeit beschäftigt zu sein, mit Nähen, Waschen oder Stopfen, und nahm eine möglichst lockere Haltung an. Wenn sich der Aufseher näherte, wurde unauffällig gesungen oder gepfiffen. In Wirklichkeit hingen alle mit Herz und Seele an den Lippen des Priesters, der die lateinischen Worte der Heiligen Messe flüsterte, ohne eine Geste, sich durch nichts verratend als durch dieses innige Flüstern. Im Namen aller Anwesenden vereinigte sich der Priester im Geiste mit den Messen, die zur selben Zeit in den Kirchen der ganzen Welt zelebriert wurden. Abgemagerte Knochengerippe, die aussahen, als würden sie an der afrikanischen Schlafkrankheit leiden, wie Lazarus mit Wunden und Geschwüren bedeckt, vereinten sich mit seiner Hilfe mit ihren beneidenswerten Landsleuten, die in Scharen die Gottesdienste in den Warschauer, Krakauer und Lubliner Kirchen, in unzähligen Dorfkirchen und Kapellen besuchten. Manchmal bemerkte der Kapo, dass hier etwas für ihn Unbegreifliches geschah. Dann erhielten die Oberen einen Rapport über den Priester, und der Himmel gewann einen weiteren Märtyrer. Es war nur eine kurze Zeit, in der die Priester bei den Häftlingen blieben, ihnen täglich die kollektive Absolution erteilten und stille Messen feierten. Die Henker hatten bemerkt, dass die Gleichstellung der Priester mit den anderen Häftlingen, die als Schikane gegen sie gedacht war, eine Quelle des Trostes für beide Seiten war. Alle Priester kamen nach Dachau und wurden dort in einem gesonderten Block untergebracht.

Das Wachsfigurenkabinett

Dachau hat den Ruf der ältesten „Haftanstalt", der Matrix, des Vorbilds, nach dem die anderen Lager gegründet wurden. Es wurde nach der Machtergreifung Hitlers in Deutschland für Kommunisten gebaut. Man baute solide, für immer. Die ordentlich gemauerten Gebäude sind mit wahrhaft mittelalterlichen Mauern umgeben. Dachau besitzt einen Vorteil, der es von den anderen Lagern unterscheidet: es ist dort relativ sauber, sauberer als anderswo. Auch dort wird zwar das Stroh in den Strohsäcken seit Jahren nicht gewechselt, es gibt jedoch weniger Gewürm.

In Dachau halten sich ständig mehrere zehntausend Menschen deutscher Nationalität und aus allen besetzten Ländern auf. Anfang 1942 gab es dort etwa 6.000 Polen, darunter 500 Priester, die getrennt untergebracht waren.

Die vorhin erwähnte Sauberkeit sagt jedoch nichts über die Hygiene aus. Der Andrang in den Schlafräumen bewirkt, dass die Menschen auf dreistufigen Bettgestellen schlafen, eine Pritsche über der anderen. Trotz der am Tag und in der Nacht, Sommer wie Winter geöffneten Fenster gibt es Mief und Luftmangel. Die Gebäude werden nicht beheizt. Die sich aus dem Atem sammelnde Feuchtigkeit setzt sich im Winter als Eisschicht auf den Pritschen ab. Monatlich sterben in Dachau durchschnittlich 1.800 Menschen. Es gibt keine ärztliche Behandlung – wie überall. Es gibt ein gut eingerichtetes Krankenhaus, einen wunderbaren Operationsraum, ausgestattet mit den neuesten Geräten, der allen Lagerbesuchen vorgeführt wird – doch noch nie ist auch nur einer der Häftlinge dort operiert worden. Der Hauptchirurg für die Häftlinge war früher österreichischer Arztgehilfe, und er hält es für seine Pflicht, möglichst viele Häftlinge „durch den Kamin" zu schicken.

Die Beziehungen zwischen den Häftlingen sind brüderlich, von Solidarität geprägt. Besonders wohlwollend verhalten sich deutsche Kommunisten, Ungarn und Jugoslawen den Polen gegenüber, feindlich – die Tschechen. Eine gesonderte Welt bilden die Franzosen, Belgier und Holländer; die Norweger, die bis vor kurzem noch da waren, wurden in ein Sonderlager gebracht. Am zahlreichsten sind die Deutschen, manche sitzen hier bereits seit 8 Jahren. Es sind die Veteranen, die Stammgäste, die Lehrer für die Neulinge. Der Hass gegen die Nazis und der Wunsch nach Vergeltung halten sie am Leben. Sie schwören, sie würden nicht sterben, eher sie mit ihren bisherigen Verfolgern die Rollen gewechselt haben. Aus ihren Bekenntnissen steigt eine so schreckliche Grausamkeit, dass man glauben kann: wenn es zu einem Umsturz in Deutschland kommt, braucht kein Dritter seine Hand beim Werk der Gerechtigkeit mit anzulegen. Gott wird es mit den Händen der Deutschen selbst tun. Dachau existiert schon so lange, dass die örtliche Bevölkerung mit dem Lager vertraut geworden ist, bereits weiß und versteht, dass die Häftlinge keine Verbrecher sind, sondern Opfer des Regimes. An den übrigen Orten ist das anders. Woanders war die deutsche Propaganda imstande, der von Natur aus stumpfsinnigen Bevölkerung einzureden, dass die Häftlinge eben diejenigen seien, die deutsche Kinder und Frauen in Bromberg ermordet haben. Und dass die deutschen Häftlinge alles Diebe und Geldfälscher seien. Es ist schwierig, diese Überzeugung zu ändern. In der Nähe von Dachau zweifelt keiner die Natur der von den Internierten begangenen Verbrechen an und nimmt eine entsprechende Haltung dazu ein. Es ist allgemein bekannt, dass ein entlassener Häftling sofort Freunde findet, die bereit sind, ihn anzukleiden, ihm etwas zu Essen zu geben, ihn wegzubringen, mit Geld zu versehen. Man sieht zwar in dieser Freundlichkeit und Fürsorglichkeit einen Zug Entsetzen. Den Ankömmling sehen sie wie einen Geist an, wie ein Gespenst aus dem Jenseits.

Der Vorführpunkt von Dachau sind die Lagerbücherei, mit Büchern in vielen Sprachen bestückt, und ein bequemer Lesesaal. Leichtgläubige Korrespondenten neutraler Zeitschriften und Delegierte des Roten Kreuzes sind die einzigen Personen, die diesen Raum jemals betreten. Ähnlich wie der Operationssaal, sind die Bibliothek und der Lesesaal für die Häftlinge unzugänglich. Ein Häftling mit einem Buch in der Hand? ... Wann denn? ... Wie denn? Es sei denn, dass einer der Häftlinge zu einem Lagermitarbeiter aufgestiegen ist und ein Amt in der Verwaltung innehat.

Der Gerechtigkeit wegen muss jedoch festgestellt werden, dass die Lagerkantine, die in Auschwitz Puder und Schuhcreme für nichtexistierendes Schuhwerk führt, und in Mauthausen Schnürsenkel und Manschettenknöpfe – in Dachau ein paar Lebensmittel verkauft. Daher ist die Frage des Geldbesitzes, die in den anderen Lagern fast unbedeutend ist, für die Häftlinge hier besonders wichtig.

Die größte Seltsamkeit in Dachau stellt jedoch nicht die Kantine dar, sondern das Museum. Es enthält Wachsfiguren besonders wichtiger Persönlichkeiten, die hier zu Tode gemartert wurden. Diese seltsame Schau der eigenen Grausamkeit wird vom Gesicht von Schuschnigg eröffnet. Der Eindruck, den das Museum macht, erinnert an das Gefühl, mit dem man sich eine Sammlung präparierter Menschenschädel beim Häuptling der „Kopfjäger“ ansehen würde. Unter jeder Maske findet sich eine genaue Auflistung ihrer eventuellen Titel und Doktorarbeiten. Auf diese Weise befriedigen die Deutschen ihre Raubgier und ihren Snobismus. Auf die Wachsköpfe der Priester, Bischöfe und Pastoren sind deren eigene Biretts oder Scheitelkäppchen aufgesetzt. Abgesehen von den Wachsfiguren besitzt dieses düstere Museum eine vielfältige Fotosammlung.

Exzesse des wahnsinnigen Sadismus scheinen in Dachau seltener als woanders zu sein, doch die vorgeschriebene Grausamkeit der Lagerordnung wird mit äußerster Genauigkeit befolgt. Für das Annähen eines Flickens an die Kleidung gibt es die Todesprügel, für ein Stolpern – die

Prügelstrafe, für das Fallenlassen des Blechnapfes – die Prügelstrafe. Selbstmordfälle, die unter den Polen sehr selten sind, und die in Auschwitz und Mauthausen selten sind, kommen in Dachau sehr oft vor. Den höchsten Prozentsatz der Freitode gibt es bei den Tschechen, sie brechen schnell zusammen, und die gängigste Art, sich das Leben zu nehmen besteht darin, in den Hochspannungszaun zu rennen, der das Lager umgibt.

Vermutlich aus Gründen der Sparsamkeit wird das Krematorium in Dachau immer dann in Gang gesetzt, wenn sich eine große Menge von Leichen angesammelt hat. Die toten Körper liegen also manchmal eine Woche oder noch länger auf einem Haufen da, nackt, mit einem Zettel, der Nummer, am großen linken Zeh.

Und wieder sind, wie überall, die katholischen Priester Gegenstand eines besonderen Hasses der Lagerleitung. Früher teilten sie ihn mit den Juden. Doch im letzten Jahr wurden die Juden entweder ermordet oder in Sonderlager gebracht. Die Priester führen die schwersten, die abscheulichsten Arbeiten aus. Der Sonntagvormittag ist für die Toilettenreinigung bestimmt. Es ist Aufgabe der Priester, Suppe in den 120 Kilogramm schweren Kesseln auszutragen. Sie schleppen sie zu zweit. Für unterernährte Menschen ist diese Last kaum zu stemmen. Die Entfernung zwischen Küche und den Blöcken beträgt mehrere hundert Meter. Für das Verschütten von auch nur ein wenig Suppe gibt es die Prügelstrafe, für ein Anhalten unterwegs, um Atem zu schöpfen – die Prügelstrafe.

Im Herbst 1941, als sich die Regierung des Dritten Reiches im Vatikan um die Herausgabe einer Enzyklika gegen die Bolschewisten bemühte, kam es in Dachau zu einer gewissen Erleichterung des Kurses gegenüber den Priestern[1]. Jeder von ihnen sollte einmal in der Woche, der Reihe nach die Heilige Messe zelebrieren. Die Latrinen wurden nun von anderen Häftlingen geputzt, die Priester bekamen Breviere ausgehändigt, die der Vatikan geschickt hatte. Diese Zeit dauerte sehr kurz. Die entschiedene Absage des Heiligen Vaters brachte die vorherigen Verfolgungen mit doppelter Kraft zurück. Die Breviere wurden ihnen wieder abgenommen, der Satan ging wieder zum Angriff über. Wie sehr hasst

1 Hierbei scheint es sich um einen Irrtum zu handeln, die „Enzyklika gegen den atheistischen Kommunismus" ist bereits 1937 von Papst Pius XI. verfasst worden. 1941 intervenierten der Vatikan und die reichsdeutschen katholischen Bischöfe wegen der Haftbedingungen der katholischen Geistlichen in den Konzentrationslagern, daraufhin wurden ihre Haftbedingungen ein wenig erleichtert. (A. d. Ü.)

er doch alles, was ihn daran erinnert, dass beim Namen Jesus jedes himmlische, irdische und höllische Wesen auf die Knie fallen muss! „Gott gibt es nicht, davon bin ich überzeugt“, versicherte einer der SS-Männer, „denn wenn es Gott gäbe, *wäre die Existenz eines solchen Menschen wie ich unmöglich*“.

Auch unter den SS-Männern kommt es zu Selbstmorden. Was ist der Grund dafür? Das Grauen, der Wahnsinn, nachträgliche Gewissensbisse, Kains Verzweiflung? – Gott allein weiß es. In letzter Zeit hatte in der SS-Welt der Selbstmord des für seinen Sadismus berüchtigten Kommandanten des Gefängnisses in Łódź, Kurt, einen tiefen Eindruck hinterlassen. Der Grund war nicht seine Angst vor gerichtlicher Verantwortung wegen Geldunterschlagung. Der SS-Mann Kurt erfreute sich des Wohlwollens seitens seiner Parteivorgesetzten, er galt als gewaltiger Polenmörder, und in seiner Wohnung hinterließ er eine fantastische Schatzkammer an Edelsteinen, die er den Juden geraubt hatte. Die Brillanten und Perlen wurden auf über ein Dutzend Millionen Zloty geschätzt. Wovor ist er geflohen, als er sich für den Tod und nicht für das Leben entschied? Welche Gespenster erschienen ihm im Traum? Was füllte die Augenblicke dieses Monsters, das eigenhändig über eintausend Menschen getötet hatte, vor dem Tod? Das bequem im Stuhl sitzend auf die jüdischen Kinder, die ihm gebracht wurden, schoss, und ihnen dann mit dem Schuhabsatz den Todesstoß zu versetzen?

Das Schlimmste

Die hier beschriebenen Konzentrationslager waren für Männer bestimmt. Es gibt auch analoge Frauenlager. Das größte befindet sich in Ravensbrück (Mecklenburg). Dort werden im Moment mehr als eintausend Polinnen festgehalten.

Obwohl die Lagerbedingungen schrecklich sind, für schwächere Organismen tödlich, obwohl die Aufseherinnen nicht weniger als die SS-Leute degeneriert sind und die ihrer Macht unterstehenden Opfer peinigen, indem sie die Strafen: Dunkelarrest, Übergießen mit Wasser, öffentliche Prügelstrafe, Hetzen mit Hunden anwenden – so gelten Frauenlager meistens als erträglicher denn die Männerlager. Die Sterblichkeit ist dort geringer, es gibt die Möglichkeit, zu überleben und zurückzukehren, während aus Oranienburg, Auschwitz oder Mauthausen keiner zurückkehrt. Den Deutschen liegt weniger an der Vernichtung von Frauen als von Männern. Sie schlussfolgern, dass es genügt, die Männer zu vernichten, den Kern und die Basis des Landes. Wenn sie das vollbracht haben, werden die Frauen zu Mätressen der Deutschen und gebären Sklaven. Übrigens unterschätzen die Machthaber des Dritten Reiches das weibliche Element. Sie beurteilen die Frauen aller besetzten Länder nach den deutschen Frauen, die beschränkt und passiv sind. Daher auch diese scheinbare Güte. Sie ist scheinbar, denn das Schicksal einer gewissen Zahl junger Polinnen in deutschen Lagern ist schlimmer als Auschwitz oder Oranienburg. Das Schicksal mancher polnischer Mädchen ist so furchtbar, dass es keine Mutter gibt, die ihre Tochter lieber tot sähe als in Helenów. Was ist Helenów? Es ist ein Vorort von Łódź, der von den Nazis in eine rationelle rassistische Zuchtstation verwandelt wurde[1]. Hunderte polnischer Mädchen sind da bereits durchgegangen. Diese Mädchen werden von einer entsprechenden Kommission sorgfältig ausgewählt. Wohlgestaltete, gut gebaute, unschuldige, blonde, blauäugige Mädchen werden dort festgehalten und als „nordische Typen“ dazu gezwungen, sich mit entsprechend physisch passenden Deutschen zu verbinden. Die Vergewaltigung, die an wehrlosen, gut bewachten Opfern begangen wird (es gab Selbstmordversuche), wird unter ärztlicher Kontrolle wiederholt, so lange bis das Mädchen schwanger wird. Dann wird es in ein anderes Lager ins Reichgebiet gebracht, wo es weiterhin unter Kontrolle und Obhut bleibt. Direkt nach der Geburt wird das Kind von der Partei zur Erziehung in eine Luxuskrippe mitgenommen, die Mutter wird nicht mehr gebraucht. Niemand kümmert sich mehr um sie. Sie ist nur noch Arbeitskraft und wird als Arbeiterin in die nächste Fabrik geschickt. Sie hat der Partei ein neues Mitglied gegeben, einen kleinen Janitscharen, der die Reihen der Hitlerjugend vergrößern wird; sie selbst wird zum Lasttier, zum Faktotum, zur Mätresse des Meisters oder des Fabrikaufsehers, die aller Rechte beraubt ist. Das schöne, stolze polnische Mädchen.

Oh ja, das Schicksal der Mädchen aus Helenów ist schlimmer als das Schicksal der Auschwitzer, und die schmerzerfüllte polnische Mutter vergießt zu Recht mehr blutige Tränen über ihre Tochter als über den Sohn. Der Tod ist nicht an sich böse. Angemessen angenommenes Leid erniedrigt nicht, sondern lässt den Menschen edler werden, und Polen,

---

[1] Der Ort heißt Helenówek. Es handelte sich um ein Lebensborn-Heim, das im Sommer 1941 in einem ehemaligen jüdischen Waisenhaus eröffnet wurde. (A. d. Ü.)

die der Tag der Befreiung noch lebend in den Lagern vorfinden wird, werden im Triumph zu ihren Familien zurückkehren, auf den Händen ihrer Landsleute getragen. Und die Mädchen? … Wann auch immer dieser ersehnte Tag der Freiheit kommen wird – für sie kommt er zu spät. Was sie durchgemacht haben, kann keiner wieder ungeschehen machen, nicht verändern, nicht wegwischen. Und es ist schrecklich zu denken, dass sie weiterhin in der blühenden Jugend sein werden, doch ihr Leben bereits verloren, ruiniert ist. Einzelne, die über besondere Kraft und innere Stärke verfügen, schaffen es vielleicht, es wieder aufzubauen und über die schreckliche Erinnerung hinwegzukommen. Die Meisten bleiben jedoch aus der Bahn geworfen, verdorben, verloren. Entehrt und verletzt als Frauen, entehrt und verletzt als Mütter, bleiben diese Mädchen in der Geschichte wie ein zum Himmel schreiendes Denkmal satanischer Bosheit zurück.

Sogar die von der wütenden Soldateska begangenen kollektiven Morde, der sadistische Wahnsinn, die Vergewaltigungen scheinen weniger schrecklich als diese „Zuchtaktion“ zu sein, denn sie wird planmäßig und kaltblütig durchgeführt und stellt die Verneinung alles Menschlichen dar. Mit ihrem entsetzlichen Zynismus reduziert sie die Menschen auf die Rolle von Vieh. Wie bei der Auswahl einer Kuh und eines Bullen, einer Stute und eines Hengstes, werden einzig die physischen Eigenschaften berücksichtigt. Alles andere existiert nicht oder hat keine Bedeutung. Es gibt keine unsterblichen Seelen, keinen freien Willen, keine Würde, Schamgefühl, Stolz, Zärtlichkeit, Anziehungskraft, Abscheu, Hass, Wut, Begehren oder Widerwillen. Nicht sie bestimmen nach dem Begriff der Nazis über die Selektion der Rasse. In der Geschichte hat es so manche Grausamkeiten gegeben, es gab Entführungen von Mädchen, die in Gefangenschaft bei den Tataren oder Türken gerieten, für den Genuss des Eroberers oder für schwere Arbeit. Etwas so Fürchterliches wie Helenów hat es aber niemals und nirgendwo gegeben. Und nur der Satan, der ewige Spötter, konnte den Nazis etwas so dem Begriff des Herrenvolkes Diffamierendes und in der Folge für sie selbst Verhängnisvolles zugeflüstert haben.

Denn was für eine Brut wird aus diesen misshandelten Müttern entstehen? Welche Ladung an Gift wird ein Kind auf die Welt bringen, das vom Fluch belastet ist, bevor es geboren wurde? Erzogen im Kult des Bösen wird es zu einem moralischen Monster heranwachsen. Diese Monster werden sich an denjenigen rächen, die ihre Geburt verursacht haben.

Hunde und sonst nichts

Die erwähnten Konzentrationslager gehören zu den typischsten und bekanntesten. Sie stellen jedoch nicht deren volle Zahl dar. Davon sind wir weit entfernt. Im Gebiet des Dritten Reiches, der polnischen Westgebiete und des sog. Generalgouvernements befindet sich eine bedeutende Zahl von kleineren Kreisen der Hölle, die von ihrer Größe her zwar kleiner sind, aber nicht weniger peinigend. In dieser Hinsicht wird alles, was bisher geschrieben wurde, vom berüchtigten Fort VIII in Posen übertroffen, auch „Na Ławicy" genannt, dem Ort der Hinrichtung von Professoren der Posener Universität, einer Reihe von Geistlichen sowie der großpolnischen Intelligenz. Die Vorsteher dieses Gefängnisses scheinen ausschließlich aus wahnsinnigen Sadisten im Typ von Schubert zu bestehen.

Es war in Ławica, dass man den Gefangenen befahl, auf allen Vieren zu laufen und wie Hunde zu bellen, „um den Polen beizubringen, dass sie nur Hunde sind und sonst nichts". Es war in Ławica, dass man den Gefangenen vor der Prügelstrafe befahl, zum Hohn den Psalm „Wer unter dem Schirm des Höchsten sitzt" zu singen und bei den Worten „Wenn auch tausend fallen zu deiner Seite und zehntausend zu deiner Rechten, so wird es doch dich nicht treffen", begann man mit verbissenen, bösartigen Schlägen. Dort wurden die Gefangenen gezwungen, kniend ihr Gesicht zum Schlag hinzuhalten. Nicht weniger schreckliche Berichte erreichen uns aus dem Lager Stutthof bei Danzig, das für Polen aus Pommern und der Gegend von Suwałki bestimmt ist, sowie aus dem Lager Buchenwald in Thüringen, auf einer großen Lichtung inmitten von Buchenwäldern gelegen. Die einheimische Bevölkerung nennt diesen Ort „Todesschneise". Die Gefangenen kommen zu Hunderten ums Leben. Einen düsteren Ruf erlangte auch Preußisch Eylau, wo 3.000 Polen in Qualen im Sterben liegen, Vertreter der Intelligenz, Arbeiter und Bauern aus dem Norden Polens. Die Lagerordnung wird noch durch den Sadismus der dortigen Aufseher gesteigert. Wegen jeder Nichtigkeit gibt es die Pfahlstrafe, die so reformiert wurde, dass der Häftling zwischen vier Pfosten auseinandergerissen, aufgespannt ist. Die Essensrationen sind um die Hälfte kleiner, aufgrund der lokalen Diebstähle. Die Häftlinge bekommen überhaupt kein Brot. Morgens und abends gibt es eine schwarze Flüssigkeit, mittags Wasser mit dünn hinein gestreuten Graupen. Noch schrecklicher ist das Lager in Soldau, wo die Häftlinge bei einer ihre Kräfte übersteigenden Arbeit für den ganzen Tag nur ein wenig schwarzen Kaffee und einen Kanten Brot bekommen. Ein gesondertes Kapitel müsste man den Lagern in Treblinka (Landkreis Sokołów), Konstantynów bei Łódź, Inowrocław, Ląd (das ist ein Sonderlager nur für Priester), den Lagern in Rawicz, Ciechanów, Lublin und einer Reihe anderer Orte widmen, wo die Häftlinge Bauern sind, die wegen Nichtlieferung von Kontingenten angeklagt werden. Überall herrscht dieselbe rücksichtslose, raffinierte Grausamkeit, überall werden die Lagerordnungen um den individuellen Sadismus der Ausführenden bereichert. Und überall besteht das Ziel nicht im Bestrafen, in der Umschulung oder Freiheitsentzug des Menschen, sondern in seiner Vernichtung, seiner tödliche Zerstörung, bei gleichzeitiger Befriedigung mörderischer Instinkte der Aufseher. Überall fällt derselbe charakteristische Hass gegen Gott auf, gegen alles, was an Seinen Namen erinnert. Überall ist das unverwischte Siegel des wahren Herrschers Nazideutschlands zu sehen. Ein Überblick über die Lager bestätigt noch einmal das, was keinem ein Geheimnis ist: die von den Propheten beschriebenen, in der Apokalypse beschriebenen, von Hellsehern und Heiligen vorhergesagten furchtbaren Kämpfe, die die Welt heute erschüttern, in denen abgesehen von den Menschen auch die Natur teilzunehmen scheint – Sterne und himmlische Mächte – sind der Kampf des Antichristen gegen die Heerscharen Christi. Rassenhass, ökonomische Gründe, Lebensräume, Kommunismus oder Kapitalismus – das ist nur Schein, Nebenwirkung, Verhüllung. Der wesentliche Sinn besteht im Kampf gegen Gott.

Welche Lehre daraus folgt

Das Material, das für das Schreiben dieser Skizze notwendig war, das fragmentarisch, unvollständig, aber *absolut authentisch* ist, haben keine Häftlinge geliefert. Es kommt zwar hin und wieder vor, dass ein menschliches Gespenst aus diesem oder jenem Lager zurückkehrt. Es wäre aber vergeblich, Erzählungen von ihm zu erwarten. Nicht nur aufgrund der Schweigepflicht, nicht nur aus Angst, dass Indiskretion eine Rückkehr in die Hölle nach sich ziehen könnte, sondern weil sie NICHT ERZÄHLEN KÖNNEN. Die Legende besagt, dass St. Patrick nach seiner Wanderung durch das Fegefeuer bis ans Ende seiner Tage unaufhörlich geweint habe. Als Dante in die Welt zurückkehrte, ähnelte keinem lebendigen Menschen mehr; und dabei haben sich beide alles nur *angesehen*. Die

Häftlinge haben es *erfahren*. Deshalb können sie nicht erzählen. Beim Erzählen würden sie die erlebte Qual erneut durchleben, und das geht über ihre Kräfte.

> „Gefangene besingen nachher gern doch ihre Gefangenschaft,
> Ich dachte, er würde auch erzählen, berichten,
> So manches offenbaren, was er dort erlebt,
> Unter der Erde, inmitten von Schergen
> Er und andere polnische Helden. –
> (…)
> Was aber antwortet er mir auf meine Fragen, Drängen?
> Dass er von seinem Leiden nichts mehr wüsste,
> Sich nicht erinnern könne. – Sein Gedächtnis sei
> Vergraben, sei begraben und vermodert, wie Bücher im Herculanum.
> Der Autor selbst, zwar auferstanden, vermag darin nicht mehr zu lesen.
> Er sagte nur: „Ich wird den Herrgott danach fragen,
> Er hat ja alles aufgeschrieben, er wird's mir sagen.
> *(Die Totenfeier)*[1]

Woher also diese Nachrichten? – Tja, einfach direkt von den Deutschen. In jedem Lager finden sich einige Nazigegner, die kein Blatt vor den Mund nehmen. Durch ihre Vermittlung kommt die Wahrheit ans Licht.

Es ist hier bereits erwähnt worden, dass die in Dachau inhaftierten Nazigegner vom Willen der Vergeltung, der Erwartung der Rache leben. Es ist eine weit verbreitete Erscheinung. Die deutschen Gegner Hitlers hassen ihn aggressiv, schrecklich, verbissen. Das Schmieden von Rachebildern erfüllt und versüßt ihnen das Leben. In diesem Hass fehlt es an edleren Elementen, es fehlt die Verantwortung und die Mitschuld dafür, dass früher das GANZE deutsche Volk Adolf Hitler einen Kredit erteilt hatte. Es gibt nur das Verlangen nach Vergeltung, den Gegnern die erlittenen Verfolgungen doppelt heimzuzahlen.

Wir können eine solche Haltung nicht teilen. Wir grenzen uns davon kategorisch, entschieden ab. Unsere Gefühle sind anders. Wer den Satan mit dessen eigenen Waffen bekämpft, bleibt in dessen Lager. Wir Polen streben nicht nach Rache. Wir verlangen, begehren und dursten nach GERECHTIGKEIT. Wir glauben, vertrauen darauf, dass Gott selbst Recht sprechen wird. Wir glauben daran, dass es schon naht. Im heutigen Kampf haben wir folgendes grundsätzliches Ziel: in der Reihe von Kämpfern von Gottes Reich zu stehen, nicht in den Schützengräben des

---

1 Zit. n.: Gerda Hagenau, Adam Mickiewicz als Dramatiker, „Die Totenfeier", S. 285, Verlag Peter Lang, 1999.

Antichristen. Wer sich rächt – wiederholt den Akt, den sein Feind begangen hat, lässt sich also auf dessen Niveau hinab. Freiwillig verliert er die die Rechtmäßigkeit seiner Sache. Aus dem ehrenvollen Martyrium, das uns Gott auferlegt hat, ziehen wir zwei Lehren:

Die deutschen Methoden dürfen niemals in Polen angewendet werden, in unser nationales Leben darf sich kein einziger Akzent einschleichen, der aus dem Geiste Hitlers geboren wurde, aus der teuflischen Saat des Hochmuts, des Hasses, der Verneinung der heiligen Rechte des Individuums. Keinerlei Nachahmung! Wie die Saat, so die Ernte. Weg mit dem vergifteten Korn! Nichts wird daraus wachsen, außer Unglück und Vernichtung.

Im Falle eines Verbrechens muss eine Strafe folgen – die Gesetze sollten streng sein und unnachgiebig, sehr streng, ohne Ausnahmen und Privilegien. Doch das Urteil muss von einem ehrlichen, unabhängigen Gericht gesprochen werden. Die Strafe darf nicht darin bestehen, den Menschen zu erniedrigen und zu quälen. Jegliche Misshandlung zieht eine Zucht von Henkern nach sich. Die Zucht von Henkern ist die Schule des Sadismus, der Sadismus wiederum bewirkt die Verkommenheit der ganzen Gesellschaft.

Und zweitens:

Wir haben gegen den Satan zu kämpfen. Gegen Menschen, die unter direktem Einfluss und Leitung des altehrwürdigen Korrumpiermeisters bleiben. Dem Verführer der Seelen. Er erteilt ihnen seine Kraft, seine Erfindungsgabe, seine teuflische List. Der Kampf ist schwer. Wenn wir dieselben Waffen benutzen, werden wir sofort besiegt. Für den Sieg muss man sich anders bewaffnen.

In dem Kampf, der heute die ganze Welt erfasst, werden nur diejenigen siegen, die *moralisch erneuert* sein werden. Das Verbrechen kann man nur mit Tugend bezwingen, Unehrlichkeit – mit Rechtschaffenheit, die Falschheit – mit Wahrheit, Hass – mit Liebe; Feuer wird mit Wasser gelöscht, nicht mit Feuer. Blut wird mit einem Medikament gestillt, nicht mit einer zweiten Wunde. Wie könnte denn das Böse das Böse besiegen? Sind sie denn nicht ein und dasselbe?

Ein moralisch wiedergeborenes Polen wird zu einer geistigen und materiellen Macht werden – ein Polen, das dem Bösen erliegt und die Methoden der Feinde des Kreuzes nachahmt, wird nichts erbringen, es wird im Chaos innerer Kämpfe und des Hasses untergehen.

Überlassen wir die Hölle der Hölle und ihren Dienern. Lasst uns vorwärts gehen!!!

JERZY ANDRZEJEWSKI

Der Appell

Zwischen 1941 und 1943 schrieb Jerzy Andrzejewski acht Erzählungen. Nur drei überdauerten die Kriegswirren und verschwanden nicht für immer in den Trümmern Warschaus. *Apel* (*Der Appell*) entstand Ende 1942. Und obwohl der Autor selbst nie Häftling des Konzentrationslagers Auschwitz war, gelang es ihm, den stundenlangen, mörderischen Appell vom 28. Oktober 1940 so zu beschreiben, als hätte er damals mit uns in einer Reihe gestanden.

W. B.

Der Arbeitstag im Konzentrationslager Auschwitz dauerte zwölf Stunden. Er begann früh um sechs Uhr mit einem Appell und endete abends um sechs Uhr ebenfalls mit einem Appell. Mittags wurde noch ein Appell abgehalten, ein Orchester spielte, es war Mittagspause. Wenn wegen der Übertretung einer Vorschrift ein einzelner Block oder das ganze Lager abends einen Strafappell abstehen mußte, verlängerte sich der Tag über diese zwölf Stunden hinaus bis spät in die Nacht hinein. Einmal, es war im Oktober 1941, hielt sich ein an Diarrhöe Erkrankter in der Latrine auf und verspätete sich um Minuten zum Appell. Der ganze dritte Block erhielt daraufhin zur Strafe einen vierstündigen nächtlichen Appell. Nahezu siebenhundert Menschen standen im Freien bei strömendem Regen und durchdringender Kälte. Es starben damals vierzehn Häftlinge, drei von ihnen lagen schon in der Agonie, als der Appell begann. Es war dies schon der zweite Strafappell innerhalb kurzer Zeit. Nicht ganz eine Woche zuvor hatte der dritte Block einen zweistündigen Stehappell gehabt, als der Blockführer, der SS-Mann Hans Kreutzmann, in einem Strohsack den Tabaksbeutel eines Häftlings fand. Der Schuldige wurde eine Woche in die Dunkelkammer gesteckt. Nach dieser Woche überführte man ihn ins Krematorium. Es war ein kräftiger Mann in den Vierzigern, und obgleich er ein Jahr im Lager verbracht hatte, sah er gesund und stark aus.

Diese Zwölfstunden-Norm war für das ganze Jahr festgesetzt. Im Sommer war sie leichter, im Herbst und Winter schwerer zu ertragen. Regen und Kälte verdoppelten die Zeit. Die Leute waren schlecht gekleidet, sie trugen dünne Drillichanzüge und gingen bis zum ersten Frost barfuß und ohne Mützen. Die teilnahmslose Natur verbündete sich dann mit der menschlichen Grausamkeit und Verachtung. Wenn die kurzen Tage begannen, fing die Arbeit nachts an und endete ebenfalls im Dunkel. Blendendes Scheinwerferlicht entlockte der Nacht eine schärfere Helligkeit, als sie der Tag gab. Beide Appelle, der morgendliche und der abendliche, wurden bei diesem entblößenden und feindseligen Licht abgehalten. Ringsum war gewaltige und stumme Nacht. Die scharfen Rufe der Kapos und der SS klangen deutlicher und härter als am Tag. Die SS, die das Lager von Holztürmen aus beaufsichtigte, wachte aufmerksamer mit ihren Maschinengewehren. Dann stand ein nebliger, trüber Tag auf, oder es wurde Nacht. Im Herbst 1941 erlebte Auschwitz schwere Tage. In Zusammenhang mit Massenverhaftungen und willkürlichen Razzien in Städten und auf Straßen trafen ständig neue Transporte im Lager ein. Das geschah stets bei Nacht. Im Scheinwerferlicht, bei dem Geschrei der SS, dem Hallen von Schüssen und dem Gebell der aufgestachelten Hunde wurde diese dunkle, zusammengepferchte Menge bis zu dem Tor getrieben, auf dem die große Aufschrift „Arbeit macht frei“ flammte. Nach einem kurzen Abschnitt erträglicher Wohnbedingungen in Stuben, die ehemals, als man österreichische Kasernen baute, für siebzehn Bettstellen berechnet waren, hausten dort jetzt hundert oder mehr Menschen. Die dicht zusammengerückten Strohsäcke dienten zwei und oft gar drei Häftlingen als Lager. In diesem Jahr setzte die Kälte früh ein. Der Herbst war kalt und regnerisch. Das Sterben nahm von Tag zu Tag zu. Krankheiten griffen um sich, besonders Diarrhöe, Lungenentzündung und Blasenerkrankungen.

Außerdem trat infolge der Ankunft neuer Wächter im Lager in der Behandlung der Häftlinge ein stark verschärfter Kurs ein. Die SS-Männer, die vornehmlich wegen dienstlicher oder privater Verfehlungen hierher versetzt waren, wollten sich vor dem Lagerkommandanten sogleich hervortun und schäumten vor Eifer, der sich in unablässigem Schlagen, in Fußtritten und den ausgeklügeltesten Schikanen bewies.

Der Spur ihrer Vorgesetzten folgend, rasten auch die Blockkapos und ihre Stellvertreter. Sogar manch einer von den Stubenwarten, Häftling wie die anderen, unterlag dieser allgemeinen Atmosphäre. Selbst geschlagen, schlug er die Kameraden. Eine Strafplage suchte das Lager heim. Einige Tage nach dem zweiten Strafappell widerfuhr dem dritten Block Gefahrvolles. Einer der zu diesem Block gehörenden Häftlinge wurde bei einem Fluchtversuch geschnappt. Das geschah vormittags, während der Arbeitszeit. Unverzüglich wurde ein Appell einberufen.

Als sich das Lager, von dem verstärkten Gebrüll der SS und Kapos begleitet, blockweise in den vorgeschriebenen Zehnerreihen aufstellte, wurde der Flüchtige nach langem, fast stundenlangem Warten auf den Platz vor der Reihenfront getrieben. Es war ein junger, etwa zwanzigjähriger, kleiner und dunkelhaariger Bursche. Von der Schar der ihn umkreisenden SS getreten und geboxt, stolperte er vor sich hin. Sein gestreifter Sträflingsanzug war zerrissen, er war blind von dem Blut, das ihm aus der aufgeplatzten Stirn floß. Einige Tausend Mann, steif geworden in ihrer Strammstellung, betrachteten ihn angestrengt und schweigend. Als er die Mitte des Platzes erreichte, zwang ihn ein Faustschlag in den Rücken, sich aufzurichten. Der SS-Mann Schmidt, der wegen seiner ungewöhnlich langen Arme bekannt war, steckte ihm einen Stock mit der Aufschrift: „Ich bin wieder hier" in den Kragen. Den Stock befestigte er mit einer Schnur am Hals des Häftlings. Ein anderer SS-Mann, der achtzehnjährige, lockenhaarige Dietrich, setzte dem Burschen einen aus Buntpapier gebastelten Gockel auf den kahlgeschorenen Kopf und drückte ihm eine Trommel und einen Stock in die Hände. Die übrigen SS-Leute grölten vor Lachen. Sie verstummten, als die Stimme des Lagerkommandanten laut wurde. Dies war ein kompakt gebauter Mann mittleren Wuchses um die Vierzig, mit einem unverhältnismäßig großen Kopf und einem toten erdfarbenen Gesicht, das einer Maske glich. Er sprach kurz und mit der stumpfen und klaren Stimme eines an das Befehlen gewöhnten Menschen. Der Ausreißer wurde zu hundert Stockschlägen verurteilt. Das ganze Lager sollte Zeuge der Exekution sein. Aber bevor sie begann, mußte der Schuldige an den Reihen seiner Kameraden vorbeimarschieren. Die SS und die Kapos achteten sorgfältig darauf, daß keiner wagte, die Augen zu senken oder abzuwenden. Wer es tat, wurde sofort geschlagen. Nach den ersten Exekutionen waren die Blicke aller auf den geheftet, der vorbeischritt.

Er ging langsam, seltsamen Schrittes, wie mit fremden Beinen, aufrecht, die Augen immer noch verblendet von einem Nebel verhangen, der ihnen einen abwesenden Ausdruck gab. Seine Lippen waren blutig und verzerrt, man sah, wie er mit der Zungenspitze die Wunde der ausgeschlagenen Zähne befeuchtete. In der linken Hand hielt er die kleine Trommel, mit der rechten Hand, die ein blutiger Fetzen war, schlug er mit dem Stöckchen gleichmäßig und monoton darauf. Vor den Reihen der drei Kapos hatte man ein provisorisches Podium aufgestellt. Die Stille war lastend und bedrückend, wie sie mit einer von Entsetzen gelähmten Menge eintritt. In dieser Stille waren in unverändertem Rhythmus die dumpfen und kurzen Schläge des Stockes auf das Pergament der Trommel zu hören.

Nach einem trüben Morgen hellte es sich jetzt etwas auf, und sogar die Sonne trat hinter Fetzen brauner Wolken hervor. Eine zarte Helle erfüllte die neblige Luft, und das silbrige Laub der Pappeln, die an den roten Blöcken standen, schimmerte feucht. Die Zeit verging sehr langsam.

Nachdem der Ausreißer an allen Reihen vorbeigegangen war, kehrte er schließlich in die Mitte des Platzes zurück. Dort machten sich die Kapos noch an der Erhöhung zu schaffen, und er mußte abseits warten. Als sie fertig waren, zwang man ihn, auf die Erhöhung hinaufzuklettern, wobei mit Schlägen und Schreien nachgeholfen wurde. Dann stand er oben. Der zerrissene Sträflingsanzug bedeckte kaum seinen abgemagerten dunklen Körper. Er stand mit herabhängenden Armen, in der einen Hand die Trommel, in der anderen den Stock. Der Narrengockel verdrehte sich ihm auf dem Kopf, den er seitlich hielt, offensichtlich drückte ihn der Stock mit der Aufschrift. Seine Augen waren bis zum Ende blind, obwohl sie deutlich erkennbar in der Menge, an der Stelle, wo der dritte Block stand, nach einem Menschen suchten. Es mag sein, daß sie diesen Menschen fanden, denn plötzlich glitt der Schatten eines Lächelns über die verzerrten Lippen des Burschen. Man stieß ihn in die Mitte des Podiums. Danach ging alles sehr schnell. Sechs Kapos schlugen mit Stöcken. Zuerst schlugen sie rhythmisch, nacheinander, aber als nach den ersten Dutzend Schlägen der Verurteilte hinstürzte, begannen alle gleichzeitig auf den am Boden Liegenden einzuschlagen. Als sie fertig waren und vom Podium herunterkamen, lag auf den Brettern ein gestaltloser Brei. Dann war Schluß. Das Lager kehrte zu den unterbrochenen Arbeiten zurück. Das Podium ließ man stehen.

Der Erschlagene hieß Wacław Zawadzki. Er war dreiundzwanzig Jahre alt, von Beruf Radiotechniker; vor einem Jahr war er wegen der Kolportage illegaler Presse ins Lager gekommen. Noch an diesem Tag gab es in der Stube, in der er geschlafen hatte, wegen des Platzes, den er auf dem Strohsack hinterließ, einen Streit. Da der Kamerad Zawadzkis, Stanisław Karbowski, ein Student aus Warschau, jung und gesund war, wollten alle diejenigen bei ihm schlafen, denen die Blasenkranken den Schlaf vergifteten. Es gab viele, die das wollten. Wegen der Unbeholfenheit des Stubenwarts Pawłowski, eines Magisters der Rechte aus Krakau, mischte sich schließlich der Stellvertreter des Kapos, der sogenannte Unterkapo, ein. Es war dies ein germanisierter Oberschlesier, der Schrecken des ganzen Blocks, ein gewisser Nadolny. Er war Krimineller, und davor, einige Jahre vor dem Krieg, war er in einem städtischen Krankenhaus in Ples angestellt gewesen. Nadolny hatte den Auftrag, seinen unmittelbaren Vorgesetzten, den Deutschen Schröder, zu überwachen, der seinen Sozialismus seit sechs Jahren in verschiedenen Lagern abbüßte und aus Dachau nach Auschwitz versetzt worden war, um hier den Pflichten eines Kapos des dritten Blocks nachzugehen.

Die Intervention Nadolnys endete damit, daß einige Häftlinge geschlagen wurden. Der Stubenwart, ein unscheinbares Männchen mit dem Gesicht eines Nagetiers, bekam bei dieser Gelegenheit auch das seine ab. Auf den Strohsack zu dem Studenten Karbowski wurde ein älterer Lehrer der Naturwissenschaft eines Lubliner Gymnasiums, Ignacy Śliwinski, geschickt, der sich kaum auf den Beinen halten konnte. Er saß seit einem Monat im Lager, sah aber nicht aus wie einer, der es noch lange machen würde. Seit drei Wochen arbeitete er bei einer Geländewalze. Weil er barfuß war, hatte er sich die Füße an dem scharfen Schotter verletzt. Die Wunden verursachten ihm stechenden Schmerz und eiterten. Er litt an einer starken Bronchitis, hatte am Kopf mehrere Wunden von den Schlägen des Kapos, der die Walze bediente, der linke Arm war von einem Tritt ausgekugelt, zu alledem verrichtete er seine Notdurft in die Hose. Der Unterkapo kannte ihn von dieser Seite und schlug ihn regelmäßig wegen des benäßten Strohsacks. Da Karbowski seit einigen Monaten neben Zawadzki geschlafen und sich mit ihm angefreundet hatte, hegte Nadolny den Verdacht, daß der Student von der geplanten Flucht des anderen gewußt haben mußte. Er beschloß, ihn im Auge zu behalten, und machte ihm zunächst einmal mit dem neuen Kameraden das Leben angenehm.

An diesem Abend konnte Karbowski lange nicht einschlafen. Er lag auf dem Rücken mit geschlossenen Augen, der Kopf war ihm schwer, und manchmal kam es ihm vor, als fiele er mit seinem ganzen Selbst in eine tiefe Finsternis. Aber er war ganz bei sich und fühlte keinerlei Müdigkeit. Plötzlich hob er mit der unwillkürlichen Bewegung einer vielmonatigen Gewöhnung ein wenig die Hand, um in der Dunkelheit die des Freundes zu finden. Da stieß er an den fremden Körper. Der Studienrat lag noch nicht. Er saß zusammengekauert und versah seine Füße mit Lappen, sein pfeifender Atem machte ihm schwer zu schaffen. Unerwartet berührt, schreckte er zusammen; und Karbowski fühlte unmittelbar danach, wie eine feuchte Nässe unter seine Schenkel zu fließen begann. Mechanisch richtete er sich auf, und ebenso mechanisch legte er sich wieder. Es war so naß unter ihm, als hätte man einen Kübel Wasser über den Strohsack geschüttet. Der Studienrat regte sich nicht, er hatte von seinen Füßen abgelassen. Von allen Seiten drang das Schnarchen der Schlafenden. So verging eine Weile. Schließlich flüsterte er leise und demütig: „Verzeihung."

Eine plötzliche Lust, laut aufzulachen, kitzelte Karbowski in der Brust. Er konnte es nicht aushalten und prustete kurz. In einer entlegenen Ecke der Stube fuhr jemand von seinem Strohsack hoch. „Ruhe", schrie eine gereizte Stimme. Es war der Stubenwart Pawłowski, der heute beim Appell und vor kurzem noch einmal vom Unterkapo eine ungezählte Menge von Schlägen ins Gesicht bezogen hatte. Im Allgemeinen kameradschaftlich und hilfsbereit, wurde er in Augenblicken, da er der Angst erlag, unerträglich. Er sprang auf die Beine und rief gedämpft: „Willst du zum Rapport, einer nach dem andern, willst du, was, willst du das? Wer hat gelacht?"

In der gegenüberliegenden Stubenecke furzte jemand laut. „Sau!" schrie der Stubenwart. Aus der Zimmermitte kam eine tiefe Stimme: „Du, sei nicht zu schlau, wenn das der Unterkapo hört, kriegst du auch eins in die Fresse. Hast du denn noch nicht genug?"

Der Stubenwart verstummte. „O Gott", stöhnte er dann, „ich werde hier noch verrückt werden."

Staś mußte sich immer mehr anstrengen, um das Lachen in sich zu ersticken. Es machte ihn zittern wie Fieber, es kam aus der Mitte, aus dem Bauch herauf, es blubberte ihm in der Brust, stechender Kitzel stieg ihm den Hals hoch. Wie eine Diarrhöe bedrängte ihn dieses immer stärker werdende Bedürfnis loszulachen. Gleichzeitig aber erstarb er vor Angst bei dem Gedanken, was geschehen würde, wenn es ihm nicht gelänge, das Lachen in sich zu verdrängen. Längere Zeit quälten ihn diese beiden gegensätzlichen Empfindungen. Schließlich drehte er sich auf den Bauch und schlief ganz plötzlich ein.

Der neue Tag begann normal. Man stand auf, als es draußen noch dunkel war. Bald stellte sich heraus, daß in der Stube ein Sterbender war.

Es war Doktor Parczewski, ein Arzt aus Warschau. Parczewski war bei Bewußtsein. Er wußte, daß ihm noch wenige Stunden zum Leben blieben, und er bat, daß man sich nicht um ihn kümmerte. Trotzdem lief der Stubenwart zum Kapo. Weil er anderweitig beschäftigt war, kam es so wie am vergangenen Abend: Nadolny erschien. Er hatte dank seines früheren Berufes ein recht gutes Auge, um sofort zu erkennen, daß Parczewski in Agonie lag. Er beugte sich über ihn, stieß ihn mit der Stiefelspitze und schrie: „Du, los aufstehen!"

Als der Stubenwart die auf sich gerichteten Blicke spürte, riskierte er, ängstlich zu fragen: „Vielleicht kann man ihn vom Appell befreien?"

Der Unterkapo wandte Pawłowski sein längliches, von dem blauen Bartwuchs eines Brünetten beschattetes Gesicht zu. Vulgäre, aber regelmäßige Züge verliehen seinem Gesicht einen finsteren Reiz. Der Stubenwart richtete sich nervös auf. Jener betrachtete ihn aufmerksam und lange, dann sagte er hart: „Beim Appell hat niemand zu fehlen, und wenn was ist, dann bist du dafür verantwortlich, ich werd's dir geben, das wirst du schon sehen."

Die um ihn herum Stehenden mit einem Blick umfassend, fügte er hinzu: „Ich rate niemand, sich an eine höhere Stelle zu wenden."

Nadolny erfreute sich des besonderen Vertrauens des blonden Blockführers Kreutzmann. Außerdem wußte man, daß Kapo Schröder die Anordnungen seines Untergebenen niemals zurückzog. Alle Bewegungen des Unwillens verbarg er sorgfältig, und nur die Aufmerksamen oder diejenigen Häftlinge, die schon längere Zeit im Lager waren, wußten, was jener Mann, nach außen ein Diensttuender wie alle anderen, in Wirklichkeit dachte und fühlte. Er war gut gebaut, hatte kräftige, muskulöse Arme – zur Zeit seiner Freiheit war er Mechaniker in Hannover gewesen –, aber wenn er schlug, waren seine Schläge sanfter als die der anderen Aufseher, es geschah niemals, daß er vorsätzlich besonders schmerzempfindliche Körperteile traf. Auch hatte man beobachten können, daß er nie schlug, wenn er allein war. Er gab sich streng nur in Gegenwart seines Unterkapos oder des Blockführers Kreutzmann.

So also, da Nadolny die Angelegenheit in seine Hände genommen hatte, mußte auch der sterbende Arzt zum Appell erscheinen. Magister Pawłowski, außer sich und schreiend, sorgte persönlich dafür, daß der Befehl des Unterkapos gewissenhaft ausgeführt wurde. Bevor Nadolny die Stube verließ, nahm er sich noch Zeit, den Strohsack zu kontrollieren, auf dem Karbowski und der Studienrat geschlafen hatten. Das Lager war getrocknet, aber ein verräterischer großer gelber

Fleck war zurückgeblieben. Nadolny wandte sich direkt an Staś: „Das warst du!"

Und ohne eine Erwiderung abzuwarten, schlug er dem Burschen ins Gesicht. Der Studienrat, der an seinem Husten würgte, wollte etwas sagen, aber Nadolny stieß ihn mit dem Arm zur Seite. Seine hellen, fast durchsichtigen Augen waren starr auf Staś gerichtet, er sagte: „Ab heute, du Scheißkerl, wirst du für den Strohsack verantwortlich sein, verstanden?"

Staś schwieg, stramm stehend. Obgleich er wußte, daß der Unterkapo es nicht ausstehen konnte, wenn man ihm zu lange in die Augen sah, wandte er den Blick von diesem finsteren Gesicht nicht ab. Es war ihm so nah zugeneigt, daß er den warmen, nikotingetränkten Atem des anderen auf den Lippen spürte. „Gleich schlägt er mich", dachte er. Es war ihm gleich. Und er zuckte nicht einmal, als ihm ein dumpfer Schmerz den Kopf vom linken Ohr bis in den Schädel hinein durchschnitt. Es wurde ihm schwarz vor den Augen, und plötzlich erfaßte ihn ein dichtes, fast lautloses Rauschen.

„Verstehst du", wiederholte Nadolny näherrückend.

„Ja", antwortete Staś, die Anstrengung ausführend, die man machen muß, um den Mund zu öffnen und aus der Tiefe des Rauschens heraus die Stimme zu erheben.

„Bist du nun zufrieden?"

„Ja", wiederholte Staś, noch leiser, sich selbst kaum noch hörend.

Er kam erst wieder zu sich, als er sich draußen fand, in der nebligen kühlen Morgenluft, und kaltes Wasser über sich schüttete, als die Reihe bei der Pumpe an ihn kam. Das weiße blendende Scheinwerferlicht gab dem Lager wie immer das Aussehen eines gewaltigen Filmateliers, wo zwischen seltsamen Dekorationen, die einem düsteren Traum zu entstammen scheinen, Scharen von Statisten sich zu der Zurschaustellung einer großen Massenszene von Leiden oder Auflehnung anschicken. In der Mitte des Platzes stand das Podium vom Vortag. Auf der verlassenen Fläche wirkte es zwischen den Reihen der Ziegelblöcke sehr klein und zerbrechlich.

Als Staś von der Pumpe wegging, stieß er auf den Studienrat, der etwas abseits stand. In seinem zu kurzen Drillich, gekrümmt, bebte er vor Kälte und Husten. Staś wollte an ihm vorbeigehen, aber jener machte eine unbestimmte Bewegung mit der Hand, und er blieb stehen. Der Studienrat hatte ihm offenbar etwas zu sagen, aber der Husten ließ ihn nicht zu Wort kommen. Das dauerte recht lange. Inzwischen hatten sich schon viele Häftlinge gewaschen, die Menge versammelte sich bei der Küche. Das Frühstück wurde ausgegeben.

Der Studienrat erholte sich von seinem Hustenanfall und hob seine zu Tode erschöpften, kranken Augen zu Staś.

„Das war meinetwegen", flüsterte er.

Und er griff nach Staś' Hand.

„Bitte verzeihen Sie mir."

Wieder hustete er. Plötzlich drang durch den dünnen Drillichstoff seiner Hose eine Nässe, auf der Erde und zwischen seinen Beinen bildete sich eine Pfütze.

„Ja", stotterte Staś, indem er zur Küche hinüber sah. „Das versteht sich doch von selbst. Hier hat niemand jemand etwas zu verzeihen, alles ist so, wie es ist."

„Nein, nein", sagte der Studienrat schwach, „erst hier bedarf man des Verzeihens."

Die Menge bei der Küche wurde dichter. Staś wandte sich dem Studienrat zu und sagte plötzlich mit einer Härte, die er nicht beabsichtigt hatte:

„Vielleicht, aber man braucht nicht darüber zu reden, entweder es ist, oder es ist nicht."

Der Studienrat neigte den Kopf und sah auf die Erde. Aus seiner Hose tropfte die letzte Nässe. Dann richtete er seine mit einem Mal veränderten Augen, die von einem gierigen Lebenswillen erhellt waren, auf den Burschen.

„Mich lassen sie bald frei. Die Freilassung kommt, bestimmt, ich fühle das …"

In der Tat sah es danach aus, als sollte dem Studienrat dieses ungewöhnliche Glück zuteil werden. Zunächst einmal widerfuhr ihm ein geringeres Glück. Als sich nach dem Appell die Arbeitskolonnen der täglichen Anordnung gemäß formierten, wurde der Studienrat unerwartet seines Dienstes beim Walzeziehen enthoben und einer leichteren Arbeit zugeteilt, die im Abreißen von einigen Häusern im Vorort des Städtchens bestand. Diese Häuser verdarben dem Lagerkommandanten die hübsche Aussicht aus den Fenstern seiner Wohnung. Die derzeitigen Bewohner wurden evakuiert und die Häuser zum Abbau bestimmt. Die Arbeit war gerade im Gang und im Lager gut angesehen, denn sie fand stellenweise unter dem Schutz der Dächer und Mauern statt, und der aufsichthabende Kapo gehörte zu den weniger rücksichtslosen und grausamen.

Aber was bedeutete das? Wie sich später herausstellte, war die Freilassung Śliwinskis in der Tat auf dem besten Weg. Aber abends fehlte der Studienrat beim Appell. Als sich die Blocks in Zehnerreihen aufstellten, bemerkte der Stubenwart Pawłowski als erster seine Abwesenheit. Der verflossene Tag, obschon ruhiger als die vorangegangenen, konnte ihm das verlorene Gleichgewicht nicht wiedergeben. Mit zitternden Händen und verwirrtem Blick fragte er die Kameraden nach Śliwinski aus. Niemand wußte etwas. Da ihm die Krankheit des Studienrats bekannt war, lief er zur Latrine. Hier drängte sich eine Menschenmenge, die mit Flüchen und Schimpfwörtern diejenigen zur Eile antrieb, die ihre Notdurft verrichteten. Der Studienrat war nicht unter ihnen.

„Appell!" schrie Pawłowski.

Und mit einer beißenden Angst im Bauch suchte er nach dem Kapo, der den Abbau der Häuser beaufsichtigte. Er fand ihn auf dem Platz beim fünften Block. Der Kapo, ein dicker, gutmütig aussehender, beleibter Deutscher, wurde blaß, als er erfuhr, daß einer seiner Arbeiter fehlte.

„Alle sind zurückgekommen", schrie er scharf, „ich habe alle gezählt."

Der Blick des Stubenwarts ging schräg hinüber zum Platz, wo sich die SS versammelte. Hans Kreutzmann hob sich von ihnen durch seine große Gestalt ab.

„Wie sah denn dieser Kerl aus?" fragte der Kapo.

Doch ganz plötzlich war Pawłowski völlig entfallen, wie der Studienrat aussah. In seinem Gehirn wurde es leer, und in dieser Leere kreiste nur die Angst. Der Deutsche war aufgebracht und schlug dem Stubenwart in das verblödete Gesicht.

Unter den SS-Männern war inzwischen eine Bewegung entstanden. Einige waren zu ihren Reihen getreten. Pawłowski kehrte zum Block zurück. Obgleich er sich des Äußeren des Studienrates weiterhin nicht entsinnen konnte, wußte er doch gleich, als er die Reihen überflog, daß er nicht da war. Auch die Häftlinge hatten inzwischen bemerkt, daß einer fehlte, und in den Zehnerreihen wurde eine lautlose Beunruhigung spürbar. Aber Nadolny wußte noch von nichts. Als er nun den Stubenwart eilig seinem Platz in der Reihe zustreben sah, schrie er: „Halt!"

Nadolny holte den Stubenwart mit wenigen Schritten ein, packte ihn am Drillichanzug und schüttelte ihn hin und her, wobei er ihm mit dem Gummiknüppel auf den Kopf schlug. Vom linken Flügel, wo der erste

Block stand, kamen Kommandorufe. Der Appell begann. Als Pawłowski den fatalen Rapport herausgequetscht hatte, nahm das schmale Gesicht des Unterkapos eine dunklere Farbe an. Er ließ den Stubenwart los, stieß ihn zu den Reihen und wandte sich an Schröder. Niemand sah ihn an. Die siebenhundert Häftlinge des dritten Blocks standen stramm, wie aufgezogen. Die Stille war tot und schwer, ähnlich der, die die gestrige Exekution begleitet hatte. Das langsame Näherkommen der schreienden SS vertiefte dieses Schweigen. Die Nacht um sie her wurde dunkler, ihr gewaltiger und hoher Wall verdichtete sich, und aus ihrer Tiefe riß sich ein scharfer Wind los.

Kapo Schröder stand schon an seinem Platz links der Zehnerreihe. Hinter ihm Nadolny. Das kräftige, zerfurchte Gesicht des Mechanikers aus Hannover drückte nichts als diensteifrige Anspannung und Erwartung aus. Die vulgäre Schönheit des Unterkapos hingegen hatte einen finstereren Ausdruck als sonst. Im ersten Block schien es ernstere Vorfälle gegeben zu haben, plötzlich nämlich stieß eine Anzahl von SS-Leuten in die Reihen vor, gleich darauf drangen von dort Gebrüll und der Widerhall von Schlägen. Viele Häftlinge aus dem dritten Block tauschten verstohlene Blicke. Aber wenngleich in einer Masse stehend, die durch die gemeinsame Erwartung desselben Loses und die gemeinsame Bedrohung durch dieses Los verbunden war, fühlte sich jeder einzelne dieser siebenhundert Männer hoffnungslos allein. Verachtung und Grausamkeit, die langsam, aber unwiderruflich näherrückten, zerbrachen schon allein durch ihre Nähe die Brüderlichkeit ihrer Opfer. Und wenn in diesem Augenblick, der den Schatten des Todes streifte, im Scheinwerferlicht und in der von heiseren Schreien zerrissenen Stille, etwas diese Menschen verband, dann nur die armseligen, halbnackten, der Angst ausgesetzten Körper.

Staś Karbowski stand in der ersten Reihe. Den ganzen Tag über hatte er sich schlecht gefühlt. Das Rauschen im Kopf, das durch das morgendliche Waschen gedämpft worden war, hatte bei der Arbeit wieder begonnen, und irgendwann gegen Mittag war aus dem Inneren dieses monotonen Strömens im Ohr unmerklich und dünn wie ein Nadelstich ein Schmerz hervorgeschossen. Gegen Abend schwoll das Rauschen an, der Schmerz wuchs. Staś kümmerte sich nicht darum. Manchmal nur, wenn der Schmerz heftiger bohrte, packte ihn Angst bei dem Gedanken, daß sich die Grenzen dieses Leidens als sehr weit gesteckt erweisen könnten. Dann fürchtete er sich nicht vor dem Schmerz, sondern vor der Ungewißheit seiner letztmöglichen Stärke.

Seit dem gestrigen Tod Wacek Zawadzkis, seit dem Augenblick, da jener einen Schritt entfernt an der Reihe vorbeigegangen war, auf der Trommel den schrecklichen, kindlichen Rhythmus hämmernd und dann auf der Erhöhung stehend mit einem blinden Blick über die Menge der Kameraden geirrt war, empfand sich Staś als sich selbst nicht mehr zugehörig. Etwas in ihm drehte sich um und zersprang. Und nur instinktiv und sehr nebelhaft kam ihm manchmal zu Bewußtsein, daß irgendeine unbekannte Kraft begann, ihn vom Leben fortzureißen, ihn langsam und ohne Schmerz zuzufügen in eine tote Finsternis zog.

Er stand aufrecht und stramm wie die andern, die nackten Füße auf den scharfen Kies des Platzes gestemmt. Das monotone Rauschen, das ihm den Kopf anfüllte, schien die finstere Nacht, den Schein der blendenden Lichter, die heiseren haßerfüllten Schreie und die stumme und steife Masse zu entrealisieren. Er fühlte ein Fieber in sich. Aber es war ihm wohl damit. Der Wind, der einen kalten, feuchten Hauch brachte, kühlte sein erhitztes Gesicht.

Neben ihm standen dieselben Menschen, die seit geraumer Zeit hier ständig ihre Plätze einnahmen. Gleich neben ihm der Schauspieler Trojanowski, ein stämmiger, untersetzter Mann um die Fünfzig, der vor einigen Wochen zusammen mit anderen Theaterkollegen hierher gebracht worden war. Er stand reglos, mit herabgelassenen, etwas geschwollenen Lidern, die sehr groß und schwer wirkten und seinem grob geschnittenen grauen Gesicht den Ausdruck gesammelter Tragik gaben. Karbowski erinnerte sich Trojanowskis von vor vielen Jahren in der Rolle Richards III. Besonders jene nächtliche Szene war ihm im Gedächtnis haften geblieben, in der den König Gewissensbisse quälen. Aus der Dunkelheit holte der Scheinwerfer ein von demselben Leiden gezeichnetes Gesicht hervor, es war jetzt neben ihm. Der Mund, nun zusammengebissen, hatte damals ergreifend gesagt:

Mord, grauser Mord, im fürchterlichsten Grad,
jedwede Sünd', in jedem Grad geübt,
stürmt an die Schranken, rufend: Schuldig! Schuldig!

Hinter Trojanowski stand ein ausgemergelter junger Mann, ein gewisser Olszanowski. Er war Gärtner und stammte aus der Nähe von Biłgoraj. Auf der anderen Seite war Wachowiak Staś' nächster Kamerad. Wachowiak war ein achtzehnjähriger Arbeiter aus Łódź, er sah verbissen und finster aus, schwarz angelaufen von den Schlägen. Im Rücken von Staś stand Makowski, der schwer herzkrank war seit der Zeit, da man ihn zu einem halbstündigen Kaltwasserguß aus einem Hydranten verurteilt hatte. Dann waren da noch Smoła, ein bekannter Bauernfunktionär, der Stubenwart Pawłowski und jener sterbende Arzt Parczewski, den man abermals auf den Platz gezerrt hatte, da er während des Morgenappells nicht verschieden war.

Staś fühlte seinen kurzen, röchelnden Atem gleich hinter sich, fast auf den Schultern. In der Stille, wie sie in der Zehnerreihe herrschte, klang dieses unmenschliche Atmen, das mit dem Tode rang, manchmal sehr laut. Als es verstummte, spannte Staś unwillkürlich seine Muskeln an, richtete die Schultern stärker empor, in der Gewißheit, daß ihm der dahinsiechende Mensch gleich in den Rücken stürzen würde. Der eigene Schmerz schwand in diesem Augenblick in ihm. Einige Sekunden quälte er sich mit diesem angespannten Warten. Als das Röcheln wiederkehrte, kam auch der eigene Schmerz zurück, doch nach jenem Warten schien er fast eine Entspannung zu sein. „Tss!" flüsterte der Stubenwart noch einmal durch zusammengepreßte Lippen.

Die Stille, die ohnehin bis zum Äußersten angespannt war, verschärfte sich noch mehr. In ihrer verdickten Konzentration hörten die Menschen nahezu auf zu atmen.

Die SS kam.

Als erster Hans Kreutzmann. Er war einer der jüngsten in der Lager-SS, zwanzig Jahre alt, vielleicht etwas darüber, aber er sah jünger aus, sehr jugendlich, fast unreif. Er war blond, hatte stark gezeichnete Brauen, ein fein geschnittenes Gesicht und milde, blaue Augen. Staś Karbowski sah geradeaus vor sich hin, und doch fühlte er, wie sich die Hände des neben ihm stehenden Arbeiters unwillkürlich ballten. Das Röcheln Parczewskis verstummte wieder, und man konnte hören, wie der Stubenwart, der offenbar alle Selbstkontrolle verloren hatte, dumpf und auf so seltsame Weise aufweinte, als hätte ein unerwarteter Schluchzer den Versuch, tief Atem zu schöpfen, unterbrochen. In diesem Augenblick hielt Kreutzmann vor dem strammstehenden Schröder an. In den Schultern sich ein wenig vorbeugend, die Riemenpeitsche nachlässig in der herabhängenden Hand haltend, stellte er dem Kapo irgendeine Frage. Niemand aus dem Block hörte ein Wort. Kreutzmann erhob selten seine Stimme. Auch die Antwort Schröders drang nicht zu den Reihen vor.

Inzwischen waren noch weitere SS-Männer dazugekommen. Der behäbige, einer Bulldogge ähnelnde Greiser, der pockennarbige Schmidt mit seinen überlangen, bis zu den Knien reichenden Armen, der junge lockenhaarige Dietrich, der Exboxer Sturmer mit der niedrigen Stirn und der plattgedrückten Nase. Greiser rückte die Jacke zurecht, Dietrich befestigte seine Peitsche am Gürtel und wischte sich mit einem Taschentuch Blut von der Hand. Alle machten bei Kreutzmann halt. Nur Sturmer ging weiter, er hielt vor einer der ersten Reihen an, und seine tiefliegenden Augen fuhren stumpf über die unbeweglichen Gesichter.

Und so begann jener Appell, von allen bisher in Auschwitz bekannten der längste.

Das ganze Lager stand, alle Blöcke. Gemäß der Anordnung des Lagerkommandanten sollte die Abberufung des Appells erst dann erfolgen, wenn der Vermißte aufgefunden sein würde. Die Suche dauerte schon über zwei Stunden. Die SS und die Kapos hatten sich sofort nach dem Alarm im Lager und auf dem Arbeitsterrain verteilt. Man drang überall hin. Die Scheinwerferfühler glitten unentwegt in die Tiefe des das Lager umsäumenden Dunkels, und an den verschiedenen Enden dieser plötzlichen Aufhellungen erklangen, gleichsam am Rande der schweigenden und gewaltigen Nacht, heisere, die Stille scharf und durchdringend zerteilende Schreie. Der Kapo, der beim Abbau der Häuser Aufseher war, dieser gutmütig aussehende, dicke Deutsche, nahm ebenfalls an der Suche teil. Aber obwohl er auf dem Terrain am besten Bescheid wußte, hatte man wenig Freude an ihm, denn er konnte sich nach den Schlägen und Tritten, die ihm Kreutzmann verabreicht hatte, kaum auf den Beinen halten. Das ganze Gebiet, auf dem sich die zum Abbau bestimmten Häuser befanden, wurde mehrmals gründlichst durchsucht. Der Vermißte war nirgendwo zu finden.

Je mehr Zeit verstrich, desto stärker wuchs die Wut der SS an. Die Nacht, die ihr Höchstmaß an Dunkelheit erreicht hatte, währte in ihrer unveränderten Dunkelheit und Fremdheit. Nur die Kälte wurde immer durchdringender. Die Luft wurde feucht, und schließlich begann ein feiner, tropfenhafter und eiskalter Nebel herabzunieseln. Die Pappeln entlang der Blöcke bauschte ein immer heftiger werdender Wind. Sie rauschten, ein langes Spalier, von einem Ende zum andern und warfen auf den Platz und die Menschen unruhige fetzenhafte Schatten. Diese Schatten, die von dem ungeduldigen Atem der Nacht gezeichnet waren, kamen bis an den dritten Block heran.

Staś betrachtete sie eindringlich und versuchte, das Verfließen der Zeit, den eigenen Schmerz und die Erschöpfung mit diesem lautlosen Eindringen der Dunkelheit in die Helle zu verweben. Einige Schritte vor der Reihe lag Doktor Parczewski. Er hatte als erster, da er in gebeugter

Haltung stand und allem gegenüber taub und gleichgültig war, die Aufmerksamkeit der wütenden SS auf sich gelenkt. Sturmer zerrte ihn aus der Reihe heraus, da er schwankte, hielt er ihn an der Schulter und schlug ihn mit der geballten Boxerfaust, konzentriert, wie ein Automat, den unverändert stumpfen Ausdruck auf seinem flachen Gesicht. Das dauerte nur kurze Zeit, aber denen, die in der Nähe standen, schien es unendlich lange. Jetzt lag Parczewski an derselben Stelle, wohin ihn Sturmer geworfen hatte. Er lag auf dem Rücken, da er seine Knie angezogen hatte, wirkte er klein, fast so, als habe er keine Beine. Die Schatten der Pappeln drangen nicht bis hierher. Im weißen Licht der Scheinwerfer wurde das Gesicht des Toten, das mit geöffneten Augen in die über der Helligkeit liegende Nacht schaute, ruhiger, und die Stille wischte langsam die Spuren des Leidens davon ab, bis es schließlich selbst ganz ruhig und still wurde. Trojanowski hatte die schweren Lider gesenkt. Aber auch aus diesem verringerten Blickwinkel sah er den Toten. Von seinen Lippen, die der junge Dietrich mit der Peitsche gespalten hatte, troff ihm Blut auf den Bart und weiter herunter auf den Drillichanzug. Er schenkte dem keine Beachtung. Seine eigenen Worte kreisten in ihm, eindringlich und gleichsam verlangsamt. Worte, die er einige Monate vor seiner Verhaftung Freunden gegenüber gebraucht hatte, als er zu beweisen suchte, daß der Mensch selbst bei größten Leiden und Erniedrigungen seine Würde bewahren könnte. Er hatte damals gesagt: „Ich glaube, meine Freunde, daß nichts im Menschen die Freiheit töten kann, man muß sie nur verteidigen wollen, und zwar vor sich selbst, vor der Schwäche, der Angst, der Hoffnungslosigkeit. Es gibt auf Erden keine Kraft, die unsere Freiheit vernichten kann, wenn wir sie bewahren wollen." Jetzt wußte er, daß man an sich selbst Erniedrigung erdulden und gelassen das grausamste Ende auf sich nehmen kann, aber er wußte weiter, daß die Erniedrigung, die der Tod eines anderen, schutzlosen und einsamen Menschen zufügt, eine Last ist, die menschliche Kraft überschreitet. Er fühlte, wie die innere Freiheit zerbröckelte und zerbrach, die er so hartnäckig und gesammelt vom ersten Tag seiner Inhaftierung an verteidigt hatte, eine Freiheit, die nichts anderem diente als der Rettung der eigenen Würde. An Leiden und Erniedrigung hatte er sich schon gewöhnt. Er sah sie Tag für Tag. Auch an den Tod. Aber an das Böse, die Verachtung und die Grausamkeit, die rings um ihn her tobten, wollte und konnte er sich nicht gewöhnen. Manchmal klagte er sich der Abgebrühtheit an, weil ihn die Schinder tiefer bewegten als der Anblick ihrer Opfer. – Das Böse, dessen der Mensch fähig ist, dieser

Abgrund, in den man aus nächster Nähe mit eigenen Augen blicken muß, um an ihn zu glauben, diese Maßlosigkeit an Grauen, das in den menschlichen Wesen schlummert und das schamlos mit Siegestriumph ans Tageslicht hervorkommt, dieses Entsetzen überschreitet alles, was der Mensch zu erdulden imstande ist.

Er betrachtete das Gesicht des verstorbenen Arztes. In der Erschöpfung, die ihm immer mehr von seiner Kraft nahm, widersetzte er sich seiner inneren Erstarrung und versuchte, die Bruchstücke seiner Empfindungen zu ordnen. Er dachte mit einer Anstrengung, als müsse er einen dichten Dunst durchdringen: „Das Leiden hat seinen Platz in der Ordnung der Welt. Ich bleibe ich, wenn ich leide, ich bleibe ich, wenn ich sterbe. Das bedeutet etwas, das ist eine Hoffnung. Das kann ein Sieg sein. Aber das Böse?" Er fand keine Antwort darauf. Die Frage fiel wie ein Stein in einen Abgrund, aus dessen Tiefe kein Echo empordringt.

Am Ende des Blocks, irgendwo von hinten kam die Stimme Schröders. Er schlug jemand. Dann kam er eilig die Reihe entlanggelaufen, die Kinnladen fest aufeinandergebissen, die Peitsche in der Hand. Quer über das Gesicht lief ihm ein blauer Striemen von dem Schlag, den ihm Kreutzmann versetzt hatte. Er umging die Leiche des Arztes, und ohne jemand anzusehen, blieb er erst am anderen Ende des Blocks stehen. Vom Platz her näherte sich Kreutzmann. Schröder machte auf der Stelle kehrt. Plötzlich hielt er vor Wachowiak an und fragte ihn etwas auf Deutsch. Jener verstand ihn nicht und schwieg. Da schlug ihn Schröder, ohne ihn anzublicken, ins Gesicht. Wachowiak zuckte nicht einmal zusammen. Sein Gesicht verfinsterte sich noch mehr, und seine Augen, die den Kapo anstarrten, wurden hart. Bevor Schröder weggegangen war, kam Kreutzmann.

„Was hat er gemacht?" fragte er, mit der Peitsche auf Wachowiak deutend.

Schröder zögerte einen Augenblick. Er stand am Rande der verlängerten Pappelschatten und unterstrich mit der Unbeweglichkeit seiner aufgerichteten Gestalt die Illusion, daß die Erde sich unter den Füßen bewege.

Staś Karbowski folgte mit unverändertem Trotz der Bewegung dieser Schatten. Plötzlich hörte er die Stimme Schröders. Der Kapo erklärte, daß er Wachowiak wegen seines aufrührerischen Blicks geschlagen habe.

Stille trat ein. Jetzt, da der Doktor fehlte, trat Richter Makowski an seine Stelle mit seinem schwer gehenden, abgerissenen Atem, der mit Mühe Luft holte. Staś fühlte auch diesen Atem fast auf seinem Rücken.

Aber der Tod verlor plötzlich allen Schrecken für ihn. Er erfaßte ihn nicht. Er, der Tod, war schon wie etwas, das hinter allem liegt, hinter Ruhe und Nichtwissen. Sterben, das war entsetzlich! Und wieder ging wie ein Schatten Wacek Zawadzki an ihm vorbei, mit blutiger Hand seinen Takt auf der Trommel schlagend. In diesem Augenblick wurde die milde Stimme Kreutzmanns hörbar: „Frag ihn, ob er zufrieden ist, daß er bestraft wurde."

Der Kapo wandte sich zu Wachowiak um und wiederholte die Frage auf Polnisch, scharf und befehlend. Aber seine Augen schienen dem Burschen die Antwort flehentlich weisen zu wollen. Wachowiak dachte nach. Dann hob er seinen harten Blick zu Schröder und sagte: „Nein." Kreutzmann trat näher heran.

„Nein?"

Und er betrachtete Wachowiak mit kindlich erstaunten Augen.

„Nein?" wiederholte er fast weich.

„Nein", sagte Wachowiak.

Kreutzmann lächelte heiter und unschuldig. Sein Blick glitt von Wachowiak weg und fuhr in gewisser Zerstreutheit über die in den Reihen Stehenden. Für einen Augenblick vergaß jeder seine Erschöpfung, seine Schmerzen und die durchdringende Kälte.

Alle standen gebannt, wie hypnotisiert, wagten nicht zu atmen. Der Blick des jungen Blockführers wanderte lange und langsam von Gesicht zu Gesicht, und einen Augenblick lang war jeder einzelne Häftling gewiß, daß dieser einen noch unbekannten Befehl bergende Blick bei ihm länger verweilte. Hoch oben in der Dunkelheit heulte der Wind. Eisnebel schnitt in die Gesichter.

Schließlich blieb Kreutzmanns Blick auf Karbowski liegen. „Das Ende", dachte Staś. Und er fühlte, wie er unwillkürlich von innen her zu beben begann. Er biß die Zähne zusammen. Als Kreutzmann ihm einen Wink gab, trat er gehorsam aus der Reihe.

„Näher heran", sagte der SS-Mann ruhig.

Staś stand ganz nah neben Kreutzmann. Dieser nickte jetzt Wachowiak zu. Als er beide Häftlinge vor sich hatte, wandte er sich an Schröder.

„Sag dem", er deutete auf Wachowiak, „wenn er nicht gern geschlagen wird, dann zieht er bestimmt das Schlagen vor. Also soll er den anderen hier schlagen."

Schröder wiederholte, er war bleich, aber ruhig. Als Wachowiak den Befehl hörte, den er nicht erwartet hatte, fuhr er zusammen. Der Blick seiner finsteren, tiefliegenden Augen trübte sich plötzlich. Er schwieg.

„Schlag zu!" befahl der Kapo heiser.

Wachowiak sah Staś, der neben ihm stand, über die Schulter an. Sie kannten sich nur vom Appell her, hatten nie ein Wort miteinander gewechselt. „Schlag doch", sagte Staś' Blick. Sie sahen sich eine Weile schweigend an.

„Schneller!" sagte Kreutzmann.

Wachowiak wandte sich zu ihm um. Sein Blick war wieder finster, verbissen, hart. „Nein", sagte er dumpf.

„Nein?"

„Nein!"

Da griff Kreutzmann ohne Hast nach seinem Revolver und schoß, ohne die Hände zu heben oder zu zielen, zwei Mal. Wachowiak schwankte und faßte mit beiden Händen seinen Bauch. Aber er fiel nicht. Nur sein Gesicht wurde grau. Mit einer Anspannung in den Augen, durch die alle Kräfte des sterbenden Lebens zu entweichen schienen, sah er den jungen Kreutzmann an. Er mochte sein Altersgenosse sein. Er lächelte leicht. Jener hielt längere Zeit seinen Blick aus. Dann schoß er noch einmal. Wachowiak erzitterte, als ob ein mächtiger Krampf ihn schüttelte. Dann bäumte er sich auf, wuchs an. Und fiel.

Ein Raunen ging durch die Reihen. Die Menschen atmeten tiefer. Aber sie erstarben sogleich wieder. Kreutzmann suchte ein neues Gesicht. Diesmal fiel seine Wahl auf Trojanowski.

„Schlag ihn", sagte er zu Karbowski gewandt, als Trojanowski aus der Reihe trat.

Staś fühlte, wie alles in ihm, vor Entsetzen gelähmt, erstarrte. Er hob mechanisch die Hand. Er schlug. Mit vor Kälte erstarrten Fingern erkannte er, daß er an dem Hals des anderen abgeglitten war. Kreutzmann zog die dunklen Brauen zusammen.

„Stärker!"

Karbowski schlug stärker. Trojanowski stand ohne Bewegung vor ihm, etwas vorgebeugt, die gesenkten Lider verdeckten seinen Blick. „Er will, daß mir das Schlagen leichter falle, dachte Staś. Er schlug noch einmal. Plötzlich zog ihn Kreutzmann am Drillich zu sich heran.

„Fester", wiederholte er mit ruhigem Nachdruck.

Staś krümmte sich ruckartig zusammen.

„Wirst du schlagen, wie es sich gehört?"

„Ja", flüsterte er.

Kreutzmann ließ ihn los und stieß ihn zu Trojanowski. Da begann er, blind darauf loszuschlagen, mit geballten Fäusten. Er traf den Kopf, das

Gesicht, die Brust. Dann vergaß er, wohin er schlug. Er fühlte lediglich, daß er mit immer größerer Kraft und wachsender Wut schlug und immer schmerzhaftere Schläge versetzte. Trojanowski blutete. Aber seine Lider blieben weiterhin halb geschlossen. Er atmete nur etwas lauter und schwerer. Einmal brach ein ersticktes Stöhnen durch seine zusammengebissenen Lippen.

„Halt!" schrie Kreutzmann.

Staś ließ die Hand sinken. Seine Hände waren erhitzt. Die Fingerspitzen brannten höllisch. Seine Hand war feucht von etwas Klebrigem. „Blut", dachte er. Er dachte es gleichgültig. Er krampfte die Hand zusammen und wischte mit den Fingern das Blut weg. Er wußte nicht recht, was mit ihm vorging. Ein Schmerz, der ihm den Kopf zersprengte, machte ihn fast blind. Und als Kreutzmann ihm befahl, in die Reihe zurückzutreten, fand er kaum seinen Platz wieder. Es gab eine freie Stelle. Wachowiak fehlte. Trojanowski hatte seinen Platz schon eingenommen.

Staś erstarrte. Seine Fingerspitzen brannten immer stärker, er fühlte, wie er in sich sank, in einen dumpfen Schmerz, wie in das dunkle Dickicht des Schlafes. In der Luft, die ihm bis zur Weißglut erhitzt schien, hörte er die heisere Stimme Nadolnys. Die SS lief an den Reihen vorbei. Ihre Gestalten wuchsen. Weiter fort, am anderen Ende des Platzes heulte jemand auf, der geschlagen wurde. Und ebenso weiter hinten und noch einmal auf einer anderen Seite. Plötzlich trat Stille ein. Hinten keuchte Richter Makowski. Schatten schwankten auf der Erde, die Nacht war über allem. Wind. Irgendwo oben, über dem Platz, schlug ein Stöckchen gemessen und durchdringend auf eine Trommel. Stunden verstrichen.

„Freiheit!" dachte Trojanowski. „Meine Freiheit! Ob ich imstande wäre, sie zu bewahren, wenn ich auf die Probe gestellt würde?" Er fühlte, daß das „ja" falsch klingen würde, mit dem er noch vor kurzem zu zeugen bereit gewesen war. „Man kann seine Würde verteidigen, aber ohne die Gewißheit, darin bis zum Ende ausharren zu können. An sich denken und man selber sein – wie viele Täuschungen und Lügen zwischen dem einen und dem anderen! Aber der Sinn, der Sinn von alledem?" Mit dieser Unruhe in sich richtete er sich auf und kam wieder zu sich, nachdem ihn zeitweise eine so schreckliche Müdigkeit er faßt hatte, daß er meinte, sich nur noch wenige Minuten auf den Beinen halten zu können. Er fürchtete sich davor. Eine unbestimmte Angst setzte sich in ihm bei dem Gedanken fest, daß ihn seine Erschöpfung plötzlich auf die Erde stoßen würde und dann die SS hergelaufen käme. Er hörte, wie irgendwo hinter ihm Menschen auf die Erde fielen. Bis zu diesem Zeitpunkt war das dreien oder vieren passiert. Noch pulsierte der Schrei in seinen Ohren, das lang gezogene tierische Jaulen eines Menschen, der getreten wird.

„Gott", flüsterte der Stubenwart Pawłowski hinter ihm. Eine so hoffnungslose Qual zitterte in diesem fast stimmlosen Flüstern, daß Trojanowski zusammenfuhr. „Der Sinn, der Sinn von alledem?" wiederholte er inständig, „der Sinn dieser Leiden, der Sinn ihrer Zufügung?" Plötzlich stand in ihm von irgendwoher die Erinnerung an eine bestimmte Chorpartie aus der Matthäus-Passion auf, eine einfache, reine, den Himmel eröffnende Melodie, die an Innigkeit langsam zunehmend schließlich selbst Himmel wird. Er lauschte diesem Gesang in sich gespannt. Er vermochte nicht, ihn zu summen, obwohl er sicher und makellos in ihm klang. Aber das war auch unnötig. Es genügte ihm dieser lautlose Umriß, der sich in klaren Kadenzen emporhob. Und gleichsam aus dem Herzen dieses Chores selbst, den reine Frauenstimmen begleiteten, trat in ihm das gewaltige und starke Verlangen auf, daß jedes Leiden, jeder Schmerz, jedes Bruchstück gequälter Gedanken dieser Menschen, die in Tausenden den Platz unter der Nacht anfüllten, von der Vernichtung und Zerstörung bewahrt bleiben sollten und daß sie, obgleich anderen Menschen unbekannt und vielleicht gar von den Erniedrigten selbst vergessen, ewig währen sollten, ausdrucksreicher als im Augenblick ihres Seins, als ein Zeugnis für das Leben selbst und für das sich erfüllende Schicksal des Menschen.

Die Zeit verging. In den vor Kälte erstarrten und vor Erschöpfung halb ohnmächtigen Menschen verwischte sich langsam das Bewußtsein von Minuten und Stunden. Dieser ganze Appell, an dessen Anfang man sich nicht mehr erinnerte und dessen Ende man nicht erhoffte, war in einem Beginn und Fortdauer, wie versteinert in der Mitte dieser Nacht.

Richter Makowski atmete mit immer größerer Mühe, er keuchte abgehackt und heiser. „Gott", flüsterte Pawłowski abermals und schluchzte auf die ihm eigentümliche Weise in sich hinein, mit vor Angst angehaltenem Atem. Weiter hinten wurde ein trockener, scharfer Husten laut, der einem Bellen glich.

„Ruhe", schrie Nadolny in dieser Gegend.

Aber das Bellen ließ nicht nach in der Stille. Dann ging es in einen Schrei über. Nadolny schlug.

„Ich halte es nicht aus", stammelte der Stubenwart, „O Gott!" Smoła, der neben ihm stand, flüsterte etwas mit seiner tiefen, harten Stimme, und er verstummte.

Smoła war ein Mann in den Vierzigern, einer der Führer der Bauernbewegung. Er arbeitete in der Küche beim Kartoffelschälen und hielt sich demgemäß trotz der acht Monate, die er schon in Auschwitz saß, recht gut. Er war groß, knochig, sein Gesicht mit der scharfen Raubtiernase erinnerte an einen Sperber. Seit einigen Tagen fühlte er eine leichte Erkältung. Bis jetzt hatte er ihr keine größere Bedeutung beigemessen, fast alle im Lager waren mehr oder weniger erkältet. Aber nun spürte er von Stunde zu Stunde deutlicher, wie sich die Krankheit in ihm entwickelte. Scharfe, atemverschlagende Schmerzen zerschnitten ihm die Brust, Krämpfe schüttelten seine Schultern, er fühlte gleichzeitig Fieberhitze und Kälte. Er bemühte sich, nicht daran zu denken. Die ganze Kraft eines Mannes, der von Kindheit an die Überwindung von Schwierigkeiten und an den Kampf gewöhnt ist, legte er in den Willen zum Durchhalten. Er tat nichts anderes, als diesen einen Gedanken an das Durchhalten zu verstärken und zu konzentrieren. Er wußte, daß ihm nichts geschehen konnte, solange ihn diese Sicherheit nicht verlassen würde. Der schwerste aller Kämpfe, die er im Leben auszufechten hatte, stand ihm jetzt bevor. Bislang hatte er mit Gegebenheiten, mit Menschen, mit der Welt gefochten. Jetzt verbarg sich der Feind in ihm selbst. „Ich halte durch", dachte er, „ich muß durchhalten!" Obwohl er vor Kälte erstarrt war, fraß sich das Fieber immer tiefer und glühender in ihn hinein, und in diesem Fieber und bei den häufiger und spitzer werdenden Stichen fühlte Smoła deutlich einen winzigen Schauer von Zweifel heraus. Er straffte sich, ballte die Fäuste und suchte in dieser körperlichen Zügelung eine Rettung vor dem verräterischen unterschwelligen Flüstern. Nicht vor dem Tod verteidigte er sich, sondern vor dem Gedanken an ihn. Er war so stark mit dem Leben verwachsen, so sehr mit seinen Kämpfen, mit seinen Zielen und Ambitionen verbunden, daß er, von dieser so mächtigen Leidenschaft für das Leben besessen, niemals eine offene Stelle für die Angst vor dem Tode hatte. Auch jetzt fühlte er sie nicht. Die Lebenspassion in ihm war stärker als alles, was sie schwächen oder verletzen konnte. Aber zum ersten Mal befiel ihn die Angst vor dem überwunden werden. Und diese Angst kam ihm wie ein Scheitern vor. In sich hineinhorchend unterschied er deutlich und mit der ungewöhnlichen Klarheit, die er in ernsten und entscheidenden Augenblicken stets aufzubringen wußte, einen Strom fremder Gedanken, der in ihn eindrang. Das war eine ergreifende, fast physische Empfindung, es war, als wüchse ein neuer, unbekannter Organismus in ihm, der, langsam Leben gewinnend, selbst ein unabhängiger Mensch wurde. Umso mehr bemühte er sich, sich von allem, was um ihn her geschah, abzusondern. Sein Bewußtsein, weniger klar als zuvor, aber quälender, sagte ihm, daß zwischen jenem in ihn eindringenden Wesen und den Menschen, die in den Reihen standen, irgendeine Gemeinsamkeit war, eine verschwommene und bedrückende Brüderlichkeit. Er stand zwischen dem Stubenwart und Richter Makowski. Durch die Lücke, die vor ihm in der ersten Reihe entstanden war, sah er die Füße des erschossenen Wachowiak. Er versuchte, nicht hinzuschauen, aber eine Unruhe, die er nicht zu dämpfen imstande war, zwang seinen Blick immer wieder in diese Richtung. Trotz allem, was er von sich forderte, betrachtete er mit glühenden Augen diese mit den Fersen nach oben gekehrten Füße, die von der Erde, die sich eingefressen hatte, geschwärzt waren. Sie ragten reglos aus den zu kurzen Beinen des gestreiften Drillichs heraus. Den übrigen Teil des Körpers verdeckte die Schulter Karbowskis. Plötzlich zuckte die Schulter zusammen.

Aus dem Dunkel drang die Stimme Trojanowskis zu Karbowski. „Freund“, flüsterte der Schauspieler. Staś wandte den Kopf nach ihm um. Immer noch hörte er das trockene, abgebrochene Trommeln, und durch diesen eindringlichen Rhythmus und die im Lichtschein schwankende Luft hindurch sah er das ihm zugekehrte Gesicht Trojanowskis. Es war von blauen Flecken entstellt, irgendwie seltsam verkrampft und gleichzeitig geschwollen, geronnenes Blut durchzog es mit schwarzen Spuren. Er starrte das Gesicht an, abwesend, bis seine Augen in die des anderen fielen. „Freund“, wiederholte Trojanowski.

Staś keuchte mit halboffenem Mund. Plötzlich wandte sich Trojanowski ab. über den Platz gingen die dicke Bulldogge Greiser und der langarmige Schmidt. „Paß auf“, flüsterte Trojanowski.

Die beiden gingen zum ersten Block. Irgendwo hinter dem dritten Block kreischte die Stimme Nadolnys. Plötzlich spürte Staś auf seiner Hand eine fremde. Sie berührte ihn zuerst leicht mit zuckenden Fingerspitzen, dann schloß sie sich plötzlich fest und blieb so. Trojanowski bewegte sich nicht und sah vor sich hin. Staś ebenfalls. Er fühlte deutlich, wie diese vor Kälte steife, rauhe männliche Hand ihn aus seiner Ohnmacht herauszog und ihn sich selbst wiedergab. Noch bevor er ganz zu sich gekommen war, näherte sich das Brüllen Nadolnys, und die Hand zog sich schnell zurück.

Nadolny rannte an den Reihen entlang, mit der Riemenpeitsche blindlings drauflosschlagend. Das Zischen der Peitsche fuhr durch die Stille. Einer von denen, die getroffen wurden, schrie auf, das Zischen kam näher, schnell, rhythmisch, durchdringend. Für den Bruchteil einer Sekunde sah Staś das schmale Gesicht des Unterkapos vor sich, und gleichzeitig durchschnitt ein Schmerz wie ein scharfer Messerschnitt seine linke Wange. Bevor er begriff, was geschehen war, war Nadolny schon am Ende der ersten Reihe. Dort machte er auf dem Absatz kehrt und drang durch den von Wachowiak verlassenen Platz in die zweite Reihe vor. Er holte weit aus und schlug Makowski, der ihm als erster unter die Hände fiel.

Nur Smoła hörte in diesem Augenblick das laute Röcheln des Richters, das plötzlich abriß. Bevor Nadolny noch einmal mit hocherhobener Peitsche zuschlagen konnte, stürzte jener mit der ganzen Schwere eines Fallenden direkt auf ihn. Der Unterkapo war kräftig, aber er geriet ins Wanken und griff, als wollte er sich vor einem Schlag schützen, den Richter mit beiden Händen bei den Schultern. Er wurde blaß, und sein finsteres Gesicht verkrampfte sich vor Angst. Das dauerte nur einen Augenblick. Zu sich gekommen, rüttelte er am Körper Makowskis wie wahnsinnig. Der Körper war ohne Willen. Der Kopf des Richters fiel kraftlos auf die Brust Nadolnys. Erst jetzt begriff er, daß er eine Leiche hielt. Er fluchte und stieß den Körper heftig von sich.

Es war Pawłowskis Unglück, daß er in diesem Augenblick das Zittern, das ihn hin und her zerrte, nicht beherrschen konnte. Als Nadolny es wahrnahm, warf er sich auf Pawłowski und schlug ihn mit verdoppelter Wut. Pawłowski schrie spitz auf und deckte sich mit den Armen vor den Schlägen ab. Aber seine jämmerliche und unzureichende Verteidigung steigerte die Raserei des Unterkapos nur noch mehr. Er warf den Stubenwart um und stieß ihm, als er mit dem Gesicht zur Erde lag, die beschlagenen Stiefelspitzen in die Nieren. Pawłowski jaulte und verstummte abrupt. Nadolny trat weiter. Diese Schläge entlockten dem unbewegten Körper dumpfes, stumpfes Stöhnen. Smoła, der in nächster Nähe stand, hörte, wie sich das Innere dieses getretenen Körpers auflöste und wie etwas darin sprang und zerriß. Der Widerhall der Fußtritte wurde stärker. Auch Trojanowski hörte das. Er dachte an nichts. Fühlte kein Mitleid. Keinen Haß. Keine Angst.

Schließlich hatte Nadolny genug. Er richtete sich auf und zog die Jacke glatt. Für diesmal war Schluß. Der Block wurde vorübergehend in Ruhe gelassen.

Längere Zeit regte sich der Stubenwart nicht. Er lag in derselben Position, in der ihn Nadolny verlassen hatte, seltsam und komisch ausgebreitet, die Schultern hochgezogen. Das Mäusegesicht in den feuchten Kies gedrückt, berührte er fast die Füße Smołas. Dieser konnte nicht herausbekommen, ob Pawłowski nur ohnmächtig oder verschieden war. Der auf dem Rücken zerrissene blutgetränkte Drillich des Liegenden enthüllte einen dünnen, schwarz gewordenen Körper. Wenn noch Leben in ihm war, dann war es gewiß sehr schwach, irgendwo in der Tiefe des Atems verborgen. Smoła suchte unablässig nach der Spur dieses Atems. Aber Pawłowski lag still und reglos.

Smoła fühlte, wie sein Fieber zunahm. Die Stiche in der linken Lunge wurden so scharf und schmerzhaft, daß er Angst hatte, tiefer Atem zu holen. Er atmete so flach wie möglich, dazu vorsichtig und sparsam. In Wirklichkeit verteidigte er sich nicht mehr vor der Krankheit, und er empfand es nicht als Resignation vor dem Leben. Er wußte selbst nicht, wann und wie die vorherige Ruhe ihn verlassen hatte. Als er es bemerkte, war er weder erstaunt noch von Widerspruch erfüllt. Die Anstrengung, in die er so viel Widerstandskraft gelegt hatte, schien ihm unwichtig und unnötig. Das einzige, was ihn jetzt noch in einer gewissen Anspannung hielt, war die Furcht, mit einer unachtsamen Bewegung seiner nackten Füße den vor ihm Liegenden zu berühren. Von Zeit zu Zeit, wenn die Starrheit unerträglich wurde, trat er von einem Fuß auf den anderen, und dann achtete er sorgsam darauf, den Menschen vor ihm nicht zu stoßen. Ein Gefühl, in dem sich Scham mit dem erniedrigenden Bewußtsein der eigenen Hilflosigkeit verband, stand mächtig in ihm auf. Die Ungewißheit, ob er über einer Leiche oder einem verscheidenden Menschen stand, bereitete ihm beharrliche Qual. Bei dieser Ungewißheit und den gegensätzlichen Empfindungen, wie er sie nie zuvor erlebt hatte, vergaß er langsam sich selbst, als sei das Los des fremden Menschen sein eigenes geworden. Er wußte nicht, was er damit anfangen sollte. Erst jetzt, da er die eigene Kraftlosigkeit entdeckt hatte, wurde ihm bewußt, daß er einer aus der Menge war und daß es ihm an Kraft und Mut gebrach, um sich von diesen Fesseln loszureißen, die einige Tausend Menschen in passiver Ergebung banden. Von seinen frühesten Jahren an kannte er die Gewaltanwendung. Jetzt schien es ihm, als wäre er zum ersten Mal in seinem Leben zu ihrer Grenze vorgestoßen. Und plötzlich dünkte ihn alles, was er bisher vollbracht hatte, alle Kämpfe, Anstrengungen, Siege und Errungenschaften eher Zufälligkeiten denn wesentliche Werte. „Wie viele Errungenschaften", dachte er, „sind nur deswegen Errungenschaften, weil auf dem Wege zu ihnen nicht die schwerste und schwierigste Probe gestanden hat!" Er sah sein Leben klarer als je. Er verachtete es nicht. Nur ein schwaches Zittern von Trauer erfaßte ihn, weil er nicht früher begriffen hatte, was ein menschliches Schicksal sein kann. Gleichzeitig aber fühlte er auch etwas wie Dankbarkeit dafür, daß ihm diese Probe so lange erspart geblieben war. Und das beschwichtigte ihn.

Es fiel jetzt ein dichter und gleichmäßiger Regen. Die Luft war voller Rauschen. Der Wind legte sich. Und nur dieses eintönige Rauschen ging unter der hohen Nacht hin und her, von einem Ende des Platzes zum anderen, langsam und gewaltig in der Stille über den dunklen Reihen. Denn es war fast Ruhe eingetreten. Nur selten wurde hier und dort der Schrei eines SS-Mannes laut. Die meisten von ihnen waren verstummt, vom stundenlangen Appell erschöpft.

Der dicke Greiser schlenderte bleiern und durchnäßt über den Platz, Sturmer blieb bei verschiedenen Blöcken stehen und blickte stumpf in die Gesichter der Häftlinge. Kreutzmann und Nadolny waren irgendwo verschwunden, ebenso der lockige Dietrich. Die Scheinwerfer drangen weiterhin in die Tiefe der Dunkelheit. Die Suche nach dem Vermißten dauerte an.

„Leute, wie spät mag es sein?" flüsterte jemand hinter Smoła.

Niemand antwortete. Die Stille in den Reihen hielt an, aber es war eine andere Stille geworden: es war die Stille des Schreckens. Es war das Schweigen der Erschöpfung und des langsamen Verlöschens, da in den Körpern die Hoffnung zu glimmen aufhört und sogar die Furcht verlischt und erstirbt. Immer häufiger hörte man den dumpfen Widerhall der schwer auf die Erde fallenden Menschen. Der Regen rauschte in unveränderter Gleichmäßigkeit und Dichte. Wer einmal gefallen war, erhob sich nicht mehr. Er verendete leise, unbekannt wann.

Der rechte Nachbar Trojanowskis war Olszanowski, der Gärtner aus der Gegend von Biłgoraj. Dieser junge Mann mit dem ausgemergelten Gesicht, das von einer schweren Krankheit gezeichnet war, machte den Eindruck eines Abwesenden unter den ihn Umgebenden. Er war in der Tat mit seinen Gedanken weit weg. Er dachte an sein Kind, das in diesen Tagen geboren werden sollte. Als man ihn zusammen mit seinem Vater und dem jüngeren Bruder abgeholt hatte, war seine Frau im zweiten Monat gewesen. Diese Zeit hatte sich ins Unwahrscheinliche von ihm entfernt. Ganze Jahre schienen ihn von der Freiheit zu trennen. Sein Vater lebte nicht mehr, sein Bruder, der neunzehnjährige Franek, ebenfalls nicht. Sie waren beide hier gestorben. Zeitweise vergaß Olszanowski, wie seine Frau und ihr beider Haus aussah. Sein bisheriges Leben zerbröckelte in ihm, und manchmal, wenn er es so wie jetzt wachrufen wollte, fand er nur nebelhafte Schatten in sich. Und einzig der Gedanke an das Kind, das geboren werden sollte, war klar und sicher. Er hatte keine Hoffnung, das unbekannte Wesen je zu sehen. Er wußte, daß die Magentuberkulose, deren Anzeichen er vor einigen Monaten bemerkt hatte, ihm nicht mehr lange zu leben erlaubte. Er fühlte das Näherkommen des Endes mit aller Deutlichkeit. Aber je mehr er an Kräften verlor, desto stärker wurde der Gedanke an das Kind. Auch die Erinnerung an die Erde blieb in ihm wach. Sie war ihm als einziges von den siebenundzwanzig Jahren seines Lebens unversehrt geblieben, sie war in den Feldern und Wäldern, im Himmel und in der Luft, so nah, so deutlich, als unterliege sie nie einer Veränderung und dauerte treu inmitten allen Wechsels der menschlichen Dinge. Er hatte den Grad von Müdigkeit erreicht, in dem alles gleichgültig wird. Er fühlte weder die eigenen Leiden noch die der Kameraden. Es war ihm gleich, ob er eine oder noch zehn Stunden würde stehen müssen. Sogar der eigene Tod entzog sich ihm. Nur seine beiden miteinander verwobenen Gedanken, zwei sehr klare, aber gedämpfte Stimmen, brachten ihm den Widerhall seines vergehenden Lebens. Eine fast heitere Hoffnung stand in ihm auf. Ihre Gegenwart war nebelhaft, es schien, als stände sie hinter ihm, wüchse über ihn hinaus, sie war vollendeter und dauernder als alles, was er zu erleben vermocht hatte. Er dachte, wenn es ein Sohn sein würde, dann sollte er Piotr heißen, eine Tochter wollte er Anna nennen. Er wiederholte diese beiden Namen, und ihr lautloser Klang verband sich mit der Erinnerung an die heimatliche Gegend. Manchmal verlor er fast das Bewußtsein davon, daß er sich in der Menge befand. Er geriet in eine tiefe Einsamkeit, aber er empfand sie nicht als Vereinsamung.

Die gewaltige Menge der Häftlinge verharrte in unveränderter Reglosigkeit. Stunden vergingen. Die Nacht stieg in ihre letzte Tiefe.

Irgendwann zu später Stunde erwachte Pawłowski aus seiner Ohnmacht. Ein leises Zittern erfaßte plötzlich seine Schultern. Smoła fuhr zusammen und sah angespannt hin. Pawłowski stöhnte auf, er lag weiterhin ohne Bewegung, das Gesicht zur Erde gekehrt. Dann stöhnte er wieder. Am Ende des Platzes tauchten Kreutzmann und Nadolny auf. Smoła, der sich gerade über den Liegenden beugen wollte, zog sich hastig zurück und richtete sich auf. „Mit mir ist es aus“, dachte er. Doch vermochte er nicht, seine von der Kälte und dem Fieber mit Tränen gefüllten Augen von dem Mann vor ihm loszureißen, Das Stöhnen wiederholte sich, diesmal lauter.

„Verdammt", fluchte hinten jemand leise. Nach einer Weile, während der das Stöhnen nicht nachließ, hörte Smoła hinter sich eine feindliche Stimme: „Du, bring den Idioten zur Ruhe, die hören es sonst ..."

Smoła rührte sich nicht.

„Du", flüsterte dieselbe Stimme, „hörst du nicht, willst du, daß sie wieder herkommen?"

Smoła sah instinktiv zu seinen anderen Kameraden hin. Aus der Reihe waren in seine Richtung einige zu Tode erschöpfte, haßerfüllte Blicke errichtet. Er fühlte, daß er sie hart von sich stoßen mußte. Aber er tat es nicht.

„Ich habe auch Angst", dachte er. Es ging ihm jetzt so schlecht, daß er sicher war, nicht mehr lange auf den Beinen bleiben zu können. „Wenn ich nicht gleich sterbe, werde ich den anderen zur Last fallen", dachte er. Er schloß die Augen und gab sich einem fiebrigen Dämmerzustand hin.

Plötzlich hörte er ganz in der Nähe die Stimme Schröders. Er straffte sich und hob die Augen. Der Kapo stand vor ihm.

„Was ist mit dem?" fragte Schröder auf Makowski zeigend. „Lebt er?"

„Er ist gestorben", antwortete Smoła.

Der Kapo blickte auf Pawłowski.

„Und der?"

Bevor Smoła eine Antwort geben konnte, stöhnte der Liegende plötzlich auf. Schröder schwieg einen Augenblick. Obwohl er sich aufrecht hielt und sein Gesicht wie stets undurchdringlich war, sah er erschöpft aus. Schließlich sagte er dumpf, ohne jemand anzusehen: „Es ist Befehl, daß alle Lebenden in den Reihen stehen."

Die Stille währte.

„Alle", wiederholte er.

Und plötzlich sah er Smoła an.

„Heb ihn hoch."

Smoła bückte sich und packte den Liegenden unter den Schultern. Einen Augenblick sah er neben sich das Mäusegesicht Pawłowskis, grau, ohne einen Blutstropfen, mit weitgeöffneten Augen, die in den Höhlen versunken und wie von einem Nebel verdeckt waren. Er wollte ihn hochheben, aber die Kräfte verließen ihn mit einem Mal, ihm wurde übel, er schwankte. Jemand stützte ihn von der Seite. Schröder sah ihn nur an und bückte sich wortlos, um den Stubenwart selbst hochzuheben. Aber er glitt ihm durch die Hände. Er hielt ihn mit der Schulter und umfaßte ihn in der Mitte. Aus der Nähe kam die klangvolle Stimme Kreutzmanns.

Der Kopf Pawłowskis hing kraftlos über die Schulter Schröders. Schwache Schauer durchfuhren seinen kleinen Körper. Schröder schloß die Augen. Als er den Sterbenden hielt, sah er selbst wie ein Toter aus. Es nieselte jetzt, und die Luft war voll frischen Nebels. Die Erde dampfte wie nach einem erlöschenden Brand.

Dann sahen die Häftlinge des dritten Blocks, daß Schröder den Stubenwart wieder auf die Erde zurücklegte. Nachdem er das getan hatte, kniete er sich zu ihm nieder. Der Sterbende faßte seine Hand. Die Maske, die der Kapo seit so vielen Jahren getragen hatte, fiel plötzlich von seinem gebeugten Gesicht. Es schwand die allen bekannte Dienststrenge davon, und eine ungewöhnlich schöne und reine Helligkeit erleuchtete diese männlichen und harten Züge.

„Kamerad", flüsterte er halblaut.

Pawłowski starrte den über ihn gebeugten Menschen an und packte die Hand des Kapos krampfhaft. Dieser schien alles zu vergessen und nur das Gesicht des Stubenwarts zu sehen. Die Stimme Kreutzmanns kam näher.

„Kamerad", wiederholte Schröder lauter.

Die Augen Pawłowskis weiteten sich, und das vergehende Leben flackerte kurz in ihnen auf.

„Man muß glauben, Kamerad", flüsterte Schröder, „an den Sieg muß man glauben, verstehst du, an die Freiheit, an die Zukunft …"

Das Gesicht des Stubenwarts verzog sich traurig. Er bewegte die Lippen.

„Was sagst du?" fragte der Kapo und beugte sich tiefer.

Pawłowski starrte ihn mit wachsender Anspannung in den steif werdenden Augen an. Wieder bewegte er die Lippen.

Dann flüsterte er: „Freiheit …"

Und starb.

Danach tobte die SS lange Zeit. Kreutzmann und Nadolny nahmen Schröder mit sich fort, sie waren gerade in dem Augenblick, als Pawłowski starb, in der Nähe des dritten Blocks gewesen. Das Los des Kapos stand fest. Übrigens verzichtete er auf eine Erklärung und fällte durch sein Schweigen und seine Ruhe sein eigenes Urteil. Wahrscheinlich wurde er deshalb nicht sofort erschossen, weil er Deutscher war.

Alle Häftlinge wußten, daß ein schneller Tod das Beste sein würde, was dem Kapo widerfahren konnte.

Ob es geschah, blieb unbekannt. Jedenfalls sah man Schröder niemals wieder.

Was auch immer mit ihm geschah, dieser Vorfall, der der erste seiner Art war, solange Auschwitz bestand, rächte sich fatal an den Häftlingen. Verschlafenheit und Erschöpfung fielen mit einem Mal von der SS ab. Sie sprangen auf die Beine und rannten auf den Platz. Ihre Wut wurde zu einer kollektiven Raserei, zu einem blinden Toben, das alles Vorangegangene überstieg. Das Lager erlebte seine schwerste Stunde. Es schien, als ob der ganze menschliche Haß und die Grausamkeit der ganzen Welt sich unter dieser Nacht zusammenballten, wahnsinnig geworden, unstillbar, und daß aus dieser Hölle niemand mehr lebendig herauskäme. In der Stille erscholl das heisere Gebrüll derer, die schlugen. An den Rändern der Reihen und in ihrer Mitte stöhnten und wimmerten die, die geschlagen wurden. Bis schließlich die Schreie der Henker und der Opfer in eine Stimme menschlicher Qual zusammenschlugen.

Inzwischen hatte es sich etwas aufgeheitert. Der Nebel lichtete sich, der Wind legte sich. Der Frost nahm zu, und in den hohen Abgründen blinkten sogar Sterne auf. Nach einer Stunde, als die Erschöpfung endlich auch die SS erfaßt hatte, begann langsam Ruhe einzutreten. Der letzte Mensch, der getötet wurde, stand in der letzten Reihe des dritten Blocks. Es war ein junger Priester aus Radom, der sich niedergebeugt hatte, um einem Sterbenden die Absolution zu erteilen. Kreutzmann erschoß ihn. Der Appell dauerte immer noch.

Gegen Morgen verlor Staś Karbowski das Bewußtsein. Davor hatte er sich lange und mühsam gequält. Er war noch einmal von Nadolny geschlagen worden. Etliche Stunden war er von den Schmerzen und dem Fieber benommen, bis er dann völlig das Bewußtsein verlor. Und nur noch einmal, als er an Wachowiak dachte und daran, wie jener hart „nein“ gesagt hatte, durchdrang ihn etwas, was er als Reue empfand, die er aber weder zu erfassen noch zu begreifen vermochte.

Die Nacht ging ihrem Ende zu. Es war eiskalt, die Luft wurde reiner. Mit dem Morgengrauen heiterte es sich vollends auf, und mit dem Rest der Dunkelheit erschienen alle Sterne am Himmel. Kurz darauf wurden sie blaß und verloschen. Aber über der Erde stand noch lange Finsternis. Der Sonnenaufgang kam unbemerkt, das unveränderte Scheinwerferlicht schirmte ihn ab. Ein erstes Licht, gläsern und zart, legte sich auf die hohe Reihe der Pappeln und blieb dort wie der schwache Widerschein einer unsichtbaren Helle.

Diesen Morgen begrüßte Stille. Die stummen und steifen Menschen in den Reihen sahen in dem heller werdenden Licht wie Gespenster aus, die man hierher getrieben hatte, um von der Erbärmlichkeit einer Mensch genannten Kreatur zu zeugen.

Niemand dachte mehr an etwas oder wünschte etwas. Wenn in irgendjemandem noch Bewußtsein glomm, so war es nur ein schwacher Bruchteil davon, der sich kraftlos in der eigenen Leere und dem Schweigen der Welt verzehrte. In jedem Block gab es welche, die starben. Aber dem Lager drohte keine Entvölkerung. In den nächsten Tagen sollten aus verschiedenen Gebieten neue Transporte eintreffen. Bis man schließlich am Ende der fünfzehnten Stunde des Appells, als der Tag schon hell und die Reflektoren erloschen waren, Studienrat Śliwinski fand. Man fand ihn hinter einem Stoß Fässer und Kisten in der Ecke des dunklen Kellers in einem der Häuser, die abgebaut wurden. Er war kalt und steif. Er mußte vor vielen Stunden gestorben sein.

PATER AUGUSTYN

Hinter dem Stacheldraht des Konzentrationslagers Auschwitz

Diese kleine Broschüre habe ich gleich nach dem Krieg in Krakau gekauft. Zu großen Teilen spiegelt sie meine Erfahrungen und meinen Blick auf Auschwitz wider. Der Autor hält sich hinter dem Pseudonym Pater Augustyn verborgen. Die Einleitung und der Inhalt des Textes deuten jedoch klar darauf hin, dass es sich hierbei um einen Häftling aus dem ersten Transport handelt, der am 14. Juni 1940 im Lager eintraf. Aufmerksamkeit verdienen die in der Broschüre enthaltenen Pläne des Stammlagers Auschwitz I (aus den Jahren 1940 und 1944) und des Lagers Auschwitz II (Birkenau).

W. B.

Umschlag der Broschüre „Hinter dem Stacheldraht des Konzentrationslagers Auschwitz".

O. Augustyn

Za drutami obozu koncentracyjnego w Oświęcimiu

Prawo autorskie zastrzeżone.

Kraków 1945

Drukarnia »Powściągliwość i Praca« w Krakowie

Titelblatt der Broschüre: Pater Augustyn – „Hinter dem Stacheldraht des Konzentrationslagers Auschwitz". Urheberrechtlich geschützt, Krakau 1945. Druckerei „Powściągliwość i Praca" in Krakau.

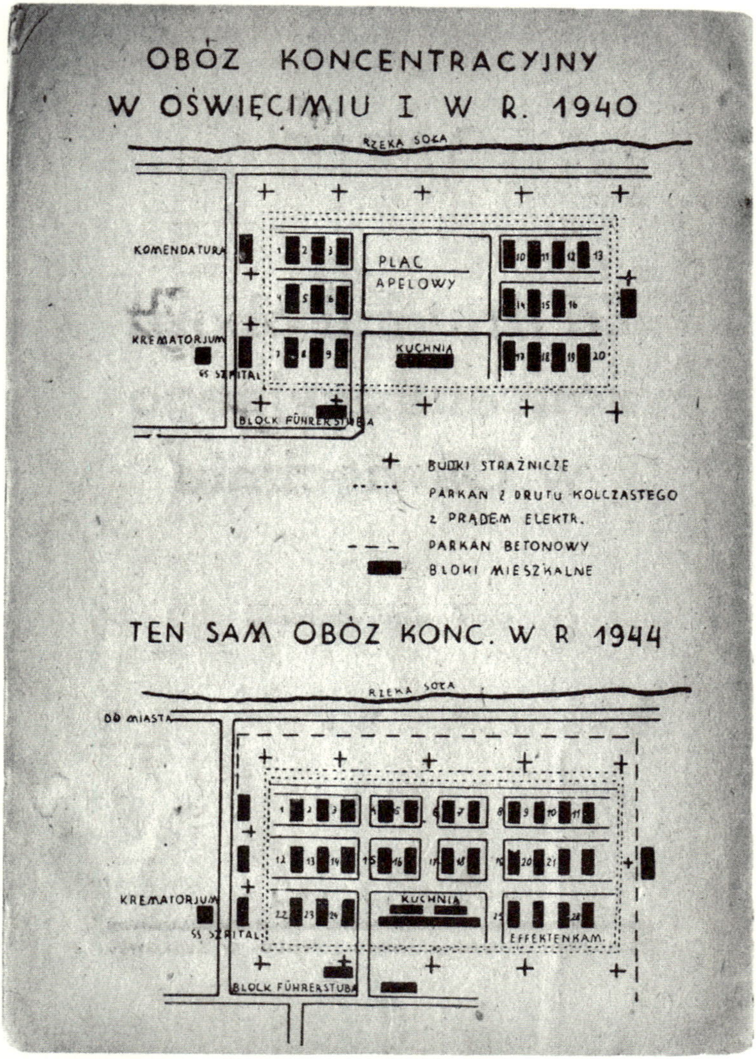

Pläne des Lagers Auschwitz aus der Broschüre.

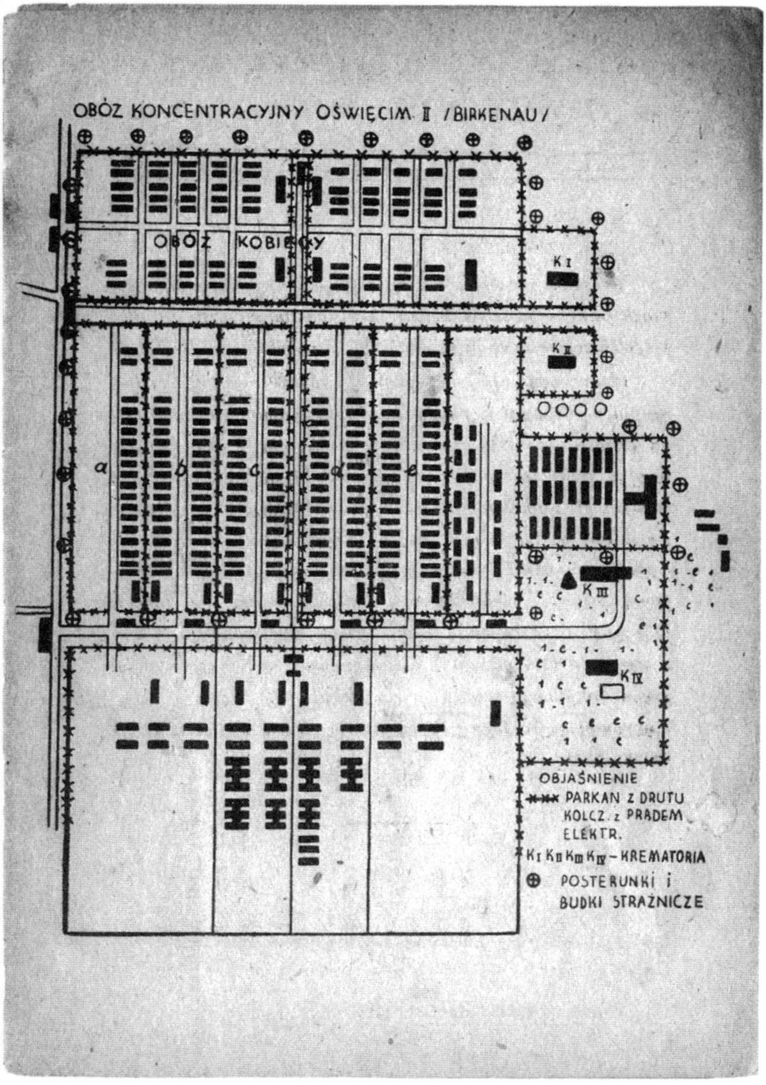
OBÓZ KONCENTRACYJNY OŚWIĘCIM II /BIRKENAU/
OBÓZ KOBIECY
a
b
c
d
e
K I
K II
K III
K IV
OBJAŚNIENIE
PARKAN Z DRUTU KOLCZ. z PRĄDEM ELEKTR.
K I K II K III K IV – KREMATORIA
POSTERUNKI i BUDKI STRAŻNICZE

Diese Broschüre verfolgt das Ziel, möglichst breite Massen unserer Bevölkerung darüber zu informieren, auf welche Weise die Deutschen die polnischen politischen Häftlinge in den Konzentrationslagern gefoltert haben.

Der Autor dieser Broschüre war politischer Häftling im Konzentrationslager Auschwitz seit dessen Entstehung. Ich beschreibe also meine eigenen Eindrücke und die Vorfälle, deren Augenzeuge ich gewesen bin. Somit ist dies auch die Geschichte des Lagers Auschwitz, bis zu seinem Ende, das heißt bis zur Befreiung der Stadt Oświęcim und des Lagers durch die siegreiche Rote Armee. Der historischen Gerechtigkeit ist Genüge getan worden. Die grauenhaften Morde und gar unwahrscheinlichen Szenen aus dem Lager in Auschwitz werden gerächt. Dem Autor ist es gelungen, vor der Liquidierung des Lagers durch die SS zu fliehen und sich bis zum Einmarsch der Roten Armee in dessen Nähe zu verstecken.

Ins Licht der Mittagssonne getaucht rollte am 14. Juni 1940 ein langer Personenzug langsam vom Bahnhof Oświęcim (Auschwitz) auf ein Nebengleis. Es führte in Richtung mehrerer hoher Gebäude, ehemaliger Lagerhäuser der Polnischen Tabakmonopolgesellschaft. Die verrosteten Gleise knirschten verhängnisvoll. Der Zug blieb vor den Gebäuden stehen. Die Aussicht aus den Zugfenstern war triste. Überall Verwüstung. Auf der linken Seite des Gleises waren lange, verbrannte, mit Dachpappe gedeckte Holzschuppen oder Lagerhallen, bewachsen mit Gras, Unkraut und Büschen. Aus den weit geöffneten Fenstern mit ausgeschlagenen Fensterscheiben auf der rechten Seite wehten Leere und eisige Kälte. Die Häuser waren nicht bewohnt.

Das Gebäude, an dem der Zug hielt, war von einem doppelten, zwei Meter hohen Stacheldrahtzaun umgeben, der ein Quadrat von etwa 50 Metern Seitenlänge bildete. Hinter dem Zaun, in den inneren Ecken, ragten auf hohen Beinen aus Brettern und Balken zusammengezimmerte Wachtürme, mit Maschinengewehrläufen, die auf den Stacheldrahtzaun gerichtet waren. An den Maschinengewehren standen jeweils zwei SS-Männer. Die gleichen Besatzungen mit Maschinengewehren waren einige Meter vom Gleis entfernt auf der ganzen Zuglänge aufgestellt worden. Innerhalb der Einzäunung, vor dem Gebäudeeingang, standen mehrere Männer in merkwürdiger, gestreifter Kleidung und runden Mützen, die an Matrosenmützen erinnerten. Wie sich später herausstellte, waren das deutsche Häftlinge, meist Kriminelle und Berufsdiebe.

Unterdessen stiegen aus dem Zug zuerst die SS-Männer, dann deutsche Polizisten in grüner Uniform und begannen nun, die Männer aus den Waggons zu treiben. Es handelte sich um politische Häftlinge, Polen, etwa siebenhundertfünfzig an der Zahl, die aus dem Gefängnis in Tarnów hierher transportiert worden sind. Diese Menschen, meist Jugendliche, sahen entkräftet, blass und zerlumpt aus. Man trieb sie hinter den Stacheldraht und stellte sie in Zehnerreihen auf, wobei man sie mit Fäusten und Gewehrläufen ins Gesicht und auf den Rücken schlug und mit Polizeihunden hetzte. Dann begann einer der Henker der Reihe nach die Namen dieser Menschen aufzurufen. Die Aufgerufenen liefen zur Gebäudetür und verschwanden hinter ihr. Hier wurden sie bereits von den Männern in gestreiften Anzügen erwartet, die sie zuerst mit Schlägen begrüßten und dann in den Keller trieben, wo man alle Gepäckstücke und privaten Dinge abgeben musste; man durfte nur die Kleidung behalten, die man anhatte. Dann wurden allen die Köpfe geschoren, man bekam einen Zettel mit einer Nummer in die Hand gedrückt, wurde registriert und in einen mit Stroh ausgelegten Raum getrieben. Alle mussten sich auf das Stroh legen und durften sich nicht bewegen. Bei all diesen Ritualen wurde gebrüllt und auf schreckliche Weise geschlagen. Ab dem Moment wurde jeder zum Häftling des Konzentrationslagers Auschwitz; kein Mensch mehr, sondern eine Nummer. Die Aufschrift über dem Tor lautete „Lager II". Es war das sogenannte „Quarantänelager".

Wie sah das Lagerleben aus? Bereits am selben Abend kamen in den Raum, als er bereits voller Häftlinge war, der SS-Oberscharführer Palitsch mit einigen SS-Männern hereingestürzt. Alle mussten aufspringen und stramm stehen. Wer sich verspätete, bekam einen Tritt in die Nieren. Dann befahl Palitsch mehrmals, sich hinzulegen und wieder aufzustehen (natürlich in deutscher Sprache) und von einer Raumecke zur anderen zu laufen. Als er wieder ging, konnte man in dem Raum nicht mehr atmen. Und sah nichts mehr durch den Staub, der vom Stroh aufgestiegen war. Vor Palitsch hatten alle panische Angst. Seine dröhnende Stimme ließ einem das Blut in den Adern gefrieren und brachte immer eine Vorhersage von Schlägen mit. Wohin seine wilden Augen auch blickten, ertönte unter den Fäuste- und Peitschenhieben ein Schmerzensschrei.

Reden war unter Prügelstrafe verboten. – Die Nächte waren schrecklich. Man hatte eine so große Menschenmasse in den Raum gedrängt, dass die Menschen nur auf der Seite liegen konnten. Die Fenster waren geschlossen. Sobald jemand sich ihnen näherte, schoss der Wärter in Richtung des Fensters. Die ganzen Tage waren eine einzige Tortur. Von 4 Uhr morgens bis 8 Uhr abends flogen deutsche Flüche durch die Luft und man hörte Stock- und Fausthiebe. Als Aushilfe waren Deutsche ausgesucht worden, Berufsverbrecher, die spezielle Anweisungen bekommen hatten, wie sie mit den polnischen politischen Häftlingen umzugehen haben. Sie durften sie schlagen und ermorden, und waren niemandem darüber Rechenschaft schuldig. Sie hatten die Nummern 1 bis 30, danach kamen die Polen.

Vier Wochen dauerte der sogenannte „Sport". Wie sah er aus? Es war deutsches Strafexerzieren. Wegen einer kleinen Verspätung bei der Ausführung einer Drehung oder von irgendetwas anderem gab es Prügel, und dann mussten alle laufen, „Froschhüpfen" in der halben Hocke oder in dieser halben Hocke mehrere Stunden in der Sonne stehen. Der Schweiß floss einem am ganzen Körper hinunter, die Lunge konnte nur unter Schwierigkeiten nach Luft schnappen.

Menschen, die manchmal kein einziges deutsches Wort kannten, mussten innerhalb von einigen Minuten den Text idiotischer deutscher Marschlieder lernen und mit voller Kraft singen, während sie ihre ausgetrockneten Lippen kaum noch öffnen konnten. Und es war immer noch „zu leise", und deshalb wurde der Lauf wiederholt – Hinlegen, Robben und Froschhüpfen.

Das Mittagessen schaffte man nicht immer. Ohne den Löffel zu benutzen ließ man die heiße Nahrung aus dem Blechnapf in den Mund fließen und lief rennend auf den Platz zurück, um weiter „Sport" zu treiben.

Das Abendessen bestand aus 300 Gramm Brot und dem Sud irgendeines Unkrauts, der Tee genannt wurde. Morgens gab es nur „Tee". Vom Waschen konnte keine Rede sein. Die Notdurft durfte man nur in der Mittagspause verrichten, während der man nicht einmal die Zeit hatte, sein Mittagessen zu sich zu nehmen. Und für die Notdurft gab es nur einen einzigen Ort für alle.

Nach einer Woche waren alle am Ende ihrer Kräfte. Es gab keine Aussicht auf Besserung. Der Stacheldrahtzaun stand unerbittlich da, und von den Wachtürmen leuchteten die Läufe der Gewehre und die silbernen Totenköpfe auf den Käppis und Kragen der SS-Männer.

Endlich begann man uns zur Arbeit mitzunehmen. Die Häftlinge gingen mit einer SS-Eskorte zur Arbeit in die ehemaligen Kasernen der polnischen Armee, die einige hundert Meter entfernt waren. Es waren

14 Erdgeschoss- und sechs einstöckige Gebäude, die man mit ähnlichem Stacheldrahtzaun zu umgeben und zu renovieren begann.

Dann wurden alle aus dem provisorischen „Quarantänelager" in das neu mit Stacheldraht umzäunte, eigentliche Lager umgesiedelt. In seinem Inneren wurden einige Häuser, die als Blöcke bezeichnet wurden, abgetrennt, und dort sollte die „Quarantäne" für die erwarteten Häftlingstransporte stattfinden.

Hier bekamen nun diejenigen, die die „Quarantäne" hinter sich hatten, ihre Gefängniskleidung. Also Unterwäsche und vertikal gestreifte Drillichanzüge. An der Brust und am rechten Hosenbein musste man ein Dreieck annähen, das die Art des Verbrechens und die Nummer, die man bekommen hatte, markierte. Die politischen Gefangenen hatten rote Dreiecke, die Berufsverbrecher – grüne, die Arbeitsverweigerer schwarze usw. Bis zum Winter bekam man keine Schuhe. Der normale Schritt wurde im Lager abgeschafft und dafür der Laufschritt eingeführt. Rennen musste man mit leerer und mit voller Schubkarre. Wer stehenblieb, bekam sofort 25 Stockhiebe. Das wurde zur populärsten Strafe. Für ein kleines Vergehen bekam man 25 Stockhiebe.

Die Arbeit war unterschiedlich. Zuerst schlugen alle den Putz von den Wänden der Wohnblöcke ab. Womit es eben ging. – Es gab kein Werkzeug. Später kamen Werkstätten hinzu wie die Malerwerkstatt, die Zimmerei, die Schlosserei, bei denen sich Fachleute melden konnten. Sie mussten vor dem sogenannten „Kapo" – das waren die deutschen Berufsverbrecher – eine Prüfung ablegen. Dieser nahm sie entweder zur Arbeit an oder schlug sie dafür, dass sie versucht hätten, ihn zu betrügen.

Die Arbeit in den Werkstätten war leichter und unter Dach. Die anderen waren dem schweren Klima von Auschwitz ausgesetzt. Bekanntlich liegt Oświęcim an der Mündung der Soła in die Weichsel. Die meiste Zeit des Jahres gibt es Niederschläge, und bei der Arbeit durfte man sich unter Androhung der Prügelstrafe nicht vor dem Regen unterstellen. Die Gefangenen hatten keine Kopfbedeckungen. Oft gingen die Häftlinge vollkommen durchnässt schlafen und standen am Morgen wieder in nassen Anzügen zur Arbeit auf.

Am meisten machten uns die sogenannten Appelle zu schaffen. Sie fanden drei Mal täglich statt. Gleich nach dem Frühstück, mittags und abends nach der Arbeit, um 6 Uhr. Die Häftlinge wurden auf dem Appellplatz (siehe Zeichnung) in zehn Reihen aufgestellt, nach Blöcken, in denen sie schliefen. Das machte der sogenannte *Blockälteste**, auch ein Deutscher – ein Berufsverbrecher. Wegen einer schlechten Grundhaltung oder einer Bewegung in der Reihe konnte er einen bis zur Bewusstlosigkeit schlagen oder in den Bauch und in die Nieren treten.

Dieser *Blockälteste** erstattete dem *SS-Blockführer** Rapport; dieser zählte persönlich den Stand durch und meldete ihn wiederum dem Rapportführer.

Von Anfang an war das SS-Hauptscharführer Palitsch – einer der größten Verbrecher, die die Menschheit bisher gekannt hat.

Alles fand in Hab-Acht-Stellung statt. Der *Rapportführer** meldete wiederum den vollständigen Stand des Lagers dem *Lagerführer**, einem SS-Offizier. Der erste *Lagerführer** war ein gewisser *SS-Obersturmführer** Langner, genannt „Lackaffe". Dieser Mensch zeichnete sich durch Rücksichtslosigkeit und Sadismus aus. Jeden Tag fanden während der Appelle Exekutionen von 25 Stockhieben an einigen Häftlingen statt, bei denen man irgendwelche Vergehen bei der Arbeit bemerkt hatte. Diese Exekutionen wurden auf einem extra dafür gebauten Tisch, dem sogenannten „Bock" durchgeführt. Aus diesem Grunde musste der Rest der Häftlinge mehrere Stunden lang stehen. Man hielt sie vor allem dann, wenn es regnete, möglichst lange auf dem Appellplatz fest. Oft sogar bis 10 Uhr abends. Zu derselben Art von Sadisten gehörte auch *SS-Scharführer** Plage, von den Häftlingen „Pfeifchen" genannt, weil er ständig Pfeife rauchte. Mit besonderem Sadismus quälte er die katholischen Priester. Er war ständig betrunken und jeder, der ihm unter seine vom Schnaps und Sadismus benebelten Augen kam, kam nur knapp mit dem Leben davon. Er war imstande, mit „Sport" Menschen zu Tode oder bis zur Bewusstlosigkeit zu quälen.

Nach und nach kamen neue Massen von Häftlingen ins Lager. So wurden zuerst mehrere Hundert Menschen aus dem Gefängnis in Wiśnicz gebracht, und kurze Zeit später aus allen Gefängnissen von ganz Schlesien. Die Zahl der Häftlinge des Lagers wurde von Tag zu Tag größer.

Jeden Tag fielen mehrere Menschen tot um. Ihre Kameraden brachten sie auf den Schultern in einfachen, aus Brettern zusammengezimmerten Särgen in das in einigen Metern Entfernung vom Lager gebaute Krematorium. Dieses Krematorium sah von außen wie ein Erdhügel aus, war mehrere Meter hoch und mit Gras bewachsen. Bei seinem Bau und dem Transport von Erde waren sehr viele Häftlinge gestorben.

Einzig der hohe Schornstein verriet, dass es dort ein Krematorium gab. Sooft es im Lager rauchte wussten wir, dass die Leichen unserer Kameraden verbrannt wurden.

Am 5. Juli erschütterte der erste Fluchtversuch das Lager. Während des Abendappells wurde festgestellt, dass ein Häftling fehlte. Daraufhin verkündete man, dass alle so lange strammstehen würden, bis der Flüchtling gefunden werde. Die Häftlinge standen also die ganze Nacht und den nächsten Tag stramm, mit Händen im Nacken. Für eine Bewegung oder das Herabsenken eines Armes schlugen die SS-Männer erbarmungslos zu. Auch die deutschen Kapos bewachten die Häftlinge und schlugen sie grausam. Erst als ein Teil der Häftlinge bereits ihr Bewusstsein verloren hatte, um vier Uhr nachmittags des nächsten Tages, entließ man sie und erlaubte ihnen, in die Blöcke zu gehen. In den nächsten drei Tagen gab man ihnen nichts zu essen. Das hatte die völlige Entkräftung mehrerer hundert Häftlinge zur Folge.

Mit letzter Kraft, mit tief eingefallenen Augenhöhlen, vor Hunger und Fieber glänzenden Augen, kehrten die Häftlinge von der Arbeit zurück und fielen regungslos auf ihre Strohsäcke. Abgesehen davon wurden zehn Häftlinge ausgewählt, die den Flüchtling kannten und mit ihm zusammen gearbeitet hatten. Jedem wurden fünfzig Hiebe versetzt, und dann hat man sie zur Arbeit in den schwersten Steinbrüchen geschickt.

In den nächsten Tagen wurden die Häftlinge bei der Arbeit auf eine unglaubliche Art gepeinigt. Hunger herrschte überall. Die Portionen waren nicht ausreichend. Die Mittagssuppe bestand aus der sogenannten „Awo" – einer Suppe aus Knochenmehl, von der man einen ¾ Liter bekam – dabei war die Arbeit sehr schwer.

Die meisten Häftlinge mussten voll beladene Schubkarren mit Erde über eine Entfernung von etwa 500 Metern schieben, um das Loch auf dem Appellplatz zu ebnen und zuzuschütten. Den ganzen Tag im Laufschritt unter Stockhieben und Gebrüll der SS-Männer. Andere schleppten gewaltige Betonpfosten und gruben sie ein, um einen neuen Stacheldrahtzaun zu bauen, in dem es noch Hochspannungsstrom geben sollte. Noch andere mussten weiter gehen, um in der Umgebung des Lagers Gebäude abzureißen. Ein Jahr lang wurden auf diese Weise mehrere Dörfer und Vorstädte der Stadt Oświęcim diesseits der Soła abgerissen. Die Arbeit war schwer, sie wurde ohne jegliches Werkzeug ausgeführt. Mit bloßen Händen musste man Ziegelsteine und Balken herausreißen und sie abends manchmal mehrere Kilometer an extra dafür vorgesehene Stellen bringen.

Man begann, Straßen und Wege zu bauen. Die Häftlinge schleppten mächtige Steine und transportierten Erde im Laufschritt. Neben der Strafe von 25 Stockhieben wurden noch andere eingeführt, und zwar die Pfahlstrafe und die *Strafkompanie** (SK). Bei der Pfahlstrafe wurde der Häftling an seinen nach hinten gelegten Händen so gehängt, dass seine Füße den Boden nicht berührten, je nach Urteil für eine Stunde oder länger. Nach dieser Sanktion verlor der Bestrafte für mehrere Tage die Bewegungsfähigkeit in den Armen. Damit der Schmerz größer wurde, zog der SS-Mann den Häftling an den Beinen und brachte ihn zum Schaukeln, wobei er immer lachte.

Am schlimmsten war es zu jener Zeit, in die sogenannte SK zu kommen. Das war eine Abkürzung von Strafkompanie. Eine Verurteilung zur Strafkompanie kam einem Todesurteil gleich. Wer zur SK kam, kehrte nicht mehr zurück. Die SK-Abteilung arbeitete am schwersten, gewöhnlich beim Lastentragen oder Kiesgraben in der Kiesgrube. Bei der Arbeit misshandelte man die Häftlinge und prügelte sie pausenlos. So bekam man zum Beispiel, wenn man am Spaten arbeitend kurz den Rücken strecken wollte, 25 Schläge. Auf diese Weise konnte man manchmal auch einhundert Schläge an einem Tag bekommen. Eine häufige Strafe in der SK war der Entzug von Mittagessen oder Brotrationen für die ganze Kompanie. Die Mithäftlinge konnten auf keinerlei Weise helfen, weil die S.K isoliert war, man schlief in einem Block, der von den anderen durch eine hohe Mauer getrennt war. Wenn man versuchte, mit jemandem von der S.K zu sprechen und dabei erwischt wurde, kam man zur Strafe sofort selbst dorthin. Dieses Kommando trug besondere Kennzeichen, und zwar rote Kreise, die unter der Nummer an der Brust und an der Hose aufgenäht waren.

Im August kam wieder ein größerer Transport aus Warschauer Gefängnissen. Es wurden über eintausend Personen gebracht. Gleich danach kamen ein ebenso großer Transport aus Tarnów und ein zweiter mit etwa zweitausend Personen aus Warschau. Die Zahl der Lagerhäftlinge stieg innerhalb einiger Monate um Tausende. Die dreißig deutschen Häftlinge – die „Erzieher" – reichten nicht mehr aus, also wurden aus einem anderen Konzentrationslager, aus Sachsenhausen (Oranienburg), einhundert ähnliche Verbrecher geholt, die wie die ersten die Stellen der Kapos und der Blockältesten übernahmen und mit noch größerem Sadismus an das Morden der Polen gingen.

Jeden Tag wurden nicht nur einige, sondern über ein Dutzend Särge aus dem Lager hinausgetragen. Die Köpfe der noch am Leben gebliebenen Kameraden beugten sich immer tiefer, und in ihren Augen las jeder die stumme Frage: Wie lange wird dieses hoffnungslose Leben noch dauern?

Die Eintönigkeit von Tag und Nacht, das Fehlen von auch nur einem Quäntchen Hoffnung auf ein besseres Morgen verursachten moralische, und in deren Folge auch körperliche Zusammenbrüche. Bereits nach einem Monat Aufenthalt im Lager sah jeder Häftling wie ein menschliches Skelett aus, schmutzig, ausgezehrt und zerlumpt. Neben Hunger und schwerer Arbeit gab es noch den Schlafmangel.

Die paar Stunden Erholung, die als Schlafen bezeichnet wurden und eine einzige Qual waren, reichten nicht aus. Man schlief auf Strohsäcken, die auf der Erde lagen, in sehr unbequemen Positionen. In einem Raum schliefen so viele Personen, dass von ruhigem Schlaf keine Rede sein konnte, und viele mussten die ganze Nacht sitzen, da es nicht genügend Platz gab. Sehr schmerzhaft bekam man im Lager den Mangel an Wasser zu spüren. Für so viele Tausend Menschen gab es mitten im Lager nur eine Wasserpumpe, an der man sich waschen und auch das Geschirr nach dem Mittagessen abspülen konnte. Ironischerweise kontrollierte ein SS-Mann vor dem Schlafengehen, ob jeder saubere Füße hatte, und das war natürlich auch ein Grund für die Prügelstrafe. Am Morgen musste man die Strohsäcke und Decken in einer Raumecke zusammenlegen, und wehe, wenn sie nicht gerade übereinander lagen! Der ganze Raum bekam mehrere Tage lang kein Mittagessen oder kein Brot. Aus Schmutz tauchten Läuse auf, sie vermehrten sich mit erschreckender Geschwindigkeit. Der größte Teil der Häftlinge bekam aufgrund des herrschenden Schmutzes Hautkrankheiten, vor allem die Krätze, gegen die es anfangs keine Medikamente gab.

Man durfte auch nicht krank sein. Nach dem Abendappell traten die Kranken vor und der *Rapportführer** selbst überprüfte, ob sie tatsächlich krank waren. Der *Krankenbau** befand sich im letzten Block. Je nach Bedarf wurde der Krankenbau vergrößert und nahm immer mehr Blöcke ein. So wie aus der Strafkompanie, kam auch kaum jemand gesund aus dem Krankenbau wieder heraus. Menschen, die dort aufgenommen wurden, starben gewöhnlich bald, weil ihnen nicht mehr viel dazu fehlte. Die Pfleger waren auch Häftlinge, es waren Ärzte. Leider hatten sie keinerlei Arzneimittel, keine Instrumente und Medikamente. Nur starke Organismen konnten die Krankheiten durchhalten. Mit der Zeit jedoch, dank der Bemühungen der Pfleger, nahm der Krankenbau das Aussehen eines wirklichen Krankenhauses an. Das geschah aber erst nach zwei Jahren.

Der erste Winter nahte. Sogar das Wetter plagte jetzt die Häftlinge. Wochenlang regnete es ununterbrochen. Der Tod begann zu wüten.

Wer in den Schlamm fiel, stand nur mit Mühe auf. Wenn er nochmals hinfiel, hatte er keine Kraft aufzustehen. Man konnte nur mittels Flucht herauskommen, daher wiederholten sich die Fluchtversuche immer öfter, fast täglich. Man arbeitete auf dem Gelände des eigentlichen Lagers und außerhalb. Das Gebiet umfasste einige Quadratkilometer rund um das Lager. Es war wie dieses mit Wachtürmen umgeben, auf denen den ganzen Tag SS-Posten standen. Sie kamen erst auf ein Zeichen wieder herunter, wenn beim Abendappell im Lager alles stimmte. Jeder Abendappell wurde von den Häftlingen mit Furcht erwartet. Wenn jemand fehlte, verlängerte sich der Appell manchmal bis zehn Uhr abends. Mit der Suche nach dem Geflohenen begann man auf dem Gebiet der sogenannten „großen Postenkette", und in dieser ganzen Zeit wurden die Häftlinge auf dem Appellplatz bis zum späten Abend festgehalten. Meistens wurde derjenige, der zu fliehen versuchte, gefunden und gewöhnlich an Ort und Stelle ermordet. Sehr selten gelang die Flucht.

Der unerbittliche Winter nahte immer mehr. Bereits im Dezember gab es starken Frost. Was die Kleidung angeht, so war der Zustand der Häftlinge erbärmlich. Sie besaßen weder Mützen noch Schuhe, keinerlei warme Unterwäsche oder Pullover. Am verheerendsten war der Hunger. Die Häftlinge sahen wie Gespenster aus, ihre fiebernden Augen glänzten krankhaft in den eingefallenen Augenhöhlen. Am abgemagerten Körper und den vorstehenden Knochen hingen schlaff die Gefängnislappen. Sehr selten wurde warm gegessen, weil die Mittagssuppe schon ein paar Stunden vor der Mittagspause in die Schüsseln gegossen wurde und man sie im Speiseraum bei geöffneten Fenstern stehen ließ. Bis zum Mittagessen war sie dann gänzlich kalt geworden, oder gefror sogar, wenn sie ein paar Stunden dagestanden hatte. Die Häftlinge verbrachten den ganzen Tag draußen, im Frost. Gleich nach dem Wecken um fünf Uhr morgens, wenn es noch dunkel war, wurden alle in den Frost hinausgetrieben, und bis zum Abendappell, in der Zeit, wo der Frost am stärksten war, durfte man nicht in die Blöcke gehen.

Einige Tage vor Weihnachten begann man endlich mit der Ausgabe von Mützen, Mänteln und Gefängnisschuhen. Es handelte sich um Holzschuhe mit spitzen Nasen. Um sie nicht zu verlieren, trugen die Häftlinge sie lieber in ihren Händen und nicht an den Füßen, und liefen barfuß durch den Schnee. Die frierenden Körper versuchte man auf unterschiedliche Weisen zu wärmen. Man stellte sich zu zweit mit dem Gesicht zueinander und der eine rieb dem anderen mit den Händen den Rücken. Während der Appelle bewegte sich das ganze Lager hüpfend.

Alle stampften vor Kälte mit den Füßen. Und die Verbrecher, die SS-Männer, lachten laut und nannten die Häftlinge „Muselmänner“. Damit keiner faulenzte, erfand man die unterschiedlichsten Arbeiten, ausschließlich draußen im Frost. Die Kranken mussten, wenn sie in die Krankenstube, in den sogenannten *Krankenbau** kommen wollten, den ganzen Tag draußen im Frost anstehen und starben wie die Fliegen.

Bereits im Herbst begann man, alle Blöcke um ein Stockwerk zu erhöhen. Viele Häftlinge waren bei diesem Bau beschäftigt, vor allem beim Tragen von Ziegelsteinen. Diese Ziegel wurden vom *Bauhof** gebracht, einem Platz, an dem alle Baumaterialien gelagert waren. Da das Lager künftig an einem der zu ihm führenden Bahnnebengleise ausgebaut werden sollte, wurde ein solcher Bauhof geschaffen. Er wurde zu einer wahren Tortur und Hölle für die Häftlinge. Man sagte, dass nicht einmal der Teufel gerne Vorarbeiter auf dem Bauhof sein würde. Den ganzen Tag luden Tausende von Häftlingen unter unaufhörlichem Gebrüll und Schlägen Ziegelsteine und Eisen aus den Zügen aus. Jeden Tag wurden während der Rückkehr der Kommandos von der Arbeit hinter jeder Hundertschaft die massakrierten Körper der Kameraden auf den Schultern getragen oder an den Beinen über den Boden gezogen. Es waren immer über ein Dutzend. Der Rest, der noch lebendig war, war nicht imstande, beim Marsch hinterherzukommen, die Stärkeren zogen also die Schwächsten und führten sie untergehakt. Der Anblick dieser zurückkehrenden „Kommandos“ war erschütternd. Es war ein Zug von Schatten, menschlichen Überresten.

Weihnachten ging auf traurige Weise vorbei. Es waren arbeitsfreie Tage und unterschieden sich von den anderen dadurch, dass es zum Mittagessen Gulasch und am Heiligabend ein ganzes Brot gab, dass von fast allen Häftlingen augenblicklich aufgegessen wurde. Der Heiligabend weckte Sehnsucht und Schmerz in den Herzen der Häftlinge. Aus den vor Fieber und Hunger glänzenden Augen flossen bittere Tränen, heiß und groß wie Erbsen. Dann flossen Weihnachtslieder von den Lippen der erschöpften Menschen sowie das Geflüster von Gebeten. Die Gedanken jeden Häftlings flogen weit weg, zu ihren Familien, zu ihren Nächsten.

Das Neue Jahr ging vorüber. In den Herzen nistete sich die Hoffnung auf ein besseres Morgen ein. „Hauptsache, wir halten bis zum Frühjahr durch“, wiederholte man, und der Frühling brachte die ersehnte Wärme der Sonne mit. Die verquollenen Augen öffneten sich, der Blick richtete sich nach oben, Kraft schöpfend. Irgendwie wurde einem leichter.

Leider tauchte eine andere bedrohliche Gefahr im Lager auf. Es war das Fleckfieber. Die Läuse vermehrten sich, der Tod metzelte die Menschen nieder, dezimierte sie. Es wurden mehrere Fälle von Fleckfieber am Tag notiert. Medikamente gab es nicht. Das Lager war wehrlos, zum Tode verurteilt. Lagerführer war jetzt SS-Hauptsturmführer Fritsch. Es gab einige Fluchtfälle. Fritsch suchte für jeden Geflüchteten persönlich zehn andere Häftlinge aus, und diese starben den Hungertod in den Kellern von Block 13. Dieser Mensch, mit kleinen, unruhigen schwarzen Augen, machte den Eindruck eines Gespenstes. Seine raue, vom ständigen Schreien heisere Stimme, ließ einem das Blut in den Adern gefrieren.

Es kamen große Transporte. Jeder Neuankömmling wurde von Fritsch persönlich begrüßt mit Worten, die mit Beschimpfungen der polnischen Hunde begannen. Er behauptete, dass es Polen niemals wieder geben würde, dass die Priester und die Juden am Krieg schuld seien, und es nur einen Ausgang aus dem Lager gebe, und bei diesen Worten zeigte er auf den Schornstein des Krematoriums. Für eine Lappalie verurteilte er die Häftlinge auf unbestimmte Dauer zur Strafkompanie. Sie vergrößerte ihre Reihen schnell. Für Priester hatte man sich eine besondere Folter ausgedacht. Der Appellplatz musste festgestampft werden. Zu dieser Arbeit hatte man ausgerechnet die Priester genommen. Es wurde eine riesige Steinwalze geholt, die von beiden Seiten zwei Deichseln besaß. An diese Deichseln wurden die Priester eingespannt. Sie mussten die Walze den ganzen Tag ziehen, im Laufschritt, im Takt der Stockschläge. Antreiber und Folterknecht war ein deutscher Häftling, ein Verbrecher, vollkommen gewissenlos, ein Dicker namens Krankemann. Wer auch nur vor Ermüdung oder Kräftemangel hinfiel, kam unter den Stockhieben dieses Banditen um. Auf diese Weise hat er fast alle Priester ermordet, die es im Lager gab. Nach ihnen kamen die Juden an die Walze und wurden auf dieselbe Weise behandelt. Ebenso wie die Walze mussten andere Häftlinge alle mit Steinen oder Erde beladenen Wagen ziehen.

Das Lager wurde mit neuem Stacheldrahtzaun umzäunt, durch den man jetzt Hochspannungsstrom laufen ließ. In dem Maße, wie sich die Lebensbedingungen im Lager verschlechterten, begingen die Häftlinge immer häufiger Selbstmord, indem sie in den Stacheldrahtzaun rannten. Hinter diesem Zaun begann man einen fünf Meter hohen Betonzaun zu bauen: die mächtigen Betonblöcke schleppten die Häftlinge, wobei sie sich unter deren Last und den Stöcken der Folterknechte krümmten.

Der *Rapportführer** Palitsch wütete und fand eine neue Gelegenheit, zu glänzen. Immer häufiger kam es zu Erschießungen. Bisher hatten das Exekutionskommandos außerhalb des Lagers getan. Der Häftling wurde nach dem Appell gerufen, vors Tor geführt, über dem jetzt die Aufschrift „Arbeit macht frei" zu sehen war, und man hörte Schusssalven. Da es immer mehr Exekutionen gab, wurde in Block 11 eine extra Wand aufgestellt, an der bis zum Schluss Erschießungen stattfanden. Der Hof dieses Blocks war durch eine Mauer vom Rest des Lagers getrennt; so, dass man nichts von dem, was dort geschah, sehen konnte. Vom selben Hof fuhr jetzt fast jeden Tag ein großer, von Häftlingen gezogener Wagen hinaus, der Blutspuren hinterließ. Das Blut floss oft in Strömen herab. Die noch nicht erstarrten Leichen wurden ins Krematorium gebracht, wo man sie verbrannte. All diese Exekutionen wurden von Palitsch allein durchgeführt. Dieser Mann tötete mehrere Tausend Menschen mit einem Genickschuss aus einem kleinen Karabiner.

Die schwarzen Ziffernkolonnen mit den Nummern der Getöteten stiegen ins Unendliche. Jeder Häftling erwartete, von Palitsch ermordet zu werden. Nach der Urteilsvollstreckung kehrte Palitsch pfeifend und fröhlich mit seinem kleinen Gewehr durch das Lager zurück. In seinen ausdruckslosen grauen Augen hätte niemand auch nur die geringste Empfindung gesehen. Die Erschießungen wurden für ihn zum täglichen Brot, für jeden Kopf erhielt er 5 Mark.

Trotzdem wuchs das Lager in einem Wahnsinnstempo. Der Appellplatz wurde verlegt und an seiner Stelle schossen neue Wohnblöcke wie Pilze aus dem Boden. Die alten Blöcke erhielten ein zusätzliches Stockwerk. Da die Küche mit dem Kochen nicht mehr hinterherkam, wurde sie ständig vergrößert.

Im Sommer wurde zum ersten Mal die sogenannte *„Entlausung*"* des ganzen Lagers durchgeführt. Die Blöcke wurden geschlossen und mit „Zyklon"-Gas desinfiziert. Leider tauchten nach einer gewissen Zeit die Läuse wieder auf, also wurde die „Entlausung" nun ständig wiederholt und zu einer Pein für die Häftlinge. Mehrere Kilometer hinter der Stadt Oświęcim, im Ort Dwory im sogenannten „Buna", begannen die Häftlinge einen mächtigen Industriebetrieb aufzubauen. Mehrere Jahre dauerten allein die Betontiefbauarbeiten. Sie verschlangen Tausende von Menschen, die ermordet und zu Tode gefoltert wurden. Auf diese Weise entstand das spätere Lager Auschwitz II.

Der Sommer ging schnell vorbei, und die Scharen der Häftlinge wuchsen, obwohl es sehr viele weniger wurden und der Schornstein des

Krematoriums vor Überarbeitung zu bersten drohte. In der Nacht sah man die Feuerflamme an seiner Spitze. Eine noch größere Ernte brachte der Herbst. Hunger, Fleckenfieber, Exekutionen und Morde. Fast zwei Drittel der Häftlinge erkrankten am „Durchfall" von der Suppe, die seit einem Jahr immer die gleiche blieb. Es waren immer die gleichen Kohlrüben, noch hart und nicht richtig gar. Im darauffolgenden Jahr bekamen die Häftlinge ständig Kohl.

Die SS-Männer und die deutschen Kapos dachten sich für die Häftlinge die grausamsten Todesarten aus. Sie töteten mit einem Stockhieb auf den Hinterkopf und ins Genick. Andere befahlen den Häftlingen, sich mit dem Gesicht nach oben auf den Boden zu legen, legten dann einen dicken Stock auf ihren Hals und drückten mit den Beinen auf dessen Enden; so starb das Opfer an der Stelle. Noch andere sprangen auf den durch Schläge niedergestreckten Häftling mit Stiefeln auf die Brust, wobei sie seinen Brustkorb zerquetschten, oder sie traten so lange in die Nieren, solange der Häftling noch ein Lebenszeichen von sich gab. Alles angeblich, weil er nicht gearbeitet habe. Berüchtigt wurden die Namen solcher Folterknechte wie: *SS-Obersturmführer** Seidler, der Stellvertreter von Fritsch oder *SS-Obersturmführer** Grawner, der Leiter der Politischen Abteilung, der größte Feind der Polen. Vor seinem Blick flüchteten alle, und alle Todesurteile waren sein Werk. Er besaß noch einige Helfer, und zwar Stark, Dylewski und Lachmann, die ihm in ihrer Grausamkeit nicht nachstanden.

Lagerkommandant war von Anfang an der *SS-Hauptsturmführer** Höß, der sich dort den Rang eines *Obersturmbannführers** verdient hat. Anfang Herbst desselben Jahres kamen große Transporte sowjetischer Kriegsgefangener, insgesamt etwa 12.000. Das Lager wurde in zwei Teile getrennt und man brachte sie in einem davon unter. Sie wurden genauso wie die politischen Gefangenen behandelt. Ein Teil starb gleich nach der Ankunft „an der Aufnahme selbst". Die Aufnahme fand etwa einen Kilometer vom Lager entfernt statt, an dem Ort, wo die Desinfektion durchgeführt wurde. Die Menschen wurden nackt ausgezogen, in einem Bassin gebadet, dann mehrere Stunden lang nackt in der Kälte stehen gelassen und erst dann, ebenfalls nackt, ins Lager getrieben. Die Kriegsgefangenen starben wie die Fliegen, in ihren Reihen wütete der Typhus unglaublich.

Von der Arbeit kehrten den ganzen Tag über ganze Reihen von mit Leichen vollgeladenen Wagen zurück. Diese Leichen wurden an einer Stelle im Lager hingeworfen und beim Abendappell gezählt. Im Winter waren von diesen 12.000 noch etwa 150 am Leben, der Rest war gestorben.

Den politischen Häftlingen erging es nicht besser. Dasselbe Bild.

Herumlaufende, hungernde, ängstliche menschliche Schatten.

Die Deutschen hatten in Block 11 das Vergasen von Menschen an den sowjetischen Kriegsgefangenen ausprobiert. In dessen berüchtigten Kellern wurden zum ersten Mal in der Geschichte des Lagers über 500 sowjetische Gefangene und genauso viele Häftlinge aus dem Krankenbau, die an einer ansteckenden Krankheit litten, vergast. Die Leichen wurden in mehreren darauffolgenden Nächten von den Häftlingen abtransportiert. Es herrschte eine furchtbare Angst, verstärkt noch durch das Knarren der Räder der nächtlichen Totengräber. Der Schornstein des Krematoriums dehnte sich vor Anstrengung und erstickte am Rauch.

Tausende von Häftlingen und Kriegsgefangenen wurden den ganzen Winter über etwa 5 km weiter vom Lager entfernt getrieben, hinter den Bahnhof Oświęcim, wo die Vorstadt Brzezinka niedergerissen wurde und ein neues Lager, angeblich für Kriegsgefangene, abgesteckt wurde.

Das neu gebaute Lager Birkenau, das später Auschwitz II genannt wurde, zog Tausende von Leichen in seinen Schlamm. Hier waren bei der Arbeit fast alle sowjetischen Gefangenen und genausoviele Polen ums Leben gekommen. Doch das Lager entstand und wurde später zum wohl allerschrecklichsten Konzentrationslager in Deutschland und auf der ganzen Welt. Noch im Winter wurde es bevölkert. Die Lebensbedingungen dort waren grauenvoll. Es fehlte gänzlich an Wasser. Man wusch sich in Regenpfützen und in Wassergräben, in denen man auch alle anderen physiologischen Bedürfnisse befriedigte. Der Morast war so tief, dass derjenige, der hinfiel, von Füßen getreten ertrank.

Unterdessen hatten die Häftlinge in Auschwitz I mit eigenen Kräften bereits Kanalisation und Wasserleitungen in alle Blöcke gelegt. Es tauchten dreistöckige Betten auf. Die hygienischen Bedingungen verbesserten sich deutlich. Weihnachten verging wie zuvor unter dem Zeichen der Bedrücktheit, nur gab es jetzt viel mehr Häftlinge. Der große, mit Glühbirnen beleuchtete Weihnachtsbaum mitten im Lager fühlte sich wie ein Eindringling unter diesen schmerzerfüllten Menschen; er rief ein bitteres Lächeln auf ihren Lippen und Schmerz in ihren Herzen hervor.

Noch etwas Ironisches. Im Lager entstand ein Lagerorchester. Zum Takt schwerer deutscher Märsche marschierten Tag für Tag menschliche Gespenster in Fünferreihen aus dem Lager und kehrten abends in derselben Formation dezimiert zurück, hinten wurden die Leichen der Kameraden gezogen. Das Orchester spielte ihnen den letzten Marsch.

In kurzer Zeit kam es im Lager zu neuen Veränderungen. Kaum war der Zaun verschwunden, der die sowjetischen Kriegsgefangenen vom Rest des Lagers getrennt hatte, begann man schon, einen neuen zu bauen. Diesmal war er jedoch geheimnisvoller, da er aus Beton gebaut wurde und mehrere Meter hoch war. Auf diese Weise wurden zehn Blöcke umzäunt. Tag und Nacht rissen Spitzhacken und Elektrobohrer die zugefrorene Erde auf. Es wurden hohe Pfosten eingegraben und aus den Betonblöcken erwuchs ein mächtiger Zaun, der offensichtlich ein neues Lagergeheimnis verbergen sollte.

Die Häftlinge warteten beunruhigt auf neue Ereignisse. Der Frühling brachte eine Erklärung. Die 10 Blöcke hinter der Mauer begannen sich zu bevölkern. Es kamen Vertreterinnen des Konzentrationslagers Ravensbrück. Eintausend deutsche Frauen, meist leichte Mädchen, die Funktionen im künftigen Konzentrationslager für Frauen übernehmen sollten, das hier entstand.

Bald nach diesem Transport kamen andere Transporte aus ganz Europa. Zumeist wurden ganze jüdische Familien gebracht, von denen man nur 10 Prozent der gesunden Männer und Frauen auswählte; diese marschierten ins Lager, der Rest wurde in die Gaskammern getrieben.

Hinter dem Lager stand ein kleines mit Stacheldraht umgebenes Haus. Dorthin wurden die unglücklichen Opfer getrieben, die Tür hinter ihnen wurde geschlossen. Von oben warf man durch eine Öffnung eine Dose mit einem Gas namens Zyklon hinein. Es war dasselbe Gas, mit dem man die erste Desinfektion des Lagers durchgeführt hatte. Die Leichen wurden herausgezogen und in Gräben geworfen, die in der Nähe des Häuschens gegraben worden waren. Es waren riesige Gräben. Zwischen die Leichen wurde Chlorkalk gestreut und dann wurden sie zugeschüttet. Dabei arbeiteten Juden. Sie bildeten das sogenannte *Sonderkommando**. Nach der Arbeit kehrten sie ins Lager zurück, wurden aber isoliert und durften keinen Kontakt zu den anderen Häftlingen haben. Das waren provisorische Einrichtungen, denn sehr bald begann man mit dem Bau von vier gewaltigen, modernen Krematorien mit speziellen Gaskammern. Die Krematorien sollten mit der Verbrennung der Leichen Schritt halten. Die Arbeit an ihnen wurde fieberhaft, weil die Zahl der Gräben sich vervielfachte. Zugleich wurde den Häftlingen ihr ganzes Hab und Gut abgenommen, und ganze Züge von Sachen der Vergasten wurden nach Berlin geschickt.

Das Lager war riesig geworden und konnte nicht mehr alle fassen. Im sogenannten Buna wurden nun auch Holzbaracken aufgebaut und diejenigen, die beim Ausbau des Lagers mitgearbeitet haben, wurden dorthin umgesiedelt. Genauso wurden die Frauen nach Birkenau gebracht. Man baute keine Gebäude aus Ziegelsteinen mehr, sondern Holzbaracken, einfache Pferdeställe. Vorerst mussten die Männer, da das Männerlager in Birkenau aus 2 Teilen bestand, in den einen Teil umziehen, im zweiten wurden die Frauen aus Auschwitz I untergebracht. Dann begann man das Lager in Richtung Weichsel auszubauen. Von den Ausmaßen her zu urteilen sollte man einen enormen Zufluss von Menschen erwarten.

Es wurden über 300 solcher neuen Baracken gebaut, mit elektrischem Stacheldrahtzaun in mehrere Lager getrennt und nach den Buchstaben des Alphabets A, B, C, D, E, F, G benannt. Die Lebensbedingungen besserten sich nicht und es gab weiterhin keine Kanalisation. Von Wasser konnte keine Rede sein. Das einzige, was geschah, war, dass man angefangen hatte, in diese Ställe dreistöckige Pritschenbetten zu stellen, die für 15 Menschen gedacht waren. Wie sich später herausstellte, schliefen auch 30 auf so einem Bett. In den ersten, in der Breite eines halben Ziegelsteines gemauerten Baracken, gab es überhaupt keine Betten. Der Innenraum wurde durch dünne Wände geteilt, zwischen die Fächer von einer Höhe bis zu 50 cm gemacht wurden. Darauf schliefen auf Strohlager fünf Häftlinge, manchmal auch mehr. Natürlich nahm der Typhus grenzenlose Ausmaße an. Damit konnte man sich auf die deutsche Art behelfen. Eines Sommertages nach dem Abendappell in Auschwitz I wurden alle in die Blöcke getrieben. Vor den Krankenbau, der jetzt mehrere Blöcke zählte, fuhren Lastwagen, und man lud alle Typhuskranken hinein. Es waren fast 3.000. Mitgenommen wurden auch all diejenigen, die den Typhus bereits überstanden hatten und jetzt in der Rekonvaleszenz waren. Mit Mühe gelang es, nur die Ärzte und Pfleger zu behalten, weil man auch sie mitnehmen und alle vergasen wollte.

Dasselbe wurde in Birkenau durchgeführt. Auf diese Weise hat man den Typhus bekämpft. Dieses Verfahren wurde von nun an etwa zwei Mal im Monat durchgeführt. Wenn jemand also den Typhus überstand, weil er einen starken Organismus hatte, kam er meistens nach dem Typhus ins Gas. Die Situation war fürchterlich. Keiner konnte sich bei der Menge von Läusen vor Typhus und somit vor dem Gastod schützen.

Einen furchtbaren Tod hatte sich *SS-Oberscharführer** Kler ausgedacht, der als Sanitäter den gesamten Krankenbau leitete. Jeden Tag ging er durch die Krankensäle, wählte nach eigenem Gutdünken diejenigen aus, deren Aussehen ihm nicht gefiel, und tötete sie durch Karbolspritzen direkt ins Herz. Durchschnittlich etwa 150 Personen am Tag. Diese Menschen wussten, was mit ihnen nach der Spritze passiert. Kler war nach Palitsch und Grawner der drittgrößte Verbrecher von Auschwitz. Diejenigen aber, die nicht von der Spritze starben, wurden durch Schläge mit einem Eisenstab auf den Kopf zu Tode umgebracht. Oft kamen die Leichen auf dem Wagen, auf dem sie ins Krematorium transportiert wurden, wieder zu Bewusstsein. Doch der Wagen fuhr sehr schnell zu seinem Bestimmungsort.

Block 11 blutete weiter. Immer stärker. Jetzt wurden über 300 Personen am Tag erschossen. Hinter den Wagen, auf denen die unglücklichen Opfer weggebracht wurden, floss abends ein Bach von Blut.

Man hatte noch eine weitere Strafe für Lagerverbrechen erfunden (z. B. Rauchen bei der Arbeit oder Hände in den Taschen halten). Man bekam den sogenannten „*Stehbunker**“. Der Häftling wurde dort für mehrere Nächte eingesperrt, je nach Strafmaß, in einen eigens dafür gebauten Raum mit den Ausmaßen 80 x 80 cm. Dort passten nur 4 Personen hinein, und sie mussten die ganze Nacht stehen. Tagsüber musste man arbeiten. Diese Strafe dauerte manchmal 20 Nächte oder noch länger und brachte die Menschen zur Erschöpfung. Der vom Schlafmangel ausgezehrte Häftling fiel tot um. Einmal geschah es, dass in eine größere Zelle über Nacht 50 Häftlinge eingesperrt wurden. Als der SS-Mann am Morgen die Tür öffnete, waren nur noch 4 Personen am Leben, der Rest war erstickt. Keiner fragte nach der Ursache ihres Todes.

In Birkenau wurde ohne Rast und Ruh vergast. Tausende von Menschen kamen ins Gas. Jetzt begann man, hin und wieder geschwächte Häftlinge, die sogenannten „Muselmänner“, zu selektieren und brachte sie nackt vor den Augen der anderen Häftlinge in die Gaskammern. Furchtbare Bedingungen entstanden im Frauenlager. Die Polinnen wurden schrecklich behandelt. Man schlug und peinigte sie genauso wie die Männer. Genauso wie den Männern wurden ihnen die Köpfe geschoren, sie bekamen dieselbe gestreifte Kleidung. Die meisten Frauen trugen Hosen, die von sowjetischen Kriegsgefangenen stammten.

Der Mangel an Wasser war schmerzhaft zu spüren. – Viele Tote wurden im Schlamm totgetrampelt, es wäre schwierig gewesen, sie zu finden. Genauso zog niemand nachts die Toten aus den Stehkäfigen heraus, von denen bereits die Rede war. Man musste auf die Hilfe von männlichen Häftlingen zurückkommen, die die Leichen aus dem Schlamm und den Löchern suchten und herauszogen.

Ärztliche Hilfe gab es gar nicht. Es sah aus, als ob der Tod nicht nachkommen würde, seine Ernte einzusammeln. Macht besaßen nur die Deutschen; es waren leichte Mädchen, die die Häftlinge erbarmungslos schlugen und sie dabei mit den schlimmsten Flüchen beschimpften. Dienst bei den Frauen-Häftlingen taten zusammen mit den SS-Männern Frauenformationen der SS. Sie stammten aus denselben Gesellschaftsschichten wie die Männer und konnten sich in ihrem Handeln und Prügeln mit den SS-Männern messen. Die Appelle dauerten noch länger als im Männerlager, unbeachtet des Wetters. Wenn die Zahl nicht stimmte, standen die Frauen manchmal nächtelang im Schlamm und Regen, oder man ließ sie stundenlang knien. Die Frauen-SS war noch schlimmer als die der Männer. Der Anblick dieser Frauen rief bei den hartgesottensten Menschen Tränen hervor. Die SS-Männer vergewaltigten und mordeten, ohne dafür zur Verantwortung gezogen zu werden.

Der Winter war noch furchtbarer. Die Politische Abteilung mit Herrn Grawner an der Spitze hatte unter dem Vorwand der Suche nach einer politischen Organisation das ganze Lager dezimiert. Das Jahr 1943 begann sehr schlimm. Alle lebten in großer Anspannung. Vor lauter Verzweiflung stürzten sich viele in den elektrischen Stacheldraht.

Nur in der Buna herrschte einigermaßen Ruhe. Dort verschlang nur die Arbeit für die Kriegsindustrie die Kräfte und forderte Menschenopfer. Die in der Erde von Birkenau vergrabenen Tausenden von Körpern begannen zu verwesen. Die Erde hob und senkte sich unter dem Einfluss der entstehenden Gase. Man begann also, die im vollen Verwesungszustand befindlichen Leichen auszugraben; man legte sie in große Stapel mit Holzschichten dazwischen und übergoss sie mit Benzin. Das Verbrennen begann. Es wurden zwei 30 Meter lange, 15 m breite und sehr tiefe Löcher gegraben. In eine solche Grube passten 5.000 Leichen, sie brannten unaufhörlich. Das ganze Lager und die Umgebung waren mehrere Wochen lang in weißen, beißenden Rauch eingehüllt, und in den Geruch verbrannter Körper. Wenn das Sonderkommando von der Arbeit zurückkam, war aus einigen hundert Metern Entfernung der Leichengestank zu spüren. Die SS-Männer waren von morgens bis abends betrunken und wüteten.

Die Existenz der Häftlinge verbesserte sich ein wenig hinsichtlich der Ernährung. Die enormen Massen von Menschen, die im Gas ums Leben kamen, brachten sehr viele Lebensmittel mit, die auch an einen Ort gebracht und sortiert wurden. Lebensmittel und Brot wurden in die Häftlingsküche geschickt. Das bessere Essen wurde an die SS-Männer verteilt. Die Häftlinge aber schafften es, den größten Teil davon unter Anwendung verschiedener Tricks zu verstecken und heimlich ins Lager zu schmuggeln. Das nannte man in der Lagersprache „organisieren". So wurde der Hunger im Lager viel kleiner.

Eine noch wichtigere Verbesserung waren Lebensmittelpakete, die man ab 1942 den Häftlingen schicken durfte – anfänglich nur sehr kleine, später größere, schließlich ohne Einschränkungen. Manche Häftlinge hielten mit ihren Paketen einige andere ärmere Häftlinge am Leben. Dank dieser Hilfe retteten die Familien Tausenden von Menschen das Leben vor dem Tod aus Entkräftung. Auch die hygienischen Bedingungen verbesserten sich. Die Häftlinge „organisierten" auf dieselbe Art wie die Lebensmittel auch Wäsche.

Im Abschnitt III wurden jüdische Familien untergebracht, die aus dem jüdischen Ghetto in Theresienstadt gebracht worden waren. Etwa 10.000 Personen. Ein halbes Jahr lang hatten sie Sonderprivilegien. Ihnen wurden nicht die Haare geschoren und sie gingen nicht zur Arbeit außerhalb des Lagers. Nach dem Verlauf von 6 Monaten wurden sie alle in die Gaskammern gebracht, vergast und verbrannt. An ihre Stelle wurden erneut so viele aus demselben Ort gebracht. Sie erfuhren vom Schicksal ihrer Vorgänger und warteten ganze 6 Monate auf ihren Tod, weil dasselbe Schicksal sie ereilen sollte. Man sollte betonen, dass es sich hauptsächlich um Vertreter der tschechischen Intelligenz handelte.

Der Abschnitt E wurde von Zigeunern bevölkert. Diesen erlaubten die Deutschen ebenfalls nicht, in Freiheit zu leben. Sie wurden hier mit ihren ganzen Familien untergebracht. Es ist ja bekannt, dass Zigeuner von Natur aus sehr schmutzig sind – also kann man sich nur schwer vorstellen, in welchem Zustand sie im Lager gelebt haben. Hinzu kam, dass sie sogar an der Krätze starben. Abschnitt E wurde für den Krankenbau bestimmt. Hier hatte man bereits Holzbaracken mit Fenstern gebaut und Doppelstockbetten hingestellt.

Im Abschnitt G wurde die sogenannte Sauna gebaut. In diesem Gebäude gab es Desinfektionsöfen und einige Dutzend Duschen in großen Räumen, wo das Waschen stattfand. Abgesehen von der Sauna hatte man dort Holzbaracken hingestellt, in denen sich die sogenannte *Effek-*

tenkammer befand, ein Raum, in dem die Zivilkleidung der Häftlinge gelagert wurde. Wie wir zuvor erwähnt haben, musste jeder Neuankömmling im Lager seine Zivilsachen abgeben. Falls er später entlassen wurde, bekam er seine Sachen zurück. Wenn er starb, wurden die Sachen Eigentum des deutschen Staates. Abschnitt G befand sich bereits zwischen zwei Krematorien, und zwar dem dritten und vierten. Alle Krematorien, vom ersten bis zum vierten, hatten modern eingerichtete Gaskammern. Die Schornsteine hatten zu rauchen begonnen.

Die „Saison" fing wieder an, wie die SS-Männer es nannten.

Anfang 1942 wurde Aumeier *Lagerführer**. Und in Birkenau Schwarzhubert. Sie wurden zu den eifrigsten Mitarbeitern des Lagerkommandanten Höß beim Vergasen und Verbrennen von Menschen. Der Dritte im Bunde, der ihnen in nichts nachstand, war der *Lagerführer** des Frauenlagers Hössler. *Lagerführer** des Zigeunerlagers war der berüchtigte Palitsch. Der größte Schrecken der Häftlinge zu jener Zeit in Auschwitz war jedoch *Oberscharführer** Fritz, der sich selbst den „Eisernen Gustav" nannte. Wo er auch auftauchte, trat er die Menschen und schrieb Strafmeldungen. Genauso war Wiegler. Er war Leiter beim Sortieren der Sachen aus den Transporten. Den ganzen Tag hörte man nur seine Schreie und das Pfeifen der Peitsche, ohne die ihn nie jemand gesehen hatte. Für das kleinste Vergehen schlug er 25 Mal zu. Oft war er imstande, den Häftling auf der Stelle mit der Pistole zu erschießen. In Birkenau wütete der SS-*Oberscharführer** Schullinger. Dieser tauchte wiederum überall auf seinem Fahrrad auf und hatte immer einen Gummiknüppel in der Hand. Wo er erschien, ertönten Schreie. Er schlug ohne den geringsten Grund zu und trat die Häftlinge in die Nieren. Wer in seine Hände geriet, kam ganz blau von den Schlägen seines Gummiknüppels zurück. Er achtete nicht darauf, ob er ins Gesicht schlug oder nicht; er prügelte drauf los, bis sein Opfer bewusstlos wurde.

Eine der ersten Anordnungen von Aumeier war, dass allen Häftlingen – mit Ausnahme der Deutschen – auf den linken Unterarm die Lagernummer eintätowiert werden sollte. Das sollte Fluchtversuche verhindern. Für einen Fluchtversuch wurden immer wieder andere Strafen angewandt. Zuerst kamen für einen Flüchtling zehn Häftlinge ums Leben, später waren es 20, die aus dem Block, in dem er wohnte, ausgewählt wurden. Diejenigen, die mit ihm zusammen gearbeitet hatten, wurden furchtbar gequält, geschlagen oder ins Verlies in Block 11 geworfen, da man erfahren wollte, wie und wohin er geflüchtet war. Später dachte sich Auweiler die schwerste Strafe aus, um die Häftlinge von

Fluchtversuchen abzubringen. Wenn jemand geflohen war, wurde kurze Zeit später seine Mutter ins Lager gebracht, man rasierte ihr die Haare ab, zog ihr Häftlingskleider an und zeigte sie so den anderen. Die Mutter wurde am Lagertor neben das Orchester hingestellt, unter einer Tafel, auf der stand, dies sei die Mutter dieses oder jenes Flüchtlings, und alle mussten an ihr vorbeigehen. Trotz solcher Schikanen gab es weiterhin Fluchtversuche. Einmal sind vier als SS-Männer verkleidete Häftlinge mit einem Auto geflüchtet.

Jeder aufgegriffene Häftling wurde, meist nach dem Abendappell, vor den Augen aller Anderen erhängt. Es ist auch vorgekommen, dass wegen einer Flucht 20 Häftlinge erschossen und 12 öffentlich am gemeinsamen Galgen gehängt worden sind. Da Fluchtversuche häufig unternommen wurden, fanden auch oft Exekutionen statt, bei denen man die Häftlinge erhängte.

Unterdessen arbeiteten in Birkenau alle Gaskammern an den Krematorien fieberhaft. Die SS-Männer waren ständig betrunken. Der Rauch und der Anblick der Schornsteine, die von der Hitze fast platzten, entsetzten alle. Schauen wir uns an, wie die Krematorien eingerichtet waren. Beim ersten und zweiten befanden sich die Gaskammern unter der Erde. Um hineinzukommen, musste man die Treppe hinuntergehen. Am Eingang gab es Aufschriften in allen Sprachen, dass hier Duschen und Desinfektion stattfinden würden. Weiter war ein riesiger Raum, der bis zu 2.000 Menschen fassen konnte, mit provisorischen Duschen. Die Eintretenden bekamen Handtücher und Seife. Sie zogen sich vorher aus. Sobald alle im Inneren waren, wurden die Türen „dicht geschlossen", und die SS-Männer warfen durch Öffnungen von oben Dosen mit dem „Zyklon"-Gas hinein. Nach 15 Minuten lebte niemand mehr. Die Türen wurden geöffnet und jüdische Häftlinge transportierten die Leichen in die Krematoriumsöfen. Man heizte mit Koks.

In jedem Krematorium gab es über ein Dutzend Öfen, so dass man ununterbrochen verbrennen konnte. In einen Ofen konnte man zwei Leichen hineinlegen. Das Verbrennen dauerte einige Minuten. Übrig blieben Asche und Knochen, die man brechen musste, und dann in die Weichsel warf, die etwa einen Kilometer entfernt floss. Die Krematorien brannten Tag und Nacht ohne Unterbrechung. Das Krematorium selbst sah von außen wie eine Ziegelei aus, nur die Schornsteine waren etwas breiter. Nachts brannten über allen 4 Schornsteinen und 4 Krematorien die Grablichter der Nazikultur. Alle Krematorien waren in einer Linie gebaut worden, auf einer Strecke von etwa 1 km. Krematorium 3 und 4 waren in einem Wäldchen versteckt, das an das Lager grenzte; das erste und zweite befanden sich gleich hinter dem Lager. Alle Szenen, die sich neben ihnen abspielten, konnte man vom Lager aus sehen. Wir müssen noch betonen, dass vor dem Verbrennen der Leichen alle goldenen Zähne und Zahnfüllungen herausgerissen wurden.

Bis dahin hatte man die Transporte gleich hinter der Bahnstation in Oświęcim ausgeladen, an einer extra zu diesem Zweck gebauten Rampe, und die Menschen wurden mehrere Kilometer zu Fuß zum Krematorium getrieben. Nun begann man mit dem Bau eines Sondergleises und eines Bahnhofs zum Aussteigen im Lagerinneren, zwischen Abschnitt eins und zwei. Die Gleise führten also bis zum Krematorium I und II; vor ihnen sollten im nächsten Jahr die Unglücksseligen aussteigen.

Die meisten Häftlinge aus Birkenau wurden beim Bau des Flugplatzes sowie riesiger Demontagewerkstätten für die im Luftkrieg auf dem Gebiet des ganzen Reiches abgeschossenen Flugzeuge beschäftigt. Neben dem zu diesem Zweck gebauten Eisenbahnnebengleis entstand ein riesiger Friedhof zerbrochener und durchlöcherter deutscher Flugzeuge, der mehrere Kilometer einnahm. Pausenlos wurden lange Güterzüge ausgeladen, die Flugzeugwracks brachten. Die noch guten abmontierten Teile wurden in die Fabriken zurückgeschickt.

In der Buna entstand eine riesige Kriegsindustrie, bei der die Häftlinge beschäftigt wurden. Man gründete auch kleine Nebenlager neben manchen Zechen in Schlesien, wo die Häftlinge sehr schwer bei der Kohleförderung arbeiten mussten. Solche Filialen gab es in Jaworzno, Jawiszowice, Świętochłowice (Schwientochlowitz), Łagisza, Sosnowiec (Sosnowitz), Blechhammer und Heidebreck. Verhältnismäßig am besten von allen Lagern eingerichtet war Auschwitz I, das bereits Kanalisation, Wasserleitungen und schöne Straßen besaß. Im Herbst jenes Jahres (1943) wurde, um den Rest Moral und Gefühl aus der Brust der Menschen zu reißen, in einem der Blöcke ein Bordell eröffnet. Man brachte dorthin Frauen aus dem Frauenlager in Birkenau. Es wurde fast ausschließlich nur von Deutschen besucht. Block 10 dagegen wurde zu einem Experimentierlabor. Dort brachte man etwa 500 Frauen unter. An diesen unglücklichen Frauen wurden solche Versuche mit künstlicher Befruchtung und jeglicher Art von Sterilisierung durchgeführt. An Stelle der Verstorbenen wurden andere genommen. Die Experimente wurden bis zum Schluss vorgenommen.

Am Ende des Jahres betrug die Zahl der Häftlinge im Lager etwa 100.000 Menschen. Es war jetzt so aufgeteilt, dass Auschwitz die Nummer I, Birkenau die II, und die Buna und die Kommandos in den Bergwerken die Nummer Auschwitz III bekamen. Der Winter war nicht mehr so schrecklich wie die vorhergehenden. Es gab Lebensmittelpakete und die Kleidung war wärmer, weil den Häftlingen ein Teil der Zivilkleidung zugeteilt wurde, die von den Vergasten zurückblieb. Sie wurde mit einem breiten roten, auf den Rücken gemalten Streifen gekennzeichnet.

Dafür brachte man gleich im Frühjahr immer mehr Menschen in die Gaskammern.

Die betrunkenen Soldaten begingen unbeschreibliche Grausamkeiten, von denen die von der Arbeit zurückkehrenden Juden vom *Sonderkommando** erzählten. *Hauptscharführer** Moll übertraf alle an Grausamkeit und Sadismus, er war der Leiter aller Krematorien. Unter den für die Gaskammer bestimmten Menschen suchte er sich einige junge, gesunde und schöne Frauen aus, befahl ihnen, sich völlig auszuziehen, dann sagte er, es täte ihm furchtbar leid, dass so schöne und gesunde Mädchen in ein paar Minuten in der Gaskammer sterben sollen, und lachte laut, als er die Folgen seiner Worte in den Gesichtern der Unglücklichen sah. Dann erschoss er sie hintereinander mit seinem Revolver, den er den ganzen Tag lang nicht aus der Hand ließ. Er schoss der Reihe nach in den Kopf, in den Bauch und in jede Brust einzeln. Ein anderes Mal führte er solche jungen und schönen Mädchen plötzlich zur Grube, in der Leichen verbrannt wurden, stieß die Entsetzten lebend ins Feuer und dann schoss er lachend auf sie. Wie der Satan fuhr er auf dem Motorrad um alle Krematorien herum, in einer Uniform, die bis zum Kragen mit Blut bespritzt war. Nur wenige Prozent der gesunden Männer und Frauen kamen ins Lager.

Den Sommer über wurden Züge voller ungarischer Juden gebracht. Die Sachen dieser Unglücklichen legte man zu riesigen Stapeln zusammen, aus denen ganze Lagerräume entstehen konnten, und brachte sie mit vollen Zügen ins Reichsinnere. – Auch die Polen begann man ab Juli in Massen ins Reichinnere zu deportieren.

All dies dauerte bis zum letzten Moment. Am 18. Januar 1945 wurden die Reste des Lagers Auschwitz versammelt und unter Eskorte der wilden Horde ins Reichsinnere getrieben. Die Unglücklichen, die nicht gehen konnten, fielen unter den Kugeln der Naziverbrecher. Auf dem Weg gelang es vielen, zu fliehen.

Die Freiheit brachte ihnen die Rote Armee, die am 20. Januar die Stadt Oświęcim und das Lager einnahm.

In den Lagern waren nur die stummen Blöcke und der Stacheldraht geblieben, Zeugen von Szenen und Tragödien, von denen die Welt bisher noch nicht gehört hatte, als Denkmal und Dokument der Nazikultur, als einen Friedhof für Millionen ermordeter Menschen, auf dem jedes Krümchen Erde vom Blut der Märtyrer durchtränkt ist.

Im Lager waren einige Hundert Kranke geblieben, die nicht transportfähig waren: die Naziverbrecher hatten keine Zeit mehr, sie zu ermorden. Unsere Regierung richtete auf der Stelle ein Krankenhaus ein, von dem aus die Unglücklichen nach ihrer Genesung nach Hause geschickt werden.

WŁADYSŁAW BARTOSZEWSKI

Die ehemaligen Häftlinge haben das Recht zu glauben, dass ihr Leiden und ihr Tod einen Sinn hatten …

Rede anlässlich des 60. Jahrestags der Befreiung des KL Auschwitz, 27. Januar 2005

Es war eine besondere Feierstunde. Am 27. Januar 2005 gedachten mehrere Tausend ehemalige Häftlinge im verschneiten Birkenau der Opfer, und zusammen mit ihnen gekrönte Häupter, Präsidenten und Regierungschefs aus über dreißig Ländern. Von den ehemaligen Häftlingen hielten Simone Veil aus Frankreich, für die jüdische Gemeinschaft, und ich eine Rede. Ich wollte damals im Namen all jener sprechen, die für immer an diesem Ort geblieben waren. „O Erde, deck mein Blut nicht zu und ohne Ruhstatt sei mein Hilfeschrei!“

W. B.

Es ist ein unvorstellbares und wirklich bewegendes Erlebnis für einen ehemaligen polnischen Auschwitz-Häftling, auf diesem größten Friedhof ohne Gräber in der europäischen Geschichte das Wort ergreifen zu können.

Ein unvorstellbares Erlebnis, denn als ich als 18-jähriger Pole – als *Schutzhäftling Nummer 4427*[*] – im September 1940 inmitten 4.500 anderer Polen – Studenten, Pfadfinder, Lehrer, Rechtsanwälte, Ärzte, Priester, Offiziere der Polnischen Armee, Funktionäre verschiedener Parteien und Gewerkschaften – zum ersten Mal auf dem Appellplatz des Stammlagers Auschwitz I stand, kam mir überhaupt nicht in den

Sinn, dass ich Hitler und den Zweiten Weltkrieg überleben würde. So wie ich mir auch nicht vorstellen konnte, dass Auschwitz mit Auschwitz-Birkenau und Monowitz Ort einer nie dagewesenen, geplanten biologischen Vernichtung der europäischen Juden, unabhängig von ihrem Geschlecht oder Alter, werden sollte. In den ersten fünfzehn Monaten waren wir, die polnischen Häftlinge, allein an diesem schrecklichen Ort. Die freie Welt interessierte sich nicht für unser Leiden und unseren Tod, trotz gewaltiger Anstrengungen der geheimen Widerstandsbewegung im Lager, Informationen nach außen zu befördern. Im Spätsommer 1941 trafen mehr als zehntausend sowjetische Kriegsgefangene im Lager ein. An ihnen und an erkrankten polnischen politischen Gefangenen wurde im September 1941 die Wirkung des Giftgases Zyklon B ausprobiert. Kein Häftling konnte sich damals vorstellen, dass es sich „nur" um einen verbrecherischen Testlauf, um die verbrecherische Vorbereitung eines Völkermords mit industriellen Mitteln handelte. Aber so sollte es in den denkwürdigen Jahren 1942, 1943 und 1944 kommen. Der Bau der Gaskammern und Krematorien und ihr reibungsloser Betrieb waren nur die technischen Elemente dieses teuflischen Unterfangens. In Polen, dem Vaterland von David Ben-Gurion und Schimon Peres, Isaac Bashevis Singer, Artur Rubinstein und Menachem Begin, wurde per Beschluss in Berlin das Zentrum der Vernichtung der verhassten Juden erbaut. Waren Polen und Russen in Auschwitz-Birkenau für die Deutschen Untermenschen, so wurden die Juden aus Frankreich, Belgien und Holland, aus Deutschland und Österreich, aus den Ländern des ehemaligen Jugoslawien, aus Griechenland, Ungarn, Rumänien, Bulgarien, Tschechien und der Slowakei nicht wie Untermenschen, sondern wie Ungeziefer behandelt. Der polnische Widerstand informierte und alarmierte die freie Welt. Die Regierungen Großbritanniens und der Vereinigten Staaten wussten bereits in den letzten Monaten des Jahres 1942 genau, was in Auschwitz-Birkenau geschah, sowohl durch den polnischen Emissär Jan Karski wie auch über andere Wege. Kein Staat der Welt reagierte in angemessener Weise auf die ernste Note des Außenministers der Londoner Exilregierung vom 10. Dezember 1942 an die Vereinten Nationen, die nicht nur dazu aufrief, *die von den Deutschen verübten Verbrechen zu verurteilen und die Schuldigen zu bestrafen*, sondern auch appellierte, *nach wirksamen Mitteln zu suchen, die den Deutschen die Verwendung von Methoden der Massenvernichtung unmöglich machen* würden. Wirksame Mittel wurden nicht gefunden, und eigentlich bemühte man sich auch nicht darum. Doch zu diesem Zeitpunkt war noch über die Hälfte der zukünftigen Opfer am Leben. Im Grunde war die einzige Folge der polnischen Initiative eine kurze, die Verantwortung für die Vernichtung der Juden betreffende Erklärung von zwölf alliierten Staaten, die am 17. Dezember 1942 zeitgleich in London, Moskau und Washington veröffentlicht wurde. In dieser Erklärung, in der Auschwitz-Birkenau übrigens nicht benannt wurde, deuteten die Regierungen Belgiens, der Tschechoslowakei, Griechenlands, Luxemburgs, Hollands, Norwegens, Polens, der Vereinigten Staaten, Großbritanniens, der UdSSR und Jugoslawiens sowie das Französische Nationalkomitee an, dass ihnen das schreckliche Schicksal der Juden *in Polen, das die Nationalsozialisten zu ihrer wichtigsten Folterkammer gemacht haben*, bekannt war, und kündigten die Bestrafung der für dieses Verbrechen Verantwortlichen an.

Die letzten Häftlinge des Lagers Auschwitz-Birkenau, die hier heute noch anwesend sind, werden an den nächsten Gedenktagen in zehn, zwanzig oder dreißig Jahren der Opfer mit Sicherheit nicht mehr gedenken können. Doch sie haben das Recht zu glauben, dass ihr Leiden und der Tod ihrer Nächsten einen bedeutenden Sinn hatte, Sinn für die bessere Zukunft aller Menschen, ungeachtet ihrer ethnischen Herkunft oder Konfession, in Europa und der Welt. Wir wollen glauben, dass die Erinnerung an das kaum begreifliche Schicksal der Häftlinge und Opfer dieses Ortes, an dem wir stehen, neue Generationen verpflichtet, in Achtung der Würde jedes Menschen zusammenzuleben und jedweder Form des Hasses und der Verachtung von Menschen gegenüber anderen zu begegnen, besonders jeder Art von Fremdenfeindlichkeit und Antisemitismus, selbst wenn dieser heuchlerisch als Antizionismus bezeichnet wird.

Ich habe in meinem Leben an Hunderten regionalen und internationalen Feierlichkeiten teilgenommen, aber ich denke, dass es so eine wie diese nicht mehr geben wird. Wir müssen uns und der Welt die Frage stellen, wie viel Wahrheit über die schrecklichen Erfahrungen des Totalitarismus uns gelingt, an die jüngeren Generationen weiterzugeben. Ich denke viel, aber nicht genug. Hier und heute müssen wir – als Vermächtnis der Häftlinge, die von dieser Welt scheiden – die Entscheidung für ein Bildungszentrum über Auschwitz und den Holocaust treffen. Gräber machen jeden normalen Menschen nachdenklich. Aber hier gibt es keine Gräber. An dem Ort, an dem ein so unfassbares Verbrechen begangen wurde, muss Nachdenklichkeit sich in besondere Verantwortung verwandeln, in ein dauerhaftes Erinnern dessen, was geschah. Ich schließe mit den Worten aus dem Buch Hiob, wichtig für Juden wie für Christen: *O Erde, deck mein Blut nicht zu und ohne Ruhstatt sei mein Hilfeschrei!* (Hi 16, 18)

Nachweise

Die Übersetzungen

Die Texte von Władysław Bartoszewski übersetzte Sandra Ewers. Die Übersetzungen der Texte von Halina Krahelska, Zofia Kossak und Pater Augustyn stammen von Agnieszka Grzybkowska.
Jerzy Andrzejewski: *Der Appell.* © 1968 by Langen Müller in der F.A. Herbig Verlagsbuchhandlung GmbH, München aus dem Polnischen übertragen von Renate Lachmann.

Textnachweis der deutschen Erstübersetzungen

Halina Krahelska: *Auschwitz. Erinnerungen eines Häftlings*: Deutsche Erstübersetzung. Textgrundlage: Więzi 1985, Nr. 1 – 2 – 3
Zofia Kossak: *In der Hölle*: Deutsche Erstübersetzung. Textgrundlage: Originalausgabe Warschau 1942.
Pater Augustyn: *Hinter dem Stacheldraht des Konzentrationslagers Auschwitz,* Deutsche Erstübersetzung. Textgrundlage: Originalausgabe Krakau 1945
Władysław Bartoszewski: *Die ehemaligen Häftlinge haben das Recht zu glauben, dass ihr Leiden und ihr Tod einen Sinn hatte.* Deutsche Erstübersetzung. Textgrundlage: Pro memoria 2005, Nr. 23

Nachweis der Übersetzungen der Kurzzitate

Kazimierz Albin, *Steckbrieflich gesucht*; Oświęcim 2000 (Staatliches Museum Auschwitz-Birkenau), Aus dem Polnischen von Siegfried Schmidt; S. 95–96
Jerzy Bielecki, *Wer ein Leben rettet ... Die Geschichte einer Liebe in Auschwitz*; Berlin 2009 (WJS), Aus dem Polnischen von Rozwita Brodowskaja

Adolf Gawalewicz, *Überlegungen im Warteraum zum Gas. Aus den Erinnerungen eines Muselmannes*; Neumünster 1998 (Die Brücke), Aus dem Polnischen von Friedrich Leidinger

Wiesław Kielar, *Anus Mundi. Fünf Jahre Auschwitz.* Aus dem Polnischen von Wera Kapkajew © 1972 Wiesław Kielar. Copyright der deutschen Ausgabe: © S. Fischer Verlag GmbH, Frankfurt/M. 1979

Bildnachweis

Die Abbildungen des Innenteils und das Coverbild stammen aus den Sammlungen des Staatlichen Museums Auschwitz-Birkenau in Oświęcim.

Inhaber von Rechten, die wir oder der Originalverlag nicht erreichten, bitten wir, sich mit uns in Verbindung zu setzen.

Glossar

Polnisch	Deutsch	Poln. Abkürzung
Armia Krajowa	Heimatarmee	AK
Biuro Informacji i Propagandy	Informations- und Propagandabüro	BIP
Delegatura Rzadu na Kraj	Regierungsvertretung im Lande	
Delegatura Sił Zbrojnych na Kraj	Delegatur der Streitkräfte im Lande	
Departament Spraw Wewnętrznych	Abteilung für Innere Angelegenheiten	
Front Odrodzenia Polski	Front für die Wiedergeburt Polens	FOP
Kierownictwo Dywersji (Kedyw)	Führung der Sabotage (Kedyw)	Kedyw
Komisja Propagandy w Biurze Informacji i Propagandy	Propagandakommission des Informations- und Propagandabüros	KOPR BIP
(Główna) Komisją Badania Zbrodni Niemieckich / Hitlerowskich	(Haupt-)Kommission für die Untersuchung der deutschen Verbrechen – später: Hitlerverbrechen	KBZN/ KBZH
Komitet Pomocy Żydom	Komitee für die Unterstützung der Juden	
Konfederacja Narodu	Konföderation des Volkes	KN
Międzynarodowy Komitet Oświęcimski	Internationales Auschwitz-Komitee	MKO / IAK
Ministerstwo Bezpieczeństwa Publicznego	Ministerium für Öffentliche Sicherheit	MBP

Organizacja Małego Sabotażu „Wawer“	Organisation für Kleinsabotage „Wawer“	OMS „Wawer“
Polska Partia Socjalistyczna – Wolność, Równość, Niepodległość	Polnische Sozialistische Partei – Freiheit, Gleichheit, Unabhängigkeit	PPS-WRN
Polska Rzeczpospolita Ludowa	Volksrepublik Polen	PRL
Polska Zjednoczona Partia Robotnicza	Polnische Vereinigte Arbeiterpartei	PZPR
Polski Czerwony Krzyż	Polnisches Rotes Kreuz	PCK
Polskie Stronnictwo Ludowe	Polnische Volkspartei	PSL
Stronnictwo Demokratyczne	Demokratische Partei	SD
Związek Odbudowy Rzeczypospolitej	Bund des Wiederaufbaus der Republik Polen	ZOR